태평경 역주【五】

太平經譯註

태평경 역주【五】 太平經譯註

An Annotated Translation of the Scripture on Great Peace "Taipingjing"

正統道藏 14권 | 책임역주 윤 찬 원

세창출판사

태평경 역주【五】太平經譯註

1판 1쇄 인쇄 2012년 11월 15일
1판 1쇄 발행 2012년 11월 26일

역주자 | 윤찬원 김갑수 김예호 유병래 서대원 김형석
발행인 | 이방원
발행처 | 세창출판사
신고번호 | 제300-1990-63호
주소 | 서울 서대문구 냉천동 182 냉천빌딩 4층
전화 | (02) 723-8660 팩스 | (02) 720-4579
http://www.sechangpub.co.kr
e-mail: sc1992@empal.com

ISBN 978-89-8411-395-4 94240
978-89-8411-390-9 (세트)

이 책은 한국연구재단의 지원으로 세창출판사가 출판, 유통합니다.

이 도서의 국립중앙도서관 출판시도서목록(CIP)은
e-CIP홈페이지(http://www.nl.go.kr/ecip)와 국가자료공동목록시스템
(http://www.nl.go.kr/kolisnet)에서 이용하실 수 있습니다.
(CIP제어번호: CIP2012005269)

머리말

역자가 처음 『태평경(太平經)』에 대한 소개를 받은 것은 1989년이었던 것 같다. 역자는 당시 인천대학교에 재직하고 있었고, 결혼한 지도 얼마 되지 않은 때였다. 박사학위 과정도 끝난 지 제법 오래 되었고, 석사과정에서 1980년에 『노자도덕경(老子道德經)』의 사상으로 학위를 받았던 역자는 앞으로 박사학위 논문을 무엇을 쓸까 고심하고 있었고, 한편으로는 중국 도교사상을 선택하여 무엇을 쓸까 생각하고 있을 때였다. 선배인 이화여자대학교 정재서 교수를 만난 자리에서 이런 고민을 털어 놓으니, 『태평경』에 관하여 연구해 보라고 하였다. 그래서 그게 무어냐고 물었더니, 최초의 도교 경전이라고 한다. 한편으로는 호기심과, 다른 한편으로는 내가 그것을 연구할 수 있을까라는 두려움이 앞서기도 하였다. 당시 우리나라에는 전혀 소개되지 않은 것이었다. 정재서 교수는 복사한 원전이 있다고 하며 나중에 복사본을 주셨다. 이렇게 하여 처음 이 도교 경전을 접하게 되었고, 그 뒤 『태평경』이라는 책을 가지고 도교 사상을 탐구한다는 것은 그야말로 첩첩산중처럼 느껴졌다.

어찌하였든 1989년부터 1991년까지 난해한 경전을 읽으면서 논문을 구상하였다. 그때 논문을 준비하기 위하여 처음으로 컴퓨터를 구입하여, 어떤 때는 원문을 초창기 「한글」 워드 프로세서로 만들어 한자로 바꾸어 가기도 하면서, 도교라는 사상이 갖는 성격이 무엇인지도 파악하고 이해해가면서 상당히 많은 시간을 투입하여 논문 작성에 몰두하였다. 어떤 때는 2세기경 한문으로 된 이 경전을, 그리고 원 전적의 3분의 1밖에 남아 있지 않아 더욱 난삽

하다는 전적을 천착해 나아갔다. 그래서 1991년 2학기 논문 같지도 않은 글을 엮어 놓고는 '후유' 하기도 하였다. 1991년 1학기에는 학위 논문으로 심사를 신청하였다. 당시 우리 인천 대학교는 혼란의 와중에 있었다. 문자 그대로 선인학원 정상화(또는 시립화)가 시작되는 시점이었기 때문이다. 1991학년 제출한 논문을 1992년 1학기에 한 학기 동안 심사를 받았다. 한편으로는 학교 구성원들의 정상화투쟁이 지속되고 있기도 하였다. 여러 우여곡절을 겪으며, 1992년 8월 "『太平經』에 나타난 道敎思想 硏究"란 논문으로 박사학위를 받았다. 이 논문은 중국의 도교 특히 『태평경』의 철학사상으로 한국에서 거의 처음이었다. 그러고 보니 2012년인 오늘로부터 정확하게 20년 전이다.

그 뒤 1995년 여름 세계적인 도교학회가 북경에서 열렸고, 전 세계에서 300~400여 명의 학자들을 초청하였는데, 역자도 초청을 받았다. 여기에서 몇몇 세계적인 원로 도교학자들과 교류를 가지기도 했었다. 그 뒤 본격적으로 중국에 건너가 연구해 볼 기회를 가지게 되었는데, 한국학술진흥재단의 후원을 받아 1998년 1년간 베이징대학(北京大學)에 가서 연구생활을 하게 되었는데, 중국 도교의 실상을 몸소 접해 보고자 한 것이 역자의 희망이었다. 넓은 중국 대륙의 이곳저곳을 답사하면서 나름의 성과도 얻은 바 있었다. 아울러 당시 관심의 초점으로 떠오른 것은 세계적 차원의 환경문제였고, 중국은 전체적으로 환경문제가 심각한 상황이어서 중국 전역을 돌면서 실상을 확인하고 싶기도 하였다. 당시 우리 한국은 IMF라는 전국가적인 위기를 겪고 있을 때였다. 역자는 북경대학에 거주하면서 당시 북경대 남쪽에 있는 서점에서 2권으로 된 왕명(王明)이 주편한 『태평경합교』를 구하였고, 아울러 경희태(卿希泰) 교수의 『중국도교사(中國道敎史)』 4권을 구하였다. 이 무렵부터 『태평경』 원전과 『중국도교사』를 번역해 보고 싶다는 생각을 어렴풋하게나마 갖게 되었다.

본격적으로 번역을 해 보기로 생각하기도 하였으나, 2009년 6월 서울 소재 대학의 몇몇 박사학위 소지자들이 제물포에 있던 역자에게 찾아와 『태평경』을 번역해 보겠다고 하고 나를 책임자로 선택하였다. 여러 가지 여건상 역자는 마음이 흔쾌하지는 않았으나, 한번 해 보자고 하고 한국연구재단 「명저번역사업」에 신청하게 되었다. 당시 아무런 기대감도 갖지 못하고 있었는데, 의외로 커다란 예산과 시간의 촉박함에도 불구하고, 현명하신 심사자들께서 이 책 번역의 필요성을 절감하여 이 경전의 번역을 선정하신 것으로 안다. 시간이 너무 짧음에도 불구하고 2009년 한국연구재단 명저번역 사업에 2년차 사업으로 선정되었다.

선정이 되었음에도 역자에게는 갑작스러운 두려움이 엄습해 오기도 하였다. 번역이 엉망이 되는 건 아닌지 하는 이런 감정은 뒤에 상당부분 일치하는 바도 있었다. 어쨌든 번역은 시작되었다. 2년이라는 짧은 기간 동안 사전작업의 미비, 사전 합의의 미비나 간혹 한문번역에 대한 준비가 되어 있는가라는 공포가 엄습하기도 하였다. 나중에 번역 과정에서 번역의 책임을 맡은 역자가 한국연구재단에 올리기 전 한 달, 두 달 또는 그 이상의 시간이 걸려서라도 수정하여 번역답게 하고자 하는 노력도 상당히 했다고 생각된다.

이런 과정을 거쳐 최종 번역물을 2011년 9월에 제출하였고, 마지막 심사를 통과하여 책으로 출간될 수 있게 되었다. 번역된 책이 곧 출간될 지금의 기분은 참으로 묘하면서도, 이전의 여러 차례 번역작업 때와 같이 마치 자식이 태어나는 기쁨을 느낀다. 한편으로는 이 번역이 얼마만큼 오역 없이 제대로 이루어졌을지 의심이 들기도 한다. 그 이유는 이 책의 원본이 거의 2세기경의 중국 한문으로 이루어져 있기 때문이다. 엄청난 오역도 있을 수 있고, 오자, 탈자 등 많은 실수도 있을 것임은 부정하기 어려울 것이다. 그러나 모든 잘잘못은 우리 번역단, 특히 책임번역자인 본인의 책임일 것이다.

더구나 마지막 순간인 올해 2월 초 원고를 출판사에 넘기기 직전 역자가 새벽에 오토바이에 의한 교통사고를 당하여 한 달 정도의 의식불명의 시기와 몇 달간의 재활의 시간이 있었다. 자칫하면 끝마무리에 와서 아차하면 직접 출간하지도 못하고 타인이 출간하지 않으면 안 될 상황이 될 수도 있었을 끔찍한 상상에 섬뜩하기도 하였었다. 어쨌건 바야흐로 전질 5권으로 이루어진 결코 작지 않은 이 번역서가 해를 보게 되었음에 뿌듯한 심정을 금할 수 없다.

이 시점에서 『태평경』에서 '태평(太平)'의 말의 의미가 주는 뜻은 매우 깊다고 할 수밖에 없다. '태평'의 의미는 먼저 중국에서 이상적인 자연, 사회, 국가를 포괄하고 총괄하는 뜻을 지니고 있다. '태평천국(太平天國)'이란 말에서 알 수 있는 것과 같다. 다른 한편으로는 현대에 만연하는 이기주의나 반자연적인 태도의 불식을 지칭하는 것으로, 인간의 이기주의나 반자연적인 태도에 기인하는 현대인의 골수병폐인 환경파괴에 대항한다는 뜻을 가지고 있다. 태평이라는 말이 가지는 뜻은 곧 현대적인 환경파괴가 없는 순수한 '저절로 그러한' 자연(自然) 그 자체를 가리킨다. 바꾸어 말하면 현대에서의 철두철미한 환경 보존의 의미를 갖는다.

어느덧 21세기도 10여 년이 지난 이때 현대의 병을 공해병 또는 환경병이라 압축하여 말할 수밖에 없다. 여기에서 인간의 욕망, 즉 이기심을 충족하기 위해 아무렇게나 하는 개발, 난개발 아니면 무분별한, 개발이란 미명 아래 저질러지는 환경파괴는 이 세상에서 가장 사악한 범죄행위라고 볼 수밖에 없을 것이다. 『태평경』은 이것을 크게 경계하였다. 이를테면 〈기토출서결(起土出書

訣)〉과 같은 편을 읽으면 마치 『장자(莊子)』의 글을 다시 읽는 듯하다. 사실 그렇다. 무분별한 개발이나 인간 자신만을 이롭게 하기 위한 미명 아래 자행되는 모든 개발은 인간중심적이고, 인간 이기주의적인 것일 뿐이다. 이러한 현상은 전세계라는 지역적 차이나, 전근대와 근대, 그리고 현대라는 시간적 차이도 없다. 이와 같은 『태평경』에 대한 번역시도는 만시지탄의 감이 너무 크지만, 지금이라도 현 정권 아래에서 만신창이가 되어 버린 '아름다운 우리 자연'의 회복이나 보전에 도움이 되기를 바라는 마음 금할 수 없다.

이 자리를 빌려 그동안 번역에 도움을 주신 많은 분들께 깊은 감사를 드리지 않을 수 없다. 이 경전의 번역을 한국연구재단에 신청하였을 때 심사를 맡아 흔쾌하게 통과시켜 주신 심사위원들께 감사드린다. 그리고 올해 초 역자가 심각하게 와병중일 때부터 옆에서 조용하게 도와주고, 뒤에서는 자질구레한 번역과 출간과 관련하여 성심성의껏 도와준 조교 임형재 선생에게도 깊은 감사를 보낸다. 특히 너무나 방대한 이 책의 출간을 선뜻 맡아주신 세창출판사 관계자 여러분들, 이방원 사장님을 비롯하여 한문경전의 출간에서 난해함을 시원시원하게 정리해주시는 편집실의 김명희 실장님과 최성수 부장님, 그리고 음으로 양으로 관계하신 여러분들께 마음 깊은 곳에서 우러나오는 감사의 마음을 금할 수 없다.

2012년(壬辰年) 11월 15일
국립대학을 향하여 한 해가 저물어 가는
인천대학교 송도캠퍼스에서
책임역주 윤찬원(尹燦遠)

차례

太平經譯註【五】

太平經譯註【一】

太平經譯註【二】

太平經譯註【三】

太平經

제113권

『태평경초』

경부(庚部)의 11

제191 낙노길흉결(樂怒吉凶訣) : 즐거움과 분노함의 길흉에 관한 비결

해제 이 장은 '낙노길흉(樂怒吉凶)'이란 즐거움과 노함이 초래하는 상반된 결과에 관한 이야기이다. 여기에서 즐거움의 원인이 되는 음악에 대한 이야기를 하고 있다. 이런 의미에서 이 장은 초기 도교의 음악관을 알 수 있는 매우 중요한 문헌이다. 음악은 즐거움을 초래하고, 노함은 살벌한 형벌을 초래한다. 왜냐하면 음악은 양에 속하고 군주를 상징하고 '삶'을 주관하며, 노함은 음에 속하고 신민을 상징하고 형벌을 상징하기 때문이다. 이 장에서는 음악과 음양오행의 관계에 따라 음악의 융성과 음악의 폐지에 따른 서로 다른 결과인 길흉에 관해 비교적 소상하게 논하고 있다.

"여쭙습니다. 태평기가 모두 이르게 되면, 사람들은 단지 매일 여럿이서 놀러 다니게 될 것인데, 악기를 갖추고 다니는 게 일상이 되어 서로 조화를 이루고 교화를 하게 될 것이옵니다. 위로는 나라에 도움이 되어 천기가 조화롭게 되어 항상 나라가 오래 태평을 누리는 것을 기뻐할 것이옵니다. 천하 사람들도 마찬가지로 그 덕의 가르침의 혜택을 받아 재앙이 없게 될 것이옵니다. 그 음악이 제대로 된 것인지는 무엇을 근거로 알 수 있으며, 조화로운 것인지 아닌지는 무엇을 근거로 증험할 수 있겠습니까? 천사께 자세하게 이런 일을 질문 올리고 싶지 않았사오나, 참으로 두려워서 □□하지 않을 것이옵니다. 그래서 여러 번 거듭 질문을 올려 감히 게으르게 할 수 없는 것이니 하늘께서 노하실까 두려워서이옵니다."

"그대들이 하늘을 대신하여 질문하는 것이 참으로 좋도다. 나날이 더욱 노련해져서 하늘의 뜻[天意]을 얻는구나! 진인들은 분명 천수가 무궁할 것이니, 하늘의 보살핌 때문이다. 그렇다. 편히 앉아라. 다시 여러 제자들에게 다시 한 번 자세하게 그 의미에 대해 설명을 하여 그것을 분명하게 나타나게 하여 알 수 있도록 하겠다.

음악은 작은 규모로 이루어져 조금이라도 그 의미를 얻어서 사람을 즐겁게 할 수 있고, 중간 규모로 이루어져 중간 정도의 의미를 얻은 것은 다스림을 즐겁게 할 수 있고, 대규모로 이루어져 크게 의미를 얻은 것은 하늘을 즐겁게 할 수 있다. 사람을 즐겁게 하는 법을 얻게 된다면, 사람이 기쁘고 좋아할 것이다. 다스림을 즐겁게 하는 법을 얻게 된다면, 다스림이 그 때문에 화평해질 것이다. 천지를 즐겁게 하는 법을 얻게 된다면, 천지가 그 때문에 조화를 이루게 될 것이다. 천지가 조화를 이루게 된다면, 무릇 사물이 그로써 병이 없어지고, 여러 신들이 항상 즐거워하게 되어 화날 틈이 없을 것이다.

[부(附)] 천지의 뜻을 얻게 된다면 천지는 조화를 이루게 될 것이다. 사람이 이것을 본받아 즐거워질 것이다. 하늘과 땅과 사람이 조화롭게 되고 즐거움을 얻게 된다면 만물에게 질병은 사라질 것이고 군주와 신하는 항상 기뻐하게 될 것이다.

이것은 바로 태평의 기운이 이르게 되었을 [때 이루어지는] 악기를 구비한 음악의 즐거움에 대한 것이다. 이로써 음악이 대각(大角)과 상각(上角)의 소리를 장악[하여 연주될] 수 있다면, 청제(青帝)가 크게 기뻐하게 될 것인데, 인(仁)과 도와 덕이 생성되어 만물이 태어남을 즐거워하게 될 것이다. 청제가 나와 돌아다니면 간장의 병이 없어지게 될 것이고, 간(肝)에 있는 정과 신이 나타나게 될 것이다. 동쪽에 속한 것들 중 나쁜 것들은 다 제거될 것이고 좋은 것은 다 이르러 조화를 도울 것이다. 청의옥녀(青衣玉女)가 기이한 방술을 사람들에게 줄 것이다. 이런 것들이 분명한 효험이다. 진인들은 이 뜻을 세세하게 음미해 보아야 하느니라."

"예, 예."

"이런 이유 때문에 상각음(上角音)을 터득하여 연주한다면 위[上等人]를 교화할 수 있고, 중각음(中角音)을 터득하여 연주한다면 가운데[中等人]를 교화할 수 있고, 하각음(下角音)을 터득하여 연주한다면 아래를 교화할 수 있게 되는 것이니, 음악으로써 교화하는 것이다.

남쪽에 해당하는 음은 치(徵)이니, 대중소가 모두 조화를 이루게 된다면, 만물이 모두 자람을 즐거워하게 된다. 남쪽의 도와 덕이 즐거워하지 않는 것이 없게 될 것인데, 나쁜 것이 모두 사라지고 좋은 것들이 모두 앞으로 다가올 것이다. 적기(赤氣)가 모두 기뻐하여 적신(赤神)이 놀러 오게 될 것이다. 심장의 병이 사라질 것이며 심장에 있던 신이 출현하여 적의옥녀(赤衣玉女)가 오는 것을 영접하게 될 것이데, 사람들에게 기이한 방술을 하사하게 될 것이다. 이것이 바로 커다란 효험이다.

같은 이유로 황기(黃氣)에 해당하는 궁음(宮音)의 조화를 장악하면, 또한 궁음에 해당하는 모든 좋은 점들이 다들 오게 되고 나쁜 점들은 빠짐없이 녹아 없어질 것이다.

상음(商音)의 조화를 장악하[여 연주하]게 되면, 또한 상음에 해당하는 모든 좋은 점들이 다들 오게 되고 나쁜 점들은 빠짐없이 녹아 없어질 것이다. 우음(羽音)의 조화를 장악하면, 우음에 해당하는 모든 좋은 점들이 다들 오게 되고 나쁜 점들은 빠짐없이 사라질 것이다.

진인들은 스스로 요점을 세세히 생각하라. 초래되는 효과는 [오행에 따라] 해당되는 행에 따른다. 오방(五方)[의 음악]에 대해 모든 것을 설명하지 않는 이유는 너무 심오하기 때문이다. 상급의 선비[上士]가 보면 스스로 그 뜻을 터득하여 하나로써 만 가지를 미루어 안다. 중급의 선비[中士]가 들으면 너무 좋아할까 염려된다. 하급 사람[小人]이 들으면 제멋대로 지껄이게 된다. 그러므로 모든 것을 다 드러내어 보여 줄 수 없는 것이니, 사람으로 하여금 각기 그 뜻을 생각하게 하기 위함이다. 상급의 선비는 또 스스로도 하나로써 온갖 것을 미루어 아니 그 뜻에 대해 투철하게 알기 때문이다. 그러니 또한 그에게도 자세하게 이야기 해줄 필요가 없다. 중급 선비도 자기 스스로 그런대로 거의 알아가니 또한 그에게 자세히 설명해 줄 필요가 없다. 하급의 사람은 알게 되더라도 도리어 제멋대로 떠들게 되니 또한 그에게 자세히 말해줄 필요가 없다. 이런 이유로 간신히 그 의도를 파악할 수 있도록 약간만 그 대강을 들어주고 그 사례를 보여주어 모든 사람들에게 알려주는 것이니 각기 스스로 그 뜻을 생각하도록 하고자 함이다. 위 아래로 통달하여 잘못이 없을 것이다. 진인들은 알겠는가?"

"예, 예."

"그러므로 상급 선비가 음악을 할 때에는 무위(無爲)의 음악을 만들어서 세상을 구제하고, 중급 선비는 세상 사람을 화락하게 하는 음악으로 세상을 조화롭게 하고, 아래 소인은 겨우 다른 사람에게 음악을 연주하여 식사하는 데 소화를 돕게 할 따름이다. 이 세 부류의 사람은 각각 의미를 알고 있는 것이다. 태평기가 이르게 되면 그들이 하는 음악을 하도록 놓아 두어 자유롭게 그들의 여러 악기를 갖춘 음악을 연주하도록 하고, 삼가 그 음악을 금지하면 안 된다. 음악의 기운이 나오지 않아 다스림이 화평해지기 어렵게 된다. 다스림이 화평해지기 어렵게 되면 서로 다투고 소송하며 형벌이 난무하게 될 것이다. 음악이란 조화와 즐거움을 불러오는 것이고, 형벌이란 살벌함을 불러오는 것이다. 마치 형체와 그림자, 그리고 소리와 메아리처럼 인과가 분명하게 나타나게 마련이어서 조금의 오차도 없다. 대저 음악이란 노함을 그치게 하는 것이고, 노함이란 즐거움을 그치게 하는 것이다.

이 두 가지는 서로 서로를 해소시키는 것이다. 그러므로 즐겁게 되면 노함이 그치고, 노하게 되면 즐거움이 그치게 될 것이다. 이런 이유 때문에 노함은 반드시 형벌을 생기게 하니 싸움의 뿌리가 된다. 즐거움은 도와 덕의 문이다. 그러므로 마땅히 자유로이 하도록 두어 도와 덕의 뿌리가 생기도록 해야 한다. 금지하지 말아야 한다. 금지한다면 도리어 형벌과 재앙이 들어오는 문이 될 것이다. 이것이 바로 길함과 흉함의 출입문이고, 편안함과 위태로움이 발생하는 곳이다. 그러므로 음악은 양이고 형벌은 음이다. 음과 양은 서로 반대되는 것이니, 양이 흥하면 음이 쇠퇴하고, 음이 흥하면 양이 쇠퇴하기 마련이다.

양은 군주이고 음은 신하이다. 군주가 강성하면 신하가 복종하고 백성은 쉽게 다스려진다. 신하가 강성하면 군주의 통치가 침해받아 어지러워진다. 이것은 천지와 저절로 그러한 법이다. 그러므로 마땅히 그 군주에 해당하는 음악을 자유롭게 연주하게 하여 신하와 백성들을 누르고 분노하게 하는 기운을 그치게 하여야 한다. 후세[下古]의 어리석은 사람들은 이 의미를 제대로 알지 못하고 도리어 걸핏하면 금지하여 없애 버린다. 그러므로 음기가 강성해지고 양기기 쇠락해지는 것이다. 음기가 강성해지면 도적이 많아져서 죄를 진 사람이 끊임없이 나타난다. 만물들이 태어나지 못하니 대부분 음기의 피해를 보기 때문이다. 이런 커다란 잘못은 여기에 있다. 음악의 기운이 홍성하면 양기가 홍성해져서 이런 피해를 없애버릴 수 있다. 군주의 기운이 강성해지면 점점 더 장수해질 수 있게 된다. 최상의 불로장수를 누리게 될 것이다. 느리고 즐거운 것은 위로 하늘에 속하고, 빠름과 성내서 형벌을 주는 것은 아래로 땅에 속한다. 위를 흥하게 행한다면 모든 일이 순조로울 것이며, 아래를 흥하게 행한다면 모든 일이 꼬일 것이다. 진인들은 삼가라. 이 말을 깊이 생각하지 않을 수 있겠는가?"

"예, 예."

"그대들은 깊이 알았다 하겠다. 후세의 사람들에게 이것을 전하여 알려주어 각기 그 뜻을 생각하여 삼가 막아 없애지 못하도록 하여라. 즐거우면 오방의 도와 덕이 다 나타나고, 노여워하면 오방의 악독함이 다 드러난다. 즐거우면 천지의 도와 덕이 다 나타나고, 노여우면 천지의 악독함이 출현한다. 그러므로 천지가 즐거우면 좋은 것들이 호응한다. 천지가 즐겁지 못하면 나쁜 것들이 호응한다. 그러므로 오방이 즐거워 조화롭다면 오방의 좋은 것이 호응하여 나타날 것이다. 그러므로 오방이 즐겁지 않고 노여워하면 오방의 나쁜 것이 호응하여 나타날 것이다. 이것은 사소한 일이 아니다. 그러므로 "단절시키지 말라"고 하는 것이니, 모든 사람들이 함께 그 뜻을 음미하여 모두 함께 철두철미 깨달아 모두 음악의 기를 일으키도록 하는 것이다. [그렇게 되어야] 기쁘고 즐거운 기운이 몰려오고, 급박하고 노여워하는 기는 사라질 것이다."

"훌륭하십니다. 훌륭하십니다."

"좋다. 그대들은 이미 알았도다."

이상은 천상에서 즐거움과 노여움을 분별하여 생겨나는 길흉에 대한 비결을 말한 것이다.

請問〈起〉太平氣俱至, 人民但當日相向而遊, 具樂器以爲常, 因以和調相化, 上有益國家, 使天氣和調, 常喜國家壽, 天下亦被其德教而無咎. 其樂得與不得, 以何爲明哉. 和與不和, 以何爲效乎. 〈止〉欲不及天師具問其事, 恐固固有不□□[1]者. 故前後重問, 不敢懈怠, 恐天怒也. [起]善哉. 子爲天問事, 日益閑習, 得天意. 眞人必益年壽無窮, 天所祐也. 諾, 安坐, 復爲諸弟子具更道其意, 使其察察, 令可知也. 樂, 小具小得其意者,[2] 以樂人. 中具中得其意者, 以樂治. 上具上得其意者, 以樂天地. 得樂人法者, 人爲其悅喜. 得樂治法者, 治爲其平安. 得樂天地法者, 天地爲其和. 天地和, 則凡物爲之無病, 群神爲之常

喜, 無有怒時也. [止]

[附] 得天地意者, 天地爲和, 人法之其悅喜. 得天地人和悅, 萬物無疾病, 君臣爲之常喜.[3)]

〈起〉是正太平氣至, 具樂之悅喜也. 是故樂而[4)]得大角上角[5)]之音者, 靑帝大喜, 則仁道德出, 凡物樂生, 靑帝出遊, 肝氣爲其無病, 肝神精出見. 東方之類, 其惡者悉除去, 善者悉前助化, 靑衣玉女[6)]持奇方來賜人, 是其明效也. 眞人詳思此意. 唯唯. 故上角[7)]音得, 則以化上也. 中角音得, 則以化中也. 下角音得, 則以化下也. 而得之以化. 南方徵之音,[8)] 大小中悉和, 則物悉樂長也. 南方道德莫不悅喜, 惡者除去, 善者悉前. 赤氣悉喜, 赤神來遊, 心爲其無病. 心神出見, 候迎赤衣玉女來, 賜人奇方, 是其大效也. 故得黃氣宮音之和, 亦宮音之善者亦悉來也, 惡者悉消去. 得商音[9)]之和, 亦商音善者悉來也, 惡者悉消去. 得羽音[10)]之和, 羽音善者悉來也, 惡者悉去. 眞人自詳思其要意, 所致逮效本行也. 所以不悉究竟說五方者, 謂其大深. 上士見之, 自得其意, 以一承萬. 中士得之, 恐其大喜也. 小人得之, 或妄語也. 故不悉露見, 使凡人各自思惟其意, 上士且自以一承萬, 通知其意, 亦不須爲其悉說也. 中士亦且自綝綝幾知之, 亦不須爲其悉說也. 下士或得, 而反妄語, 亦不須爲其悉說也. 是故財成慮,[11)] 小擧其綱, 見其事, 以示凡人, 使各自思其意, 則可上下通達而無過. 眞人知之邪. 唯唯.

故上士治樂, 以作無爲以度世.[12)] 中士治樂, 乃以和樂俗人以調治. 下士治樂, 裁以樂人以召食.[13)] 此三人者各諭意. 太平氣至, 聽其所爲, 從其具樂琴瑟, 愼無禁之, 則樂氣不出, 治難平. 難平則氣鬥訟而多刑. 夫樂者致樂, 刑者致刑, 猶影響之驗, 不失銖分也. 凡樂者, 所以止怒也. 凡怒者, 所以止樂者也. 此兩者相伐, 是故樂則怒止, 怒則樂止. 是故怒者乃生刑罰, 鬥之根也. 喜樂者, 乃道德之門也. 故當從之, 使生道德之根, 勿止之也. 止之, 反且生刑禍之門也. 此者, 吉凶之所出, 安危之所發也. 故樂者, 陽也. 刑罰者, 陰也. 陰之與陽, 乃更相反, 陽興則陰衰, 陰興則陽衰. 陽者, 君也. 陰者, 臣也. 君盛則臣服, 民易治. 臣盛則君治侮亂. 此天自然之法也. 故當從其君樂也, 以猒其民臣, 止其數怒也. 下古之人愚, 不深知其意, 反多斷絶之, 故使陰氣盛, 陽氣衰也. 陰氣盛則多盜賊, 罪人不絶. 凡萬物不生也, 多被陰害, 大咎在此. 樂氣興則陽氣盛, 以斷此害. 君氣盛則致延年益壽, 〈止〉則上老壽. 夫緩與樂者, 上屬天也. 急與怒刑者, 下屬地. 興行其上者, 萬事理. 興行其下者, 萬事亂. 眞人戒之, 此言可不深思乎. 唯唯. 子可謂深知之矣. 傳之以示下古之人, 使各思其意, 愼無閉絶也. 〈起〉樂則五方道德悉出,[14] 怒則五方惡悉出也. 樂則天地道德悉出也, 怒則天地惡悉出也. 故天地樂者, 善應出也. 天地不樂者, 惡應出也. 故五方樂而和者, 五方善應出也. 故五方不樂而怒者, 五方惡應出也. 〈止〉是非小事也, 故言毋斷絶也. 令凡人共惟思其意, 俱一覺悉出之, 然後悅樂氣至, 急怒氣去[15]也. 善哉善哉. 行, 子已知之矣.

右天上分別樂與怒所生吉凶訣.

역주

1) □□(□□) : 『정독』에서는 궐문이 '효해(曉解)'라 보고 있다.

2) 小具小得其意者(소구소득기의자) : 음악은 여러 악기를 갖추어서 연주되기 마련이다. 그런데 그 '갖춤'의 규모 혹은 완비 정도에 따라 '소구(小具)' '중구(中具)' '상구(上具)'로 나눈 것이다. 완비된 정도

에 따라 음악의 효과를 나타냄에 차이가 있을 것이다. 작은 규모로는 작은 효과를 낼 수밖에 없을 것이다. 이것이 바로 "소구소득기의자(小具小得其意者)"이다. 다음 글에 보이는 "중구중득기의자(中具中得其意者)"와 "상구상득기의자(上具上得其意者)"는 이것을 미루어 보면 그 의미를 알 수 있을 것이다.

3) 得天地意者, 天地爲和, 人法之其悅喜. 得天地人和悅, 萬物無疾病, 君臣爲之常喜(득천지의자, 천지위화, 인법지기열희. 득천지인화열, 만물무질병, 군신위지상희) : 이 부분은 왕명(王明) 선생이 『태평경』을 교감하며 참고를 위해 『초』에 있는 부분을 부록으로 삽이한 것이다. 아마도 위의 "천지위기화. 천지화, 즉범물위지무병, 군신위지상희, 무유노시야(天地爲其和. 天地和, 則凡物爲之無病, 群神爲之常喜, 無有怒時也)" 부분에 대한 이문(異文)일 것이다.

4) 而(이) : 『금주금역(하)』에서는 '능(能)'으로 보고 있으니 따랐다.

5) 大角上角(대각상각) : 고대 음양오행가의 설에 의하면, 각(角)은 오행 중 목(木)에 속한다. 계절로 치면 봄에 속하고, 색깔로 치면 청색(靑色)이며, 덕으로 치면 '인(仁)'이다. 이 구절 이후의 것들도 모두 고대 음양오행설에 의거하여 이야기되고 있다.

6) 靑衣玉女(청의옥녀) : 목행여신(木行女神)을 말한다.

7) 上角(상각) : 상각(上角), 중각(中角), 하각(下角)의 정확한 의미가 불분명하다. 각음의 연주 수준에 따른 분류이거나, '소구(小具)' '중구(中具)' '상구(上具)'에 의해 연주되는 각음(角音)을 의미할 것이다.

8) 南方徵之音(남방치지음) : 치(徵)는 오행 중 화(火)에 속한다. 그렇다면 계절은 여름, 색깔은 적색(赤色), 특색은 자라남[長], 오장 중에는 심장(心臟)을 나타낸다.

9) 商音(상음) : 오행 중 금(金)에 속하고, 계절로는 가을에 해당한다.

10) 羽音(우음) : 오행 중 수(水)에 속하고, 계절로는 겨울에 해당한다.

11) 財成慮(재성려) : 정확한 의미는 미상이다.

12) 上士治樂, 以作無爲以度世(상사치악, 이작무위이도세) : '작무위이도세(作無爲以度世)'에 대해, 『금주금역(하)』에서는 "무위를 하여

신선이 되다"라고 보고 있다. 『전역(하)』에서는 '무위'를 '무위지법(無爲之法)'이라 보고 있다. 모두 그리 자연스러워 보이지 않는다.

13) 樂人以召食(낙인이소식) : 『전역(하)』에서는 "다른 사람을 즐겁게 하는 것으로 밥벌이를 한다"로 보고 있는데, 그럴 경우 다음에서 말하고 있는 태평기를 초래하는 것과 의미연결이 어렵다. 다른 사람의 심신건강에 도움을 주는 유식(侑食)으로 번역하였다. 『금주금역(하)』에서도 ' 유식(侑食)'의 의미로 설명하고 있다.

14) 五方道德悉出(오방도덕실출) : '오방(五方)'은 동서남북과 중앙을 말한다. 내용상 '오행'을 말한다. 고대의 관념에 의하면 이 세상은 오행으로 형성되었고 운행되어진다. 그렇다면 '오방도와 덕실출(五方道德悉出)'은 모든 도와 덕이 그 해당시기 혹은 해당영역에 따라 출현함을 말한다. 결국 모든 도와 덕이 발생한다는 의미이다.

15) 悅樂氣至, 急怒氣去(열락기지, 급노기거) : 앞의 "완여악자, 상속천야. 급여노형자, 하속지(緩與樂者, 上屬天也. 急與怒刑者, 下屬地)"와 비교하면, '열락(悅樂)'은 '완락(緩樂)'을, 급노(急怒)는 '급노형(急怒刑)'을 말함을 알 수 있다.

太平經

제114권

경부(庚部)의 12

『태평경초』

제192 모결(某訣)

해제 여기에서 '모결[某訣]'이란 글자는 후대 『태평경』을 편집하면서 덧붙인 것이다. 이 제목 아래, 본문의 앞 첫 줄에 '전문원결(前文原缺)'이란 글귀가 있다. 곧, 앞 부분의 글은 본래 없다는 것을 뜻한다. 『돈황목록(敦煌目錄)』과 대조해보면, 「효행신소경결(孝行神所敬決)」이라는 제목이 적절할 것으로 보인다. 이 장에서는 주로 '효행'에 관해 이야기하고 있다. 한(漢)나라 때는 특히 효(孝)를 중시했고, 그 영향으로 『태평경』은 많은 부분을 '효'에 할애하고 있다. 효행의 구체적인 사례들과 효를 행하는 것의 이로운 점 등을 말하는 주에 한(漢)나라 때의 '효렴방정' 제도도 논의되고 있다. '효'를 '선행'과 결합시키며, 부모에 대한 효를 임금에 대한 충성으로 연결시키는 현상이 나타나고 있다. 나아가 효행을 통해 세속적인 출세만 아니라, 수명을 연장할 수 있을 뿐 아니라, 신선이 되어 여러 신들에게 공경을 받게 된다는 도교의 종교교리 또한 여실하게 드러나고 있다.

앞부분의 글은 본래 없다.

양친을 모심에 부모님께 병환이 생기면, 마음속으로 슬퍼하며 곧바로 의원에게 가서 고개를 조아리며 효성스러운 맹세를 더하여 쓴다. 의사를 대할 때에는 공경을 다해 받들며, 집안의 재산을 가지고 와서 의사에게 바치고, 정중하게 의사를 칭찬한다. 의사는 이런 정성을 보고, 마음속으로 이 효자를 매우 높이 평가하여, 마음을 다해서 효력이 있는 약물과 새로운 비방을 찾아서, 각각의 내용에 대해 알 수 있도록 해준다. 의사를 맞이하여 역신을 쫓는 축귀의식을 행하고, 늘 눈물을 흘리며 참회하고, 하늘을 향해 사죄하며, 스스로를 때리면서 참회하며 불쌍히 여겨줄 것을 구하며, 머리를 땅에 조아리는데 땅이 돌밭이거나 진흙탕이라도 피하지 않는다. 이렇게 하면 어느 순간 부모가 평안을 얻게 된다. 며느리에게 항상 부모님 곁을 지키고 있도록 하며, 부드럽고 맛있는 음식을 해서 입에서 당기실 때면 언제든지 드실 수 있도록 하게 한다. 부모는 가족들과 의논하여 소유한 재산이 부족하면, 그 자손들에게 부담하도록 하여, 집안에서 소유하고 있는 재산을 모두 써서 부모에게 효도하고 사사로운 마음이 없어지도록 만든다.

친척과 이웃사람들이 그 효성스러움과 선함을 보고 남은 재산이 없다는 것을 알고는 다시 와서 재물과 식량을 주며, 그를 위해 의사를 불러준다. 또 환자에게 덮을 만한 것을 가져다주며, 서로 더불어 밤낮으로 자주 위문하며, 환자의 안위를 확인하고, 환자를 봉양하는 데 필요한 것이 없는지 묻는다. 환자가 회복되어가는 것을 보며 어느 정도 좋아졌다는 말을 들으면, 마음이 그로 인해 기뻐지게 되는데 이것은 효가 영향을 준 것이다. 하늘이 그 효심을 보고 부모의 병을 낫도록 해서 마치 평소와 같도록 만들어 준 것이다. 마음이 곧 희열로 가득 차게 된다. 부모님께서 건강을 회복하여 음식을 드실 수 있게 되면, 재계하고 제사를 올리는데, 시장에 나가 집안의 재산을 팔아 제물을 마련하되, 이렇게 마련한 모든 제물을 하늘에 올리고, 조상에게도 감사를 돌리면, 재앙이나 탈을 몰고 오는 여러 귀신들이 한순간 사라지게 된다. 풍성하고 출처가 올바른 제물을 올려서 자신이 애초에 했던 맹세를 감히 어기지 않는 것, 이것이 효자가 마땅히 행해야 하는 바이다.

세속에서는 이러한 것이 선하다는 것을 알지만, 그것을 행할 수는 없다. 행할 수 있는 자는 본성이 저절로 그러함[自然]에서 나온 자들이다. 하늘이 그 이름을 내려 줄 때, 그런 사람들을 효성스럽고 선하게 해서 자손대대로 서로 전해지도록 한 것이다. 생계를 도모하여 재산을 모을 때, 다른 사람을 침해하는 행위를 하지 않고, 가족과 친척과 이웃에게 이익을 만들어준다. 이런 효자들은 하늘에 보답하며 그 은혜를 잊지 않는데, 이것이 그 훌륭함이다. 부모의 수명은 예측할 수 없으니, 장례를 위한 준비를 미리 대비하여, 불필요한 소비를 줄이고 매년 남겨두어 보이지 않는 곳에 보관하여, 관리들이 알지 못하게 함으로써 징발로 인하여 남의 재산을 모조리 가져가지 못하도록 해야 한다. 효심에 미진함이 있게 되고, 또 가진 바도 없게 되면, 부모의 수명이 다하셨을 때 제대로 전송해드릴 수가 없으며 또 효의 근본적인 의미도 다하지 못하게 된다.

효를 행하는 자가 그 공을 이루기 위해 노력하면, 공이 드러나고 이름이 나게 되어 위로 황제의 조정에 소문이 나고 각 지방에서 모두 천거되어 하루아침에 영예롭게 되니, 이는 효도가 이르는 지극한 바가 아닌가? 자손이 이러한 영예와 혜택을 이어받아 대대로 끝없이 다할 수 있다. 이에 대해서 은혜를 명심하고 잊지 않으면, 하늘이 선하게 여겨서 선한 신을 보내어 항상 따라다니며 보호해주니, 이것이 효도가 이르는 지극한 바이다.

그 집안의 한 사람은 마땅히 장수하며 신선이 될 수 있으니, 후손들이 그를 받들어 공경하여, 재앙과 근심이 없게 할 수 있고, 모두가 장수하여 중도에 요절하는 사람이 없도록 해줄 수 있으니 이는 좋은 일이 아니겠는가? 좋은 일 가운데 도달하는 바는 어느 것이든 이루어지지 않겠으며, 어느 것이든 성취되지 않겠으며, 어느 것이든 얻지 못하겠으며, 어느 것이든 통달하지 않겠는가? 힘써 행하되, 게으름 피우지 말지어다. 이것은 선한 사람의 복이다.

효성스럽고 선한 사람은 다른 사람도 그를 침해하지 않는다. 효성스럽고 선한 사람을 침해하면 하늘이 그를 징계하되 몇 배 더 심하게 징계할 것을 알 수 있기 때문이다. 선함이 선함이 되는 이유를 알고자 하고, 효가 효로 되는 이유를 알고자 하며, 서로 본받아 따라하지 못하는 것을 괴로워하지만, 이것은 저절로 그러함에서 나온 것이다.

하늘이 그의 이름을 선함의 명부에 적어놓는데, 선하고 효성스러운 자들은 스스로 서로 전해 내려오면서 서로를 천거하니, 또한 어찌 다할 때가 있겠는가. 마음이 선하고 효성스러운 사람은 다른 사람들이 스스로 그를 숭배하며 그 또한 다른 사람을 침범하거나 해치지 않는다. 소문이 흘러 팔방에 널리 알려지니, 지방 관리들은 빈자리가 생기면 서로 그를 데려다가 보충하려 한다. 선하고 효성스러운 집안을 미리 알아서, 자기 지역에서 천거하면, 관리들은 세상 사람들의 마음에 근거하여 그 효성스럽고 선함을 표창하고자 하여 수하 관리를 보내서 위문한다. 또 마음을 깊이 쓰는 관리는 직접 왕래하여 그를 살펴보고, 그의 행실과 마음에 대해 소문을 들어 알아보고, 그를 천거한다. 대대로 영예롭게 되고, 덕행이 존숭 받아 높은 관리가 되며, 자손 대대로 세습 받아 효자의 집안이라는 명예를 물려받게 되고 집안에 사악한 사람은 한 사람도 없게 된다. 집안에서 효도할 뿐만 아니라 아울러 안팎으로 미치게 되니, 관리가 되어서는 모두 임금에게 효도하니, 그 충성이 더해져서 항상 고위관직에 있게 되며, 조정에 대해 효도하게 된다.

지역에서 기이한 사치품이 나오면 자기 재산으로 그것을 구입해서, 훌륭함을 취하고 백성들이 괴롭지 않도록 하며, 고생스러운 일을 시키는 바가 없도록 한다. 지역에서 모두 자애롭고 효도하게 되면 오곡이 풍성하게 익을 것이고 수명을 채우지 못하고 요절하는 백성들도 없게 된다. 하늘이 이런 사람을 위해 비바람을 조화롭게 해주고 그것들을 시기와 절기에 맞도록 해주니, 이는 하늘이 효성스럽고 선한 사람을 높여서, 그로 하여금 재앙이나 화를 만나지 않게 해주고, 백성들이 그를 스승으로 삼아 감화되어 모두 잘 부양하고 순종하는 마음을 갖도록 한 것이니, 하늘은 마음을 거스르지 않는다. 이것은 선함 가운데 더욱 선한 것과, 효성스러움 가운데 더욱 효성스러운 것이, 마침내 완성된 것이다. 천하의 불효한 사람들로 하여금 서로 본받도록 하여 효의 의미를 일으키는 것이다.

천하에 큰 사면령을 내려서, 범하지 말았어야 하는 여러 범죄자들의 형을 감해주거나 면해주고, 아울러 부모에게 효성스럽고 연장자를 공경하는 밭을 짓는 서민 자제들에게는 비단과 술과 고기를 내려주며, 지방 관리들이 경의를 표시하며 그들의 효행을 표창하여, 사람들이 알 수 있도록 한다. 주변 사람들이 그것을 보고,

마음이 있는 존재라면, 선한 의지를 가지고 서로 사랑하게 된다. 이는 모두 하늘이 내려준 은혜이자 본분으로, 백성들로 하여금 순종하도록 한 것이다. 이는 본래의 선함이 선함을 다 실현하고 본래의 효성스러움이 효성스러움을 다 실현하게 되면, 본래부터 불효한 사람이 끝끝내 불효하지는 않게 되고, 본래부터 악한 사람이 끝내 악하지는 않게 된다. 선함을 자기의 목표로 세우게 되면, 하늘이 모두 장수하게 해주어 백발이 될 때까지 살게 될 것이다. 길게는 120세까지 살 수 있을 것이고, 짧아도 100여 세에 이를 것이다. 선하고 효성스러움이 이루는 결과는 단지 빈 말에 불과한 것이 아니다. 비단 하늘이 그를 사랑할 뿐만 아니라, 네 계절과 오행, 해와 달과 별들이 모두 그를 좋게 생각하고, 돌아가며 그를 비추어주면서 나쁜 일을 만나지 않게 해준다. 그 훌륭함이 이와 같으니, 중시하지 않을 수 있겠는가?

하늘이 백성을 낳아주면서 선하고 효성스러울 수 있는 자는 적었으니, 선함과 효성스러움을 행하여 홀로 장수하고 또 존귀한 관직을 얻게 되니, 모두 효도를 행함으로써 얻게 되는 결과이다. 다만 말로만 그치는 것이 아니므로, 이 책을 내어서 백성들에게 보여준 것이니, 본받고자 하는 사람들은 하늘이 다시 그들을 오래 살도록 하여 자손들에게 이 책을 전할 수 있게 하고 서로 보존할 수 있도록 할 것이다. 이 책이 나온 후에는 반드시 효도를 행하여 세속을 넘어서서 신선이 되는 효자가 있을 것이고, 그 다음으로는 관작을 기대하게 될 것이다. 천하의 일은 효도를 최상으로 여기는데, 보통 사람들이 미치지 못하는 바이다. 효도의 공로와 행실이 쌓이고, 앞뒤로 끊임없이 계속되며, 빠뜨리는 바가 없게 되면, '다시 태어난 사람'이라고 불리게 된다. 부모의 은혜를 입고, 다시 효도하고 순종하는 모습을 보이면, 하늘이 그의 수명이 적힌 명부를 정하여 불사(不死)의 상태에 있게 해 주니, 이것이 효도를 행하는 집안이다. 또한 신선이 되어 하늘에 올라 천상의 일을 관리하게 된다. 또 그를 충효의 명부에 기록하여 존경을 받게 되고, 천상에서 직무를 맡아서, 영예와 총애가 날마다 현저하게 드러나니, 하늘은 그를 '효성스럽고 착한 신인'이라 이름하고, 천신들에게 모두 존경받게 된다. 맛있는 음식을 얻게 되면 먼저 그 효행이 이처럼 짝을 찾을 수 없는 사람에게 보내준다. 그의 수명은 끝이 없게 되며, 정기의 빛이 날마다 증가하여 위로는 끝없는 하늘을 보고 아래로는 끝없는 땅을 보며 사방으로 늘어나 끝없는 경계까지 보게 될 것이다. 또 아직 일어나지 않은 일을 알 수 있게 되며, 여러 신이 모두 그 명령을 따르고 그의 뜻을 거스르지 않으며 다함께 그를 하늘에 천거한다. 태상의 임금이 그 짝이 없을 정도의 효행을 보고, 그를 가까이 두니, 안팎의 신들이 더욱 그를 존경하고 중시하게 된다. 그러므로 하늘에 사랑받는 사람은 여러 신들이 그를 공경하고 하늘에 미움 받는 사람은 여러 신들이 그에게 위해를 끼친다고 하는 것이다. 이것은 알 만한 것이다. 나머지는 각자 마음을 쓰고, 그 편한 것을 선택하되, 마땅한 바를 따르라. 책의 글은 잠깐 멈추고, 또 그 다음을 생각해서, 좋은 것이 있으면 다시 이야기하되 빠뜨리지 말도록 하라.

據敦煌目錄, 當作孝行神所敬訣第一百九十二.

前文原缺.

行有疾苦,[1)]心中惻然, 叩頭醫前, 補寫孝言. 承事恭敬, 以家所有, 貢進上之, 敬稱其人. 醫工見是, 心敬其人. 盡意爲求眞藥新好, 分部谷令可知,[2)] 迎醫解除.[3)] 常垂涕而言, 謝過於天, 自搏求哀,[4)] 叩頭於地, 不避瓦石泥塗之中. 輒得令父母平安,敎兒婦常在親前, 作肥甘脆, 恣口所食.[5] 父母商家, 所有不致, 苦其子孫,[6] 令盡家所有, 殊私心孝於前.[7] 親屬比鄰, 見其孝善, 知無所有, 更往給餉, 爲其呼迎醫工, 蒙薦席,[8] 相與日夜數勞, 知其安危問養. 視其復聞小善言, 心爲之喜歡, 是孝之所致也. 天見其孝心, 令得愈, 更如平素, 心中洒喜欣. 復身得能食穀者, 齋戒市賣, 進所有上於天, 還謝先人, 諸所得祟輒卒,[9] 香潔, 不敢負言, 是孝子所宜行也. 俗聞知是善, 而不能行之, 能行之者, 性出自然. 天稟其命, 令使孝善, 子孫相傳. 治生有進, 不行侵人, 有益於親, 賓婚比鄰, 孝者還報, 不忘其恩, 是之善者也. 父母之年, 不可豫知. 爲作儲待, 減省小費, 歲歲有餘, 藏不見之處, 勿使長吏及小吏聞知, 因緣徵發, 盡人財産. 爲孝心未盡, 更無所有. 父母年盡, 無以餉送, 復爲不竟孝之意. 行孝之人, 思成其功, 功著名太上, 聞帝廷, 州郡所擧, 一朝被榮, 是非孝所致耶? 子孫承之, 可竟無極之世. 此念恩不忘, 爲天所善, 天遣善神常隨護, 是孝所致也. 其家一人當得長生度世, 後生敬之, 可無禍患, 各以壽終, 無中夭者, 是不善邪? 善之中所致, 何所不成, 何所不就, 何所不得, 何所不通乎? 努力行之, 勿以爲懈倦也. 是善人之福也.

孝善之人, 人亦不侵之也; 侵孝善人, 天爲治之. 劇於目前, 是爲可知. 欲知善之爲善也, 知孝之爲孝也, 苦不能相效也. 是出自然. 天與善籍, 善孝自相得傳, 相勝擧, 亦何有極. 心善孝之人, 人自從崇之, 亦不犯剋人, 流聞八遠, 州郡縣長吏有空缺相補. 豫知善孝之家, 縣中薦擧, 長吏以人情欲聞其孝善, 遣吏勞來. 又有用心者, 以身往來候之, 知聞行意薦之. 歲歲被榮, 高德佩帶, 子孫相承, 名爲傳孝之家, 無惡人也. 不但自孝於家, 幷及內外. 爲吏皆孝於君, 益其忠誠, 常在高職, 孝於朝廷. 郡縣出奇僞之物,[10] 自以家財市之, 取善不煩於民,[11] 無所役. 郡縣皆慈孝, 五穀爲豐熟, 無中夭之民. 天爲其調和風雨, 使時節. 是天上孝善之人, 使不逢災害, 人民師化, 皆食養有順之心, 天不逆意也. 是善尤善, 孝忠尤孝, 遂成之. 使天下不孝之人相效, 爲設孝意. 有大命赦天下, 諸所不當犯者盡除, 幷與孝悌力田之子, 賜其綵帛酒肉, 長吏致敬, 明其孝行, 使人見之. 傍人見之, 是有心者可進愛, 有善意相愛,[12] 此皆天下恩分, 使民順從. 此本善致善, 本孝致孝, 本不孝其末不孝, 本惡其末惡. 善者其願皆令其壽, 白首乃終. 上至百二十, 下百餘歲, 善孝所致, 非但空言而語也. 不但天愛之也, 四時五行、日月星辰皆善之, 更照之, 使不逢邪也. 其善乃如是, 可不重邪? 天生人民, 少能善孝者, 身爲之獨壽考. 復得尊官, 皆行孝所致. 不但祐言, 故出此書, 以示生民. 其欲法則者, 天復令壽, 可傳子孫相保. 書出必當行孝, 度世孝者, 其次復望官爵. 天下之事, 孝爲上第一, 人所不及. 積功累行, 前後相承, 無有所失. 名復生之人, 得承父母之恩, 復見孝順之文. 天定其錄籍, 使在不死之中, 是孝之家也. 亦復得增度, 上天行天上之事.[13] 復書忠孝諸所敬, 爲天領職, 榮寵日見. 天上名之爲孝善神人, 皆爲神所敬. 有求美之食先上, 遺其孝行如是無有雙人.[14] 其壽無極, 精光日增. 上見無極之天, 下見無極之地, 傍行見無極之境. 復知未然之事, 諸神皆隨其敎令, 不逆其意, 共薦擧白. 太上之君見其孝行無輩, 著其親近, 內外神益敬重之. 故言天所愛者, 諸神敬之; 天所憎者, 諸神危之, 是爲可知, 餘者各自用意, 自擇其便, 從其所宜. 書辭小息, 且念其後, 得善復出, 不令遺脫.

역주

1) 行有疾苦(행유질고) : 양친을 모시는데, 부모님께 병환이 생기다. 행(行)은 부모님을 모시는 행위를 의미한다. 질고(疾苦)는 병에 걸려 고통을 받음, 즉 '병고(病苦)'와 같은 의미이다.

2) 分部谷命可知(분부곡령가지) : 이 부분의 해석은 난해하여 이견이 분분하다. 곡(谷)으로 되어 있는데, 『정독』은 곡(谷)을 각(各)으로 해야 한다고 주해했다. 이 경우 '각각의 부위에 대해 알 수 있도록 해준다'는 정도로 풀이할 수 있다. 이 입장을 따랐다. 『금주금역(하)』는 『소문(素問)』「음양응상대론편(陰陽應象大論篇)」과 「기혈론편(氣穴論篇)」을 근거로 하여 부(部)를 '장부 각 부위 가운데 증상을 판단할 수 있는 곳'으로, 곡(谷)을 '살이 크게 모이는 곳을 곡(谷)이라하고 살이 작게 모이는 곳을 계(谿)라고 한다'라고 주해했다. 따라서 분부곡(分部谷)을 '병리(病理)와 약의 성질 및 용법, 치료효과 등에 대해 진단 및 설명해주는 것'이라고 풀이했다. 한편, 『전역(하)』는 앞 문장의 신호(新好)를 이 구절로 연결하여 '新好分部谷命可知'로 구두하고, 곡(谷)을 욕(欲)으로 해야 한다고 주해하며, '새롭고 좋은 부문의 정황을 환자의 보호자가 알 수 있도록 하고자 한다'라고 풀이했다.

3) 解除(해제) : 축귀의식을 행하다. 『전역(하)』는 '병을 해소시킨다'라고 풀이했지만, 『금주금역(하)』의 주에 의하면, 해제(解除)는 동한(東漢)시대에 성행했던 일종의 축귀활동으로, 먼저 제사를 지내고 손님을 불러 음식을 베풀고, 식사가 끝나면 칼과 막대기로 귀신을 쫓았다. 『논형』「해제(解除)」편에 상세한 내용이 있다. 또한 『태평경』 권72 「재계사신구사결(齋戒思神救思訣)」에도 이와 비슷한 내용이 보인다.

4) 自搏求哀(자박구애) : 스스로를 때리면서 참회하며 불쌍히 여겨줄 것을 구한다. 왕명성(王鳴盛)의 『십칠사상각(十七史商榷)』「후한서(後漢書)七」에 의하면 "자박(自搏)"은 "손으로 자신을 때림으로써 잘못을 참회하며 자책하는 뜻을 나타냄을 의미한다(以手自搏擊, 悔過而痛自責之意也)." 머리를 땅에 조아림 혹은 『후한서』「조희전

(趙喜傳)」에서 이현(李賢)은 "자박(自搏)"에 대해 "자박은 머리를 조아림과 같다(自搏猶叩頭也)"라고 주해했다. 『전역(하)』은 이에 대해 도교의 참회의식 중 하나로, 스스로 자기 몸을 타격하면서, 신을 향해 불쌍히 여겨줄 것을 간구하는 태도, 혹은 머리를 조아림의 의미라고 주해했다.

5) 恣口所食(자구소식) : 입에서 당기실 때면 언제든 드실 수 있도록 해드리다. 자(恣)는 『전역(하)』의 '마음대로(任意)'라는 주해를 따른다. 참고로, 『정역』과 『전역(하)』에서는 자구(恣口)에서 절구하고 이를 윗 문장과 연결시켜 '作肥甘脆恣口'로 구두(句讀)했다. 이에 따른다면, '(맛있고 부드럽고) 부모님의 입에 맞는 음식을 해드린다'는 의미가 된다. 『전역(하)』에서는 또한 소식(所食)을 이식(以食)으로 바꿔서 뒷 문장과 연결시켜, '作肥甘脆恣口, 以食父母'로 구두(句讀)했고, 이에 따른다면, '(맛있고 부드럽고) 부모님의 입에 맞는 음식을 해드려서 부모님을 봉양한다'는 의미가 된다.

6) 父母商家, 所有不致, 苦其子孫(부모상가, 소유불치, 고기자손) : 부모는 가족들과 의논하여 소유한 재산이 부족하면, 그 자손들에게 부담하도록 하다. 상(商)은 '의논하다' 또는 '계산하다'는 의미이고 불치(不致)는 '이르지 못하다' 또는 '이르지 않(게 하)다'는 의미이다. 이 부분은 구두법이 각각 다르며, 해석에도 이견이 있다. 먼저 왕명(王明)은 『합교』에서 '(恣口所食.) 父母商家, 所有不致, 苦其子孫(令盡家所有, 殊私心孝於前)'으로 절구했다. 이 구두법을 따랐다. 한편 『정역』에서는 '所食父母, 商家所有, 不致, 苦其子孫'으로 구두했으며 '불치(不致)'에 대해 '이르지 못하다', 즉 '돈이 부족하여 살 수 없다는 것을 의미한다'라고 주해했다. 이에 따르면 "봉양받는 부모는 집안에서 소유하고 있는 재산을 계산해보되, 만일 재산이 부족하다면 그 자손들을 괴롭게 하여" 정도로 해석할 수 있다. 『금주금역(하)』의 경우에는 '父母商家所有, 不致苦其子孫'으로 구두하며, "부모는 집안에서 소유하고 있는 재산을 계산해서 자식에게 내놓아 자식들이 괴로운 지경에 이르지 않도록 한다"라고 해석했다.

이 견해에 따르면 이 구절은 부모의 입장에서 말한 것이고 이 뒷 구절은 자식의 입장에서 말한 것이 된다. 또한 『전역(하)』에서는 '(作肥甘脆恣口, 以食父母) 商家所有, 不毁苦其子孫'으로 구두하고, '불치(不致)'를 '불훼(不毁)'로 바꿔 읽었으며, 상가소유(商家所有)를 '가족과 의논하다'라고 주해하며, "부모는 마땅히 가정과 의논해서, 수입에 맞게 지출하여서, 자녀들로 하여금 부담이 가중되어 괴롭게 만들지 않도록 해야 한다"라고 해석했다.

7) 令盡家所有, 殊私心孝於前(영진가소유, 수사심효어전) : 집안에서 소유하고 있는 재산을 모두 사용하게 하여 부모의 일에 대해 효도하며 사사로운 마음이 없어지도록 만든다. 수(殊)는 『전역(하)』의 주해에 따라 '단절하다(斷也, 別也)'는 의미로 보았다. 이 구절에도 해석에 이견이 있다. 『금주금역(하)』는 앞 구절은 부모의 입장에 대해 말한 것이지만 이 구절은 자식의 입장에 대해 말한 것이라고 주해하며, '수(殊)'를 '특별히 드러내다(特表)' '사심(私心)'을 '자신의 마음(一片孝心)'으로 풀이했다. 이에 따라 "(한편 자식은) 온 집안에 있는 재산을 모두 사용해서 부모 앞에서 자신의 효심을 특별히 드러내야 한다"라고 해석한다. 한편 『전역(하)』는 '수사(殊私)' 앞에 '비(非)'가 있는 것(非殊私心孝於前)으로 보아서, "자기의 자식들이 온 집안에 있는 것을 다 가져다 효를 다하지 말도록 하라"라고 해석했다.

8) 蒙薦席(몽천석) : 덮을 만한 것을 가져다 주다. 『합교』에서는 앞의 문장과 붙여서 '爲其呼迎醫工蒙薦席'으로 보았고, 『전역(하)』는 이 구두법에 따랐다. 『전역(하)』는 이 구절에 대해 '평평한 곳에 방석을 깔다(鋪上墊席)'라고 주해하며, '의사를 임시로 초빙하는데, 의사는 존귀한 손님이 되므로 평평한 곳에 방석을 깔고(鋪上墊席) 그를 환영하는 것이다'라고 풀이했다. 한편 『정독』과 『금주금역(하)』는 '蒙薦席'을 따로 떼어서 읽었으며, 여기에서도 이 구두법을 선택했다. 『정독』은 '짚으로 만든 돗자리를 걸쳐주다(披戴草席)'라고 주해했고, 『금주금역(하)』는 '볏집 거적(草墊)을 천(薦)이라 하고 부

들돗자리(蒲團)를 석(席)이라 한다'라고 주해하며, '환자에게 몸 위에 걸칠 것을 새 것으로 갈아 덮어준다(鋪換)'라고 풀이했다.

9) 諸所得祟輒卒(제소득수첩졸) : 재앙이나 탈을 몰고 오는 여러 귀신들이 한순간 사라지게 된다. 이 부분의 구두법은 『합교』, 『금주금역(하)』, 『전역(하)』는 모두 '諸所得祟'에서 절구했다. 『정독』만 구두법을 달리했는데, 여기에서는 이 구두법을 따랐다. 뒤의 '첩졸(輒卒)'과 붙여 읽으며 '諸所得祟輒卒. 香潔不敢負言'으로 구두했다. 수(祟)는 『금주금역(하)』는 『논형』 「사의(祀義)」편을 인용하면서 수(祟)를 '재앙을 내리는 귀신을 의미한다'고 주해하며, 이 구절을 '재앙을 내리는 모든 귀신'으로 풀이했다. 『전역(하)』 역시 『설문』에서 '수(祟)는 귀신의 화이다(祟鬼禍也)'라고 한 것을 인용하며 '본래 귀신이 인간에게 내리는 재앙과 화인데, 여기서는 병을 가리킨다'라고 주해했다.

10) 奇僞之物(기위지물) : 기이하고 헛된 사치품. 『전역(하)』는 『장자』 「도척」편의 문장을 예로 들면서 도가의 전적에서는 자주 '교위(巧僞)'를 연문(連文)으로 썼다고 하며, 기위(奇僞)를 기교(奇巧)로 보아야 한다고 주해했다. 『금주금역(하)』에서는 기위지물(奇僞之物)이란 각종 사치품을 의미하며, 이하의 구절에서는 조정에 대해 공물을 바치는 것에 관해 이야기하고 있다고 주해했다.

11) 取善不煩於民(취선불번어민) : 훌륭함을 취하고 백성들이 괴롭지 않게 하다. 『전역(하)』는 取善不煩에서 절구하고 於民은 뒷 문장과 연결시켜 '取善不煩, 於民無所役'으로 구두해야 한다고 보았으며, 이에 따라 이 구절을 "선을 장려하고 골치아프지 않게 하다"라고 해석했다. 한편 『금주금역(하)』는 한대(漢代)에 진상제도가 있었다고 지적하며 취선(取善)을 '지방에서 특산물을 바치는 것을 조정에서 책임지고 처리하다'라고 주해했다.

12) 是有心者可進愛, 有善意相愛(시유심자가진애, 유선의상애) : 마음이 있는 존재라면 사랑으로 나아갈 수 있게 되고, 선한 의지를 가지고 서로 사랑하게 된다. 이 부분은 해석이 난해하다. 『전역(하)』

은 '마음이 있어 선을 행할 수 있는 인간으로 하여금 위에서 격려한 효행을 보게 함으로 인하여 그들의 부모에 대한 사랑을 증진하게 하다'라고 주해하며 "마음의 지혜(心智)가 있는 사람은 모두가 仁愛의 영역으로 들어갈 수 있고, 모두 상호 선의로 서로 사랑할 수 있다"라고 해석했고, 여기에서도 이 맥락을 따랐다. 한편, 『금주금역(하)』는 '是有心者可進. 愛有善, 意相愛'로 절구하며, "이것은 심계(心計)를 갖춘 사람은 충분히 위를 향해 갈 수 있다는 것을 증명한 것이다. 사랑함은 선한 마음과 선행의 사람을 갖추고 있으며, 마음 속으로 피차 서로 소중히 여긴다"라고 풀이했다.

13) 亦復得增度上天, 行天上之事(역복득증도상천, 행천상지사) : 또한 신선이 되어 하늘에 올라 천상의 일을 관리하게 된다. 이 부분은 구두법에 이견이 있다. 『합교』와 『전역(하)』는 '亦復得增度, 上天行天上之事'로 절구했는데, 『금주금역(하)』는 '亦復得增度上天, 行天上之事'로 『정독』은 '亦復得增, 度上天, 行天上之事'로 구두했다. 그러나 전체적인 해석은 크게 달라지지 않는다.

14) 有求美之食, 先上遺其孝行如是無有雙人(유구미지식, 선상유기효항여시무유쌍인) : 맛있는 음식을 얻게 되면 먼저 그 효행이 이처럼 짝을 찾을 수 없는 사람에게 보내주다. 이 부분은 해석과 구두법에 이견이 있다. 먼저 『합교』는 '有求美之食先上, 遺其孝行, 如是無有雙人'으로 구두했는데, 『전역(하)』 역시 이 구두법을 따르며 '구(求)'를 '기(奇)'로 보아 구미지식(求美之食)을 '신기하고 맛있는 음식'으로 보며, 전체 문장을 "신기하고 맛있는 음식을 먼저 효행의 사람에게 준다. 효행이 짝을 찾을 수 없게 되면"이라고 풀이했다. 『금주금역(하)』는 '有求美之'를 윗 문장과 관련되는 것으로 보고 여기에서 마침표를 찍어 문장이 끝난다고 보았다. 의미는 "그가 요구하는 것이 있으면 신들이 매우 영광으로 생각했다"라고 풀이했다. 또한 '食先上'은 "여러 신들이 효자가 바친 제물을 먼저 흠향하는 것"이라고 주해했으며, '유(遺)'를 '답례하다(致送・回敬)'로 주해하며 '遺其孝行'을 "(그렇게 함으로써) 그 효행에 답례하다"라고 풀이했다. 『정독』

은 '有求美之食, 先上遺其孝行如是無有雙人'이라고 구두하고 구(求)를 '얻다'(獲得)로, 유(遺)를 '보내주다'로 주해했다. 여기에서는 『정독』의 입장을 따랐다.

제193 구군태상친결(九君太上親訣) : 아홉 군주가 태상의 신임을 받는 비결

해제 여기에서 말하는 '구군(九君)'이란 하늘의 조정(天庭)을 보좌하는 신선들의 집단을 의미한다. 이 글에서는 '여러 위대한 신들'(諸大神)이라고도 한다. '태상(太上)'은 가장 높은 천군(天君)을 이야기하며, '친(親)'이란 '가까이 하며 신임하다'는 의미이다. 아홉 군주가 천군(天君)의 신임을 받아 가까이 모시며, 여러 신들을 거느린다는 구도이다. 이런 구도 속에서, 이들의 중요한 업무는 인간세계에서 신선이 되기를 원하는 자들에게 세 종류의 환상을 통해 시험하며, 신선이 되기에 합당한 사람에게는 신선의 명부에 이름을 올려준다. 이 가운데 대낮에 승천을 한다거나, 공덕에 따라 시해(尸解)를 하는 등의 이야기들이 나오는데, 이런 이야기나 시험에 관한 이야기들은 훗날 도교 문학이나 미술에 상당한 영향을 끼쳤다.

오직 가장 높은 곳에 계시는 태상(太上)의 임금만이 법도를 가지고 있으며, 지혜가 환하며 모든 것을 통찰하니, 모든 것에 통달하여 알 수 있고 미래의 일을 미리 알 수 있다. 신이 아직 말하기 전에 의도하는 바를 미리 아니, 신이 예지하는 바를 보고 감히 속이지 못한다. 이는 명백한 것이니 무엇을 다시 말하겠는가? 태상의 임금의 말에 어찌 움직이지 않을 수 있겠는가? 사람들이 다 함께 경외하면서도 마음속으로는 완전히 다 행하지는 않는데, 이것을 또 모를 수 있겠는가? 그 의미를 미루어보면, 그러한 까닭은 태상은 모두 신령스러우니, 그가 낳고 화육하는 것이, 잘 살 수 있음을 모두 알 수 있다. 신선의 명부는 순서에 따라 배열되어 있고, 그 높고 낮은 질서를 이끌고 있으니, 따르지 않는 자가 어디에 있는가? 구황(九皇)의 위는 구군(九君)이다. 구군이란 태상이 가까이 신임하는 것이다. 각자 행하는 바가 있는데, 아래의 따르는 여러 신들에게 은혜와 관용으로 베풀어주니, 여러 신들이 그 행하는 바를 공경하며, 따르지 않는 자가 없다. [하늘에서] 녹봉을 받으며 근무하는 작은 신들도 구황의 뜻을 알 수 없는데, 하물며 세속의 인간들은 말할 것이 있겠는가? 마음이 성스럽고 귀가 총명해야 비로소 하늘에서 녹을 받도록 등록되어 있는 자신의 기록을 볼 수 있다. 기록에서 이름이 실려 있는 바로 그 글들은 스스로 천지 정기의 빛을 발한다. 모두 황금으로 책자를 만들었으며, 백은으로 그 글자를 완성했다. 이 명부는 천군의 궁전 안에 있는데, 중극에 부본이 있다. 그 나머지 각 부서에서 관리하는 공문서들은 모두 보고문의 죽간으로써 스스로 문장이 생겨나고, 글자에 따라 정과 신이 함께 하니, 그것을 광명이라고 한다.

천군이 말씀하실 때마다 알고 있는 상황을 점검해보아 말씀하신 바를 거스르지 않도록 한다. 신인과 진인들은 천군의 말씀을 받으면, 곧 상세한 보고를 올린다. 신인들은 위에서부터 아래에 이르기까지 모두 민간의 상황을 알고 있으며, 천군은 또한 신인들이 말한 내용에 대해 알고 있는데, 정확히 일치되도록 알고 있다.

저절로 그러한 도가 알지 못하는 것이 없으며 변화시키지 못하는 것이 없으니, 움직일 때나 멈춰 있을 때나 본래부터 사사로운 바가 없기 때문이다. '하늘의 주방'[天廚]에서 음식을 먹고 마시며, 깨끗하고 순수한 광채를 옷으로 삼아 둘렀으니, 다시 무엇을 더 구하고자 하겠는가? 이것이 태상(太上)의 임금이 행하는 바이다.

대신과 작은 신이 각자 행하는 직책을 가지고 있어, 모두 서로를 경외하며 감히 사사로운 마음을 품지 않는다. 방자한 마음은 추구하는 바에서 드러나니, 마음이 있는 존재의 마음을 동요시켜서 그가 행위하는 바가 성공할 수 있는지 없는지를 알아본다. 먼저 그 생각을 미혹시켜서 그 사람으로 하여금 생각하는 목표마다 실현되도록 해준다. 그리고 말한다. "너는 이미 신선의 목록에 기록되었고, 수명도 무궁하게 되었다. 고위관직을 얻고 제후의 식읍에 봉해지고 또 비단과 금은주옥을 하사받게 되어, 마음으로 생각하는 바가 다 이루어지게 될 것이다." 그러나 이것은 신선이 되는 길이 아니다.

그 사람의 마음이 견실한지 여부를 알아보기 위해서 때로는 미녀의 형상을 내려주어, 그가 미색으로 인해 얼굴빛이 변하고 마음이 혹하여 뜻이 무너지지 않는지를 시험한다. 다시 크고 작은 형상으로 그 모습의 변화를 보여주는데, 생각이 서로 꼬리를 물고 연결되어 다음 나타날 것에 몰입하게 되는데, 이것은 신선을 이룰 수 없는 길이다.

때로는 깊은 산속이나 큰 골짜기 속에 수많은 짐승과 호랑이와 이리가 있는 곳이나 깊은 물을 만들어서 사람의 마음을 동요시킨다. 혹은 독충이나 독사 같은 것들을 만들어 놓고 사람으로 하여금 가서 죽이도록 시킨다. 그가 혹시라도 두려워하여 감히 높은 산에 올라가지 못하거나 큰 골짜기나 깊은 물속에 들어가지 못하면, 마찬가지로 도를 완성할 수 없게 된다.

이런 환상들은 사람들을 경계하는 것으로, 신선이 되는 것에 속하는 것이 아니니, 특히 마음을 굳게 먹고 생각을 집중하며, 미혹시키는 것을 맞닥뜨리더라도 그에 따라 굴러 넘어지지 말고 의지를 견고하게 하여, 펼쳐지는 환상을 따라 들어가고 나오며, 깊은 산 큰 계곡 속에서 위로 올라가고 아래로 내려가라. 물이 깊고 거대해도 마음속으로 두려워하지 말라. 아름다운 미색을 보더라도 마음으로 탐내거나 사모하지 말며, 가족들의 크고 작은 모습으로 나타나 다시 서로 그만두게 만류하더라도 그 사람들의 말을 따르지 않고, 다만 장생하는 도를 얻어, 나아가 태상을 알현하고 충효의 마음을 다하여 아래에 있는 것들에 대해 돌아보지 않으면, 이것이 신선을 이룰 수 있는 것이다.

경계하는 항목이 중요하고도 매우 많지만, 그 긴요한 문장을 선택하여 설명해보겠다. 하늘도 역시 선한 사람을 믿으니, 신선에게 시켜 그를 세속에서 벗어나 신선이 될 수 있도록 한다. 그 사람이 본래 선한데 하늘이 무엇 때문에 그를 속이겠는가? 기만하여 시험하게 되는 까닭은, 그 스스로 의심하며, 신선에 관한 쓸모없는 것들을 억지로 추구하며, 공덕이 없이 편안함만 구하니, 무엇 때문에 그 마음을 속여 기만하는 것을 드러내지 않겠는가? 이것은 하늘은 생명을 중시하며, 그 마음이 특출나고 의지가 굳건함을 사랑한다는 것이다.

장생을 염두에 둔다면, 세 가지 면에서 밝아야 하니, 세 가지 밝음이란, 마음이니 명당(明堂)에서 올바름을 주관하며, 여기에 해와 달의 빛과 서로 감응하는데, 이를 '세 가지 밝음에서 도를 이룬다'고 한다. 마음이 스스로 돌아보지 않으나, 또한 신선의 명부가 있으니, 억지로 구할 수 있는 것이 아니다. 대낮에 승천(白日昇天)

하는 사람은 본래부터 진실되고, 본성이 본디 선하며, 마음속이 밝아, 동요시키고 마음을 경계시키고자 환상을 보여도 사사로움으로 기울어지지 않고, 재물과 이익의 부류도 돌아보지 않으며, 의복이 조잡하고 거칠어 입어도 간신히 몸만 가릴 수 있다. 이것이 승천하는 사람의 행동거지이다. 하늘이 그의 선함을 좋게 여겨, 이에 선한 신들로 하여금 그를 따라다니며 수호하도록 하여, 사악한 것에 공격받지 않도록 한다. 천신이 그를 아껴서 마침내는 공을 이루게 된다. 이것은 스스로의 행위가 초래한 결과로, 그는 본래부터 세속에서 재물을 크게 이루는 것을 탐내지 않았으니, 하늘이 그의 마음을 알고, 순서에 따라 명부에 진인들로 이름을 올려주며, 스스로 길한 별이 와서 그를 비춰준다. 그가 태어난 날과 시간이 본래 흉하지 않은 것이었는데, 하늘이 다시 좋게 여겨서 그가 신선이 되어 천군의 다스림을 돕기를 바란다. 천상의 문서에 직접 통하게 하여, 그의 행위 중에 사사롭게 감춤이 없도록 한다. 행동이 드러난 것이 여러 해가 되면, 위에서 마침내 신선의 명부에 이름을 올리게 된다. 태상의 뜻에 부합하고, 그 공덕과 행위는 [태상을] 기쁘게 할 수 있으며, 그 미치지 못하는 바에 도움을 얻을 수 있으니, 이 역시 신들이 마땅히 보우할 대상이다.

하늘은 효성스럽고도 선하고 진실된 사람에게 확실히 보답하고, 행위에 아무런 결함도 없으며, 대낮에 갑자기 그를 받들어 맞이하는데, 앞뒤로 환하게 빛을 발하여 여러 백성들이 볼 수 있게 한다. 이것은 그 공을 이룬 것으로 사람들로 하여금 훌륭함을 알 수 있게 한다. 대낮에 승천하는 사람은 백만 명의 사람 중 한 사람도 얻기 어려운 것이다. 이것을 얻을 수 있는 자는 하늘의 위대한 신이 보호하고 신임하는 자이다. 그 나머지는 여기에 비교할 수 없다. 시해(尸解)를 하여 신선이 된 사람은 백만 명 중 한 사람 정도일 뿐이다. 그 공덕에는 크고 작음이 있으며, 서로 천거하는데, 그 사람은 당연히 하늘에게 애지중지함을 받는다. 안으로는 태상의 마음을 얻어, 그를 천거한 것이 참된 효과가 있게 되며, 각자 공명을 이루게 되니, 이것은 좋지 아니한가? 천군이 교시를 내리는 날, 신은 말씀을 고치지 않는다. 이는 천군이 훌륭하고 참된 효과를 얻어서, 아직 일어나지 않은 일을 깊이 알아 털끝만큼도 속일 수 없는 것이다. [속이려 하면] 모두 수명이 짧아지거나 다하도록 만들 것이다. 다만 조금만 해석을 했으니, 뒤에 다시 생각해보라. 내 말 중에 다 말하지 못한 게 있으면, 다시 생각하여 말해주겠다.

惟太上之君有法度, 開明洞照, 可知無所不通, 豫知未然之事. 神靈未言, 豫知所指, 神見豫知, 不敢欺枉, 了然何所復道. 太上之言, 何有不動乎? 人同敬畏, 心不悉行, 是且得知不? 照其意.[1] 所以然者, 太上皆神, 所生所化, 當生當活, 皆可知. 神錄相次, 道其尊卑, 何有不從者乎? 九皇[2]之上則九君. 九君者, 則太上之親也. 各有所行, 恩貸布施諸神從者, 諸神敬其所爲, 靡有不就者也. 小神食不能知九皇之意, 何言俗間之人乎? 心聖耳聰, 財可觀其文章祿策. 當直錄籍文辭, 自生精光. 皆以金爲簡, 銀成其文章. 此簿在天君內, 中極[3]有副. 其餘曹文書辭, 皆以奏簡, 自生文章, 精神隨字, 名之光明. 每有語言, 輒照有所知, 不逆所言. 神人眞人得天君辭, 便具言, 神人上下, 皆知民間. 天君知神所言, 不失文墨規矩之中. 自然之道, 何所不知, 何所不化, 動錯自無所私. 飮食天廚,[4] 衣服精華, 欲復何求, 是太上之君所行也. 大神小神, 自有所行, 皆相畏敬, 不敢有私. 恣意見所從求, 動搖有心之心, 知其所爲可成以不,[5] 惑迷其意, 使其人各隨至意. 言汝皆受於仙籙, 壽得無極. 金銀紫文之綬,[6] 封侯食邑, 復賜綵帛金銀珠玉, 心想所得. 是非神仙道. 知人堅與不? 或賜與美人玉女之象, 爲其作色便利之, 志意不傾. 復令大小之象, 見其形變, 意相隨念其後生, 此爲不成之道. 或作深山大穀中, 多禽獸虎狼之處, 深水使化人心. 或有蟲毒之物, 使其人殺之. 或恐不敢上高山, 入大穀深水之中, 亦道不成. 是象戒人, 是在不上之中, 殊能堅心專意, 見迷惑, 不轉志堅, 隨其入出上下深山大穀之中. 水深大, 心不恐懼. 見其好色, 志不貪慕, 家人大小之象, 更相拘留, 不隨其人言, 但得生道, 進見太上, 盡忠孝之心, 無所顧於下, 是爲可成. 戒大衆多,[7] 取其要文. 天亦信善人, 使神仙度之也. 其人自善, 天何從欺之. 所以有欺者, 其人狐疑, 彊索神仙無益之用,[8] 無功而求安, 何從不見欺邪? 是天重生, 愛其情尤志堅,[9] 念生要三明. 三明者, 心也, 主正明堂,[10] 通日月之光, 名三明成道. 心志自不顧, 亦有錄策, 不可彊求. 白日昇天之人, 自有其眞, 性自善, 心自有明, 動搖戒意不傾邪, 財利之屬不視顧, 衣服麤粗, 衣纔蔽形, 是昇天之人行也. 天善其善也, 乃令善神隨護, 使不中邪. 天神愛之, 遂成其功. 是身行所致, 其人自不貪世俗大營財物, 天知其至意,[11] 按次簿名眞, 自有善星. 其生日時, 自不爲惡. 天復善之, 貪化以助天君治理. 天上文辭使通徹, 行無私隱. 見行有歲數, 上竟榮簿有生名, 可太上之意, 能說其功行, 助其不及, 是亦神當所擁護也. 天信[12]孝有善誠, 行無玷缺, 故使白日輒有承迎, 前後昭昭, 衆民所見, 是成其功, 使人見善. 白日之人, 百萬之人, 未有一人得者也. 能得之者, 天大神所保信也. 餘者不得比. 屍解之人, 百萬之人乃出一人耳. 功有大小, 更相薦擧, 其人當使天愛重之. 內爲得太上腹心, 薦擧其爲有信效，各成其功名，是不善邪? 天君出教之日，神不枉其言. 是天君得善信效， 深知未然， 不可有毛髮之欺. 皆令壽命盡少.[13] 盡小解，於後復念，語未卒意者，復念道之.[14]

역주

1) 是且得知不, 照其意(시차득지불, 조기의) : 이것을 또 모를 수 있겠는가? 그 의미를 비추어보면. 이 부분은 구두법과 해석에 이견이 있다. 여기에서는 『정독』의 구두법을 따랐다. 『합교』는 是且得知不照其意를 붙여 읽었다. 『금주금역』은 '是且得知, 不照其意'로 절구하며, '이런 마음가짐은 천군(天君)에게 관찰받는데, 그래도 온전히 천군의 의지를 깊이 헤아려 따르지 않는가?' 『전역(하)』는 '(태상의) 뜻은 알았지만, 그의 의지를 따라 처리하지 않는다'로 풀이했다.

2) 九皇(구황) : 천삼황(天三皇), 지삼황(地三皇), 인삼황(人三皇)을 가리킨다. 본경 권66 「삼오우열결」을 참조할 것(『금주금역(하)』).

3) 中極(중극) : 중극. 『전역(하)』는 중극을 관직명으로 보았다. 한편 『금주금역(하)』는 중극을 곤륜산(崑崙山)이라고 보며, 옛날에는 곤륜산이 천하의 중앙에 있어서, 북극성이 있는 천구(天區)와 서로 대응되며, 천제와 신선들이 모이는 곳으로 간주해서 중극이라 불렀다고 주해했다. 본경 권110 「대공익년서출세월계」와 권112 「불망계장득복결」을 참고할 수 있다.

4) 飮食天廚(음식천주) : 하늘의 주방에서 먹고 마시다. 천주는 하늘의 주방이라는 뜻이지만, 별 이름이기도 하다. 자미궁 동북쪽에 위치하며 하늘의 조정에서 성찬을 주관한다(『금주금역(하)』). 도교에서는 천신이 먹는 음식들이 이곳에서 나온다고 여겼다(『전역(하)』).

5) 知其所爲可成以不(지기소위가성이부) : 그가 행위하는 바가 성공할 수 있는지 없는지를 알아보다. 이 부분은 구두법에 이견이 있다. 『합교』와 『전역(하)』에서는 '知其所爲可成'으로 절구했지만, 『금주금역(하)』와 『정독』의 구두법을 따랐다. 성공의 내용에 대해서 『금주금역(하)』에서는 '신선이 될 수 있는지의 여부'로 풀이했다.

6) 金銀紫文之綬(금은자문지수) : 고위 관직. 수(綬)는 인장을 묶는 끈. 『전역(하)』에 의하면 한대(漢代)의 상국(相國)과 승상은 모두 금색 인장과 자색 인끈이었다. 또 『금주금역(하)』에 의하면, 한대(漢代)의 규정에 제후왕은 붉은 색의 인끈(綬)을 패용했고, 공후와 장군은 자색 인끈을 패용했으며, 고위 관리들 여러 왕국의 귀인들과 상국은 녹색 인끈을 패용했고, 구경(九卿)과 이천석의 태수급 관장들은 청색 인끈을 패용했다. 인끈에는 벼슬 및 식읍의 많고 적은 구분이 있었는데 이것이 여기에서 말하는 '문(文)'이다.

7) 戒大衆多(계대중다) : 경계하는 항목이 중요하고도 매우 많다. 이 부분은 구두법에 이견이 있다. 『합교』와 『전역(하)』는 '戒大衆, 多'로 절구했지만, 여기에서는 『금주금역(하)』와 『정독』의 구두법을 택했다. 大(대)는 중대하다는 의미(『금주금역(하)』).

8) 彊索神仙無益之用(강색신선무익지용) : 신선에 관한 쓸모없는 것들을 억지로 추구하다. 이 구절은 구두법에 이견이 있다. 『금주금역(하)』와 『정독』은 '彊索神仙, 無益之用'으로 절구했으나, 여기에서는 『합교』와 『전역(하)』의 구두법을 택했다. 또한 『금주금역(하)』에서 이 구두법에 근거하여 之(지)를 우(于)로 보았지만 역시 따르지 않았다.

9) 愛其情尤志堅(애기정우지견) : 그 마음이 뛰어나고 의지가 굳건함을 사랑한다. 이 구절은 구두법에 이견이 있다. 『합교』와 『전역(하)』는 '愛其情, 尤志堅'으로 절구했으나, 여기에서는 『금주금역(하)』와 『정독』의 구두법을 따랐다. 우(尤)은 특출나다는 의미이다. 『금주금역(하)』에서는 연연해 하며 버리지 않음이라고 주해했지만 근거가 미약하다.

10) 主正明堂(주정명당) : (사람의 마음이) 명당에서 올바름을 주관하다. 여기에서 명당은 별자리이다. 『금주금역(하)』은 '명당'은 천제(天帝)가 정사를 펼치는 궁전으로 동쪽7숙 가운데 심숙(心宿)이라고 주해하며, 이 구절을 "사람의 마음이 올바름을 붙잡고 있음을 하늘의 조정인 명당에서 드러내 보여준다"고 풀이했다. 한편 『전역

(하)』에서는 『소문(素問)』과 『주역참동계』를 인용하며, 정(正)은 정(政)과 하며 주정(主正)은 정무를 주관한다는 것으로 보았다. 즉 마음은 몸을 주재하는 군주이며, 명당은 고대에 임금이 일을 처리하던 곳이니, 마음이 몸을 주재하여 펼치는 작용들이 마치 옛날 임금들이 명당에 앉아 국사를 처리하는 것과 같다라고 주해했다. 이 주해에 의하면, "(몸의 군주인 마음이) 조정에서 (몸을) 주재하는 것이다"의 의미가 된다.

11) 至意(지의) : 뜻. 생각. 지(至)는 지(志)와 통한다(『정독』).

12) 信(신) : 확실히 보답하다(『금주금역(하)』).

13) 皆令壽命盡少(개령수명진소) : 속이려 하면 모두 수명이 짧아지거나 다하도록 만들 것이다. 『정독』은 이 구절 앞에 '기(欺)'자가 생략된 것으로 보았다.

14) 盡小解, 於後復念, 語未卒意者, 復念道之(진소해, 어후부념, 어미졸의자, 부념도지) : (나는 여기에서 문장에 대해) 다만 소소한 해석을 조금 했는데, 뒤에 다시 생각해보고, 내 말 가운데 의미를 다 말하지 못한 게 있으면, 다시 생각해서 말해주마. 이 구절은 구두법에 이견이 있다. 『합교』와 『전역(하)』는 '盡小解於後, 復念語未卒意者, 復念道之'로 절구했고 『금주금역(하)』는 '盡小'를 앞 문장에 붙여 읽고 '解於後, 復念語, 未卒意者復念道之'로 절구했으며 『정독』은 이 문장 앞에 '사(辭)'자가 빠졌을 것이라고 보며 '盡小解, 於後復念, 語未卒意者, 復念道之'로 절구했다.

제194 불효불가구생계(不孝不可久生誡) : 불효자는 오래 살 수 없다는 계

해제 이 장에서는 '불효'의 구체적인 사례와 결과를 제시하면서 효도에 대해 강조하고 있다. 즉 '불효'란 양친을 부양하지 않고, 악행을 저지르고 화를 초래하여 부모로 하여금 매우 근심하게 하며, 그렇게 한다면 결국 붙잡혀 심판을 받아 사형에 처해지거나 귀신에게 해를 입어 오래 살 수 없게 된다고 한다. 그 결과 자식을 잃은 부모는 늙어서 의지할 바 없게 된다고 말한다. 앞의 장들과 마찬가지로 효와 불효를 선행과 악행으로 귀결 짓고, 이를 다시 장생과 단명이라는 결과를 초래하는 것으로 본다. 불효하다 죽은 귀신은 제사상도 차려줄 사람이 없어 구걸하며 떠돌며, 저승에서도 달가워하지 않게 되는 등, 효자와는 상반된 보응을 받게 된다고 서술한다.

예나 지금이나 인간사를 생각해보아도 인지상정에 모두 부합하지 않고, 자기 마음에 좋다고 생각하는 것만 바라면서, 맡겨진 일은 충실하게 하지 않는다. 평소 이야기하는 것은 특별할 것도 없는 그저 그런 이야기들만 즐기면서, 다른 사람이 훌륭한 일을 행하는 것을 보면 비웃음을 머금고 말한다. "일에 어떤 이로움이 있겠는가?"라고 한다. 경솔하게 말하고 쉽게 입을 놀리며, 부모자식끼리도 서로 속이며, 직접 눈을 맞대고 있을 때는 아무 소리가 없다가 떠난 뒤 뒷자리에서 선하니 악하니 말하는데, 믿을 만한 기준이 없으니, 세간에 무익하기만 하다. 세간에는 다만 속됨만이 성행하고, 말과 행동이 선서(善書)와 부응하는 사람이 없다. 마음속으로는 내가 선하다고 하지만, 행동은 거기에 부합되지 않으며, 따를 만한 선함이 없다. 말은 항상됨이 없이 오르락내리락하니, 믿을 만하지 못하다. 이런 사람을 신중하지 않은 사람이라고 한다. 어떻게 장수하며 나아가서 신선이 될 수 있겠는가?

마음이 선하고 뜻을 지닌 사람들과 같을 수 없도다! 삶을 추구하고 죽음을 회피하는 사람은 이런 악한 사람을 보고 싶어 하지 않지만, 자신에 대해서는 알지 못하는 것이다. 스스로 강건하여 자기를 이길 수 있는 사람이 거의 없다고 생각하며, 도리어 새벽이나 한밤중에 올바르지 못한 재물을 취하며, 공들이고 수고하여 그것을 얻으려 하지 않으면서, 인간세상에서 오랫동안 살 수 있다고 생각한다. 다른 사람들과 이야기를 할 때, 옆 사람들이 그가 말한 것이 옳지 않음을 비난한다. 신들이 이런 것들을 들어서 알고, 또한 그가 행한 행위를 헤아려 보며, 그의 마음을 움직이게 하여 떠보아, 그의 악함과 오랫동안 선을 행할 수 없음을 알고 돌아가 천신에게 보고하며 다음과 같이 말한다. "인간 세상에 경솔하게 말하고 쉽게 입을 놀리는 사람이 있는데, 오랫동안 선을 행할 수 없고, 잠깐이면 나쁜 말이 다시 드러나니, 참된 효과가 없습니다. 다만 아첨하고 속이면서 서로를 비난하기만 하니 이런 자들이 사람에게 무슨 이익이 있겠습니까?"

[하늘이] 여러 곡식을 먹게 해주고, 비단 옷을 입게 해줬으며, 여름과 겨울에는 옷을 바꿔 입게 해주었는데, 사람들이 먹는 것에서 입맛에 즐겁기를 바라고 입는 것에서 몸에 즐겁기를 바라니, 시장에는 이윤이 생기게 되었다. 기꺼이 가서 그런 이윤을 추구하여 늙은 부모를 봉양하려 하지 않고, 햇빛이 환한 아침에야 자리에서 일어나 어디로 갈지를 모른다. 집 안의 물건들을 가지고 나가 팔아서 서로 번갈아 가며 대접하고, 술집에서 제멋대로 다리를 쭉 펴고 앉아 기생을 희롱하고 웃고 떠들며, 노래하고 춤추며 연주하며, 스스로 강하다고 생각하고, 귀에 입을 대고 소곤거리며, 시시비비를 이야기한다. 재물이 다 소진되어, 다시 스스로 줄 것이 없게 되면, 서로 작당을 지어 나쁜 짓을 저지르고, 드디어는 악인이 되어 버리니, 통제할 수 없이, 스스로를 악행 속에 포기해버

리니, 반나절 동안의 선행이라도 있을 수 있겠는가? 집안에서 조금도 쓸모가 없게 되어 부모를 극도로 걱정시키며, 형제와 부인도 번번이 그 사람 때문에 걱정하여, 한시도 편안할 때가 없게 된다. 공격하여 빼앗고, 위협하거나 도적질하면서, 이런 짓들을 그치지 않으며, 스스로는 오래 살 것이라고 생각하지만, 다시 늙어 백발을 드러나게 된다. 하늘이 감시하는 신을 보내서 그 곁에 머무르게 하고 그 몸 안에 들어가 있게 하며 그의 행위를 재촉하게 하여, 그를 흉하게 하고 그의 수명을 갑자기 끊어버려 오래 살 수 없도록 하는 것을 모르고 있다. 그가 공개적으로 소문을 퍼뜨리고, 악한 짓을 저지르면서도 그만두려 하지 않는다. 위로 천자에까지 들어가 그를 붙잡아서 사형에 처해지니, 오래 살 수가 없다. 죽음과 함께 하게 되었으니 어찌 다시 살아날 수 있겠는가? 때로는 귀신에 의해 해를 입게 된다.

[그가 죽은 뒤에는] 부모가 그를 생각하며 늘 외로이 눈물을 흘리며 서로 의지하고, 부모를 도와줄 사람이 없게 된다. 늙어서 다시 버려져서 먹는 음식은 매우 조악하고 맛있는 것을 먹을 기회는 거의 없게 되고, 옷과 신발은 다 떨어지지만 새로 사다줄 사람도 없다. 이때 모습은 극도로 추악해지게 된다. 세월은 매년 길기만 한데, 뱃속이 주리고 빈 날이 오래 지속되고, 얼굴모습은 추악해져서 사람의 안색 같지 않게 된다. 이처럼 자식이 되어 부모로 하여금 늙어서 의지할 곳이 없게 만들고, 친척들이 그의 존재를 인정하려 하지 않게 한다. 이런 악인의 행위는 죽어서야 그치게 되니, 친척들이 근심하면서도 그를 나쁜 놈이라고 한다. 죽어도 장례가 치러지지 않고, 관곽도 없이 그대로 매장되어 버린다. 여우나 살쾡이에게 뜯어 먹히고, 뼈는 광야에 내버려지게 될 터이니, 자신이 옷을 입고 밥을 먹던 때를 어느 때에 다시 회고해볼 수 있

겠는가? 이상으로부터 알 수 있는 것이니, 선행과 악행은 사람들이 그것을 스스로 초래한 것인데 무엇을 원망하고 책망할 것인가?

천하 사람들은 어찌 그리도 어리석음이 심한지, 삶과 죽음의 사이가 큰 차이가 있다는 것을 헤아리지 못한다. 살아 있을 때에는 생기가 있어 해와 달과 별의 빛을 볼 수 있지만, 죽은 자가 다시 하늘이 밝은 때가 있다는 것을 알 수 있겠는가? 그윽하고 어두운 가운데, 어떻게 밝을 때가 있겠는가! 어리석은 사람들은 깊게 헤아리지 못하고, 자손으로 하여금 재앙을 얻게 만든다. 그 화를 구제할 수 없으니, 재앙은 흘러서 후대에까지 미치는데, 이것은 누구의 잘못인가? 사람이 황천의 교화에 따르지 않고, 스스로 수명을 단축시키는 결과를 초래하는데, 신선이 되고자 하는 선비의 행위를 선하게 여기는 것이 마땅하지 아니한가? 행동과 말에 기강이 있고, 부모에게 이롭게 함이 있으며, 부모로 하여금 기름진 음식을 드실 수 있게 하며, 옷도 또 좋은 것을 입게 해드리면, 안색과 눈빛이 윤택해진다. 이것이 자식의 효행이며, 힘써 악인이 되지 않으려 한 것이니, 또한 부모가 안고 젖 먹여준 은혜에 보답하는 것이 마땅하지 않겠는가? 자식이 되어 불효하면, 그대들이 낳은 자식은 마땅히 효도할 것인가? 그대들이 선하면 선한 결과를 얻게 되고, 그대들이 악하면 악한 결과를 얻게 마련이니, 마치 거울이 사람을 비추는 것과 같다. 그대들의 실제 정황을 모를 리 있겠는가?

그러므로 선행과 악행이 드러난 글은 기록된 형태는 동일하겠지만, 오래 살고 오래 살지 못하게 되는 차이가 어찌 같겠는가? 선하여 삶을 허락받은 사람은 오래 살면서 정해진 수명이 있는데, 수명이 다하면 죽어서 후에 귀신이 되지만 저승에서 심문받지 않는다. 악인은 일찍 죽고, 땅속에서 고문을 받으며 심문받게 되는데, 마땅히 하지 말아야 할 짓을 한 것에 대해 견책을 받고, 가장 괴로운 곳에서 괴로움을 당하며, 즐거울 때가 한순간도 없게 된다. 그가 이미 귀신이 되었는데, 어찌하여 유독 사면해줄 때가 있지 않은 것인가? 이는 그의 악행이 지극하여, 귀신이 되었어도 다시 악함이 남아 있으니, 무엇에 의지하여 형벌을 멈추겠는가?

집안에서는 제삿밥을 차려주는 사람이 없으니, 구걸을 일삼고, 드디어 이리저리 도망 다니는 기운으로 변하여, 스스로 오래 존재하지 못하게 된다. 지하에서도 또한 선한 귀신만을 받아들이고자 하며, 악한 귀신은 원하지 않는다. 이와 같으니, 마땅히 각자 선에 전념하며, 그 법도를 잃지 말아야 하는 것이다. 그렇지 않다면, 또한 어떤 희망을 바랄 것인가? 사람들이 계획하고 노력하는 것은 당연히 동일하고, 장생을 바라는 것도 동일한데, 하늘이 그것을 좋은 것이라 여기지 않겠는가? 거꾸로 나쁜 것으로 여기겠는가?

악을 행하는 사람은 해와 달과 별을 오래 볼 수 없을 것이니, 그를 땅속에 파묻더라도, 선한 귀신과 즐거움을 함께할 수 없고, 차별이 생긴다. 글의 앞뒤로 중복되는 것들은 악한 사람들을 진실로 미워하는 것으로 오래 살 수 없다는 것이다. 본성이 선한 사람은 하늘에게 보우를 받는다. 자손이 태어나면 마침 좋은 날이어서, 어떤 금기도 없게 되며, 다시 월건(月建)의 왕성한 기운 및 해와 달과 별이 밝은 때를 만나게 되니, 이때에 태어난 자가 어떤 근심이 있겠으며, 어찌 오래 살지 않겠는가? 이것은 선행이 초래한 바이다. 선악은 분명히 구분되니, 그 가운데에서 받들어 행할 만한 것을 깊이 생각한다면, 저절로 그것을 따르게 되어 평안해질 것이며, 하늘은 사람이 행하는 바를 거스르지 않는다. 집중하고 또 집중하며, 생각하고 또 생각하라. 앞으로 나아갈 수도 있고 뒤로 물러날 수도 있다. 장생을 바라지 않는 자는 어찌할 수 없다. 문서의 글에서 분명하게 알 수 있는바, 그것을 의심하면 스스로 극도로 괴롭게 만들 뿐이다. 장생에 몰두하고 게으르지 말며, 말한 바에 지극히 삼가도록 하라. 글은 또 여기에서 잠시 멈출 것이니, 그 다음 일을 생각하도록 하라. 만족스럽지 않은 부분이 있으면 다시 논하겠다.

惟古今世間, 皆多不副人意, 苟欲自可, 不忠任事, 所言所道, 樂無奇異, 見人爲善, 含笑而言, 何益於事? 輕言易口, 父子相欺. 當目無聲, 背去隨後, 而言或善或惡, 不可法則, 無益世間. 世間但爲塵垢, 言談自動, 無應善書者. 心言我善, 行不相副, 無有循穀,[1] 語言浮沈, 不可信驗, 名爲不愼之人, 何可久前? 不可與善心有志之人等乎! 求生難死之人, 不欲見是惡人, 而不自知, 以爲我健, 少能相勝者, 反晨夜候取無義之財, 而不攻苦[2]得之, 以爲可久在中和之中, 與人語言也, 傍人見之, 非尤其言. 神靈聞知, 亦占其所爲, 動作其心, 知其惡, 不能久善, 還語天神. 言中和有輕口易語之人, 不能久善, 須臾之間, 惡言復見, 無有信效. 但佞僞相責, 何益於人. 令食諸穀, 衣繒布, 隨冬夏易衣服, 食欲快口, 衣欲快身. 市有利入, 不肯求之, 而可養老親, 明旦下床, 未知所之. 衒賣所有, 更爲主賓, 酒家箕踞,[3] 調戲談笑, 歌舞作聲, 自以爲健, 交頭耳語, 講說是非, 財物各盡, 更無以自給, 相結爲非, 遂爲惡人, 不可拘絆, 自棄惡中, 何有善半日之間邪? 無益家用, 愁毒父母, 兄弟婦兒, 輒當憂之, 無有解已. 攻取劫盜, 旣無休止, 自以長年, 復見白首. 不知天遣候神, 居其左右, 入其身內, 促其所爲, 令使凶, 當斷其年, 不可令久. 其揚聲爲惡, 不欲止, 上至縣官, 捕得正法,[4] 不得久生. 與死爲比, 安得復生? 或爲鬼神所害. 父母念之, 常見其獨淚孤相守, 無有輔佐之者. 老更棄捐, 飮食大惡, 希得肥美, 衣履空穿, 無有補者, 是惡之極, 歲月年長, 空虛日久, 面目醜惡, 不象人色. 如是爲子, 乃使父母老無所依, 親屬不肯有之. 此惡人之行滅乃上,[5] 親屬患之, 名爲蔽子, 死不見葬, 無有衣木, 便見埋矣. 狐狸所食, 骨棄曠野, 何時當復見汝衣食時乎? 是爲可知, 善惡之行, 人自致之, 何所怨咎乎? 天下之人何其甚愚, 不計其死生之間殊絶矣. 生爲有生氣, 見天地日月星宿之明, 亡死者當復知有天明時乎? 窈冥之中, 何有明時. 愚人不深計, 使子孫得咎, 禍不可救, 殃流後生, 是誰之過乎? 人不化, 自致亡失年, 不當善仙士之行邪? 動作言談, 輒有綱紀, 有益父母, 使得十肥,[6] 衣或復好, 面目生光. 是子孝行, 力非惡人, 亦獨不當報父母哺乳之恩邪? 爲子不孝, 汝生子當孝邪? 汝善得善, 惡得惡, 如鏡之照人, 爲不知汝之情邪? 故有善惡之文, 同其文墨, 壽與不壽, 相去何若? 生人[7]久視有歲數, 命盡乃終, 後爲鬼, 尙不見治問. 惡人早死, 地下掠治, 責其所不當爲, 苦其苦處, 不見樂時, 是爲鬼, 何以獨不有赦時? 是惡之極, 爲鬼復惡, 何所依止? 家無食者, 乞丐爲事, 逐逋亡之氣, 自不可久, 地下亦欲得善鬼, 不用惡也. 如是宜各念善, 不失其度, 纔可矣, 不者, 亦欲何望乎? 人當同其計策, 與生同願, 天不善之邪? 而反爲惡乎? 惡行之人, 不可久視天地日月星辰, 故藏之地下, 不得善鬼同其樂, 得分別也. 文書前後復重者, 誠憎是惡人, 不可久生耳. 性善之人, 天所祐也. 子孫生輒以善日, 下無禁忌, 復直月建,[8] 日月星光明之時, 用是生者, 何憂不壽乎? 是爲善行所致也. 善惡分別, 念中可行者, 自從便安,[9] 天不逆人所爲也. 念之復念之, 思之復思之, 可前可卻, 自不貪生者, 無可奈何也. 書辭可知分明, 疑之自令苦極. 念生勿懈, 致愼所言. 辭復小止, 使念其後. 有不滿意, 乃復議之.

역주

1) 循穀(순곡) : 지킬 선한 준칙(『금주금역(하)』). 곡(穀)은 선(善), 또는 선량(善良)과 같다.
2) 攻苦(공고) : 공(攻)은 공(功)과 같고, 공고(攻苦)는 힘들여 작업하다는 의미이다(『정독』).
3) 箕踞(기거) : 예절에 구애되지 않고 가볍고 오만하게 앉아 있는 모습. 두 다리를 제멋대로 쭉 펴고 앉아 있는 것이 마치 키(箕)를 위아래로 흔들며 까부르는 모습 같다고 하여 나온 말이다.
4) 正法(정법) : 사형을 집행하다. 『전역(하)』는 『주역』「몽(蒙)·상전(象傳)」의 '正法'에 대한 왕필 주를 인용하여 '법에 의해 범인을 처결하는 것'이라고 주해했다. 『한어대사전』과 『금주금역(하)』의 풀이에 의해 사형을 집행한다는 의미로 보았다.
5) 滅乃上(멸내상) : 죽어서야 그치다. 이 구절은 상(上)을 둘러싸고 해석이 분분하다. 『금주금역(하)』는 '처벌이 친척들에게까지 연루되다'라고 보았고, 『정독』은 진증악(陳增岳)의 교정에 근거하여 지(止)로 보아야 한다고 주해했으며, 이를 따랐다. 『전역(하)』은 부모로 보아 '그 부모까지 멸망하게 하다'라고 해석했다.
6) 十肥(십비) : 기름진 음식을 먹다. 이 구절은 해석이 분분하다. 『전역(하)』는 『사기』에 근거하여, 십(十)을 즙(汁)과 같다고 보며, 십비(十肥)는 즙비(汁肥)로, 노인이 치아가 손상되었으므로 육즙을 드시도록 한다고 주해했다. 『정독』은 십(十)을 식(食)으로 보아야 한다고 주해했으며, 이를 따랐다. 『금주금역(하)』는 '특별히 살찌게 하다'는 의미로 주해했다.
7) 生人(생인) : 선하여 삶을 허락받은 사람(『금주금역(하)』).

8) 復直月建(부직월건) : 다시 월건의 왕성한 기운과 만나다. 직(直)은 '만나다. 당하다'의 의미. 월건(月建)은 북두성의 자루가 가리키는 것이니, 이를테면 음력 정월에는 북두성의 자루가 인(寅)의 위치를 가리키며, 건인(建寅)의 달이라고 한다. 본 『태평경』에서는 이때 왕성한 기운이 존재한다고 간주한다(『금주금역(하)』).

9) 善惡分別, 念中可行者, 自從便安(선악분별, 염중가행자, 자종변안) : 선악은 분명히 구분되니, 그 가운데에서 받들어 행할 만한 것에 몰두한다면, 저절로 그것을 따르게 되어 평안해질 것이다. 이 구절은 구두법과 해석에 이견이 있다. 『전역(하)』는 『합교』의 구두법을 따라 '善惡分別念中, 可行者自從便安'이라고 절구했으며, '선악의 구별은 단지 일념 속에 있으니, 그대 자신에게 귀를 기울여서 자유롭게 선택하면'으로 풀이했다. 여기에서는 『금주금역(하)』의 구두법과 해석의 맥락을 따랐다. 『정독』은 '善惡分別, 念中可行者, 自從, 便安'으로 『금주금역(하)』과 비슷한 맥락으로 절구했지만, 염중(念中)에 대해 '그 가운데를 고려하다' '그 가운데를 선택하다'라고 주해하여 중용의 맥락으로 보았다.

제195 견계불촉악결(見誡不觸惡訣) : 경계함을 들어 악을 행하지 않는 비결

해제 여기에서 '경계를 듣는다'는 것은 하늘에서 내려준 가르침을 듣는다는 것을 뜻한다. 이 장에서는 악행을 멀리하고 선행을 행하면, 요절하지 않고 천수를 다할 수 있으며, 높은 관리가 될 수 있고 복이 후대에까지 미친다는 것을 강조한다. 이 장은 이와 같은 권선징악의 구도를 이야기하면서, 수명을 관장하는 사명신이 인간의 내면에 깃들어 감찰한다는 생각을 제시했으며, 또한 인간세계의 관부와 마찬가지로 천상계에도 천조(天曹)라는 조직이 있어 인간세계를 사찰하는 것으로 설정하고 있다.

오직 성스러운 덕을 가진 사람만이 각각 말할 바가 있고, 각각 설명할 바가 있으며, 각각 자신의 능함을 구분할 수 있고, 각각 자신의 공적을 스스로 평가할 수 있고, 각각 자신의 맡은 바를 완수할 수 있으며, 믿을 수 있도록 만드는 바가 있고, 하늘의 말을 중시한다. 하늘의 명에 따라 사람들을 사랑하고, 커다란 업적이 있게 되고, 하늘의 깊은 속마음을 얻게 되는 것, 이것이 성스러운 덕을 지닌 사람이 바라는 것이다. 사람들은 모두 하늘을 받들기를 바라고, 그 뜻을 얻어 원망의 말이 없게 되기를 바란다. 그러므로 사람들로 하여금 각자 본인의 뜻을 따르도록 하여, 비난하는 말이 없이 스스로 옳다고 여기는 것, 이것이 사람의 성정에 잘 맞는 것이니, 하늘로 하여금 그 진실됨에 대해 보답하게 하며, 생각하는 것이 모두 동일하게 되어 마땅한 바를 따르게 된다. 사람이 이 세상에 사는 것은 매우 쉽지 않은 일이다. 움직일 때마다 말씀한 바를 받들어 행해야, 모두 법도에서 벗어나지 않게 된다. 그런데 스스로에게 책임 지우지 않고 도리어 다른 사람을 탓하는 말을 하게 되는데, 이것은 공평하지 않은 것이다. 이런 일들이 행해지면, 모두가 제각각 남을 원망하는 말을 하게 되어 하늘로 하여금 분노하게 하고 사람들의 말을 좋아하지 않게 하여, 수명을 단축시킬 것이다. 그러므로 천하에 성스러운 마음과 크게 화합하는 사람이 있게 하여, 그로 하여금 하늘의 뜻을 말하도록 하여, 사람들에게 잘못의 유래를 제대로 알게 하고, 각자 스스로 잘못을 고치도록 하니, 사람들의 수명은 자신에게서 나오는 것이지 다른 사람에게 달려 있는 것이 아니다. 그러므로 수명을 담당하는 사명(司命)은 마음속에 가까이 있는 것이지, 사람으로부터 멀리 있는 것이 아니다. 사람들의 옳고 그름을 감찰하여, 잘못이 있으면 물리치니, 어찌 실수할 때가 있겠는가? 한순간 사람의 수명을 단축시키는 것을 아는가 모르는가? 선하고자 하는 사람은 경계를 듣고 안정됨을 얻고자 하며, 잘못을 저질렀을 때에는 그 뜻을 생각하도록 하여, 벌을 받아 수명이 단축되더라도 원한을 갖지 않는다.

하늘은 매우 관대하고 온유하여 사람들을 참아내니, 하루아침에 형벌을 받게 되는 것이 아니다. 잘못됨이 쌓여 매우 많게 되었을 때에야, 일을 처리하는 관청에 명령을 내려 그 사람의 혼과 신을 거둬들여 취하여, 행한 바를 심문한다. 하늘의 문서와 서로 부합되지 않는데, 다시 속이며, 속인 후에야 죄를 인정하면, 그 죄는 용서받을 수 없다. 이런 까닭에 다시 아래에 있는 세상 사람들에 대해 경계를 내려 깨우쳐주며, 그들을 위해 악행은 재앙이 이르는 근원임을 설명해주어 그들로 하여금 스스로 올바르게 고치도록 할 뿐이다. 이 경계를 받들어 사용하지 않으면 또한 어찌 민간에서 사람으로서 오랫동안 살 수 있겠는가? 그러므로 선악을 분별하여 각자 원망함이 없도록 할 뿐이다. 하늘은 세상 사람을 위해 하지 말아야 할 것들을 설정해놓았으니, 그들로 하여금 침범하지 말도록 한 것이다. 그런데 만일 그것들을 일부러 침범하면, 경계와 운명이 모두 천신에게 달려 있는데, 다른 사람처럼 오래 살 수 있겠는가? 행실이 이와 같다면, 사람을 죽지 않게 하는 도가 될 수 있겠는가? 마음속으로 하늘이 모르는 것이 있다고 생각하는가? 세속의 사람들의 행위는 취할 만한 것이 없는 것이 이와 같으니, 어떻게 오랫동안 인간 세상에 살면서 [하늘이 내려준] 음식을 먹도록 할 수 있겠는가? 그에게 먹고살도록 할 수 있겠는가?

선으로 돌아오면 신에게 보호받고 천수를 다 누리고서야 죽게 되며, 사람으로 하여금 중간에 요절하는 때가 없게 하니, 이것이 선행의 증험이다. 날마다 선을 행함이 오래되면, 어찌 천수를 누리지 못할까 걱정하겠는가? 이는 알 수 있는 것으로 사람들은 스스로 힘껏 선을 행하지 못하고 스스로를 해롭게 하고 있다. 이런 악한 사람이 어찌 유독 심하게 스스로는 선한 사람처럼 오래 살 수 있다고 여기는가? 천신이 재촉하여 그로 하여금 죽어 땅속에 묻히도록 한다는 것을 생각하지 못하고 있다. 땅속에 묻힌 후에 어느 때 다시 살아 나오겠는가? 땅속에서는 다시 [먼저 묻힌 조상의 죄과와] 서로 끌어당겨져 죽은 시신에 더욱더 죄가 붙게 된다. 이는 다시 하늘의 복을 얻을 수 없는 사람이니, 다시 생각해 볼 게 있겠는가?

가라, 또 각자 자신을 위해서 헤아려보라. 죽은 뒤의 근심거리를 더 늘리지 말라. 이 사람이 선에 적중하는 자이다. 그렇지 않으면, 악을 행하고자 하는 사람이니, 하늘에게 보우 받지 못하고 땅이 그를 받아들이기를 원하지 않으니, 마땅히 지극히 삼가야 할 것이다. [본인의] 과실과 [조상으로부터 연루된] 승부(承負)가 없어야만, 비로소 인간이라고 칭해질 수 있으니, 부모가 될 수 있고, 자손에게 이어질 수 있다. 은혜를 행하고 베풀어 줌이 있으면, 또 수명이 늘어나 원기가 윤택해지고 기력이 강건해질 수 있으니, 이것은 선을 행했기 때문에 초래된 결과이다. 악을 행하면 저절로 쇠락하게 되는 것을 어찌 의심할 것인가. 지금 이후로 죽음과 삶, 선과 악에 대해 마땅히 상세히 구별하여 그 속에서 어떤 것을 행할 것인지 깊이 생각하고, 스스로 이것을 따르면 곧 편안해질 것이다. 하늘은 사람이 행하는 것을 거스르지 않으니 깊이 생각하고 또 깊이 생각하라. 순종하지 않고 거슬러 배반하면서 오래 살 것을 구한다면, 이런 행위는 천신이 오랫동안 보고만 있겠는가? 해와 달과 별이 어찌 기꺼이 오랫동안 비추겠는가? 천신에게 보우받고 있음에도 다투어 그것을 위태롭게 하고자 한다면 이것은 누구의 잘못인가? 마땅히 선을 행하고 효순한 사람이 옳은 것 아니겠는가?

쉽게 벼슬자리에 올라 관리로서 봉록을 받게 되고 오랫동안 백성들을 비호하며 위아래 사람들로 하여금 서로를 섬기도록 하니, 이는 백성들에게 존경받는 자이다. 이것은 선행이 초래한 결과이니, 악인이 스스로 몸을 온전히 보전하지 못하는 것과 그 차이가 얼마나 나는 것인가? 천신이 그를 탐색해보는 글을 보아, 그의 말을 따르지 않고, 자기가 하고 싶은 대로만 행하면, 이것은 사람의 잘못이지 않겠는가? 악인은 스스로 효성과 선함이 있는 마음이나 충성되고 참된 마음으로 변화될 수 없는데도, 하늘의 보답만 바란다든가, 병이 있어 낫기를 바라면서도 악행이 지나치게 많으면서도 한시도 그만두지 않는다면, 오랫동안 용서를 받을 수 있겠는가, 없겠는가? 그러므로 이 글을 써서, 비속한 자들로 하여금 각자 벌 받고 원망하지 않기 바란 것이다. 삶을 바라는 사람은 스스로 악행을 저질러서 그 수명을 잃지 않도록 하라. 이 책을 얻어 가르침을 보고, 금지한 바를 피할 줄 알게 하여 악에 접촉하지 않게 할 뿐이다. 이와 같이 스스로 고쳐서 선하게 될 수 있다면, 오랫동안 천지와 해와 달과 별을 보며 장수할 수 있게 되고, 다른 사람들과 동일하게 천수를 누리게 될 것이니, 이것이 좋지 아니한가? 그런데도 도리어 생명을 아까워하지 않고, 죽은 후에 다시 태어날 수 있다고 생각한다. 가령 다른 사람들은 알고 있는데, 스스로는 악을 행한다는 것을 모르며, 스스로 옳다고 생각하며, 말을 할 때는 다른 사람들과 같기를 바라며, 옷을 입고 음식을 먹을 때에도 동네사람들과 같기를 바란다. 이런 사람이 오래 살 수 있겠는가, 없겠는가?

죽음을 두려워하는 사람은 이 경계를 감히 침범하지 않으니, 이 또한 하늘의 명부에 결정되어 있는 것이다. 뼈와 몸의 형상이 박명하여 별로 좋은 점이 없는데, 마땅히 정해진 운명에 이르면 마땅히 그것을 따라야 하는 것이니, 무엇을 돌아볼 것이 있겠는가? 가거라, 각자 삼가고 노력하며, 행하는 바의 안전하고 위태로운 일에 집중하면, 경계를 써놓은 글은 또한 저절로 알게 될 것이다. 하늘의 글은 사람들로 하여금 선하게 되기를 바라며, 그들의 악행을 듣고 싶어하지 않는다. 그러므로 스스로의 명부에 예정된 천수를 스스로 온전하게 다 누리지 못할 뿐이니, 크게 괴이하게 여길 게 없다. 다시 상세히 생각해보고 나태하지 말라.

하늘에는 장생의 명부가 있으니 또한 탐낼 만하다. 땅에는 죽음의 명부가 있으니 또한 매우 꺼려할 만하다. 삶과 죽음의 사이는 비교할 만한 것이 아니니, 그것을 아는가, 모르는가? 싫어할 줄 알면 마땅히 삼가며 스스로에게 책임 지워야 하며, 잠깐이라도 자기의 수명이 줄어들게 해서는 안 되니, 매우 애석해 할 만한 것이다. 소리를 내어 다른 사람에게 이야기할 때, 선하게 행동하면 다른 사람의 마음을 얻을 수 있으나, 이는 하늘이 선하다고 여기는 것이다. 악한 말을 입 밖으로 내서 스스로 허물을 남기지 말라. 함께 입 밖으로 말을 낼 때, 어조는 올바르고 가지런하게 하며, 말을 잘 선택해서 입 밖으로 내어, 하나라도 선하지 않은 말이 없다면, 수명을 연장할 수 있을 것이다. 특히 천상의 일을 생각해서 행할 수 있으며, 천신의 중요한 말을 얻어서, 그 경계를 따르면, 일거일동을 천신으로 하여금 생각해보게 할 수 있으며, 명부를 고쳐 장수를 관장하는 부서인 수조(壽曹)로 옮기게 할 수 있다. 마땅히 다시 각자 몸을 수양하고 올바르게 행하며, 하늘이 베풀어 준 바를 잊지 말며, 마땅히 마음을 전념하는 데 두며, 큰 은혜를 갚아서 베풀면, 이는 바로 자신의 뜻과 행위를 고치는 것이니, 하늘이 다시 그의 생각을 따라와 그로 하여금 흉악한 일을 만나지 않게 한다. 하늘이 내려 준 글을 믿고 따를 수 있다면 살 수 있고, 그 글을 따르지 않는다면 스스로 온전해질 수 없다.

행할 만한 것을 선택하여 행하되, 억지로 행하지는 말고, 각자 또 자신의 선악에 집중하며, 하늘이 본성을 내려주었으니 의심하지 말라. 선한 사람을 속이지 말며, 남이 복을 받는 것을 미워하지 말라. 이 말은 분명한 것이니, 어찌 의심할 것이 있겠는가? 신선이 된 사람은 모두 악을 행하지 않은 사람이며, 각자 그 생명을 소중히 여겼으니, 이것은 선의 증거이다. 문서에서 이야기한 것은 간단한 것이니, 경계 앞뒤에 사람들이 원하는 바를 이야기했고, 사람들을 위해 선과 악을 이야기하여 그들로 하여금 생각해보도록 했을 뿐이다. 내 말을 따르지 않고 스스로 그만두면서 스스로 원망하지 말라. 스스로 원망하는 자는 다만 마땅히 자신이 아는 바가 적어서 궁하고 늙어 막바지에 이르렀다는 것을 원망해야 한다는 것을 알아야 하고, 그것을 스스로 자책할 뿐이다. 그 나머지는 스스로 자기 뜻을 따른 것이니 만일 삶을 탐내고자 한다면 마땅히 악행이 있지 않아야 한다. 그러므로 스스로 생각하여 그 괴로움과 즐거움에 대해 알아보도록 하라. 즐거움은 유독 어떤 사람의 것이며 괴로움은 또한 어떤 사람의 것인가?

또한 마땅히 스스로 전념하되 원망하는 말이 없도록 하며 가볍고 망녕되게 말을 내뱉지 말라. 세상 사람들로 하여금 생각해보도록 하라. 삶을 바라는 것은 좋은 일이니, 그러므로 반복해서 간절하게 서로 말해주는 것은 말하게 하여 알 수 있도록 하며, 하늘의 법도를 잃지 않고 행하여 성공하도록 한 것이다. 저절로 그러함의 도리는 어느 곳에서인들 이루어지지 않으며 어느 곳에서인들 변화하지 않겠는가? 사람들이 모두 그것을 따르니, 이것은 하늘의 저절로 그러한 은혜이다. 그렇지 않은가? 하급의 어리석은 사람을 생각해보면, 그들은 하늘의 크게 베풀어주신 은혜를 생각하지 않고, 사람이 되어, 스스로 마땅히 항상 오래 살 수 있을 것이라고 생각하며, 병을 치료하는 무당도 믿지 않는데, 마땅히 [이런 생각을] 하지 말아야 하며, 잘못을 범하지 말아야 한다. 문서의 내용이 한 가지가 아니니, 깊이 생각해보며 또 말해줄 것이다. 문장의 내용에 합당함이 있으니, 거듭 가르침을 내린다. 이해되지 않는 부분이 있는지 돌아보라. 문서를 받들어 사용하여, 삶에 집중하여 선을 행하면, 삶을 기대할 수 있게 된다. 다시 악한 말을 하고 순종하지 않음이 있다면, 지속적으로 기록될 것이다. 삼가야 할 것이다. 또 그만두어야 할 것이다. 그만둔 이후에는 다시 깊이 생각해야 할 것이 있다. 생각한 이후에도 부족하거나 만족스럽지 못한 것은 다시 설명을 하겠다.

惟夫聖德之人, 各有所言, 各有所語, 各分別其能, 各自第其功, 各成其宜, 使有可信, 而重天言. 使天愛人,[1] 而有盛功, 得天之腹心, 是聖德之願也. 夫人皆欲承天, 欲得其意, 無有怨言. 故令各從其志, 勿有非言而自可, 是爲富得人情, 使報信, 同其知慮, 而從所宜. 人居世間, 大不容易, 動輒當承所言, 皆不失其規中, 而不自責, 反怨言人, 言是爲不平,[2] 行之, 各有怨辭, 使天忿怒而不愛人, 言壽命無常. 故天下有聖心大和之人, 使語其意, 令知過之所由從來, 各令自改. 乃爲人壽從中出, 不在他人. 故言司命, 近在胸心, 不離人遠, 司人是非, 有過輒退,[3] 何有失時. 輒減人年命, 爲知不, 相善之人,[4] 欲聞其戒, 使得安靜, 過失之間, 使思其意, 令其受罰亡年, 不令有恨. 天大寬柔忍人, 不一朝而得刑罰也. 積過累之甚多, 乃下主者之曹,[5] 收取其人魂神, 考問所爲, 不與天文相應, 復爲欺, 欺後首過,[6] 罪不可貸.[7] 是故復敕下曉喻, 爲說行惡, 災變所致, 使自改耳. 不用其言, 亦安可久久在民間爲人乎? 故分別善惡, 各使不怨耳. 天爲設禁, 使不犯耳. 而故犯之, 戒命於天神, 可以久與人等也. 作行如此, 爲使人不死之道乎? 中爲天無所知邪? 俗人之行, 不可採取乃如是, 安可久置中和之中使食, 可食之乎? 而反善, 神所護, 年盡乃止, 無中天人[8]時, 是善之證也. 爲善日久, 何憂不盡年壽乎? 是爲可知人自不能力爲善, 而自害之. 是惡之人何獨劇, 自以爲可久與同命. 不意天神促之, 使下入土. 入土之後, 何時復生出乎? 地下復相引, 浸益亡屍,[9] 是復不得天福之人, 可復計邪.

行, 且各爲身計, 勿益後生之患, 是爲中善之人. 不者, 欲爲惡人也, 天所不祐, 地不欲載, 致當愼之, 勿有愆負, 財得稱人耳, 可爲父母, 子孫得續. 行恩有施, 可復得增年, 精華潤澤, 氣力康彊, 是行善所致, 惡自衰落, 亦何所疑. 從今以來, 當詳消息, 善惡分別, 念中何行者, 自從便安, 天不逆人所爲也, 念之復念. 不順作逆, 而求久生, 是行當可久見於天神, 日月星辰, 安肯久照? 爲天神所祐, 而爭欲危之, 是誰過乎? 不當是善行孝順之人邪? 輒有祿位, 食於司農,[10] 久復子民, 使上下相事, 是民之尊者也. 是善所致, 惡自不全身, 相去幾何乎? 視其試書,[11] 不用其言, 自快可意而行, 是爲人非乎? 有惡, 不能自化有孝善有忠誠信之心, 而望天報; 有病求愈, 作惡過多, 無解時, 爲可久貸與不. 故作此文, 欲使俗夫之人, 各不怨其得罰耳. 念生求活之人, 自不爲惡行而亡其年也. 得書見誡, 使知避禁, 不觸惡耳. 如是能自改爲善, 可得久見天地日月星辰, 與人比等, 是不善邪? 而反不惜其命, 以爲死可得復生. 如人知不自知爲惡, 自以爲可也. 談語欲與人比等, 衣食與部人同, 是爲可久不乎? 畏死之人, 不敢犯此誡文, 是亦祿策所致. 其人相薄少可, 宜直命當直之, 何所顧乎? 行, 各自愼努力, 念所行安危之事, 書誡亦自可知也. 天書文欲使人爲善, 不欲聞其惡也. 故自命簿不全耳, 無可大怪也. 詳復思之, 勿懈也. 天有生籍, 亦可貪也. 地有死籍, 亦甚可惡也. 生死之間, 不可比也, 爲知不乎? 知惡當愼自責, 不可須臾有亡其年壽, 甚可惜也. 與人語言發聲, 爲善行得人心意. 是天善之, 無出惡言, 而自遺咎. 同出口, 氣正等, 擇言出之, 無一小不善之辭, 可得延命. 殊能思行天上之事, 得天神要言, 用其誡, 動作使可思, 可易命籍, 轉在長壽之曹. 宜復各修身正行, 無忘天之所施. 宜置心念, 報施大恩, 乃爲易行改志, 天復追念, 使不逢惡, 可信天書言, 可得生治, 不用書言, 自不全.[12] 擇其可行乃行之, 不彊所爲. 各且念身善惡, 天稟其性, 勿有所嫌疑也. 宜不欺善, 而惡人得福也. 是言者明白, 何有所疑乎? 神仙之人, 皆不爲惡者, 各惜其命, 是善之證也. 書所言約, 敕前後道人之所願, 爲道善惡, 使思之耳. 不用而自己, 勿自怨. 自怨者, 但當知怨身少知而窮老乃極, 自咎之耳. 餘者自從其意, 如欲貪生, 不當有惡. 故使自思, 知其苦樂, 樂獨何人, 苦亦何人, 亦宜自念, 勿有怨辭, 勿妄輕言出氣. 令可思, 思生爲善, 故丁寧相語者, 令語言可知, 不失天規矩行成. 自然之道, 何所不成, 何所不化, 人皆迎之, 是天自然之恩非邪? 念下愚之人, 不念受天大分, 得爲人, 自以當常得久也, 亦不意有巫靈之神者, 當止勿犯非也. 書辭非一, 念之復出. 文辭有副, 故置重誡. 顧其不及, 用書念生爲善, 爲有活望. 復有惡言不順者, 被疏記不息也. 愼之且止, 止復有所思, 思後不足, 不滿意者復申理.

역주

1) 使天愛人(사천애인) : 하늘의 명에 따라 사람들을 사랑하다. 사천(使天)은 '부림을 받다'는 '사어천(使於天)'의 의미로 보았다. 실제로 사(使)에는 '순종하다' '따르다'는 의미가 있다. 『전역(하)』 역시 이러한 맥락에서 '항상 천도를 행하다'라고 풀이했다.

2) 而不自責, 反怨言人, 言是爲不平(이부자책, 반원언인, 언시위불평) : 그런데 (이런 것들을) 스스로에게 책임 지우지 않고 도리어 다른 사람을 탓하는 말을 하게 되는데, 이것은 공평하지 않은 것이다. 책(責)은 '요구하다' '바라다' '책임을 지우다'. 이상의 구절은 구두법에 이견이 많다. 먼저 『합교』와 『전역(하)』에서는 '而不自責, 反怨言人言, 是爲不平行之'로 절구하고, 『금주금역(하)』에서는 '而不自責反怨言, 人言是, 爲不平'으로 절구했으며, 『정독』에서 中을 뒷 문장으로 붙여 읽으며 '中而不自責, 反怨言人, 言是爲不平'이라고 절구했다.

3) 有過輒退(유과첩퇴) : 잘못이 있으면 물리치다. 도교도들이 수행하고 반성하면서 매일 행한 선행과 악행을 기록하여, 선행만큼 숫자를 기록하고 악행만큼 숫자를 지워나간다. 인간의 선악시비를 관장하는 신도 마찬가지로 공과부(功過簿)를 가지고 있어, 여기에다가 선악을 기록하는데, 잘못이 있으면 지워나간다(『전역(하)』).

4) 相善之人(상선지인) : 선하고자 하는 사람. 상(相)에는 '생각하다' '돕다' '따르다' '선택하다'는 의미가 있다. 『전역(하)』는 상(相)을 향(向)과 통한다고 보고 이 구절을 "선을 향하지 않는 사람에 대해서"라고 풀이했다. 『금주금역』은 상(相)을 생긴 모습으로 보아 "뼈와

몸과 생긴 모습이 선함에 속하는 사람은"이라고 풀이했다.

5) 主者之曹(주자지조) : 일을 주관하여 처리하는 공조(功曹). 조(曹)는 본래 한대(漢代)의 관직명으로, 도교에서 이를 본따서 설정한 것이다(『전역(하)』). 『금주금역(하)』에 의하면, 하늘의 조정에 있는 태양법조(太陽法曹)를 의미하며 본경 권112 「유과사적작하량계(有過死謫作河梁誡)」를 참조할 수 있다.

6) 首過(수과) : 스스로 잘못을 인정하다(『전역(하)』).

7) 貸(대) : 용서하다(『정독』).

8) 中天人(중천인) : 사람으로 하여금 중도에 요절하게 하다(『금주금역(하)』). 천(天)은 요(夭)로 보아야 한다(『전역(하)』, 『정독』).

9) 地下復相引, 浸益亡屍(지하복상인, 침익망시) : 땅속에서는 다시 (먼저 묻힌 조상과) 서로 끌어당겨져 죽은 시신에 더욱 심하게 죄가 덧붙는다. 인(引)은 '죄에 연루시키다'는 의미이며, 인인(引人)은 죄에 연루된 사람이라는 의미가 있다. 침익(浸益)은 더욱 심하게, 여기에서는 죄행이 가중된다는 의미이다(『정독』). 이 구절은 구두법과 해석에 이견이 있다. 『합교』와 『전역(하)』는 '地下復相引浸, 益亡屍'라고 절구하며 『전역(하)』에 의하면 '시체가 땅속에 묻히면 습한 물기가 시체를 침식해서 시체가 하루하루 부패하여 없어진다'라고 주해했다. 그러나 『금주금역(하)』와 『정독』은 '地下復相引, 浸益亡屍'라고 절구했다. 『금주금역(하)』는 인(引)을 '이리저리 대조하여 심문하다'로 침익(浸益)을 '~에 연루되다'로 망시(亡屍)를 '본인의 조상'으로 주해했다.

10) 食於司農(식어사농) : 사농에게 봉급을 받다. 사농(司農)은 한대(漢代) 구경(九卿) 가운데 하나로, 나라재정을 담당했다. 여기서는 관리로서 봉록을 받는다는 의미이다(『금주금역(하)』).

11) 試書(시서) : 천신이 사람을 탐색(試探)해보는 문서. 이 문구에 대해서는 이견이 많다. 『전역(하)』는 악인이 죄를 멀리하겠다고 올린 맹세의 글(誓書)로 보아야 한다고 주해했고, 『금주금역(하)』는 신서(神書)와 정반대로 행한다는 의미라고 주해했다 『정독』의 주해에

따랐다.

12) 可得生治, 不用書言, 自不全(가득생치, 불용서언, 자부전) : 하늘이 내려 준 글을 믿고 따를 수 있다면, 살 수 있고, 그 글을 따르지 않는다면 스스로 온전해질 수 없다. 이 구절은 구두법에 이견이 있다. 『합교』와 『전역(하)』는 '可得生治不用. 書言自不全'으로 『주역(하)』와 『금주금역(하)』는 '可得生治; 不用書言, 自不全'으로 절구했다. 치(治)는 『금주금역(하)』에서 활(活)로 보아야 한다고 주해했고, 『정독』도 진증악(陳增岳)이 활(活)로 본 것에 근거했다.

제196 불가불사결(不可不祠訣) : 제사 지내지 않으면 안 되는 비결

해제 이 장에서는 신에게 제사를 올려서 하늘의 공덕에 보답하고 조상에게 제사를 올려 조상을 받들어 모셔야 하므로, '제사 지내지 않을 수 없다'고 강조한다. 특히 사람이 이 세상에 살면서 범하는 과오가 적지 않은데 이러한 잘못이 너무 많으면 반드시 신의 견책을 당하게 되며, 신의 견책을 피하고 용서와 처벌의 책임을 덜기 위해서는 제사를 받들어 모셔야 한다고 주장한다. 이 장은 크게 두 부분으로 나누어 앞부분에서는 '세속의 사람들'을 거론하며 특히 '대역악인'의 죄상과 결과를 설명하고, 뒷부분에서는 오랫동안 제사를 폐지하여 초래된 재앙과 죄를 씻는 방법을 밝히고 있다.

세속의 사람들을 생각해보면, 각자 순종하거나 효성스럽지 않고, 거스르고 배반하며, 불충하고 믿음이 없는 행위를 다투어 행하면서, 보답하여 베푸는 도의감도 없다. 스스로 성인이라고 생각하며, 오랫동안 지상에 살면서 말하는 것에는 작은 선함도 없다. 악행이 기록되어 있는 문서가 있는데, 도리어 항상 하늘이 은혜를 베풀어주지 않는다고 생각한다. 제멋대로 행동한다고 스스로 말하면서, 말한 뒤에 재앙과 근심이 있을 것에 대해서는 생각하지 않는가? 이런 녀석은 이 세상에서 올바르지 않으니, 세상에 살면서 마땅히 해야 할 것은 하지 않고 신용도 거의 없으며, 강퍅하고 어리석으면서 스스로 사람들의 마음을 얻었다고 생각한다. 그들의 생각과 내뱉는 말 중에서는 취할 만한 것이 없고, 모범으로 삼기에도 어렵다. 꺼리거나 두려워하는 것도 없고, 행동이 모두 잘못을 범하고 사악함을 경험하는데, 스스로는 마음에 맞다고 생각하며, 그 생명을 생각해보지 않으니, 오래 살 수 없다.

움직이고 나가고 들어올 적에 자기 부모에게 고하지 않으며, 아침저녁으로 문안인사를 여쭙지 않으며, 오랑캐와 어울린다. 이는 유독 어떤 사람인가? 사람이 생겨난 이래 이런 유형의 인간은 대략 적다. 먹고 마실 때에도 올바른 도리를 따르지 않고, 이에 대해 제대로 이해하지도 않고 있다. 마땅히 또한 무지한 사람인 것이니, 가축과 마찬가지여서, 생사를 기약할 수 없다. 입으로는 또한 맛있는 것을 먹고자 하며, 좋은 것만을 입고자 하니, 하늘이 마땅히 그대들을 오래 살도록 하겠는가? 않겠는가? 그대들의 행위는 모범으로 받들어 사용할 수 없는데, 그래도 그 행위를 마땅히 계속 사용해야 되겠는가? 아니 되겠는가? 하늘로 하여금 분노하게 하여 기뻐할 때가 없게 하니, 마땅히 그대들의 생명을 소중히 하여야 하니, 그대들로 하여금 죽지 않게 할 것인가? 행하는 것이 모두 하지 말아야 할 금기를 저촉하고 침범하며, 마치 일부러 그렇게 하는 것처럼 하니, 이는 스스로를 옭아매는 것이며, 천지와 해와 달과 별과 백성들과 가축을 다시 보고 [오래살고] 싶어 하지 않는 것일 뿐이다.

하늘에는 경계를 해주는 책이 있으니, 선악의 일을 다 말해 놓았는데, 그 말을 믿지 않으면, 무엇을 따를 것인가? 오래 살고 싶은가? 마음속에 가축이나 새나 들짐승과는 같지 않게 지혜가 있는가? 이는 지극히 어리석은 것이니, 어떻게 하늘을 의지할 수 있겠는가? 다만 경박한 짓을 하며, 집안의 재산을 가지고 나와 팔아 없애고, 제멋대로 행동하며 선한 사람을 무고하니, 또 도리에 맞는 일이 없다. 해마다 집안일은 근심하지 않고 제멋대로 놀러다니며 장난질이나 치며 도무지 그칠 줄을 모른다. 제대로 된 생각이 마음속에서 나오지 않으니, 저절로 그러하게 오래 살 수 없다. 이런 사람은 또한 부모로 인해 삶을 얻었지만, 그 행위는 도리어 올바른 도의가 거의 없으니, 충성과 효도를 다하는 모습도 볼 수 없고, 순종하여 배반하지 않는 마음도 볼 수 없다. 이는 하늘이 마땅히 그대들을 내버려 두어 죽지 않고 살도록 한 것인가?

죽은 뒤에 남은 잘못이 있게 되고 아울러 죄가 장래의 자식에게까지 미친다. 재앙을 만들어내는 사람들을 생각해보면 비록 스스로 악을 행하여 자신의 생명을 잃을 뿐만 아니라, 아직 태어나지 않은 자식에게도 계산할 빚이 있도록 만든다. 살아서는 귀신이 되기를 바라며, 다시 죽어서는 부모로서 책임을 다 채우지 못하고 [후손에게까지 재앙을 남기게 되니] 이는 악행이 초래한 것이다. 그렇지 않은가? 어찌 자기 마음대로 살 수 있겠는가? 이전의 [조상의] 일 때문에 막 태어난 사람으로 하여금 원망하게 한다면, 이것은 잘못이 아니겠는가? 무엇 때문에 망령된 말을 오랫동안 소리 높여 떠들겠는가? 천하의 사람은 왜 스스로에게 책임지움으로써 잘못을 적게 만들지 않는 것인가? 잘못을 쌓아두어서 사람의 몸에 어떤 이익이 있는 것인가? 다만 사람의 생명을 온전하지 않게 할 뿐이다. 마땅히 이 점을 잘 생각해야 하지 않겠는가? 무엇 때문에 스스로 화를 더하는가? 이것은 기억해두어야 할 일이다. 사람에 이 세상에 살면서 효도를 하고 선행을 하면 장수할 수 있고, 자손들이 서로 뒤를 이어, 다시 높은 관직과 무거운 봉록을 받는 현상이 나타나니, 이것은 선을 행하고 효도를 한 것이 초래한 것이 아니겠는가?

스스로 선행한 게 없고 뒤에 우환이 있을 것을 생각하지 않는 것, 이는 대역무도한 악인이며, 다시 비교할 바가 없을 정도인데, 그만 멈춤이 없는가? 부모가 그대를 낳았을 때는 그 선함을 듣고자 했지 어찌 노부모의 귀로 악한 소문이 전해져 오는 것을 듣고자 했겠는가? 형제가 서로 미워하며 일찍이 화락하지 않았을 때에 각자 잘못을 자책해야 하는데, 도리어 스스로의 입장만 고집하며 선을 행하지 않으면, 이는 오래 살 수 없다. 하늘에도 무익하고, 땅에도 무익하며, 사람에게도 무익하며, 네 계절과 오행과 해와 달과 별의 밝음에도 무익하다. 그 사람됨이 매우 악하니 무엇을 바랄 것인가? 마땅히 우러러 하늘을 보아야 하지 않겠는가? 하늘이 재앙을 내리는 신을 파견하여 그대들이 잘못을 저지르는 것을 감찰하고 있지 않다고 생각하는가? 기도하는 바와 행하는 바를 마땅히 스스로 괴이하다고 여기지 말라. 이미 의지할 만한 것이 없어지면, 다만 날마다 쇠약해지고 병에 걸려 죽게 되어 단절되지 않겠는가? 하늘이 또한 어찌 그대를 죽게 하는 것을 즐거워하겠는가? 여러 사람들은 말한다. 그대들이 빨리 잡혀가지 않았다고 하니, 그러므로 그대를 죽게 한 것이다. 혹은 관청에 체포되어 재산이 모두 없어지고 다시 원한과 재앙이 계속되도록 하는데, 그대들의 행위가 초래한 것이다. 그렇지 않은가? 어찌 하늘을 원망하며 원통함을 부르짖겠는가? 세속의 사람은 이와 같으니, 다시 하늘의 뜻을 어기고 스스로를 변명하고자 하는데 무슨 이로움이 있겠는가?

오랫동안 시일을 끌면서 조상과 신께 제사 지내지 않으면, 하늘의 신관들에게 빚을 지는 것인데, 또 마땅히 풀어야 할 빚에 대해 내심으로 잘못을 뉘우치고 사죄하려고 하지 않는다. 빚진 것을 갚으려면 봄 삼월에 제일(除日)이 되면 잘못을 씻어낸다. 세 차례 잘못을 씻어내면, 문서에 적힌 내용을 감면시킬 수 있으며, 신관도 또한 그 사람에게 무겁게 책임을 물으려 하지 않는다. 다만 문서를 가까이 하여, 위아래로 서로 규명하니, 어찌 백성들의 말을 따르겠는가? 빈곤은 곧 그쳐버리니, 봉행해야 할 제사를 완전히 완수하지 않겠는가? 살아 있을 때에는 모두 형체가 있는 것을 먹지만, 죽고 나서는 마땅히 음식의 기운을 섭취하지 먹지는 않는다. 옛 사람들은 스스로 말한다. 자식을 낳는 것은 다만 죽은 뒤에도 살아 있을 때와 마찬가지로 음식의 기운을 섭취하기 위한 것인데 도리어 제사음식을 바치지 않으니, 자식을 낳아도 이와 같다면 어찌 그대들이 오랫동안 세상에서 자손을 보며 살 수 있겠는가? 또한 마땅히 그 생명을 잃고, 먼저 돌아가신 조상들과 마찬가지로 굶주린다면 어찌 편안할 수 있겠는가? 하늘의 관부에서는 효도와 순종을 중시하니, 제사를 지내야 하는 것이 분명한데, 무엇을 의심할 수 있겠는가? 돌아가신 지 삼년이 되었는데도 아직 장례식을 제대로 지낸 날이 없었다면, 마땅히 제사와 기도를 봉행해야 하니, 이 땅위에 장례식을 치르지 못하거나 제사를 지내지 않은 경우가 있다고 말해서는 안 된다. 제삿밥을 드시지 못하게 하는 것은 더욱 잘못이 큰 것이니, 자손들은 제사 때를 놓쳐서는 안 된다. 이러면 제사를 담당할 줄 안다고 할 만하다.

부유할 때에 사치를 싫어하여 소·양·돼지 등 가축을 잡는 것을 싫어하면, 하늘의 사관(祠官)에게 점차로 소홀해지니 뒷날 마땅히 견책을 받게 된다. 빈궁해지는 운명이 있다는 것도 모르고 재산을 한꺼번에도 모을 수 없는데, 행동은 말로 형용할 수 없을 정도로 죄상이 크며, 재산이 그에게 돌아오려고도 하지 않는데, 오랫동안 제사를 올리지 않으니, 신의 견책을 어찌 끝내 풀어낼 수 있겠는가? 마땅히 여러 번 빚진 잘못을 사죄한 후에야 좋은 결과가 있게 되어, 자손들이 반드시 다시 오래 살게 될 것이다. 이는 잘못을 뉘우치는 것을 하늘이 좋아하는 것이다. 만일 그 집안이 가난한 자는 맛을 알 수 있을 정도의 곡식을 제사상에 바치고, 모두 서로 부르짖으며 머리를 조아리고 스스로 가슴을 치며 하늘을 우러러 사죄한다면, 하늘이 그 가난함과 고생스러움을 알아주고 사관(祠官)은 그를 용서해주어, 그들로 하여금 조금이라도 재산이 모이도록 하여 제사를 지낼 수 있도록 하고나서야 책망하니, 이는 하늘에서 너그럽게 용납해준 것이다.

제법 충분한 재물이 있다면 마땅히 제사를 받들어야 하는 것이니 의심할 것이 없다. 제사를 받들지 않으면 다시 조상과 마주대하고 볼 수 없으니, 사관이 제사 지내지 않는 마음을 책망하여, 귀신으로 하여금 그를 압송하여 집으로 돌려보내도록 하여, 병 나는 사람이 그치지 않게 한다. 조상은 다시 구금되어 제사와 점복으로 질문해도 [재앙을 일으키는 원인을] 알 수 없게 되는데, 알게 되면 마땅히 날을 정해서 제사 지내야 한다. 하늘이 너그럽게 받아들여주었는데도, 기한이 되도록 제사 지내지 않는다면, 마음으로 하늘에 사죄하지 않는 것이니, 하늘이 땅에게 명령하여 그의 신체를 땅속에 들어가게 하고, 혼과 신은 하늘의 조정에서 심문하는데, 다시 서로 추궁하며 취조하니, 죽음이 끊이지 않게 된다. 이 죄는 너무 무거운 것이니, 그러므로 이 글을 내려서, 사람들에게 하늘이 내린 벌을 받아도 원망하지 말 것을 알도록 하고, 서로간에 말을 전달할 수 있도록 하여 죄를 범하지 않을 수 있도록 한 것이다. 예로부터 이미 이런 글이 있었지만 죄를 범하는 사람이 끊이지 않았다. 죽었으나, 이미 입관했어도 아직 장례를 치르지 않은 경우에도 제사를 지내지 않으면 안 된다. 지금 일부러 계속 문서를 내려주니, 마음을 가진 사람을 통해 그 의미를 글로 풀어 설명해준 것이다. 글에 있는 내용을 의심하지 말 것이니, 오래 사는 명부를 얻게 될 것이다. 의심하며 행하지 않으면 죽는 날을 기약하게 될 것이다. 스스로 헤아려 보고 다시는 하늘을 원망하거나 땅을 탓하지 말라. 가거라, 말을 잠깐 멈추겠다. 그 뒤를 생각하려거든 오로지 문서의 내용만 생각하라. 마땅히 다시 행해야 할 바를 알면, 다시 말해주겠다.

惟世俗之人, 各不順孝, 反叛爲逆, 競行爲不忠無信之行, 而反無報施之義, 自以成人, 久在地上也, 所說所道, 未曾有小善, 有惡之辭, 而反常懷無恩貸之施, 自盜[1]可意而行, 不念語後有患苦哉? 此子不是在世間,[2] 無宜少信, 彊愚自以得人心意. 其念出言, 不可採取, 難以爲師法. 無所畏忌, 而功犯非歷邪,[3] 自以可意, 不計其命, 不見久全. 動作出入, 不報其親, 不復朝夕, 夷狄相遇. 此獨何人? 從所出生, 略少其輩, 飮食不用道理, 未曾了雪. 當亦無知之人比六畜, 生死無期. 口亦欲得美, 衣欲得好, 天當久活汝不! 汝行不可承用, 亡亦[4]其行當可用不! 使天忿怒, 無有喜時, 當愛汝命, 令汝不死乎? 所爲皆觸犯不當, 如故爲之, 是爲自索, 不欲見天地日月星宿人民生口之屬耳. 天有誡書, 具道善惡之事, 不信其言, 何從乎? 欲得見久視息乎? 中爲不如六畜飛鳥走獸有知邪? 是愚之劇, 何可依玄.[5] 但作輕薄, 衒賣盡財, 狂行首罰, 無復道理, 從歲至歲, 不憂家事, 遊放行戱, 殊不知止. 思不出中, 自不可久. 此人亦因父母得生, 其行反少義, 不見盡忠孝, 有順無逆之意. 是天當置汝, 使眼息不死也. 死中有餘過, 幷及未生之子. 念其作禍之人, 雖以身行惡, 而亡其年, 使未生不見有算. 活望作鬼, 復死不足塞責, 是惡所致, 非乎? 何得自在而見活乎? 昨[6]使當出生者, 怨是非過邪? 何爲妄言而久朗乎? 天下之人, 何不自責, 而使過少, 積過何益於人身乎? 但有不全人命耳! 不當思之邪? 何爲自益禍乎? 是爲可知也. 人居世間, 作孝善而得壽, 子孫相續, 復見尊官重祿, 是不作善爲孝所致邪? 自無善而不顧後有患, 此爲大逆惡人, 更爲無等比不休息乎?[7] 父母生汝時, 欲聞其善, 寧欲聞惡聲聞老親耳邪? 兄弟相憎, 未曾有樂時, 各自責過負, 而反自用不爲善, 是爲不可久行. 無益於天, 無益於地, 無益於人, 無益於四時五行日月星之明. 其人甚惡, 欲何希望, 不當仰視邪? 以爲天不遣凶神, 司汝爲非乎? 不當自怪, 所求所爲, 旣無可恃, 但日有衰病死不絶邪? 天亦何樂殺汝乎? 衆曰, 汝無有逋須臾之間, 故殺之. 或使遭縣官, 財産單盡, 復續怨禍, 汝行之所致不乎? 何怨於天而呼怨乎? 俗人乃如是, 欲復犯天自理何益乎?

久逋不祠祀, 神官所負, 不肯中謝所解. 所負解之, 常[8]以春三月, 得除日[9]解之. 三解可使文書省減, 神官亦不樂重責人也, 迫有文書, 上下相推, 何從民人之言, 貧困便止, 不竟所爲乎? 生時皆食有形之物, 死當食其氣而反不食. 先人自言, 生子但爲死亡之後, 旣得食氣與比等, 而反不相食, 生子如此, 安得汝久有子孫相視乎? 亦當亡其命, 與先去等饑餓, 當何得自在? 天官重孝順, 當祠明白, 何可所疑. 死後三年, 未葬之日, 當奉禱賽, 不可言地上有未葬者而不祠也. 不食益過咎, 子孫無傷時也, 是爲可知當祠, 常苦富時奢侈, 死牛羊豬豕六畜, 祠官浸疏, 後當見責, 不顧有貧窮也, 財産不可卒得, 行復無狀, 財不肯歸, 便久不祠, 爲責安可卒解乎? 宜當數謝逋負之過, 後可有善, 子孫必復長命, 是天喜首過. 其家貧者, 能食穀知味, 悉相呼叩頭自搏仰謝天, 天原其貧苦, 祠官假[10]之, 令小有可用祠, 乃責是爲天所假. 頗有自足之財, 當奉不疑也. 不奉, 復見先人對會, 祠官責之不祠意, 使鬼將護[11]歸家, 病生人不止. 先人復拘閉, 祠卜問不得,[12] 得當用日爲之, 天聽假, 期至不爲, 不中謝天, 下地取召形骸入土, 魂神於天獄考, 更相推排, 死亡相次. 是過太重, 故下其文, 使知受天誅罰不怨, 可轉相告語, 可令不犯. 先古已有書, 犯者不絶. 以棺未藏者, 不可不祠也. 今故延出文, 因有心之人, 書解其意. 勿疑書言, 尙可得生籍. 疑不行, 死日有期. 自消息, 勿復怨天咎地也. 行, 書小息, 念其後, 思惟文言, 知當復所行, 復道之.

역주

1) 盜(도) : 말하다. 도(道)로 보아야 한다(『정독』).
2) 此子不是在世間(차자불시재세간) : 이런 녀석은 이 세상에서 글러먹었다. 이 구절은 구두법과 해석에 이견이 있다. 『정독』은 '此子不是'에서 절구하고 '在世間'을 뒷 구절로 붙여 읽었다. 『금주금역(하)』는 불시재세간(不是在世間)을 '사회에 대해 극도의 불만을 표시하는 것'이라고 주해했다. 『전역(하)』는 '이 세상에 살아 있는 사람이 아니다'라고 풀이했다.
3) 功犯非歷邪(공범비력사) : 행동이 모두 잘못을 범하고 사악함을 경험한다. 이 구절은 해석이 분분하다. 『정독』은 공(功)을 동(動)으로

보아야 한다고 주해했는데, 이 주해에 따른다. 『전역(하)』는 역(歷)자가 犯(犯)자 앞에 와야 한다고 주장하며 원문을 功歷犯非邪(공력범비사)로 고쳐 보아, '악을 행하는 것이 많이 쌓였다'는 의미로 보았다. 『주역(하)』와 『금주금역(하)』는 '잘못을 범하고 사악함을 겪는 것을 공으로 여기다'는 의미로 보았다.

4) 亡亦(무역) : 『정독』은 무역(亡亦)을 전환의 접속사로 보며, '그런데', '그래도'(還是)의 의미라고 주해했다. 『금주금역(하)』는 망(亡)을 앞 문장에 붙여 읽으며 '몸이 죽음(亡身)'의 의미로 주해했다. 『전역(하)』도 망(亡)을 '죽음'의 의미로 보며 "그대들은 마땅히 그대들의 악행으로 인해 사망하게 될 것이다"라고 풀이했다.

5) 依玄(의현) : 하늘을 의지하다. 『금주금역(하)』는 현(玄)이 하늘의 색을 의미하므로 하늘을 대표하는 것이라고 주해했다. 그러나 현(玄)을 천(天)의 잘못으로 보아도 무방하다. 한편 『정독』은 현(炫)과 통한다고 보아 '빛나다'는 의미로 주해했으며, 『전역(하)』는 지(止)로 보아야 한다고 주해했다.

6) 昨(작) : 이전의 (조상의) 일. 이 부분은 이견이 많다. 『정독』은 작사(昨使)를 가사(假使)의 의미로 보아 '만일'의 의미로 주해했고, 『금주금역(하)』는 '어젯밤'의 의미로 보았으며, 『전역(하)』는 '악행을 하다'(作惡)는 의미로 보았지만 적절하지 않다. 『주역(하)』에서 '지난 일'의 의미에 착안하여 '조상의 일 때문에'라고 풀이한 것을 따랐다.

7) 更爲無等比不休息乎(갱위무등비불휴식호) : 다시 비교할 바가 없을 정도인데, 그만 멈춤이 없는가? 무등비(無等比)는 비할 바 없다. 비교할 만한 동등한 대상이 없을 정도로 죄악이 크다는 의미(『정독』). 불휴식호(不休息乎)를 '악을 행하는 것을 정지하다'(『주역(하)』). 『전역(하)』는 갱위무등비불휴식호(更爲無等比不休息乎) 전체 구절에 대해, 빠진 문구가 있을 것이며 해석할 수 없다고 주해하며 "쉼없이 악을 행하는 것이 악으로 하여금 비교할 수 있는 사람이 없게 되도록 만든다"라고 풀이했다. 『금주금역(하)』는 갱위무등비(更爲無等比)를 '더 나아가 등봉조극의 경지까지 발전하다'는 의미

로 주해하고 불휴식호(不休息乎)를 '그래도 죽어버리지 않겠는가?' 라고 풀이했다.

8) 常(상) : 마땅히. 당(當)과 통한다(『정독』).

9) 除日(제일) : 죄를 없애는 날. 원래 제일(除日)은 섣달 그믐날, 즉 음력 12월의 마지막 날로 이때의 '제(除)'는 구력(舊曆)을 혁제(革除)한다는 뜻을 가지고 있다. 또한 중국 고대의 풍습에 3월(辰月)의 첫 번째 사일(巳日)을 제일(除日)로 삼아 부정을 물리치고 액막이를 하는 날로 정하여, 물가에 나가 목욕재계하고 술을 마시며 액을 막는 행사가 있었다. 『전역(하)』는 이에 대해 하나라의 책력은 인(寅)을 정월로 삼고 인(寅)의 두 번째 날인 묘일(卯日)을 제일(除日)로 삼았으며, 2월에는 진일(辰日)을 제일(除日)로 삼고, 진월(辰月)인 3월은 사일(巳日)을 제일(除日)로 삼았다고 주해했다. 또한 『전역(하)』는 『후한서』「예의(禮儀)」 상(上)에 "삼월 상사일에 관민이 모두 동쪽으로 흐르는 물가에서 목욕재계를 하는데, 이를 일러 부정함을 씻어내고 묵은 때와 병을 제거하여 크게 깨끗하게 한다라고 말한다(是月上巳, 官民皆絜於東流水上, 曰洗濯祓除去宿垢疢爲大絜)"라고 있는 것을 근거로 하며, 한대(漢代)의 풍속이 서술되었으므로 『태평경』이 한대(漢代)에 지어진 것을 알 수 있다고 논증했다.

10) 假(가) : 용서하다(『정독』). 너그럽게 받아들이다(『주역(하)』).

11) 將護(장호) : 압송(押送)하다(『주역(하)』, 『금주금역(하)』). 『전역(하)』는 조상을 압송한다는 의미로 풀이했다.

12) 祠卜問不得(사복문부득) : 제사와 점복으로 물어도 재앙을 일으키는 원인을 알아낼 수 없다. 사(祠)는 제사를 통해 재앙을 없애는 것이고 복문(卜問)은 점복을 통해 질문하는 것이다(『주역(하), 『금주금역(하)』). 득(得)은 '재앙을 일으키는 원인을 알 수 있다'(『정독』)는 의미이다.

제197 천보신성신결(天報信成神訣) : 하늘이 믿음에 보응하여 신이 되게 하는 비결

해제 여기에서 '천보신'(天報信)이란 하늘의 조정에서 세상 사람들이 하늘 조정(天庭)에 대한 맹세가 진실하고 충성이 지극한 사람에 대해 반드시 보답한다는 의미이다. '성신'은 신선이 되게 한다는 것인데, 하늘이 진실함에 보답하는 구체적인 방법에 해당한다고 볼 수 있다. 이 장의 전반부에서는 대부분 선행을 하는 한 사람이 어떻게 성실하게 임하는지를 이야기하며, 후반부에서는 사악한 신과 몸을 제대로 간수하지 않고 삼가지 않으면 성공할 수 없다는 것을 말하고 있다.

오직 선함을 향해 나아가며 장생을 추구하는 사람만이 하늘의 뜻에 기꺼이 보답하려고 하니, 수명이 저절로 늘어난다. 하늘에서 시행할 수 있는 일을 눈으로 직접 보고, 날마다 또한 하늘이 변화시키고 이루는 바를 받들어 행하며, 장생의 내용이 적힌 글을 보도록 하여, 형체와 용모를 변화시키고, 정과 신을 완성시켜, 몸에서 빛나는 정기의 빛을 날마다 늘려 사라질 때가 없도록 한다. 이는 선하며 하늘의 은혜를 잊지 않고 갚으려는 의지를 가진 자이니, 어느 때 원망을 가질 것이며, 잠깐 동안이라도 게으름 피우며 멈출 때가 있겠는가! 마음으로 스스로에게 엄격하며, 다행스럽게 사람이 될 수 있었으니, 하늘을 의지하고 우러러 따라 성공할 수 있고, 다시 하늘이 금지하는 바를 알아, 해로운 것을 멀리하고 선한 것을 추구하며 신을 거스르지 않도록 한다. 선함을 보면 따르고, 스스로에게 요구하지 않은 적이 없으며, 때때로 잘못을 후회하여 올바른 것을 따른다.

항상 그 뜻을 생각하며 감히 스스로 편안해하거나 스스로 의심하지 않는다. 그것을 생각하는 것은 선한 일이니 하늘의 뜻을 이해하게 되면, 모든 것을 두루 다 알 수 있게 되니 또한 의심할 바가 없다. 스스로에게 요구하며 잘못을 뉘우치는 것이 여러 날 동안 쌓이면, 이미 하늘의 복과 보우를 받게 되며, 하늘의 화육을 이어 받들어 위험을 만나지 않도록 한다. 하늘의 보답과 은혜를 스스로 아는데, 어찌 잊어버리거나 잠깐 동안이라도 멈춤이 있겠는가? 오직 신이 비난하고 탓하여 하는 말을 두려워하니, 그러므로 슬퍼하며 스스로 멈춰 본 적이 없다. 말씀하신 바에 열심히 나아가, 하늘의 뜻을 받들고자 하며, 빠뜨리거나 잃어버리는 것이 있을까 두려워한다. 그러므로 다시 마음을 깨끗하게 하고 행동거지를 바꾸어 하늘을 감동시켜 신선이 되기를 바라고 장생을 탐내고 사모하니, 실로 수명이 짧은 것을 두려워하는 것이고, 세상에서 오래 살지 못함을 두려워하는 것이니, 있는 힘껏 충성을 다하고 정성스러운 마음을 가지려고 생각하는 것이다. 자주 신의 말을 듣지만 [신선이 된] 그런 사람은 보지 못하니, 마음으로 스스로 편안하지 못하게 되어, 항상 재계하고 두려워하며 낮과 밤으로 시름겨워하며 감히 스스로 편안히 여기지 못한다. 이런 까닭에 감히 선행을 끊고 악행을 베푸는 데로 나아가지 못한다.

사람들은 모두 먹고 마실 수 있으며, 하늘의 원기를 우러러서 숨을 쉴 수 있다. 다시 사람의 정을 알고, 하늘이 베풀어준 은혜를 받았음을 스스로 알고 있으니, 마땅히 보답하고 감사해야 하는 것이니, 어찌 의심할 때가 있겠는가? 하늘이 인간의 정기를 생겨나게 하고, 땅이 인간의 육체를 길러주어 크게 자라나도록 하여 완성될 수 있도록 한다. 하늘의 글에 있는 경계함을 보고, 그 내용을 보며, 전쟁을 하는 것이 아닌데도 스스로 부들부들 떠니, 어찌 그 말을 배반하는 일이 있겠는가? 마음으로 항상 두려워하는데 어찌 편안해할 때가 있겠는가? 오직 하늘의 대신이 때때로 불쌍히 여겨 살펴보며 용서해주어, 여러 차례 너그럽게 용서해주었으니, 마음으로 항상 큰 은혜에 보답해야 함을 알아야 한다. 오직 대신에게 불쌍히 여김을 받아, 항상 생기(生氣) 가운데 오래 살고 나이 먹도록 오래살 수 있으니, 크게 베풀어주신 은혜를 감히 잊어서는 안 된다. 은혜와 관용이 모두 이미 충분하니, 잠깐 동안이라도 감히 게을리하거나 잊어서 은혜를 배반해서는 안 된다. 오직 대신이 그를 도와 그 일을 이루게 하여 그로 하여금 천신을 보게 하며, 천신과 말하게 한다. 다시 경계의 말을 듣고 싶어 하고, 하늘이 말한 것을 중시하며, 은혜를 입어 대답을 얻게 됨을, 감히 스스로 믿는다.

대신(大神)은 선한 마음을 가진 사람에게 대답하여 말한다. "하늘의 임금은 항상 이 선한 마음을 가진 사람을 사랑하니, 하늘에 써야 할 직책이 있으니 곧 그를 앞으로 나아가도록 추천한다. 지금 마음이 선한 사람이 스스로 진술하는데, 앞서 [여러 신들이] 이미 천군에게 보고한 것이다. 추천된 사람을 받들어 쓸 것이니, 맡기고 의심하지 말라. 반드시 마땅히 앞에서 말한 바대로 할 것이니, 이는 천군에 의해 감히 앞으로 나아가 신선이 되는 것이다. 시간이 거의 이르렀으니, 하늘이 말한 바를 힘써 신봉하면, 하늘도 또한 선한 마음을 가진 사람을 믿게 되니, 저절로 세속에 머물지 않는 것이 된다. 신이 상부에 보고하는 문서와 신선이 될 사람의 명부가, 대낮에 승천하여 신선이 될 때에 확정되니, 이치는 서로 속일 수 없는 것이다. 천군은 선을 향해 나아가고 마음을 지닌 사람을 얻기를 바라니, 말을 어기지 않는 사람이 바로 그런 사람이다. 여러 대신들이 먼 곳에서 그의 행위를 관찰하니, 비록 집안에 아무것도 없는 것처럼 가난하다 하더라도, 앞에 이미 [천군의] 말이 있었으므로, 마땅히 이것을 걱정하지 말라. 항상 하늘의 여러 신들과 서로 마주 대면하는 것에 전념하라. 이것이 선함에 의해 초래되는 것이니, 나태하지 말지어다."

선한 마음을 가진 사람이 말한다. "소생은 본래 백일승천하여 신선으로 나아갈 수 없는 사람이니, 마음속으로 대신의 대답을 듣기를 기약하고, 나아가 장생하는 것을 탐내고 구하여, 하늘이 알려주신 것을 다하고자 함이니, 어찌 감히 백일승천하기를 바라겠습니까? 하늘에서 천거하는 것은 마땅히 적합한 사람을 얻는 것이니, 소생은 감히 그 자리를 감당할 수 없습니다. 오직 대신에게 비난받을까 두렵습니다. 은혜를 입어 스스로 요행히 총애를 얻게 되었는데, 받은 은혜가 이미 충분히 많으니, 다만 베풀어주신 은혜에 제대로 보답하지 못함이 안타까우니, 오직 큰 은혜와 관용으로 간신히 오래 사는 방법에 대해 알려주셨으면 합니다."

대신이 말한다. "이전에 연이어 이 제자의 뜻을 보고하며, 천군에게 추천했는데, 문득 천군께서 말씀하시길 선한 마음을 가지고 있는 것이 바로 적합한 사람이다라고 하셨다. 천군이 스스로 그를 친근하게 대하여 의심을 갖지 않도록 한다. 큰 은혜가 대신에게 있는 것이 아닌데, 어찌 은혜를 보답한다고 말하는가? 알려주신 가르침을 마땅히 다시 분명히 해야 하고, 진실함에 대해 반드시 보답이 있음을 알고, 마음속으로 정성스럽게 진심을 다해 감사할 뿐이다. 반드시 여러 신들로 하여금 서로 보호하도록 하여, 사악한 신이 그를 침범하지 못하도록 할 것이다. 말한 바를 지극히 중시하고 삼가서, 선한 것을 말하는 것을 우선시하라. 문서의 의미에 믿음을 가지고 서로 주며, 선을 향해 나아가는 마음을 지닌 사람의 말을 저버리지 말라. 하늘이 스스로 밤낮으로 신장으로 하여금 그를 보호하게 할 것이니, 그 나머지는 의심할 바가 없다. 타고난 상과 운명이 서로 충돌되면, 하늘의 문서는 반드시 조상의 승부(承負)를 스스로 사라지게 하니, 근심하지 말라."

선을 지향하는 마음을 가진 사람이 말한다. "본성이 비천한데, 세속에서 오랫동안 머물렀으므로, 세속에서 벗어날 수 없을까 두렵습니다. 대신의 은혜를 사모하여, 은총을 만나, 저에게 따뜻한 배려를 해주셨음을 진실로 스스로 알고 있습니다. 오직 대신께서 천군께 말씀을 올려, 저로 하여금 불사의 대열에 있게 해주셨는데, 어찌 감히 백일승천을 바라겠습니까?"

대신이 말한다. "천군은 선을 향해 나아가는 마음을 가진 사람을 믿는다. 가르침에는 두 번 승낙하는 것이 없으니, 의심하지 말라. 이것은 본디 천군의 뜻이다. 비록 집이 가난하여 추위와 굶주림이 함께 이르는 것을 걱정해도, 본디 하늘의 주방이 있으니, 다만 우러러보며 추구하면, 신이 스스로 스승이 되어 제자를 교화할 것이니, 걱정하지 말라."

"소생이 하늘에서 내려주신 직분을 맡은 후에 어느 때인들 대신께서 말씀하신 바를 잊겠습니까? 이루어지지 못할까 근심할 뿐입니다. 감히 잠자리에서도 대신의 가르침을 놓치지 않으니, 항상 가슴속에 간직하고 감히 게을리하지 않습니다."

대신이 말한다. "네가 말한 것이 이와 같으니, 천군께선 아실 것이며, 선함은 스스로 좋은 결과를 얻고, 마음으로 스스로 천군의 뜻을 얻게 된다. 전날 일을 보고하며 천군을 뵈었는데, 천군께서 대신들에게 명령을 내리셨다. '전날 이미 이 사람에 대해 고했으니, 승천하는 날이 되면 때를 놓치지 말도록 하라.' 마침내 신선의 부(符)를 가지고 있는 것이 마음으로 명철하게 보이면, 신이 스스로 말하여 증빙으로 삼는다. 변화하는 데 이미 정해진 시간이 있으니, 다만 낮과 밤으로 전념하되 게으르지 말라."

제자가 말했다. "가르침을 받은 후에 어찌 감히 게으름을 피우겠습니까? 은혜를 입은 것을 성공할지 못할지 생각할 뿐입니다."

대신이 말한다. "모름지기 하늘의 책에는 부(符)가 있으니, 스스로 서로 볼 수 있는 것이니, 천수를 얻지 못할까 걱정하지 않는다. 대신뿐만 아니라, 여러 신들이 모두 선하다고 말하는 것, 이것이 [선한] 마음을 가지고 있는 사람이니, 여러 신들이 모두 그를 걱정해주니, 다만 최종적으로 신선이 되는 것을 우러러볼 뿐이다."

제자가 말한다. "이는 크고 무거운 은혜이니, 만일 제게 원하는 바를 이루도록 해주신다면, 반드시 가까이하고 마음으로 공경할 뿐입니다."

대신이 말한다. "이것 역시 그들이 원하는 바이니 마땅히 마음을 받들어서 말해야 한다. 천군은 같은 부류를 중시하니, 그들로 하여금 큰 죄에 빠지지 않도록 하고, 승부(承負)도 한순간 없애준다. 신상(神像)을 모셔두고 점치는 사람들의 말을 믿지 말라. 이런 점은 수명을 늘려주거나 줄일 수 없다. 신선이 되어 남을 구제하고자 하는 사람은 올바른 신 앞에 있어야 한다. 비록 작은 신들이 위로 상소를 올리지만, 스스로 그것을 해소할 수 있으니, 또한 마땅히 행하지 말아야 하는 행위들을 제멋대로 행하지 말라. 이는 마음을 품고, 도를 지닌 사람은 본래 아는 바이다. 또 각자 자신을 위해 계책을 세울 때 하늘의 말을 믿어라. 하늘은 본래 선으로 나아가는 마음을 지닌 사람을 속이지 않는다. 비록 하늘의 은혜를 알고 늘 생각하며 잊는 때가 없다 하더라도, 사악한 신에게 귀기울이면 스스로 아래로 떨어진다. 의지가 없는 사람은 자신을 간수하는 데 부지런하지 않으며, 또 이상한 일들에 몰두하니, 그러므로 사악한 신에 의해 아래로 떨어져 불안해지거나 악해져서 성공을 거둘 수 없게 된다. 이 책은 또한 악인을 믿지 않고 악인도 또한 이 책을 믿지 않는다. 효험이 있으니 보답이 있다는 것을 이해하는 것은, 진실함에 대한 하늘의 보답을 얻은 이후에야 알 수 있게 될 것이다. 지금 마땅히 진실함이 있고, 선을 향해 나아가는 사람에게 내려진 책을 이해하면, 신이 스스로 진실함에 대한 보답을 보여주고자 할 것이다. 진실되지 않음은, 마음이 선을 향해 나아가는 사람이 원하여 얻는 것들에 들어 있지 않다. 가거라, 책의 내용을 이미 알 수 있을테니, 진실함에는 효험이 있는 것을 보게 된 것도 또한 본래 오래 된 것이 아니다."

"어떻게 그것을 알 수 있습니까?"

"그 사람이 스스로 장생을 즐거워하는 것은 하늘이 그에게 즐거워하도록 만든 것이니, 이것은 하늘이 진실함에 보답한 것이다. 그 사람은 반드시 변화하여 신선이 되는데, 반드시 대낮에 승천하게 된다. 날마다 몸이 저절로 가벼워지는 것을 의심하지 않고, 먹는 양이 날마다 적어지는 것을 믿을 수 있는 근거로 삼는다. 몸에 정광이 날마다 늘어나, 그 사람을 친근하게 대하게 되니, 이 증거는 분명한 것 가운데에서도 분명한 것이니, 또 의심을 갖지 말라."

제자가 말한다. "가르침과 경계를 받고, 말씀하신 바대로 행하고자 하여, 그것을 깊이 생각하고 감히 게을리하거나 잊지 않겠습니다. 비록 소생이 평소에는 알지 못했지만, 뵙고 난 뒤에는 더욱 친근감을 느끼며 차이점이 없었습니다."

대신이 말한다. "선한 사람을 선하다고 칭찬하는 것 또한 이름을 얻는 은혜에 해당한다. 마땅히 끝내 그 공을 완성하는 것, 이것은 신이 늘 가르치는 것이다. 책의 내용이 비록 많지만, 장생의 도를 중시했기 때문에 많은 것이니, 두려워하지 말라. 말은 여기에서 일단락 짓겠다. 각자 돌아가서 이야기를 전하라."

심지가 있는 사람이 말한다. "예. 예. 감히 잊어버리지 않도록 하겠습니다."

惟有進善求生之人, 思樂報稱天意, 令壽自前.[1] 目見天上可行之事, 曰[2]亦奉行天之所化成, 使見久生之文, 變化形容, 成其精神, 光景日增, 無有解時. 是有心志善不忘天恩報施之士, 何時有怨, 解息須臾之間! 心自剋責, 幸得爲人, 依迎天, 得成就, 復知天禁, 使其遠害趨善, 不逆神靈. 見善從之, 未曾不自責, 時悔過從正. 思念其意, 常不敢自安自疑. 念之爲善, 曉天知意, 具足可知, 亦無所疑. 自責悔過, 積有日數, 旣蒙福祐, 承奉天化, 使不見危. 自知受天報施, 何可有忘須臾之間息, 恐神靈非尤所言, 故懷悵然, 未曾自息. 貪進所言, 欲承天意, 恐有失脫. 故復洗心易行, 感動於上, 欲見昇進, 貪慕其生, 實畏短命之期, 恐久不見於天地, 竭力盡忠, 思其誠心. 數聞神言, 不見其人, 心內不自安; 常齋惶懼, 日夜愁怖, 不敢自安. 用是之故, 不敢廢善而就惡施.

人皆得飮食, 仰天元氣, 使得喘息. 復知人情, 自知受天施恩, 輒當報謝, 何有疑時. 天生人精, 地養人形, 使得長大, 使得成就. 見天書戒, 視其文辭, 不戰自慄, 何有負言, 心常怖悸, 何有安時. 唯天大神, 時哀省原, 數見假貸, 心知不以時報大恩, 唯大神使見覆哀, 久見常在生氣之中, 久活前年[3]之壽, 不敢忘大施之分. 恩貸畢足, 不敢解忘須臾之間而背恩也. 唯大神成之, 使見天神, 與其語言, 思聞復戒, 重天所言, 唯蒙有報, 乃敢自信. 大神報有善心人言, 天君常愛是有心善之人, 於天有用輒進. 自今有心善之人自陳, 前以達白天君,[4] 承用所擧, 聽勿疑. 必當如前所言, 是自天君所敢前[5]也. 歲月垂至, 努力信天所言, 天亦信有心善之人, 自不在俗間也. 簿文內記, 在白日昇天之中, 義不相欺, 天君欲得進善有心, 不違言, 是其人也, 諸大神自遙見其行, 雖家無之日, 前以有言, 宜勿憂之. 常念與天上諸神相對, 是善所致也, 宜勿懈倦也.

有心善之人言, 生本無昇進人, 期心報大神, 求進貪生, 欲竭所知, 何敢望白日昇乎? 擧選當得其人, 生不敢當之. 恐見爲大神所非, 蒙恩自僥倖得寵, 爲得恩分畢足, 但惜未及重報施, 唯大恩假忍蘇息之聞. 大神言, 前比白生意, 進之天君, 輒言有心善意, 是其人也. 天君自欲親近之, 不使有疑也. 恩施不在大神也, 何須道報乎? 宜復明所知, 必爲有報信, 心謝懇惻而已. 必使諸神相護, 不令邪神干之也. 致重愼所言, 以善爲談首, 書意有信相與, 要不負有心善進之人言也. 天自日夜使神將護之, 餘無所疑. 相命沮觸之, 書必先人承負自辭, 勿用爲憂. 有心志善之人, 言本性單微, 久在俗中, 恐不能自出俗世之間, 慕大神之恩, 寵遇使見溫, 誠自知. 唯大神白天君, 纔使在不死之伍中, 爲何敢望白日乎? 大神言, 天君信有心進善之人, 教無有二諾, 無所狐疑, 是自天君意也. 雖念家不足, 飢寒並至, 自有天廚, 但仰成事,[6] 神自師化其子, 無以爲念也. 生主受分之後, 何時忘大神所言乎? 憂不成耳. 不敢失大神枕席, 常在心鬲, 不敢解也. 大神言, 辭乃如是, 天君知者, 善自得善, 有心自得天君心意. 前白事見天君, 天君敕大神言, '前日已白此人, 當升之日, 勿令失期.' 竟有符在心前徹視, 神自語爲信, 變化以有日期, 但日夜念之勿懈也. 生言, 受敕之後, 何敢懈邪? 唯蒙成不?

大神言, 須書有符, 自相見也, 不憂不得天壽也. 不但大神邪, 諸神皆言善, 是有心之人, 諸神憂之, 但仰成辯[7]而已. 生言, 是大重, 如使如願, 必親心恭而已. 大神言, 是亦其人願所當承心而言, 天君重其家, 使無入大過, 承負輒解之. 勿信神象卜工之言, 是卜不能有所增減. 欲度活人者, 要在正神. 雖有小神之疏, 上自解之, 亦勿狂爲不當所行也. 是自有心有道之人所知也. 且各爲身計, 信天言, 天自不欺有心進善之人也. 雖知惠常念, 無有忘時, 聞邪神自下, 無有心志之人持身不謹, 復念非常, 故邪下之, 使不安或惡, 會無成功. 此書亦不信惡人, 惡人亦不信此書. 會有效用有報, 得報信之後, 乃爲可知也. 今當有信, 知進善之人書, 神自欲見報信得用, 不信, 無有心進善之人欲所得也. 行, 書辭已可知, 見信有驗, 亦自不久. 何以明之? 其人自樂生者, 天使樂之, 是天報信. 其人必化成神, 必以白日. 不疑日自輕, 食日少爲信, 不疑日自輕, 食日少爲信, 精光日益, 親近其人. 是信也, 明之明也, 且勿有疑.生言, 見誡受敕, 請如所言, 思惟念之, 不敢懈有忘也. 雖生素不知, 會見之後, 益親無異. 大神言, 善善亦當惠成名, 宜卒竟其功, 是神常誡也. 書語雖多, 重生道, 故多耳. 勿怖之也. 語且有止, 各還有言. 有心志念之人言唯唯, 不敢有忘也.

역주

1) 前(전) : 나아가다(『정독』). 증가하다(『금주금역(하)』). 연장되다(『전역(하)』).

2) 曰(왈) : 날마다. 『주역(하)』와 『전역(하)』와 『금주금역(하)』는 왈(曰)을 일(日)로 보아 '날마다'의 의미로 보았는데, 이를 따랐다. 『태평경초』와 『정독』은 원문 그대로 보아 '말한다'로 보았다.

3) 前年(전년) : 수명을 늘려감. 전(前)은 연(延)과 같다(『전역(하)』, 『금주금역(하)』).

4) 前以達白天君(전이달백천군) : 이것은 앞에서 이미 천군에게 보고

된 것이다. 이 구절은 구두법에 이견이 있다. 『합교』, 『정독』, 『전역(하)』, 『주역(하)』 등은 모두 전(前)을 앞 구절에 붙여서 '前, 以達白天君'으로 절구했지만, 여기에서는 『금주금역(하)』의 견해에 따랐다. 이(以)는 이(已)와 같다(『금주금역(하)』). 달백(達白)은 '윗사람에게 보고하다'(『주역(하)』,『금주금역(하)』).

5) 前(전) : 등선(登仙)하여 신이 되는 것을 의미한다(『주역(하)』, 『금주금역(하)』).

6) 成事(성사) : 지난 과거의 사례. 한대(漢代) 관용어로 과거의 사례를 의미한다. 여기에서는 신선이 된 일들을 가리킨다(『금주금역(하)』).

7) 成辯(성변) : 최종적으로 신선이 되는 것. 변(辯)도 이루다, 성공하다는 의미이다. 따라서 신선이 될 수 있는지 최종적인 결론을 의미한다(『금주금역(하)』).

제198 유공천군칙진결(有功天君敕進訣) : 공이 있으면 천군이 칙명으로 신선으로 나아가게 하는 비결

해제 이 장에서는 도를 행하여 공덕이 있는 사람에 대해 서술하고 있다. 여기에서 '유공'이란 장생을 사모하고, 극도로 진실되며, 오랫동안 날마다 선행을 하여, 하늘에 공덕이 쌓인 덕이 있는 사람을 말한다. 공덕이 있는 사람에 대해 설명하면 다음과 같다. 천지를 받들고, 네 계절과 오행이 생성하는 도리를 따르며, 인과 은혜를 베풀고, 고요히 자신을 독려하며, 신을 경외하고 가르침을 구한다. '천군'은 하늘의 임금이라는 의미로 지극히 높은 신의 이름이다. '칙진'은 칙명을 하달하여 신선이 되도록 한다는 뜻이다. 천군은 신장에게 칙명을 내려 공덕이 있는 자의 상황에 대해 보고하도록 하고, 그를 신선으로 올려 하늘의 직무를 맡긴다. 그런데 천상과 인간계를 기본적으로 동일한 형태로 간주하므로, 천상계에 대한 묘사를 살펴보면, 후한(後漢) 시대의 혼란스러운 조정의 모습도 반영하고 있다고 볼 수 있다.

오직 고금에 존재했던 지극히 참된 사람들을 생각해보면, 각각 효용이 있었으니, 하늘에 공덕을 쌓아 감히 스스로 앞에 나아가 신선이 될 수 있었다. 모든 행동거지에 사소한 악함도 없었고, 항상 인자하게 베푸는 마음을 가지고, 은혜를 베풀어 사람들에게 이로움이 되었다. 작은 믿음이라도 잃거나 천지를 받들지 않음이 없었으며, 네 계절과 오행의 운행에 따라 그 생성작용을 돕되, 감히 완성하지 않으려는 마음을 가진 적이 없었으며, 이로 인해 자신을 스스로 위태롭게 하여 불안하게 하는 일이 없었다. 그러므로 자신의 잘못과 조상으로부터 온 승부(承負)에 대해 스스로 절실하게 생각하는데, 해소하지 못할까 두려워하고, 다시 여러 신들에게 기록되고 보고되어, 명부에 남아 태상에게 전해질까 두려워하는 것이다. 이로 인해 감히 편안할 때가 있을 수 있겠는가? 현재와 과거가 서로 이어져 있고, 선과 악이 서로 연결되어 흐르니, 어찌 단절될 때가 있겠는가?

그러므로 스스로 고요히 침잠하며, 게으름을 피우지 말며, 하늘이 베풀어준 바를 잊지 말라. 다만 스스로 덕을 추구하는 사람이 되는 데 전념하되, 마음으로 스스로 미루어 확장해보라. 남에게 선한 마음이 있는 것을 보면, 그로 인해 기뻐하며, 남이 악한 마음을 가지고 있는 것을 보면, 그 때문에 두려워한다. 천신이 알고 있다는 것을 생각해보아 각자 나아갈 목표를 가지라. 또 스스로 깊이 생각해보라. '본래 세속에서 평소 살아가면서, 마음속으로 신선이 되는 큰 변화를 항상 즐거워하며 추구했으며, 장생의 도리를 탐내고 사모했으며, 죽음의 부류를 멀리 하고, 천지의 정기의 빛을 강렬하게 그리워하고, 그 빛을 자기 몸에 두기를 탐내며, 스스로 서로 사랑하도록 해야 마음이 편안해질 수 있다. 그렇지 않으면 오래 살지 못하게 될까 두려워한다. 오직 여러 천신들은 때때로 세상 사람들이 미치지 못하는 부분을 너그럽게 용서해주며, 그 나아가고 물러남을 가르쳐주어, 하늘의 뜻을 마땅히 받들고 빠뜨리는 부분이 없도록 하며, 선하지 못한 작은 부분도 태상의 천군의 귀에 들어가지 않도록 한다. 그러므로 여러 신들을 통하여 널리 묻고 알기를 추구하며, 오직 은혜를 입고 배반하지 않아, 의심받지 않도록 한다.

한 명의 제자 신분으로서, 형세상 감히 터럭만큼이라도 잊어서는 안 된다. 오직 말한 바에 대해 근원을 탐색하고 성찰하며, 하늘의 경계를 보아, 그 몸을 완성시키고 위험에 빠뜨리지 않게 되기를 추구한다. 이는 여러 신들이 총애와 은혜를 베푸는 날들이니, 감히 휴식을 가지려고 해서는 안 되고, 무겁고 큰 은혜를 갚으려고 스스로 전념하지 않으면 안 된다. 여러 신들이 아직 보고하지 않았는데, 천군이 들어 알고, 당직 신을 파견하여, 명령을 받들어 이 사람을 살펴보게 한다. '그 사람은 신의 가르침이 어떠해야 한다고 말하는가?' 그 의미를 상세히 묻는다. 여러 신들을 시켜서 묻게 하니, 돌아와 보고하며 말한다.

"인간 세상의 백성이 스스로 선행으로 인도하며 공덕을 쌓은 날이 오래되었으며 오래 살기를 탐내며 사모합니다. 스스로를 부족하다고 여기며 항상 생각하기를 개인적인 과실과 조상에게서

온 승부(承負)가 있을지 두려워하며, 일찍이 게으름피우거나 휴식할 생각을 가져본 적이 없고, 여러 신들에게 자신의 공로를 아룁니다."

여러 신들이 보고한 뒤, 조정의 신들이 각자 또 서로 말한다. "이는 공로와 덕을 갖춘 사람입니다. 스스로 인간세계에서 하늘의 큰 은혜에 마땅히 보답해야 할 것을 깊이 생각하여, 덕행이 누적되고 선을 행한 날이 오래되었습니다. 여러 신들을 통하여 스스로 공덕을 아뢰었는데, 각자 의혹을 품고 감히 조정에 나아가 천거하여 아뢰지 못하였습니다."

천군께서 말씀하신다. "항상 여러 신들에게 진실함과 하늘에 공덕이 있는지 보고, 그런 점이 있는 자들을 천거하도록 맡겼다. 그래서 여러 신들은 관찰하고 추측하였는데, 그런 행위가 날이 오래되었는데, 무슨 까닭으로 고하지 않은 것인가?"

여러 신들은 모두 두려움을 품고서 말한다. "본래 평소에 이 사람을 알지 못했는데, 불러들이는 것이 너무 올바르지 않은 일일지 두렵습니다. 또 그 뜻을 각각 살펴보면, 천군께서 그에 대해 어떻게 알고 있는지 모르는 것이니, 이는 여러 신들이 각자 주된 생각이 없는 것이며, 선하고 공덕이 있는 사람을 보고서도 그때그때 보고하지 않은 것입니다."

조(曹)에 시켜서 신을 파견하여 공적을 고찰해보니, 그의 행위에 크게 공덕이 있었다. 이는 여러 신들이 각자 자신의 직책을 이행했다고 할 수 없는 상태이니, 각자 공로나 선함이 없는 것이고 한결같이 딴 마음을 먹고서 천군이 알지 못할 것이라고 생각한 것이다. 여러 신들이 각자 변명하지만, 스스로에게 어떤 쓰임이 있을 것인가?

"이로움이 있을 수는 있겠으나, 각자 스스로 편안할 것인가?

여러 신들은 사죄해야 한다. 각자 맡은 직책에 따라 관을 벗고 사죄하라."

말한다. "작은 신으로서 직책을 받들어, 각각 평소에 충성심을 다했으나, 이 죄를 견책 받고 죄가 형용할 수 없이 크니, 문 밖에서 죽음을 기다립니다."

천군이 명을 내려 말한다. "잠시 밖에서 기다리도록 하라. 여러 신들은 땅에 엎드려 칙령을 기다리라."

스스로는 마땅히 곧게 단정히 서서 칙령을 내려 말한다. "여러 신들에게 칙령을 내리노라. 천군은 여러 신들을 불쌍히 여기고 싶지 않으며, 또 차마 서로 상처를 입히지도 못하겠도다. 지상의 인간계로 귀양가도록 명령을 내리니, 수도인 낙양에 10년 동안 거주하며, 약을 팔아 병을 고치되, 환자들에게 치료비를 많이 받지는 말라."

귀양이 끝나 위로 올라온 여러 신들은 부서에 보고되는데, 일년 동안 공이 쌓이면 원래의 직책으로 복귀하게 된다. 여러 신들이 천군에게 죄를 용서받아 죽임 당하지 않고, 가볍게 귀양을 갔으니, 진실로 스스로 과오를 알고, 스스로 상처를 입게 된다. 살기를 기대하지 않으면, 천군이 차마 상처를 입히지 못하는 마음을 가지고, 다시 이 일을 가지고 용서해준다.

천군이 말한다. "부서(曹)에 가서 잘못을 고하고 나서 곧 인간계로 내려가라. 시간을 늦추는 것을 허락하지 않겠다. 신으로 하여금 따라가서 높은 곳에서 살펴보게 하라."

조(曹)에서 고한다. "천군의 명령대로 아래로 파견해 보냈습니다."

천군이 조에 명령하여 대신에게 다시 보고하도록 한다. "공문서를 보여주어라, 여러 신들이 그것을 보도록 하라."

조에서 문서를 대신에게 전달하여 보여주고, 거느리고 있는 조들로 내려보내니, 각각 그 직책을 따르도록 했다. 공덕과 선함이 있으며 앞으로 나아가길 간절히 원하는 사람이 있는 것을 발견하면 마땅히 그를 천거하도록 했다. 앞서 이미 벌을 받아 직책을 잃었던 일이 있었으니, [마땅히] 빠짐없이 다 갖추어 알 수 있도록 보고한다.

천군은 대신에게 명령하여 말한다. "높은 곳에서 이 사람을 관찰하되, 보낸 신의 말과 일치하는지 여부를 살펴보라."

대신이 말한다. "파견된 신을 통해 가서 그 사람을 살펴보게 했습니다. 그 (정해진) 날짜 수가 쌓였고, 공효를 보았습니다." 돌아와서 보고한다. "날마다 천군의 명령을 받들어 인간계에 공덕이 있는 사람을 보고 돌아와서 파견한 신의 말과 같음을 보고합니다."

천군도 또한 이와 같다. 공덕이 있는 사람에 대해, 여러 신들이 거느리고 있는 부서에서는 수시로 보고한다. 천군은 알아차리고 나서 이에 자신의 뜻을 말하니, 이는 힘쓰도록 권면하는 것이 아닌가? 인간계로 공문을 내려보내 귀양 보냈으니, 지금 이후로 경계로 삼을 수 있다. 공덕이 있는데도 보고하지 않는다면, 천군이 이를 듣고 난 뒤에는 벌을 받아 스스로 귀양살이를 가게 될 것이다. 각자 자기 직책에 신중하라. 신을 보내서 그 사람을 이끌고 변화시켜, 신선으로 되게 하며, 그 정기의 빛을 더하게 한다. 그를 위해 신선의 명부를 살펴보며, 그를 천상계로 오르도록 한다. 만일 명부에 그 이름이 없다면 그 이름을 드러내어 올리도록 한다.

대신이 명령을 받아 조로 돌아와 명부를 보고 그의 성명이 여기에 있음을 확인한 후 보고하여 말한다. "조의 문서에 이 사람이 있습니다. 청컨대 천군의 내부명부를 대조하여 그것과 상응하는지 여부를 알고자 합니다."

천군이 문서를 내보여주며, 외부의 명부와 동일하면, 곧 그를 올리도록 명령을 내린다.

대신이 말한다. "연수(年數)가 찼는지 아닌지 살펴보지 않았습니다. 청컨대 다시 자세히 대조 확인해보겠습니다."

천군이 말한다. "대신은 눈과 귀가 제대로 있는데도 상세히 다 보지 않고서, 다시 확인하겠다고 말하는가?"

대신은 직무를 제대로 수행하지 못한 것에 대해 사죄한다.

천군은 말한다. "즉시 확인하고 빨리 돌아오라."

대신이 확인하니, 그 사람은 연수가 이미 다 찼다. "빠뜨리고 보고하지 않은 죄 형용할 수 없이 큽니다. 마땅히 꿇어앉아 엎드려 죽을 죄를 기다립니다."

천군이 말한다. "관을 씌워주어 직책을 맡아보게 했으니, 다시는 게으름 피우지 말라. 그 사람을 불러올림에 실수하지 말라. 영향력이 작은 직무를 맡겨서 받들어 공을 받드는 데 이르는 것을 알게 하라."

"예. 예. 천군께서 명령하신 바대로 하겠습니다."

"그렇다. 대신은 또 그 사람을 위로 올려서 작은 직무를 맡기고 그가 하는 바를 관찰하라."

"날짜가 오히려 부족하니, 실제 정황을 검증하기를 청합니다. 크게 믿을 만한 것이 있습니다. 진실로 빈자리가 있으니 그를 배치시켜 부족한 곳을 보충하기를 청합니다."

천군이 말한다. "마땅히 대신이 보고하는 바와 같이 할 것이니, 게으름 피우려는 마음이 없도록 하라."

대신이 말한다. "예. 예. 사신을 보내어 높은 곳에서 그를 관찰하기를 청합니다."

천군이 말한다. "좋다."

惟思古今有大誠信之人, 各有效用, 積功於天, 乃敢自前. 動作止進, 未曾有小差之惡, 常懷慈仁之施, 布恩有惠, 利於人衆. 不有失小信, 而不奉承天地, 隨四時五行之指歷, 助其生成, 不敢有不成之意, 而自危身令不安. 故自尅念過負, 恐不解除, 復爲衆神所疏記, 而有簿文聞太上也. 以是故, 敢有安時也. 今古相承, 善惡相流, 何有絶時乎? 故自沈静, 未嘗有懈, 而忘天之所施爲也. 但自念求德之人, 以心自況. 見人有善心, 爲之欣然; 見人有惡心, 爲之惶懼. 想天神知之, 各有所進, 復自惟念, 本素生於俗間, 心常思樂大化, 貪慕生道, 去離死部, 戀牢精光, 貪使在身, 使自相愛, 心乃可安. 不者恐見不在常見[1]之中. 唯諸天神, 時原[2]不及, 教其進退, 當承天意, 不可有失, 而小不善聞於太上之君耳. 故因諸神求知曠問, 唯蒙不逆, 使不見疑. 爲受一子之分, 勢不敢有忘絲髮之間. 唯原省念所言, 思見天誡, 以成其身, 不使陷危. 是諸神寵恩之日, 不敢有休息, 而不自念報重之大恩也. 諸神未白, 天君聞知, 被遣當直之神, 承敎見之. '其人言所動搖[3]云何', 具問其意, 使諸神問之, 還白日,[4] 言'中和之民, 自道善行, 積功日久, 貪慕久生. 自薄說[5]常自垂念, 恐有愆負, 未嘗有懈息之意, 爲諸神道其功效.'

諸神使白, 各且相謂曰, 此有功效德人, 自於中和中, 念當報天大恩, 積行爲善日久, 欲因諸神, 自道功德, 各懷狐疑, 不敢進白. 天君常屬諸神見信有功於天, 有者進之. 而諸神占觀, 其行日久, 何故不白. 諸神皆懷懼而言, 本素不知此人, 來恐不大精實. 且各消息[6]其意, 不知天君聞之. 是諸神各無所主, 正見善有功之人, 而不時白道之. 使者遣使神考積,[7] 其行大有功. 是諸神各爲無狀, 各無有功善, 而齊外心, 以爲天君不知. 諸神各解辭, 令自何用者? 有益而已, 各自安乎? 謝諸神, 各以識[8]事免冠謝. 言小神奉職, 各平盡忠誠之心, 而得問是罪無狀, 待死於門. 天君出敎日,[9] 且待於外, 須敕諸神伏地, 自以當直危立也,[10] 敎日[11]敕諸神言, 天君欲不惜諸神, 且未忍相中傷. 敎謫於中和地上, 在京洛十年, 賣藥治病, 不得多受病者錢. 謫竟, 上者著聞曹, 一歲有功, 乃復故. 諸神見天君貫[12]不死之罪, 纔得薄謫. 誠自知過失, 自以摧折, 不望其生, 不忍有中傷之意, 復以事謝.

天君言, 告謝曹吏便下, 勿稽留時, 使神行卓視之. 曹白, 使遣下如天君敎. 天君敕曹, 復告大神, 視其文辭, 令諸神見之. 曹以文傳視大神, 下所部, 各順其職, 見有功善貪進之人當進之. 前有事,[13] 具白可知. 天君敕大神曰, 輒早[14]觀此人, 與使神語言相應與不也. 大神曰, 被使往視其人, 積其日數, 視功效. 還白日被敕敎, 視中和有功人, 還白如使神言. 天君亦如是. 有功之人, 而諸神所部不時白, 天君覺知, 乃道其意, 是不勉邪哉? 得簿謫於中和, 自今以後, 可以爲誡. 有功不白, 天君聞之, 受罰, 自身之謫. 各愼職, 遣神導化其人, 使成神, 增其精光, 爲視簿籍使上, 無者, 著其姓名上之. 大神受敎還於曹, 視簿案其姓名有此, 白言, 曹文書有此人, 請案天君內簿, 知相應與不. 天君出文視之, 與外書同. 敕便上. 大神言, 不審年滿未, 請還諦案之. 天君謂, 大神安置耳目, 而不盡視之, 而言還案乎? 大神以職事謝. 天君言, 趣[15]案疾還. 大神則案, 其人年已滿, 失脫不白, 無狀, 當坐, 伏須辜誅. 天君言, 且冠視職, 復勿懈. 因召其人上之勿失, 其效小職, 知所致奉功. 唯唯. 請如天君出敎. 諾之, 大神且上其人, 署小職, 觀望其行. 日月尙淺,請復[16]情實, 有大效信, 眞有缺者, 署之補缺處. 天君言, 當知[17]大神所白, 勿有懈意. 大神言, 唯唯, 請使使神往卓視之. 天君言, 善.

역주

1) 常見(상견) : 장생. 오래 살다(『정독』).
2) 原(원) : 너그럽게 용서하다.
3) 動搖(동요) : 신의 가르침을 의미한다. 『태평경』 권 110 「대공익년서출세월계(大功益年書出歲月戒)」를 참조(『금주금역(하)』).
4) 日(일) : 말하다. 『합교』에 의해 왈(曰)로 보았다.
5) 自薄說(자박설) : 스스로 부족하다고 여기다. 설(說)은 『금주금역(하)』에서 탈(脫)과 통한다고 주해한 견해를 따랐다. 스스로의 행위가 비루하고 천박하며 빠뜨린 부분이 있다고 여기다.
6) 消息(소식) : 짐작하다. 고찰하다(『정독』). 헤아려 보다.
7) 使者遣使神考積(사자견사신고적) : 사자(使者)가 사신(使神)을 파견하여 공적을 고찰하다. 사자(使者)는 천상계에 있는 사조(使曹)를 의미한다. 『태평경초(太平經鈔)』 「임부(壬部)」에 나왔다. 사신(使神)은 특사의 임무를 부여받은 신(『금주금역(하)』).
8) 識(식) : 『합교』에서 직(職)으로 교감한 주해를 따랐다.
9) 日(일) : 왈(曰)로 보아야 한다(『정독』).
10) 自以當直危立也(자이당직위립야) : 스스로는 마땅히 곧게 단정히 서다. 이 구절은 해석에 이견이 많다. 위립(危立)은 '단정하게 서 있는 모습'으로 공경하게 두려워하며 삼가는 태도를 뜻한다. 『전역』(하)에서는 엎드려 칙령을 기다리라는 천군의 명령과는 달리, 여러 신들은 스스로 마땅히 서서 듣겠다고 여겼다라고 해석했다. 『금주금역(하)』는 엎드려서 칙령을 기다리는 것을 당직에게 시켜 서서 칙령을 받는 것으로 여겼다라고 주해했다. 여기에서는 천군의 행동으로 보았다.
11) 日(일) : 왈(曰)로 보아야 한다(『정독』).

12) 貫(관) : 용서하다. 세(貰)의 오자로, 모양이 비슷해서 잘못 쓰여진 것이다(『전역(하)』, 『금주금역(하)』).
13) 事(사) : 벌을 받아 직책을 잃었던 일(『금주금역(하)』).
14) 早(조) : 높은 곳에서. 탁(卓)으로 보아야 한다(『정독』).
15) 趣(취) : 급하게. 곧바로. 촉(促)과 통한다(『정독』).
16) 復(복) : 복(覆)과 통한다. 검증하다는 의미이다(『정독』).
17) 知(지) : ~와 같이 하다. 여(如)와 같다. 모양이 비슷해서 잘못 쓰여진 것이다(『금주금역(하)』).

제199 불용서언명부전결(不用書言命不全訣) : 하늘의 가르침을 듣지 않으면 수명이 온전해지지 않는다는 비결

해제 이 장은 사람들에게 선행을 권하는 내용이다. 여기에서 '서언'이란 하늘의 경계를 의미하는데, 처음 신선이 된 사람에 대한 경계와 세속 사람들에 대한 경계를 포함한다. 이것을 따르지 않으면 등선한 사람은 정광(精光)을 잃고 수명이 줄어들게 되며, 일반 세속인들도 천수가 줄어들어 요절하게 된다.

오직 하늘에는 성스럽고 밝은 사람이 있는데, 모두 맡은 부서와 직책이 있어, 충성스러운 행위를 다하며, 윗사람을 배신하지 않고, 각자 해야 할 일에 온 힘을 다하며, 또한 뜻을 잃지 않는다. 모두 천군이 베풀어 행하시고자 하는 바를 예측하여, 항상 귀 기울이여 듣고 그 뜻을 알고자 하며, 항상 여러모로 조의 글을 보아 조별로 알도록 한다. 다만 임금이 부르는 것이 정해진 때가 없으므로, 감히 사사롭게 밖으로 나가지 않고 공적인 업무라야 나가는데, 서로 보고하는 것을 명심하고서야 감히 나간다. 두루 미치는 바는 명령에 의해 마땅히 시찰해야 하는 곳이니, 감히 잠시라도 머무르지 않는다.

하늘을 받들어 공덕을 쌓는 사람에게는 은밀히 하늘께서 말씀한 경계를 전해주어, 진실로 서로 귀의하게 하되, 스스로 감히 사적인 말을 전하지 않는다. 마땅히 삶을 보전하지 말아야 하는 사람들에 대해서는 아침저녁을 아까워하지 않고 자책하며, 오직 죽게 되어 정령의 빛을 잃게 되는 것을 두려워한다. 각자 빈틈없이 자기 몸을 잘 다스려서 지극히 높은 천군의 뜻에 부합하고자 하면, 어느 때이건 감히 게으르겠는가? 오직 그 마땅함을 잃게 될까 두려워할 뿐이다. 태양을 본받아 매일 스스로 나아가고 신의 말을 기다리지 않고 스스로 성공하고자 하며, 장생을 얻고자 한다. 천상의 여러 신들과 함께 종사하되 크고 작은 일을 막론하고 모두 서로 관심을 가지고 알아내되, 받들어 행해도 되는지 아닌지 여부는 도리에 의하며 스스로 마음대로 정하지 않으니, 오직 혐의가 생기는 것을 두려워하여, 움직일 때는 서로 알고 있으니 어찌 쉬는 때가 작은 곳에 있겠는가?

그러한 까닭은 사람은 각자 뜻을 가지고 있어서 각자 전념하는 바가 있고, 각자 이루려는 바가 있으니, 생각하는 바가 다르다. 각자 소견이 있고, 각자 태어난 바가 있으며, 각자 얻고자 하는 바가 있으니, 각자 그 지점을 알면 마음이 분명해진다. 이러한 사람의 일들은 마땅히 삶을 중시해야 하니, 삶이 제일이고, 나머지의 것들은 어떻게 행할지 스스로 계산하면 그만이다. 생기가 사람의 몸에서 드러나면 모두 서로 떠나지 않으며, 서로 지키고 서로 완성시키니, 신도 또한 이름을 얻는 것을 귀하게 여기며, 변화하여 구멍이 없는 곳을 출입하며 크고 작은 곳에 스스로 있게 된다. 세속의 사람은 신의 형체와 용모를 보지 못하지만, 신들끼리는 스스로 서로 알아보니, 형체와 용모가 모두 기운으로 이루어진 것인데 어찌 나아가지 않는 곳이 있겠는가? 대신과 작은 신은 정령의 빛이 많고 적음에 본래 차이가 있다. 그 사람의 수명이 오래 더하여, 장수하게 된다. 크게 변화하여 선을 행하면 수명도 또한 끝이 없어질 것이며, 위로는 더 위가 없어질 것이고, 아래로는 더 아래가 없어질 것이며, 간극이 없고 겉이 없고 속이 없는 곳에 출입하니, 모습이 마치 고리를 따라 빙빙 도는 것과 같다. 그치고자 하면 그치고 가고자 하면 가니, 호흡하여 신을 이루게 되고, 광채가 빛나고 화려하게 된다.

위 아래로 정해진 기한이 있어서 마땅히 가야 하고, 때가 되면 돌아온다. 또한 스스로 있을 수 없으니, 긴박하게 귀함과 천함이 있다. 각각의 등급에 따라 서로 관리가 되어 지배하며, 각각 명문규정(明文規定)을 가지고 있고, 각각 자기 직무를 가지고 있으며, 마땅히 그런 마음을 가지고 있고, 뜻을 간직하여 어긋나게 하지 않고, 행한 바를 밝힌다. 각자 그 공을 드러내고 각자 아는 바로 나아가 사사로운 것이 없게 하고 움직일 때는 곧 가르침을 받들고 가르침의 말씀을 잃지 않도록 하여, 취지에 정진하며, 항상 쉬지 않으며, 명령을 받은 뒤에야 멈추는 것이니, 이것은 삶을 다스리는 신의 바람이다. 문득 신표가 주어져 공무를 행사하는 증명서로 삼는다.

시찰하는 모든 곳에서 숙박하는 비용은 마땅히 문서에서 규정한 그 많고 적음을 초과하지 말라. 천상계에는 역관(驛館)의 관사가 있는데, 본래 명문규정(明文規定)이 있어, 마땅히 머물지 말아야 하는 자는 머물지 못하게 한다. 이는 천군이 항상 가르침을 내려 망령되게 하지 말라고 하시는 것으로, 역관의 관리가 위엄과 권세를 부리는 것을 두려워한 것이다. 관직에는 높고 낮음이 있는데, 억지로 높은 지위를 참칭하여 오랫동안 역사에 머무를 수는 없다. 어떤 관리가 천군의 명령을 받아 역사를 지나가다가, 그의 성명과 관직과 소속을 보고하는데 속임이 있을 수 없다. 천군 또한 본래 알고 있는데, 어찌 서로 사사로움이 있을 수 있겠는가? 각자 정확하게 공정하게 한다면 위로 승진할 수 있다. 천군의 명령을 따르지 않으면, 문서에 여러 차례 기록되어 보고되는데, 이런 자는 다시 정령의 빛을 잃고 그 수명이 감소되니, 이것은 알 만한 일이다. 마땅히 매 순간 삼가며, 감히 자기 멋대로 방종하면서 천군의 가르침을 받들지 않으면 안 된다.

천상의 신은 서로 번갈아가며 감찰하니, 쉴 때가 없다. 뒤에 천상계로 올라가서 공무를 집행하는 사람은 마땅히 이 금계를 알아야 한다. 성스럽고 밝은 사람은 본디 그것을 범하지 않으니, 뒤에 올라오는 사람이 그 계율을 알지 못할까 두려워한 것이다. 그러므로 하늘에서 문서를 내려 막아야 할 금기를 알게 해준 것이다. 이것은 천군의 큰 은혜로 범하는 자가 있을까 두려워한 것이다. 이는 천군이 선한 마음을 가진 신으로 하여금 이루고자 하여 그 글을 보여 준 것으로 아울러 세속 사람들을 위해서도 이야기해 준 것이다. 세속 사람들은 비록 아는 것은 적더라도 중화, 곧 인간 사이에는 금기가 있다. 문서가 하늘로부터 인간계의 민간으로 내려와 길거리의 농부, 향촌공동체, 민가와 관사, 지겟문과 우물과 부엌 등에 있는 흉신과 길신이 그 문서에 규정된 일들을 각각 주관하여, 악함이 생기지 않도록 한다. 다시 조목조목 기록되어, 그 이름을 정리하여 보고한다. 누적된 양이 많으면, 천상의 성스럽고 밝은 자가 그것을 심리하여 일을 다시 명당으로 보내면, 천군이 알게 되고, 다시 사람의 수명을 줄이거나 가장 심한 경우에는 사망에 이르게 하니, 삼가지 않을 수 있겠는가?

이 문서를 여러 차례 내려 보냈는데, 뒤에 태어난 사람이 앞 사람의 말을 믿지 않으니, 다시 심려가 깊은 사람을 통하여 범하지 말아야 할 금기를 내보내어, 세속 사람들에게 알게 한 것이다. 문서의 말을 따르지 않으면 생명이 온전할 수 없을 것이다. 악한 기록이 누적되는 일이 날마다 많아지고, 감소되는 때가 매우 드물다. 그러므로 먼저 문서의 경계를 가르쳐주어, 서로 범하지 않도록 한 것이니, 그것을 범하면 수명이 짧아지는 것을 의심하지 말라. 마땅히 문서의 글을 따라야 한다. 작은 잘못은 오히려 구제되고 해소될 수 있지만, 큰 잘못은 어디에서 용서받을 수 있겠는가? 경계의 글은 한 권이 아니니, 마땅히 중시하고 삼가라. 하늘의 글은 마음대로 구할 수 있는 것이 아니다. 지려 있는 사람으로 거의 금기를 범하지 않은 사람이 어쩌다 실수가 있게 되면 하늘이 또한 그것을 용서하여 악의 대열로 기록하지는 않는다. 악을 행하는 것이 그치지 않고 죽음의 명부와 서로 연계되면, 그를 땅속 지옥으로 보내어 그 육체를 감추어버리니, 어느 때 다시 나올 수 있겠는가? 혼백이 구금되어 살아 있을 때 한 일을 질문하는데, 기록과 말이 다르면 다시 고문을 당하여, 혼신의 고통이 극에 달하니, 이것은 누구의 잘못인가?

똑같이 사람으로 태어나 어찌해서 악행을 저질렀는가? 각각 마땅히 선행으로 스스로를 지켜야 한다. 하늘이 인간의 수명을 내려주니, 다시 더 얻을 수 없는 것인데, 악행을 저질러 수명이 감소된다면, 어찌 연장할 수 있겠는가? 이때는 마땅히 믿는 주인이 있는 것이니, 천군은 참됨을 취해서, 감히 사람들의 악행을 누락시켜 오래 살도록 하지 않는다. 알겠는가? 모르겠는가? 글의 앞뒤로 서로 경계한 것은 백성들이 잘못을 고치지 않으므로, 사람들로 하여금 주어진 천수를 다 누리기를 바랐기 때문이다. 선을 행하려 하지 않으면, 저절로 수명이 온전해지지 않게 되니, 또한 이런 악행을 그치지 않는 사람을 어찌해야 할 것인가? 문서의 글이 조금이라도 이해되었으면 또 그 다음 일에 전념하라. 만일 빠진 부분이 있으면 다시 생각해보라.

惟天上有聖明之人, 皆有部職, 各盡忠行, 不負於上, 各盡筋力所爲作, 亦不失意. 皆豫知天君所施爲, 常傾耳聽, 欲知其意, 常視儲[1]曹文, 部別令可知. 顧君呼召無時, 不敢私出, 公事乃行, 輒關意相白, 乃敢出. 所周所遍, 被敕當所案行, 不敢留止須臾之間. 奉功私乃敢有所言, 誠相歸, 自不敢施私. 所不當全其命, 不惜晨夜而自責, 常恐有無牢之用. 各自該理[2]其身, 欲副太上之意, 何時敢懈, 恐失其宜. 效日自進, 不須神言, 乃而欲自成, 欲得久視, 與天上諸神從事, 無有大小, 皆相關知, 可承行不, 義不自專, 恐有嫌疑, 動輒相聞, 何有息時. 所以然者, 人各有志, 各自有所念, 各有所成, 其計不同. 各有所見, 各有所出生, 各自欲有所得, 各知其所, 心乃了然. 是曹之事, 要當重生, 生爲第一, 餘者自計所爲. 生氣著人身, 皆不相去, 相守相成, 神亦貴得其名. 變化出入無孔之中, 小大自在. 俗夫之人, 不見神形容, 神神自相知, 形容皆氣所成, 何有不就者乎? 大神小神, 精光增減, 輒自有差. 其壽增九,[3] 輒有其年. 大化行善, 壽亦無極, 上則無上, 下則無下, 出入無間, 無表無裏, 象如循環. 欲止自止, 欲行則行, 呼吸成神, 光景榮華.

上下有期, 得當行, 便以時還. 亦不可自在, 迫有尊卑. 各相爲使, 各有簿領,[4] 各有其職, 宜有其心, 持志不違, 明其所爲.

各見其功, 各進所知, 無有所私, 動輒承教, 不失教言, 而精進趣志, 常有不息, 得敕乃止, 是生神[5]之願. 輒有符傳[6]以爲信行. 諸所案行, 當所稟食, 勿過文書, 隨其多少. 天上傳舍,[7] 自有簿領, 不當得止者勿止. 是天君常敎勿妄, 恐守傳之吏以威勢也. 官有尊卑, 不可彊詐稱大位, 而稱[8]久止傳舍. 吏輒受天君敕, 有過傳舍, 上其姓名官位所屬, 不得有隱欺. 天君亦自知之, 何得爲相私? 明各如其平, 乃得上. 不用令敕, 簿書數上, 是復亡失精光, 其壽損減, 是爲可知, 宜當愼時, 無敢自從, 而不承上之敎也. 天上之神, 更相案擧, 亦無息時. 後進上下[9]人當知是禁, 聖明之人自不犯之, 恐後進上之人不見其戒, 故天下文使知防禁. 是天君大恩, 恐有犯者. 是天君欲成就善心之故, 視其文, 幷語俗人. 俗人雖少知, 中和之間, 各有禁忌. 文書天下, 中和民間, 道上佃夫, 阡陌聚社, 廬宅官舍, 門戶井灶, 刑德[10]各主其事, 不可有惡. 復見疏記, 簿其姓名, 積衆多, 聖明理之, 事更明堂, 天君得知, 復減人年, 上至死亡, 可不愼乎? 數下此文者, 後生之人, 不信前言. 故復因有知慮之人, 不犯禁者出之, 令俗間知之, 而不用書言, 命不可得全也. 惡籍累積日多, 少有減時, 故先命敕書誡, 勿使相犯, 犯之命薄, 不疑也. 當順書言, 小過尙可救解, 大過安從得貰乎? 誡文非一卷, 宜當重愼重愼. 天文不可自在也, 有知之人, 少有犯者, 時有失脫, 天亦原之, 不著惡伍. 爲惡不止, 與死籍相連, 傳付土府, 藏其形骸, 何時復出乎? 精魂拘閉, 問生時所爲, 辭語不同, 復見掠治, 魂神苦極, 是誰之過乎? 同從人生, 何爲作惡行? 各宜善自守. 天稟人壽, 不可再得, 作惡年減, 何有相益時乎? 此時當所主, 天君取信, 不敢脫人惡行, 令得久生也, 爲不知乎? 書前後相戒者, 旣民不改, 令人欲盡年耳. 不欲爲善, 自令不全, 亦奈此人爲惡不止可.[11] 書辭小解, 且念其後, 如有不備, 乃復念之.

역주

1) 儲(저) : 여러. 모든. 제(諸)로 보아야 한다(『정독』).

2) 該理(해리) : 빈틈없이 잘 다스리다. 해(該)는 해(賅)와 통한다.

3) 九(구) : 오래 되다. 구(久)의 잘못이다.

4) 簿領(부령) : 기록부와 문서. 명문규정(明文規定)(『정독』). 등기문서(『전역(하)』).

5) 生神(생신) : 삶을 다스리는 신. 앞에서 언급된 바처럼 신도 잘못이 있으면 수명이 줄어들 수 있다.

6) 符傳(부전) : 부신(符信), 신표. 과거에 관방(官方)에서 신분증명을 위해 발급했다(『정독』). 한대(漢代)의 제도를 모방한 것이다(『금주금역(하)』).

7) 傳舍(전사) : 역관(驛館)의 관사. 본경 신부(申部)를 참조할 것(『금주금역(하)』).

8) 稱(칭) : 아마도 쓸데없이 붙은 글자(衍)로 보아야 할 것이다(『정독』).

9) 下(하) : 아마도 쓸데없이 붙은 글자(衍)로 보아야 할 것이다(『정독』).

10) 刑德(형덕) : 흉신과 길신. 형(刑)은 흉신을 가리키고 덕(德)은 길신을 가리킨다(『금주금역(하)』).

11) 可(가) : 하(何)로 보아야 한다(『금주금역(하)』, 『정독』).

제200 대수계(大壽誡) : 크게 장수하는 계

해제 여기에서 '크게 장수한다(大壽)'는 것은 수명을 늘려 오래 산다는 것이다. 인간은 자연으로부터 의식주의 자원을 얻어 살고 있는데, 이런 것은 모두 하늘이 파견한 신이 은혜를 베풀어 준 결과라고 본다. 그러므로 하늘의 도리를 위반하고 불효와 악행을 저지른 사람을 질책하며, 흉신이 그를 따라다니며, 하늘이 그를 미워하여 죽게 하며, 자손도 재앙을 마주하게 된다고 말한다. 한편 하늘의 뜻은 효성스럽고 선한 사람을 칭찬하면서, 선신이 그를 보우하고 하늘이 그를 사랑하여 수명을 더해주고 자손도 복을 받는다고 주장한다.

오로지 뜻이 있는 사람은, 마음이 미혹하거나 혼란스럽지 않고, 하늘의 가르침을 받들며, 스승이 인도하는 바를 행하며, 각자 원하는 것을 따라 마음을 따르게 한다. 만 이천의 생물이 모두 인간계의 땅속에서 태어나서, 번식하고 생장하며 자라는 것이 모두 다시 스스로 뒤집고 덮어서, 그 아래의 뿌리를 보호한다. 그 꽃과 열매는 몸과 입에 제공하며, 곡물과 식량으로 도와주어, 시게 하거나 짜게 하거나, 연하게 하는 등 자유롭게 맛을 조절한다. 물을 변화시켜 짜게 하여 여러 맛을 조절하기도 하고, 콩으로 메주를 만들고 소금으로 맛을 내기도 하며, 싱겁고 진한 맛을 자유롭게 조절한다. 채소와 같은 여러 종류들 중 입으로 먹기에 적합한 것을 모두 백성들에게 먹게 한다. 옷과 음식이 되어 몸이 자라도록 하며 자손 대대로 서로 계승한다.

다시 가축들 가운데 부리지 않는 것을 먹을 수 있게 하니, 기름지고 부드럽고 맛있는 것들을 모두 먹도록 한다. 이는 하늘이 임무를 맡아 수행하는 신으로 하여금 조화롭고 균형을 이루게 한 것이니, 각각 원하는 바를 따라서 그 편안히 여기는 바를 빼앗지 않도록 한 것이다. 이는 백성들에게 은혜를 베푼 것이다, 그렇지 않은가? 어찌하여 하늘은 은혜를 베풀고도 보답을 요구하지 않는가? 하늘은 어느 때에 마땅히 은혜에 보답한다. 요구하겠는가? 다만 일반 백성들은 큰 은혜를 받고도 돌아가 서로 감사하지 않으니, 그러므로 그것을 요구하는 것일 뿐이다. 하늘은 정순한 원기를 먹을 뿐이니, 자연히 백성들이 제물을 갖추어 은혜에 보답하고 감사하기를 기다릴 필요가 없고, 그 마음을 귀하게 여길 뿐이다. 그런데 도리어 하늘의 기운에 의해 생성된 것을 생각하지 않고 그것을 먹기만 한다. 백성들의 마음속에 지각은 있지만 보답하지 않는 것이 이와 같으니, 스스로 하늘이 본래 이러하다고 생각한다.

하늘이 임무를 맡아 수행하는 신인(神人)으로 하여금 민간을 시찰하게 하고, 날아다니는 짐승과 날벌레로 하여금 명령을 전하도록 하여, 농부들에게 농사를 재촉했다. 뻐꾸기가 날마다 울어서 백성들로 하여금 그 말을 듣도록 한다. 집안에 크고 작은 구분이 없이 밥을 먹을 수 있는 사람은 아침부터 저녁까지 온종일 서로 권면하며, 때에 맞는 비가 내릴 때 씨앗을 심는다. 하늘이 씨앗을 잘 자라게 해주고, 때에 맞게 비내리고 바람이 불어, 가지와 잎사귀가 자라게 하여, 완전한 형태를 갖추게 하며, 날이 차면 익게 되어 사람에게 음식을 제공하니, 은혜가 무겁지 아니한가? 일 년이 내내 어디에 멈추는 때가 있는가? 그러나 사람들은 도리어 한결같이 효도와 순종을 행하지 못하고, 거스르는 마음을 가지고 있으니, 하늘에 무슨 이익이 있겠는가? 하늘이 오랫동안 악인을 길러서 먹을 수 있는 것을 보게 하려는 것인가? 마음으로 하늘이 아는 바가 없다고 생각하는가? 어찌해서 불효하고 거스르는 악한 사람을 마땅히 오랫동안 길러야 하는가? 그러므로 흉신을 배치하여 그를 따라다니게 하며, 불효하고 거스르는 악한 사람으로 하여금 이 세상을 떠나게 하여, 사람들에게 금기를 중시하게 한다. 죄가 극에 이르면 화가 무거워지며 용서받을 때가 없게 된다. 백성들이 마땅히 이와 같다고 생각하면, 무엇 때문에 죄를 범하여 스스로 천수를 누리지 못하고, 수명을 잃겠는가? 효성스럽고 선한 사람이 유독 장수하고 자손이 있는 사실을 마땅히 보아야 하지 않겠는가? 선과 악은 마땅히 서로 비교가 되는가 안 되는가? 장수와 장수하지 못함은 비교가 되는가 안 되는가? 생과 사는 마땅히 서로 차이가 있는 것인가 아닌가?

선을 행하고 효성과 자애심을 가지는 것은 각자 그 천수를 끝마치도록 하거나, 혹은 수명을 더해주고, 자손 대대로 요절하는 때가 없도록 한다. 하늘이 이런 결과를 사용하는 것은 선하고 효성스러운 행위가 초래한 것이니, 마땅히 그것을 비교해보아야 하지 않겠는가? 무엇 때문에 그릇됨과 사악함을 행하여 다른 사람에게 베푸는가? 하늘은 그런 행위를 매우 증오하니, 한순간 목숨이 끊어지도록 하며, 자손들은 재앙을 얻게 되니, 이는 악행이 초래한 것이니, 무엇을 바라고자 하는가? 하늘은 선한 사람을 좋아하고 악한 사람을 이용하지 않는다. 마땅히 문서의 말을 생각해보라. 문장이 충분히 다 갖추어졌으니 스스로를 보호할 수 있으면 반드시 하늘의 복을 얻게 될 것이다. 그러나 오랫동안 괴로워하며 스스로 시름겨워하며, 마음에 근심을 가득 채우지 말라. 다시 근심의 기운이 맺혀서 풀리지 않게 되면, 낮과 밤으로 근심이 지독해져서 크게 한숨 쉬며, 생각은 모두 재산이 흩어져서 오랫동안 보관할 수 없게 될까 두려워하는 데 집중된다.

질병이 매년 계속되어 침상에서 떠날 수 없고 의술로도 고칠 수 없으니, 맺힌 기운을 풀 수 없다. 생각해보라, 낮과 밤으로 여위게 되고 음식을 먹는 양도 적어지며 곡식을 다 소화시킬 수 없어, 오장이 편안하지 않고 비장이 정상적인 기능을 발휘할 수 없다. 이는 바로 온전하지 않은 부위이다. 호흡이 짧아지고 음식이 아래로 내려가지 않는다. 가족들이 이것을 보고 살기 어렵다고 한다. 재산이 있는 집안은 저축이 있지만, 돈이 없는 환자를 시중들면 재산이 다 소진되어 안팎으로 가난해지고 서로 장례도 지낼 수 없게 된다. 목숨이 죽음에 이미 이르렀는데 관목(棺木)을 볼 수 없고, 시신 전체를 그대로 흙 속에 매장한다. 모름지기 삶을 꾸려나가는 데 재산이 있어야 마땅히 베풀게 된다. 서로 가난한 집안은 재산도 없어지고 사람도 떠나가니, 언제나 모일 수 있겠는가? 집안사람들이 흩어져서 다시 서로를 구할 수 없으며, 드디어는 관목(棺木)을 보지 못하고 관곽이 없는 귀신이 되어 집 없이 떠돌며 또한 다시는 [제삿밥을] 먹지 못하게 된다. 죽어서 귀신이 되어 굶주리며 음식을 구걸하는 것이 멈출 때가 없다. 이는 악행이 초래한 결과인데, 종족이 망하게 됨을 스스로 알지 못하니, 오호 가슴 아프구나! 죽어서도 의지할 곳이 없도다.

이는 잘못이 쌓여 화를 불러온 사람이니, 스스로 본가가 없어져서 후대가 끊기게 되는 데 이르니, 하늘이 이를 매우 안타까워한다. 그러므로 다시 유복자를 가지게 하는데, 아들인지 딸인지 알 수 없다. 아이가 아직 크기 전에 모친은 그를 떠나 시집가버린다. 나이를 먹고 어른이 되면 그 먼 친척에게 묻는다.

"나의 부모님은 어디에 있습니까?"

친척은 말한다. "너의 부친은 어릴 때 [조]부모가 제대로 관리하지 못하여 경박하게 [나쁜 무리들과] 서로 어울려 다니며, 집안일에 대해서는 돌아보지 않고, 다른 사람을 위협하여 강도짓을 했는데, 특히 스스로도 멈출 수 없었다. 관리가 잡아 죽이려 하니 다른 곳으로 달아나 재산을 탕진하고 고향으로 돌아올 수 없어서 타향에 오랫동안 머물러 있다가 어디로 갔는지 제대로 알 수 없으니 생사를 알 수 없다. 여러 가족들이 연루되어 피해를 입게 될까 두려워하여, 동성 및 이성 친척들이 모두 멀리 떠났다. 너의 모친은 너를 임신했을 때 네가 생겨 후사가 있게 됨을 보고 마음속으로 다시 기뻐했는데, 가장인 남편을 의지할 바가 없으니, 가난하여 스스로 먹여 살릴 수 없어서 시집가서 다른 남편을 섬겼다. 그 남편을 따라 집을 떠나 객으로 떠돌며 겨우 연명하니 돌아올 기약이 아직 없다."

유복자가 말한다. "다른 사람들은 모두 부모를 의지하고 우러러보며 사는데, 나만 유독 태어나면서부터 부모를 보지 못하고, 나이가 많아지고 나서 부친이 계신 곳을 물으니, 사람들이 말하였다. '너의 부친은 악행을 저질러 부모를 버리고 멀리 가서 다른 지방에서 방탕하게 놀다가 생사를 알 수 없다. [조]부모가 그를 걱정하여 병이 나서 일어날 수가 없었는데, 마침내 죽어 귀신이 되었다. 재산을 다 탕진하여 안팎으로 모두 망하고, 소원해진 남은 친척들에게 근심거리만 남겨주었으니, 본디 은혜가 전혀 없다.' 나는 이런 말을 듣고 하늘을 우러러 슬프게 통곡할 뿐 아니라, 눈물이 흘러 옷을 적십니다. 부친에게 악행이 있어 스스로 본향으로 돌아오지 못하는 지경에 이르렀으니, 제 자신이 스스로 잘못을 책임지려 해도, 해소할 방법이 없습니다.

때때로 떠돌아다니는 유랑객으로 부잣집에서 품팔이를 하며, 종노릇을 해도, 일 년에 수천 전의 임금을 받고, 그 중에서 옷을 살 수 있으며, 조금 남는 것이 있는데, 십여 년 동안 축적되었으니, 스스로 쓰고 고향으로 돌아올 수 있을 것입니다. 나의 부친을 찾아 새벽부터 밤까지 울부짖어도 의탁할 곳이 없으니 심히 고통스럽습니다! 아버지가 때때로 악행을 저질러 자식으로 하여금 의지할 곳이 없게 했으니, 눈물이 계속 흘러 저절로 마를 날이 없습니다. 하늘은 크게 불쌍히 여겨주셔서 항상 부친을 건강하게 해주시고 삶을 꾸려나가는 데 이로움이 있게 하시고, 부인을 맞이하게 하여 다시 자손이 있게 해주시면 마음이 조금 편안해질 것입니다. 다시 그 자식을 위해 말하면, 나의 부친은 악을 행하여 멀리 타향에 있으면서 돌아오지 않으니, 때때로 사람을 보내 찾아보고, 점쟁이에게 물어보지만, 생사의 소식이 단절되어 편안하신지 어디 계신지 알 수 없고, 찾은 지 여러 해가 되어서 생계를 꾸리기 위해 그만두었습니다.

하늘은 궁박한 사람을 불쌍히 여기셔서 수입이 있게 하시고 적은 돈이 생기게 하시면 이로 인해 부인을 구하고 서로 도와 생계를 꾸려가게 될 터이니, 그대들이 있는 덕택일 뿐입니다. 나는 내 부친이 어렸을 때 악행을 저지른 것을 싫어하니 그러므로 그대들에게 경계하는 것일 뿐입니다. 지금 이후로 다만 선을 행하고, 내 부친을 본받지 말고, 멀리 다른 곳으로 가지 마십시오. 그러므로 나의 잘못을 다시 생각해보면, 하늘이 나를 불쌍히 여길 뿐입니다. 그대들은 노력하여 마음으로 선을 행하고 방탕하게 놀지 마십시오. 생계를 꾸려나가는 데 순서가 있으니, 남의 재산을 취하지 말아야 비로소 살아갈 수 있을 뿐입니다. 각자 또 일을 돕되, 망령되게 술을 마시고 시비를 따지지 마십시오. 다시 실수를 할 수 있습니다. 부모님의 말씀을 자세히 생각해보면 잘못을 저지르지 않을 수 있습니다. 하늘에서 들어 알고 다시 선한 자식을 위해 장수하는 수명을 얻을 수 있으니, 그대들이 어른이 되었으니 이것을 경계로 삼으십시오."

여러 신들이 들어 알고 위로 천상계에 고했다. "하늘은 선신들로 하여금 그를 따라다니며 생계를 꾸림에 진척이 있게 하며, 장차 재물이 늘어나도록 하며, 자식을 낳아 건강하게 해주고, 다시 충분함이 있도록 했으니, 이것은 하늘의 은혜이다. 봄가을의 납일(臘日)에 하늘을 받들어 은혜에 보답하며, 게으르지 않고 노력하여 선을 행하면 저절로 복을 얻게 된다. 행동함에 말하는 바를 삼가며 다시 스스로 반복해서 깊이 헤아려 보라. 천신이 항상 사람의 곁에 있으니 함부로 말해서는 안 된다. 삼가면 조금 낫지만 삼가지 않으면 몸을 망친다. 경계를 보고 마땅히 스스로에게 책임지우며, 다른 사람을 탓하지 마라. 이 경계는 알 수 있을 것이다. 큰 수명을 얻으려면 이 경계를 어기지 말라."

惟有志之人, 心不迷亂. 奉天之化, 當所師導. 各使從其願, 乃爲隨心. 衆萬二千物皆生中和地中, 滋生長大, 皆還自覆蓋, 蔭其下本根. 其花實以給身口, 助其穀糧, 使有酸鹹醋淡自在. 化水爲鹽, 使調諸味. 以豆爲豉, 助鹽爲味, 薄厚自恣, 菜茹衆物, 當入口者, 皆令民食之. 用其溫飽, 長大形容, 子孫相承. 復以六畜不任用者, 使得食之, 肥美甘脆之屬皆使食. 是天使奉職之神, 調和平均, 使各從其願, 不奪其所安. 是布恩施惠民, 非乎? 奈何天所施而不求報乎? 天何時當求報施乎? 但平民受大恩而不歸相謝, 故求之耳. 天食精華氣, 自然不必須民報謝辦也, 貴其意耳. 而反不念天氣所生成, 令得食之. 是民中有知不報乃如是, 自以職當.[1] 天使奉職之人, 案行民間, 使飛蟲施令, 促佃者趣稼, 布穀日日鳴之, 使民用其言, 家無大小, 能食穀者晨夜盡日相勸, 及澤布種, 天爲長大, 時雨風搖, 枝葉使動, 成其身, 日滿當熟, 以給人食, 恩不重邪? 從歲至歲, 何有極時? 而反齊不作孝順, 有逆之心, 何益於天? 久養惡人,[2] 使見可食之物乎? 中爲天無所知邪? 何爲當久養不孝惡逆之人乎? 故置凶神隨之, 不孝惡逆之人移, 令人重禁, 罪至禍重, 不見貫時. 想民當如是, 何爲犯之, 自致不壽, 亡其年命乎? 不當視孝善之人獨得壽有子孫乎? 善惡當相比不? 壽與不壽爲有比不? 生之與死當相[3]不? 行作善, 有孝慈, 使各竟其年, 或得增命, 子孫相次, 無中夭時. 天用是爲善孝之行所致, 不當比之邪? 何爲作非邪施於人乎? 天甚憎惡之, 輒使絶命, 子孫得咎, 是惡所致, 欲何所望. 天喜善人, 不用惡子. 宜思書言, 其文具足, 可以自護, 必得天福. 可無久苦自愁, 令憂滿腹. 復有憂氣結不解, 日夜愁毒大息, 念在錢財散亡, 恐不得久保. 疾病連年, 不離枕席, 醫所不愈, 結氣不解. 計念之, 日夜羸劣, 飯食復少, 不能消盡穀, 五藏不安, 脾爲不磨.[4] 是正在不全之部, 短氣, 飯食不下. 家室視之, 名爲難活. 有錢財家, 頗有儲, 侍無錢, 財産殫盡, 內外盡貧, 不能相發.[5] 死命以至, 不見棺木, 畢埋土中. 須治生有錢財, 乃當出之. 相貧之家, 財去人走, 何時可合; 家室分離, 不能復相救. 遂不見棺木, 爲無棺槨之鬼, 浮遊無家, 亦無復食之者. 死爲鬼, 餓乞求食, 無有止時. 是惡行所致, 而不自知亡失宗族, 嗚呼痛哉! 死無所依.

是過積禍之人, 自致無門戶後世, 天甚復傷之. 故使復有遺腹子, 未知男女. 兒生未大, 母去行嫁. 至年長大, 問其疏親, 我父母何在. 親言, 汝父少小, 父母不能拘止, 輕薄相隨, 不顧於家, 劫人彊盜, 殊不而[6]自休止, 縣官誅殺, 遊於他所, 財産殫盡, 不而來還故鄕, 久在異郡, 不審所至, 死生不可得知也. 諸家患毒, 親屬中外皆遠去矣. 汝母懷妊時, 見汝生有續, 心中復喜. 家長大人, 無所依止, 貧無自給, 使行事人. 隨夫行客, 未有還期. 遺腹子言, 人皆父母依仰之生, 我獨生不見父母. 至年頗大, 問父所在. 人言, 汝父行惡, 遠棄父母, 遊蕩他方, 死生不知, 所在無有. 往來者聞言已死, 不知所在. 父母憂之, 發病不起, 遂不成爲人.[7] 財産殫盡, 外內盡衰, 咎在餘親希疏, 素無恩分. 不直[8]仰天悲哭, 淚下沾衣, 父有惡行, 自致不還於處, 身自過責, 無有解已. 時以行客, 賃作富家, 爲其奴使. 一歲數千, 衣出其中, 餘少可視, 積十餘歲, 可得自用還故鄉. 招藏[9]我父, 晨夜啼吟, 更無依止, 甚哉痛乎! 父時爲惡, 使子無所依止, 淚下如行, 自無乾時. 天大哀傷, 常使彊健, 治生有利, 使取妻婦, 復有子孫, 心乃小安耳. 復爲其子說之, 我父行惡, 遠在他鄉不還, 時往人去者, 卜工問之, 殊死生, 不知所安所在, 招藏之, 有歲數, 去行治生, 天哀窮人, 使有利入, 頗有少錢, 因求婦相助治生, 因有汝耳. 我疾我父少小時爲惡, 故誡汝耳. 從今以後, 但當善耳, 勿效我父遠之他所. 故復思我過, 天哀我耳. 汝努力心爲善, 勿行遊蕩, 治生有次, 勿取人財, 才可足活耳. 各且相事, 無妄飮酒, 講議是非, 復見失. 詳思父母言, 可無所咎. 天上聞知, 更爲善子, 可得久生竟年之壽. 爲汝作大, 以是爲誡. 諸神聞知, 上白於天. 天令善神隨之, 治生有進, 財復將增, 生子遂健, 更爲有足, 是天恩也. 春秋節臘,[10] 輒奉天報恩, 旣不解, 努力爲善, 自得其福. 行愼所言, 復自消息.[11] 天神常在人邊, 不可狂言. 愼之小差, 不愼亡身. 見誡當責身, 勿尤他人也, 此戒可知也. 欲得大壽者, 勿失此戒言.

역주

1) 職當(직당) : 본분이 이와 같다(『정독』). 원래부터 이러하다(『금주금역(하)』).

2) 久養惡人(구양악인) : 하늘이 오랫동안 악인을 기르다. 이 구절 앞에 천(天)이 빠진 것일 것이다(『정독』).

3) 懸(현) : 차이가 크다. 현격하다.

4) 磨(마) : 정상적인 기능을 발휘하다.
5) 發(발) : 장례 지내다. 발상(發喪)하다(『금주금역(하)』, 『정독』).
6) 而(이) : 능(能)과 통한다(『정독』).
7) 遂不成爲人(수불성위인) : 마침내 죽어 귀신이 되었다. 불성위인(不成爲人)은 귀신이 되었다는 것이니, 사망했다는 것을 의미한다(『정독』).
8) 不直(부직) : ~일 뿐만 아니라. 불근(不僅)과 같다(『정독』).
9) 招藏(초장) : 찾다(『정독』). 『전역(하)』와 『금주금역(하)』은 초혼하여 장례 지내다는 의미로 보았다.
10) 春秋節臘(춘추절납) : 봄 가을의 납일. 한 해 동안 지은 농사(農事) 형편과 그 밖의 일을 신들에게 고하는 제사를 지내는 날. 여기에서는 2월과 8월의 화납일(和臘日)이다(『금주금역(하)』).
11) 消息(소식) : 헤아려보다.

제201 병귀천유비결(病歸天有費訣) : 병들면 하늘에 참회하고 기도하는 비결

해제 이 장에서는 병에 걸렸을 때 하늘을 향해 기도해야 한다는 도교의식이 설명되고 있다. 여기서 '병(病)'이란 근심거리인 난치병이나 중병을 의미한다. '귀(歸)'는 '괴(愧)'와 통하며, '귀천(歸天)'은 스스로 하늘에 대해 부끄러워한다는 의미이다. 가슴을 치고 머리를 조아리며 죄를 인정하고, 온 가족이 서로 도와 하늘에 불쌍히 여겨줄 것을 빌면 병이 낫게 된다는 이야기이다. '유비(有費)'는 의사나 무당을 불러 사악한 기운을 물리치고 병을 치료하는 것은 효과가 없을 뿐만 아니라 비용만 소모하게 된다는 말이다.

사람이 사는 세상을 생각해보면, 각각 마땅한 바가 있고, 각각 성취하는 바가 있으니, 각각 그 원하는 바를 빼앗지 않고, 그 편안히 여기는 바를 따른다. 상인이나 농부가 되기를 좋아하거나 혹은 관리가 되고자 하거나 의사나 무당에 적합하거나, 각자 성취하게 할 수 있으니, 도는 모든 방면에서 성취되어 백성들에게 소용되는 것을 마련해준다. 이것이 하늘이 스승으로서 교화시키는 것이니, 어찌 성취되지 않는 것이 있겠는가? 스스로에게 먹고 살 것을 마련해준다. 마땅히 하늘이 행하는바, 은혜를 베풀어주는 것을 받들어, 네 계절의 감사제사는 모두 끊임없이 향기롭고 깨끗하도록 할 뿐이니, 이것은 하늘의 은혜를 갚기 위함이다. 선을 행하는 것이 날마다 오래 되어 신에게 사랑을 받는 것은 선행이 초래한 결과이니 어찌 따르지 않는 자가 있겠는가? 그러므로 하늘은 항상 그의 위에서 사람의 잘잘못을 감찰하며, 신으로 하여금 왕래하게 하여 사람이 행한 바를 알고 선악을 보고하도록 하니, 어찌 빠진 것이 있겠는가?

제대로 알고 있는 것이 적으면서도 그렇지 않다고 여긴다. 그러므로 하늘이 그 영향을 드러내어 보여주니, 사람들로 하여금 소리를 듣고 증험으로 삼게 한다. 바람과 비가 느리고 빨리 오는 것을 모두 알 수 있게 해주는데 어찌 의심할 것이 있는가? 동작이 문득 달라지면 신의 기록도 서로 뒤따르니, 또한 그 법도를 잃지 않는다. 사람도 또한 무엇을 해야 하고 무엇을 하지 말아야 하는지 마땅히 알아야 하는데, 어찌 스스로 방자하게 굴면서 하늘에 순종하지 않을 수 있는가? 하늘이 친히 저절로 그러한 원기를 받고, 그 가르침에 따르며, 감히 조금이라고 어긋나는 마음을 갖지 않으며,

실수가 있을까 두려워한다. 그런데 백성들이 하는 일은 하늘의 법도를 침범하고 그물을 피하지 않는다. 이런 까닭에 하늘의 명령을 스스로 경계로 삼아야 마땅히 오래 살게 되며, 선한 사람과 같아질 수 있다. 천지 사이에서 인간이 되어 자유로울 수 있는가?

그러므로 하늘이 신을 보내 악을 행하는 사람의 뒤를 따라다니며, 마땅히 하지 말아야 하는 행위를 감찰하며, 문득 보고하는데, 잘못의 크기를 막론하고 위로 하늘에 전해진다. 이는 사람의 잘못으로 인한 것이니 어디에서 하늘의 문서를 원망하겠는가? 문서에는 경계가 써 있는데 받들어 따르지 않으면 살아가면서 병에 걸려 두려워하게 되는 건인데, 어찌 이런 것을 면할 수 있겠는가? 진실로 백성의 어리석음이 하늘에 어찌 이로움이 될 수 있겠는가? 신으로 하여금 마음을 피로하게 하고 괴로워하게 할 뿐이다. 의사와 무당을 불러서 귀신을 쫓고 재앙을 없애서 생을 구하려고 하는데, 잘못을 저질렀을 때를 잊지 말라. 마땅히 악을 행했을 때 이와 같은 것이니, 어찌 곧바로 스스로 후회하고 자책하지 않는가? 이미 병에 걸리고 나서 생을 구하는 것은 이미 늦었으며 대부분 사망하게 된다. 신에게 기도하고 제사 지내는 모든 활동은, 죄과가 가벼우면 나을 수 있지만 죄과가 무거우면 용서하지 않는다. 그런데도 도리어 많은 신을 불러 모시며 거짓 병을 일으키는 신을 불러서 머리를 조아리고 스스로 치며 그 생을 구하고자 한다.

문서가 여러 차례 하늘로 보고되어 그의 죽을죄를 확정해놓았으니 어찌 다시 벗어날 수 있겠는가? 의사와 무당 같은 [자칭] 신가(神家)들은 다만 남의 돈을 얻고자 할 뿐이니, 나을 수 있다고 말하며, 기름지고 맛있는 음식과 포와 술을 많이 요구하며, 대신을 부르는데, 그에게 부탁을 하며, 신이 이르면 그대를 죽음의 명부에서 마땅히 빼달라고 한다. 저절로 이르지 않으니, 재산을 다 탕진하고 목숨만 잃게 된다. 신가가 부탁할 때 세 번을 채우고도 신이 내려오지 않으면 병은 나을 수가 없는데, 무엇 때문에 다시 요청하는가? 재앙을 섬기면 재앙이 있게 되고, 질책은 그 뒤에 있게 된다. 사악한 신은 올바른 신이라고 참칭하며, 미친 듯이 참살을 행하니, 대신 죽을 사람을 찾아 죽인다. 잘못과 원한은 송사로 위로 하늘에 이르니, 천군이 이것을 심리하고, 신을 섬기는 신가를 사형에 처하고, 자손들도 연좌시킨다. 병자를 위해서 복을 빌어주고, 삶을 구하도록 하고자 한 것이나, 불러도 나오지 않으니, 도리어 재앙을 받는다.

사악한 신을 섬기는 신가는 말한다. "우리의 신은 올바른 신이다."

더 나아가 그 말을 가르친다. "사악한 신과 정령 같은 것들이 어느 때 감히 천군 앞에 나아가 다른 사람을 구하길 청하겠는가? 다만 사람에게 술과 포와 대추와 산자 같은 제물들을 낭비하게 할 뿐이다! 병에 걸렸는데도, 도리어 망령되이 사악한 신을 섬기는 신가를 찾으며, 병이 나은 자를 불사의 대오에 있게 되었다고 말한다. 일은 아직 나아가지도 않았는데, 낫게 될 수 있다면 이는 하늘이 스스로 용서해준 것이지, 사악한 신을 섬기는 신가가 어찌 그것에 대해 이름 붙여서 사람들의 병을 많이 낫게 했다고 할 수 있겠는가? 그리고 사람들에게 기름지고 훌륭한 제물을 요구하는가? 사악한 신이 하는 바를 보고선 그를 불러 올라오도록 하고, 감춰진 죄를 심문한다. 감춰진 것이 많고 죄가 크면 살아날 수 없게 된다. 신을 섬기는 자는 신이 왕래하지 않으면 사람이 적중시킬 수 없게 되고 정과 신이 날마다 고갈되니, 이는 사악한 신이 그런 재앙을 자초한 것이다. 신가는 사악한 신에게 제물로 올린 나머지 물건들을 얻어서 식구들을 먹여 살리는데, 기름지고 맛있는 것과 좋은 옷을 스스로 오랫동안 누릴 수 있다고 생각한다. 신은 그와 연좌되었는데 살면서 장수하는 것을 어찌 바랄 수 있겠는가?

신이 감춘 것이 많으니, 다시는 용서받을 수 없고, 아울러 그 자손들도 망하게 되는데, 도리어 내 자손을 잘못 망하게 하는 것이라고 말한다. 혹은 자신도 또한 오랜 후에 멸문하기를 바랐다라고 말한다. 사람은 날마다 마땅히 스스로를 바르게 해야 하니, 하늘을 탓하지 말라. 지금 세상의 사람은 행동은 심히 어리석고 천박하니 병을 얻어 죽는데도, 스스로 하늘에 부끄러워하거나 참회하지 않는다. 가장 큰 잘못에 대해서는 스스로 몸을 두드리며 머리를 조아리고, 집안이 크고 작음에 관계없이 서로 도와 애처로움을 구하려한다. 날수가 쌓이면 하늘이 대신 그 원인을 추적하여 그에게 잠시 일정한 기간을 주어서, 그로 하여금 숨을 돌릴 수 있도록 해준다. 이후 다시 범하면 머리를 조아려도 소용이 없다. 이는 알 수 있는 것이다.

노력하여 선을 행하며 하늘의 금기 속으로 들어오지 않으면 정해진 천수 동안 살 수 있다. 선을 행하려 하지 않는 것은 스스로 장수하지 않기를 추구하는 것이며, 스스로 귀신이 되고자 하는 것이며, 그 삶을 탐내지 않는 것이니, 어찌할 것이냐. 가라, 이 글에서 말한 것을 신중하게 대하고, 나머지 부분도 기꺼이 즐겁게 알도록 하라. 스스로 생각하여, 행하는 바를 사특하게 하지 말라. 병이 있으면 하늘에 참회하라. 자원과 비용을 절약할 수 있을 것이고, 큰 괴로움이 없어질 것이다. 반대로 온 가족이 두려워하며, 집을 피해 먼 곳으로 옮겨가면 죽음을 맞이한 사람에게 먼 것이 무슨 이로움이 있는가? 흉신이 그를 따라다니는데, 마땅히 탈출할 수 있겠는가? 없겠는가? 어리석은 사람은 행하는 것이 이와 같으니, 어찌 생명을 불사의 범주에 포함되도록 할 수 있겠는가? 피할 수 없는 것이다. 집은 사람을 죽이지 않으며, 가문이 저절로 쇠약해져갈 뿐이다. 천신이 위에서 살펴보고 있는데, 어느 곳으로 가고자 하는가? 마음속에 신이 그대들이 거처하는 곳을 모른다고 여기는가? 또 말한 바를 신중하게 대하라. 하늘은 지극히 사람을 사랑하여, 사람으로 하여금 살게 하고자 하는데, 어느 때에 사람을 해치고 죽이려 하겠는가? 그러므로 금법을 베풀어, 사람들에게 그것을 범하지 않게 할 뿐이다. 그런데 스스로 그것을 범한다면, 수명이 어디에서 늘어날 수 있겠는가? 마땅히 생각하고 생각하라. 문서의 내용을 다시 읽어보고 스스로 의심이 없도록 하라. 잠시 멈출 것이니, 멈춘 후에 생각하라. 마땅히 말하여야 할 바를 다시 말하겠다."

惟人居世之間, 各有所宜, 各有所成. 各不奪其願, 隨其所便安自在. 所喜商賈佃作. 或欲爲吏, 及所[1]醫巫工師, 各令得成, 道皆有成, 以給民可用. 是天師化, 何有不就, 使自給口. 當念奉天所行, 恩分之施, 四時之報,[2] 皆使不絕香潔而已, 是爲報天之恩. 行善日久, 神靈所愛, 是善行所致, 何有不從者乎? 故天常爲其上, 司人是非, 使神往來, 知人所爲, 善惡輒白, 何有失者. 知知少以爲不然, 故天爲視其影響, 使聞音以是爲效. 風雨遲疾, 皆使可知, 何有疑者. 動作輒異, 文墨相承,[3] 亦不失其法. 人亦當知可不, 安得自恣而不順天乎? 天親受元氣自然, 從其敎令, 不敢小有違之意, 恐其有失, 而民所爲功,[4] 犯天法, 不避羅網. 是爲故天命以自誡, 爲當久生, 可與善人等也. 中爲人得自在邪? 故使神隨惡行人之後, 司其不當所爲, 輒以事白, 過無大小, 上聞於天. 是自人過, 何所怨天書. 書有戒而不用, 其行得病, 乃惶, 豈可免焉? 誠民之愚, 何益於天, 使神勞心煩苦.

醫巫解除. 欲得求生, 不忘爲過時. 當爲惡時, 乃如是, 何不卽自悔責. 已病乃求生, 已後之, 多亡. 所有禱祭神靈, 輕者得解, 重者不貰. 而反多徵召, 呼作詐病之神, 爲叩頭自搏, 欲求其生, 文辭數通, 定其死名, 安得復脫. 醫巫神家, 但欲得人錢, 爲言可愈, 多徵肥美及以酒脯, 呼召大神, 從其寄,[5] 精神致, 當脫汝死名籍, 不自致, 錢財殫盡, 乃亡其命. 神家求請, 滿三不下, 病不得愈, 何爲復請. 事禍必更有禍, 責在其後. 邪神稱正神, 狂行斬殺, 不得其人而殺之. 咎怨訟上至天, 天君爲理之. 殺事神之家, 子孫坐. 爲病者求福, 欲令爲求生, 呼召不順, 反受其殃.

事邪神之家自言, 我神正神者, 教其語, 邪神精物, 何時敢至天君之前, 而求請人乎? 但費人酒餔棗餟之屬. 得病, 反妄邪神之家, 得愈者, 謂在不死之伍中. 事未上過,[6] 可得蒙愈, 此天自愈之, 邪神之家何得名之, 而言多愈人病乎? 而責人肥美. 見邪神所爲, 則召令上之, 考問藏罪. 藏多罪大, 便見不活. 事神者神不往來, 人復不中, 精神日竭, 是邪神自其殃. 神家得邪神餘物, 以給家口, 肥美好衣, 自以可久. 神嘗坐之, 何望得活而壽乎? 受神藏多, 不可復貰, 幷亡其子孫. 反言其過殺我子孫, 或身亦望久久亡戶. 人日當自正, 可勿咎天. 今世之人, 行甚愚淺, 得病且死, 不自歸[7]於天. 首過自搏叩頭, 家無大小, 相助求哀. 積有日數, 天復原之, 假其日月, 使得蘇息.[8] 後復犯之, 叩頭無益. 是爲可知. 努力爲善, 無入禁中, 可得生活竟年之壽. 不欲爲善, 自索不壽, 自欲爲鬼, 不貪其生, 無可奈何也. 行愼所言辭, 樂知餘者. 自計勿枉所爲, 有病自歸於天. 可省資費, 無爲大煩. 反擧家怔忪, 避舍遠處, 當死之人遠何益, 凶神隨之, 當可得脫不乎? 愚人爲行乃如是, 寧能使命在不死之中? 可勿避也. 舍不殺人, 家自衰耳. 天神在上占之, 欲何所至乎? 中爲不知汝處邪? 且愼所言, 天致愛人, 欲使人生, 何時欲害殺人. 故施禁法, 使人不犯之耳. 而自犯之, 壽命從何得前. 當思之思之, 復念書言, 可無自疑. 書復小止, 止後念之, 當所道說者復道之.

역주

*) 『돈황목록』에는 유(有)가 생략되어 병귀천비결(病歸天費訣)로 되어 있다(『정독』).

1) 所(소) : 적합하다. 될 수 있다(『정독』).

2) 報(보) : 신의 은혜에 감사를 보답하는 제사(『정독』).

3) 文墨相承(문묵상승) : 그것을 따라 기록하다(『정독』). 문묵(文墨)은 신이 인간의 과오에 대해 조목조목 기록한 보고서(『금주금역(하)』).

4) 民所爲功(민소위공) : 백성이 하는 일. 『전역(하)』에서는 『소광아(小廣雅)』를 인용하며 공(功)을 사(事)라고 주해했다. 『금주금역(하)』는 공(功)을 공적으로 보아 '백성들이 공적을 쌓은 일'로 주해했고, 『정독』은 아예 공(功)을 동(動)으로 보아야 한다고 주해했다.

5) 從其寄(종기기) : 그(대신)에게 부탁하다(『정독』).

6) 事未上過(사미상과) : 일이 아직 지나가지 않다. 천군이 기록한 허물과 죄가 아직 해소되지 않았다는 의미(『정독』).

7) 歸(귀) : 부끄러워하다. 참회하다. 괴(愧)와 통한다(『금주금역(하)』).

8) 蘇息(소식) : 끊어질 듯이 막히었던 숨을 돌려서 쉼.

제202 불승천서언병당해적계(不承天書言病當解謫誡) : 천서를 따르지 않아 생기는 병을 해소하는 계

해제 여기에서 '불승천서언(不承天書言)'이란 하늘에서 내려온 신서(神書)에서 말하는 효성스럽고 선한 사람이 장수하고 신선이 될 수 있다는 경계를 따르지 않는다는 말이다. '병(病)'은 천서의 내용을 받들지 않았기 때문에 필연적으로 초래되는 세 종류의 나쁜 결과 중 하나이다. 즉 귀신에 의해 재앙을 당하여, 낫기 어려운 병에 걸린다. '해적(解謫)'은 참회를 통해서 이런 처벌이 해소된다는 것이다.

오직 세속의 사람을 생각할 때 유독 심히 어리석은 것은 효성스럽고 순종하는 일을 행하지 않으며 반역을 행하는 것이다. 천서의 내용을 따르지 않고 구차하게 스스로의 수명을 단축시키는 것이다. 이미 다른 사람에게 선한 행동을 한 게 없는데, 악행은 자주 소문이 들린다. 그 중 가장 심한 것은 재앙을 초래하고, 중간 것은 쇠약해지고 퇴락하게 되며, 가장 낮은 것은 병에 걸리게 되어, 그칠 때가 없는 것이다. 이는 악을 행하여 다른 사람에게 영향을 주는 것으로, 그로 하여금 재앙을 만나게 하며 결코 용서할 수 없는 것이다. 은혜를 베풀려는 마음이 없고 낮과 밤마다 선한 사람을 침해하며 굴복시키고, 그들로 하여금 스스로를 원망하게 하여, 선한 마음으로 상대할 수 없게 한다. 그리고 도리어 스스로 책략을 써서 다른 사람을 죄명으로 빠뜨려 형벌을 받게 하며, 가장 심한 것은 죽음에 이르게 하여 세상과 이별하게 하는 것이다.

모함에 빠진 자들 가운데 재산이 있는 집안은 스스로 풀려날 수 있지만, 재산이 없는데 법에 저촉하면 교리(敎吏)가 불러서 심문한다. 풀려날 비용이 없으면 집에 있는 모든 물건을 가져오게 하는데, 모두 가격이 있는 것으로, 그래야만 풀려나게 된다. 반씩 나누어 스스로 가져서 식구들을 먹여 살린다. 맛있는 술과 좋은 고기는 얻어서 마음대로 사용한다. 마음속으로 당연하다고 생각되면 다른 사람이 옆에서 자신을 어떻게 평가해도 상관하지 않는다. 행한 일은 악한 것이지만, 스스로는 다른 사람과 마찬가지로 오래 살 수 있을 거라고 생각한다.

천자 중 엄격한 자는, 다른 사람으로 하여금 정탐하고 엿보게 한다. 공덕과 효능이 있는 관리는 마땅히 보응이 있으니, 새벽부터 저녁까지 사찰하여 그 악을 행하는 주범이 누구인지 조사하고자 하며, 암중에 공범이 누구인지 하나하나 기록한다. 조사한 후에 직접 천자가 머무는 곳에 가서, 정탐기록과 합쳐 명단을 바치며, 이 사람들의 이름을 말한다. 관리가 되어 무고하는 편지를 받게 되면, 주로 간첩의 역할을 담당하여, 그 좋은 점과 나쁜 점을 이야기하며, 술과 고기와 같이 달고 기름진 것들이 항상 눈앞에서 떠나지 않는다. 천자가 정탐한 기록을 얻어 말없이 주범을 불러 증거를 보여주어 그로 하여금 교활하게 속일 수 없도록 한다. 죄명이 정해지면, 감옥으로 압송하며, 형벌로써 심문하면 뇌물과 장물을 자백한다. 사람들이 다시 말했다. 적발한 죄와 아울러 전해들은 죄상을 더하면 또한 그러하다. 재물이 작기 때문에 스스로 노력하여 두루 나아가지 않고, 삶을 꾸려나가는데 수입이 있으면 도리어 다른 사람에 대해 혀를 팔아 무고를 행했으니, 관부의 관리와 결탁하여 다른 사람으로 하여금 서로 죄명에 빠지게 했다. 이는 바로 악함이니 어찌 다시 오래 살 수 있겠는가?

지방관은 이런 사람을 미워하며, 그가 살 수 없게 하려고 하니, 이는 누구의 잘못인가. 모두 나쁜 폐단을 가진 사람으로부터 나온 것이니, 부모가 독함을 근심하고 종가도 독함을 근심하니, 이와 같이 행동하면, 또한 무슨 바람이 있겠으며, 그러고도 오래 살기를 바랄 수 있겠는가? 주로 화와 벌을 짓는 일들을 하면서 장생을 구하고 바라니, 이들은 어떤 자들인가? 하늘이 위에서 바라보고 있으니, 말을 차마 오랫동안 할 수 없다. 글을 흉함을 담당하는 관부(曹)에 내리고 관리를 파견하여 악귀를 거느리고, 천자를 보좌하여 돕고, 죄상이 커서 뭐라 형용할 수 없는 사람을 다스리며, 그를 죽어야 할 죄목에 들어가게 하니, 살 수 있다는 희망을 가질 수 없게 된다. 모두 한 집안의 재물만을 탐하는 것이 아니며, 이를 써서 스스로 재산을 증익하고 연루되고 죄를 얻어 사형을 판결 받고서야 그치게 된다. 세대를 잇는 사람이 없게 되니, 먼저 죽은 사람은 제삿밥을 맛볼 수 없으니, 이는 너의 잘못만은 아니다. 지금 이후로 뒤에 태어나는 사람들은 경계를 보면 마땅히 그쳐야 조금이라도 살 수 있을 뿐이다. 그렇지 않으면 반드시 죽음의 행렬에 있게 된다.

이에 조금이라도 더 삼가서, 서로 원망하지 않도록 하라. 사람의 목숨은 다시 얻을 수 없는 것이다. 사람이 모두 이와 같은데 어찌 금계를 따르지 않겠는가? 죄상이 커서 형용할 수 없는 사람은 밖의 불량배들과 결합하여 한 패거리가 되는데, 남의 재산을 빼앗지만 그 두목은 반드시 생명을 잃게 될 것이다. 관부에서는 그대를 죽일 수 없다 하여도, 하늘이 대신 벌주는데, 위로는 가족의 멸문으로부터 아래로는 재앙이 자손에게까지 흐른다. 이 재물을 사용했기 때문에 도리어 살 수 없으니, 이는 어찌 하나라도 불순한 것을 꾀하겠는가? 그러므로 이 책의 내용을 자주 보인 것은 금기를 범하지 않음을 귀하게 여겼을 뿐이다. 지금 계속 금기를 범하는 것이 더욱 심하니, 사망하는 자가 많아지게 되어, 하늘이 매우 근심하고 있다. 그러므로 이 글을 드러낸 것이다. 마음속에 밝은 지혜로운 사람들은 본래 그것을 범하지 않는다. 지금 세속 사람들은 깨우쳐줄 수 없으니, 그 장수하는 책을 보고도 그 말을 따르지 않는데 책을 믿을 수 없다고 생각하기 때문이다. 신선이 된 사람들을 보지 말아야 하니, 모두 효도와 선함으로 인하여 신선이 될 수 있었던 것이니, 그 수명은 어찌 끝이 있겠는가?

또 말한 바를 상세히 보면, 똑같이 나오는 말이고, 말은 매우 적절하며 좋고 아름답다. 입을 열어 악한 말이 나오면, 스스로 각각 악한 보답을 얻게 한다. 천서(天書)의 앞뒤에 경계한 것들은 다만 사람들로 하여금 선을 행하고 법을 범하지 않게 하기를 바란 것일 뿐이니, 어느 때에 서로 속이겠는가? 마땅히 돌아가 깊이 생각하고, 마음속에 간직하여, 받들어 행할 수 있도록 하며, 하늘을 탓하거나 비난하지 말라. 하늘을 비난하는 것은 무익하고, 죄를 더 무겁게 한다. 삼가서 어떤 것도 원망하지 말라. 스스로 행위하면서 자득하면 무엇을 원망하고 탓하겠는가? 노력하여 선을 따르면 인간이 될 수 있을 뿐이다. 행위를 함에 마땅히 스스로를 애석하게 여기며, 귀신에게 재앙을 받지 말라. 알겠는가 모르겠는가?

마땅히 각자 자신의 계획을 분명히 하여 스스로 그릇된 것을 따라가지 말라. 생명이 아니면 죄에 상응한 벌을 받기에 부족하다. 재앙과 화가 돌아가는 곳은 많고, 원한과 증오는 언제나 그치겠는가. 마음을 붙잡되 촘촘히 하지 않으면 다만 헛소리이니, 세상의 쓰임에 무익하다. 지독하게 근심스러운 사람을 또 어찌 쓰겠는가? 서로에게 설명하여 온화하고 순종함이 있게 하려는가? 스스로 현명하다고 생각하여 다른 사람을 교화하려고 하며, 못났다라고 생각하는데, 스스로 현명하다고 견주어 보는 것은 부당하다. 다 같이 태어나 사람이 되었는데, [하늘의 뜻에] 비추어보는 바가 없고, 질문을 했을 때 서로 설명하려는 마음이 없으면, 이런 사람은 모두 가축이나 마찬가지이다. 다만 입으로 향기로운 맛을 알고, 좋은 옷을 입을 줄 알며, 예로서 무릎 꿇고 일어나는 것을 법으로 삼아 따르지 않고, 항상 단속하지 않는 마음이 있다. 이웃 노인을 보고, 여전히 거만하게 앉아서 일어나지 않는다. 남의 부인 용모를 논하여 그 못나고 잘남을 분별하는 것, 이런 자가 악인이다. 일삼아 하는 일은 없고, 이미 이루어진 일들을 우러러 살펴보기만 하며, 입으로는 욕하고 저주하며, 지상에 신이 없다고 생각하며, 다시 서로 행동거지를 생각하되 스스로 좋다고 여기면 행하고, 장차 후환이 이를 것을 생각하지 않으니, 서로 구하는 데 미치지 않는다. 구해도 이미 늦었으니 일에 무슨 이로움이 있겠는가?

다만 번거로운 일을 하여 결국 이치를 드러낼 수 있으니, 무엇을 가지고 수많은 젊어진 것들을 스스로 분명히 설명하겠는가? 사람이 잘못한 행위에 대해서 화는 그치지 않고, 오래도록 지속되어 집이 망하고 자손이 없는 데에까지 이르며 그 수명을 다 누릴 수 없게 되니, 원통하도다. 이 행위[의 결과]가 또한 어찌 그리 오래가는가? 『태평경』은 아랫 백성들로 하여금 윗사람들에게 순종하도록 할 수 있으니, 오래 살 수 있다. 그렇지 않으면 생명을 잃고 다시 다스리기 어려워질 것이다. 지금 사람들은 또한 스스로 은혜를 적다고 여기며, 의리도 매우 드물게 말한다. 앞서 생각해 볼 만한 것이 있으니, 각자 자기 수명을 애석하게 여겨 제멋대로 방탕하게 지내거나 신이 없다고 생각해서는 안 된다. 하늘로 올리는 기록을 적는 자가 매우 많으니, 일마다 서로 관련되어 있다. 다시 명당에 이르러서는 앞뒤를 수집정리하고, 그 이름을 위에 적고,

주관하는 자는 기록에 맡겨둔다. 예컨대 과거의 죄과와 승부에 대해서는 사관(司官)에게 보고하고, 사관은 태음에 보고한다. 태음의 관리는 그 집안에 이미 이전에 돌아가셨던 조상을 불러 모아서, 형벌로 그들을 심문하여, 온 집안사람들로 하여금 그를 저주하고 승부에 얽매이도록 한다. 과거에 행했던 일들은 그칠 때가 없으니, 그러므로 병자를 보낸다. 병자의 집은 마땅히 음기를 풀고, 귀양살이를 풀어주어 그것들이 다시는 생겨날 수 없도록 해주어야 한다. 귀양살이가 풀리면 병이 없어진다. 귀양살이가 풀리지 않으면 병자는 그치지 않으니, 다시 그것을 해결할 것을 요청해야 한다. 이미 풀리지 않았는데, 그렇지 않은 것으로 생각한다면, 그 행하는 바를 관찰하라. 그런 사람은 많고 적을 뿐이다.

이것은 알 만한 것이니 다시 그 다음을 삼가며 허물을 더하지 말라. 알게 되었으니, 허물이 없도록 할 수 있으며, 무지는 저절로 사라진다. 근심과 복의 사이는 일찍이 그친 적이 없다. 각 글의 내용을 삼가며 서로 책임을 덮어씌워서 상소를 기록하기 어렵게 하지 말라. 신은 쉬거나 멈추지 않으며, 어떤 사람을 생각하면 바로 그 사람을 알게 되니, 마치 오래전인 듯할 뿐이다. 선하지 않음은 사람을 죽게 한다. 본디 선하면 좋은 결과를 얻고 악하면 본래 오래 살지 못하니 무엇 때문에 한탄할 것이 있겠는가? 스스로 얻게 될 뿐이다. 아래에서 위를 따르면 악한 자식이 없을 수 있으니, 알겠는가 모르겠는가? 경계하고 경계하라. 조금 쉬도록 할 수 있다. 천서는 문자로 표현하기 어렵지만, 법령을 천명했으니 마땅히 어기지 말아야 할 뿐이다. 책을 다시 조금 풀이했는데, 또 조금 확정되지 않은 문자가 있다. 그 다음을 생각하면 다만 알게 할 수 있다. 삼가고 삼가라. 작은 것이 큰 것을 섬기는 데에 이른다. 문장이 중복어서 조금 쉬도록 한 것이다. 뒤에 말씀이 있으니 다시 설명하겠다.

惟念俗間之人，甚獨愚處，不念作孝順事，而爲反逆．不承大書[1)]言，而苟自薄．與人旣無善，而惡數聞．處[2)]者致災，中者衰落，下者見病，無有休息．是爲惡施於人，令咎不容．無有施恩之意，日夜行侵剋善人，令使自怨，無有善意相待．而反自策，陷人入罪名，使得有刑罰，高至死亡而訣．其主有財之家，能自解酒．[3)] 無錢觸法，教吏[4)]呼召，亡費解之，齎家所有，皆有價數，乃爲解之．分半自得，以給家口，美酒善膎，恣其所得．於意乃可，不知人當從傍平之．所爲惡也，自以可久，而與人等．縣君嚴者，使人司候．效功之吏，當有報應．晨夜司之，欲得其爲惡主，默疏等輩爲誰．逕至門閤，[5)] 內刺合牋，道其姓名．爲吏受邪簿，主爲間人，道其短長．酒肉甘肥，常不離目下．君得牋書，默召其主，爲置證左，使不得詆．罪定送獄，掠治首臧．人復言之，幷加其罪聞亦然．錢財小故，不自努力周進，治生有利，而反賣舌於人，相陷罪名，是正惡，何復久生．長吏所疾，令不得生，是誰之過乎？皆從惡弊人出，父母愁毒，宗家患毒，爲行如此，亦何所望，而欲得久視息哉？主作禍罰，而望求生，此爲何人．天從上視之，言不可久忍．下文於主凶惡之曹，遣吏從惡鬼，佐助縣官，治無狀之人，使入死法，不得有生之望．是皆貪非一家之財，以自增益而坐之，得罪定死乃休，無續世之人，乃使先去者不見享食，是汝過非．從今以往，後生之人，見誡當止，乃小活耳．不者，定在死伍之中不疑也．愼之小差，可無相怨．人命不可再得，人皆如是，何爲不從禁乎？無狀之人，結客合伍，劫取人財，其主不全．縣官未得殺汝，天代誅罰，上自滅戶，下流子孫．用是財故，而反不生，是計何一不純．故數出此書文者, 貴此不犯耳. 今續犯之尤處,[6] 故令死亡者多, 天甚患之, 故見. 其人有心知者, 自不犯之. 今世俗人, 了不可曉, 視其壽書, 而不用其言, 以爲書不可信用也. 不當見神仙之人, 皆以孝善, 乃得仙耳, 其壽何極.

且詳所言, 同出辭, 言可令好, 所爲出惡, 自令得各. 書前後之戒者, 但欲使人爲善, 不犯法耳, 何時相枉乎? 宜往念思, 著於五內, 令可奉行, 勿非尤於天也. 非之無益, 更相令過重. 愼勿有所恨, 行自得之何怨咎. 努力從善, 乃可爲人耳. 行當自惜, 無爲鬼所咎, 爲知不乎? 宜各自明其計, 勿自逐非, 沒命不足塞責.[7] 殃禍所歸者多, 怨憎何有止時. 持心不密, 但空言, 無益世間之用, 愁毒於人, 復何用!

相明使有和順乎? 自以爲賢, 以化他人, 爲不肖, 不當自況. 俱生爲人, 無所照見, 問之, 無有相明之意, 是曹之人, 皆如六畜. 但口知臭香衣好, 禮跪起不可法則, 常有不錄[8]之心. 見比鄰老人, 犯倨不起. 閉人婦女, 議相刑,[9] 別其醜好, 此爲惡人. 無所事作, 端仰成事, 口罵咒詛, 以地無神, 更相案擧, 自可而行, 不念後患將至, 不及相救, 救之已晩, 何益於事. 但爲煩苛, 終可見理. 何以自明解其所負衆多? 人所非, 作禍不止, 久至亡家, 後無子孫, 不見其壽, 冤哉! 此行亦何可久? 太平之書, 令下可順其上, 可得長久. 不者失命, 復見難治.

令世俗人亦自薄恩, 復少義理. 當前可意, 各不惜其壽, 縱橫自在, 以爲無神. 隨疏之者衆多, 事事相關. 及更明堂, 拘校前後, 上其姓名, 主者任錄. 如過負輒白司官, 司官白於太陰. 太陰之吏取召家先去人, 考掠治之, 令歸家言咒詛逋負. 被過行作, 無有休止, 故遣病人. 病人之家, 當爲解陰解謫, 使得不作.

謫解得, 除之, 不解其謫, 病者不止, 復責作之. 旣不解已, 以爲不然. 觀其所行, 皆有其人, 多與少耳. 是爲可知, 復愼其後, 勿益其咎. 乃爲有知, 可使無咎, 無知自已. 患福之間, 未曾休止. 各愼書言, 不須相負, 難爲記疏, 神不休止, 想人知人, 而[10]故爲耳. 是不善故[11]之也. 固善得善, 惡自不壽, 何爲有恨, 自得之耳. 下順其上, 可無惡子, 爲知不乎? 戒之戒之, 可令小息. 書難爲文辭, 法令開張, 宜不犯耳. 書復小解, 復有小不定文者. 詳念其後, 但令可知. 愼之愼之, 小事致大. 文復重, 故小息耳. 息後有言, 復陳說之.

역주

1) 大書(대서) : 천서. 대(大)는 『합교』의 교감에 의해 천(天)으로 보았다.
2) 處(처) : 가장 심함. 극(劇)으로 보아야 함(『정독』).
3) 解酒(해주) : 풀려나고 용서받다. 『전역(하)』에 의하면, 주(酒)는 구(救)와 통한다. 『금주금역(하)』와 『정독』은 '술을 이용해 죄명을 화해하다.'
4) 敎吏(교리) : 공모하여 결탁한 관리. 교(敎)는 결탁하다는 의미이다(『금주금역(하)』).
5) 門閤(문합) : 천자가 머무는 곳(『금주금역(하)』).
6) 處(처) : 가장 심함. 극(劇)으로 보아야 함(『정독』).
7) 塞責(새책) : 죄를 지어 그에 상응한 벌을 받다(抵罪)(『정독』).
8) 不錄(불록) : 검속하지 않다. 규범을 지키지 않다(『정독』).
9) 議相刑(의상형) : 용모에 대해 쑥덕거리다. 형(刑)은 형(形)과 같다. 상형(相刑)은 용모를 의미한다(『정독』). 『금주금역(하)』는 형(刑)을 '오욕'의 의미로 보아, 남의 부인을 빼앗아와 모욕 주고 윤간한다라고 주해했다.
10) 而(이) :여(如)와 통한다(『정독』).
11) 故(고) : 죽게 하다(『금주금역(하)』).

제203 위부모불이결(爲父母不易訣) : 부모 되기 쉽지 않다는 결

해제 제목에서 알 수 있듯이 본편의 주요내용은 부모가 되기가 매우 어렵다는 설명이다. 효도를 하며 120세까지 장수할 수 있다고 강조하고 있는데, 유가의 효도사상은 『태평경』에 적극적으로 흡수되었으며, 효사상은 이후 『태평경』의 중요한 사상적 지주가 되었다.

오직 선행이 있는 사람이 천지와 네 계절과 오행과 해와 달과 별과 여러 신들의 금기사항을 어기지 않는다. 그런 질서가 베풀어지는 것을 두려워하고 오직 그것을 침범할까 두려워한다. 문득 그 이름이 천상계로 보고되어져 올라가서, 스스로 선을 행하고자 하며 효도와 순종의 의미를 행한다. [태평경은] 천지의 금기를 적은 책이므로 백성들이 금기를 침범하게 하지 않기를 바라며, 백성들로 하여금 왕성하게 되기를 바라니, 어느 때에 죽게 되기를 바랄까? 마땅히 살아야 하는 만물을 배치하여, 그것을 먹을 수 있도록 해주니, 어느 때 서로 위태롭게 하고자 하겠는가? 사람은 스스로 금기를 침범할 뿐이니, 그러므로 선한 사람은 악한 말을 하는 사람이 없고, 각각 그 문장이 있어, 경계하는 바와 이루어주는 바가 분명하여 알 수 있다. 선함은 스스로 생을 얻고 악함은 저절로 일찍 죽으니 백성들과 어찌 다투겠는가?

그러므로 선한 사람의 글을 모아서 생민들에게 보여주어, 각자 수명과 길흉이 어디서 오는지 알게 하고, 금기사항을 말하여 위태롭지 않도록 했을 뿐이다. 선을 행하는 사람은 악한 기록이 적힌 문서가 없다. 하늘이 선함을 보고 신으로 하여금 그를 따라 다니게 하고, 그의 수명부를 옮겨, 장수의 부서에 등기하며, 신이 드디어 그 공을 성취한다. 뒤에 태어난 사람으로 하여금 항상 좋은 길일에 즈음해서 하늘의 왕성한 기운과 만나서 출생하는 데에도 아무런 꺼림이 없게 한다. 선인들은 나머지를 계산하고 아울러서 가장 장수하는 나이를 120으로 보았다. 그 자손은 뒤를 이어받아 선한 마음을 얻었으니, 작은 악도 없고, 또한 장수할 수 있다. 백발이 서로 뒤를 이어, 자자손손 가족이 충분히 갖추어졌고 또한 침범하는 자도 없다. 농사를 짓고 장사를 하는데 모두 수입이 있다. 관리가 되어 여러 번 이사해도 형벌을 받는 뜻이 없으니, 선함이 초래하는 좋은 결과이다.

사람은 모방할 수 없는 것인데, 도리어 앉아서 오만하게 비웃는다. 이는 선한 사람의 마음과 행위는 본디 선하여 다른 사람에게 이익을 주는 것이다. 사람이 궁액에 처해 있는 것을 보면, 빌려주며, 이자를 요구하지 않는다. 사람은 그 은혜를 얻으면 반드시 배반하지 않는다. 작게라도 먼저 베풀면 술과 고기로 서로 사례하니, 둘이 서로 은혜를 입게 된다. 하늘은 그 행위를 보고 다시 선하게 여겨 그를 침범하는 사람이 없는 곳으로 출입하게 해준다. 선을 행하는 사람은 하늘이 스스로 도와주니, 그로 하여금 악을 만나지 않게 하니, 이 선행이 초래한 결과이다. 그 나머지는 선하지 않은 사람인데, 가만히 앉아서 장수를 얻기를 바라며, 또 자손이 있는데, 제대로 분별하지 않게 되었다. 그러므로 하늘은 그의 수명을 구별해준다.

특별히 천상의 일을 수행할 수 있으며, 하늘과 더불어 마음과 뜻이 같이 합해질 수 있으며, 신선이 될 정도를 얻을 수 있다. 어질고 성스러운 자로 명부에 올려 정과 신이 늘어날 것이니, 그 수명은 어디가 끝일 것인가? 그러므로 말은 하지 않을 수 없지만, 또한 사람이 미칠 수 없는 바이다. 그러므로 하늘은 선한 사람을 중시하고 사랑하며, 그에게 악함이 있도록 하기를 바라지 않는다. 선하고 악한 사람은 각각 나뉜 부분이 있는데 어찌 2000전(錢)을 얻는 것처럼 무난한 것이겠는가? 그러므로 천서의 내용이 갖추어졌으니, 스스로 알 수 있는 것이다. 선한 자는 그것을 좋게 여기고 악한 자는 그것을 경계하며, 위험에 빠지지 않게 하여, 수명을 잃지 않게 하고자 한 것이다. 이것은 하늘의 보답으로 그 수명을 잘 증가시켜주었으며, 악한 자는 [죽어서] 땅으로 묻혀 사람이 될 수 없도록 하니, 이것 역시 알 수 있는 것이다. 무엇 때문에 의심을 가지는가?

사람이 태어나서 늙을 때까지 스스로 자손을 가지고 각자 키워서 어른으로 만들고, 좋아하는 곳에서 편안해 하는 것을 시키면, 그 뜻을 거스름이 없으니 각자 그 마땅함을 얻어 각자 그 원하는 바를 따르게 된다. 남의 부모가 되는 것도 또한 쉬운 일이 아니다. 자식 역시 마땅히 효도를 해서 부모의 가르침을 받아들여야만 선한 사람의 뼈와 살과 근육과 관절이 각각 완전해지도록 보호해준다. 부모가 생존해 계시면 마땅히 완전해지도록 하여 형벌의 흔적이나 상처가 생겨서는 안 된다. 부모가 낳아주셨으니, 감히 말대답을 해서는 안 되고, 좋은 것이 생기면 곧 부모님께 드려야 한다. 집에 재물이 적어도, 공손하고 온화하고 부드럽기를 구해야 할 뿐이다. 아침저녁으로 자주 안부를 여쭙고 부모님의 안위를 알아야 한다. 이것이 선함 중의 선함이다.

동네에 가까운 친척들은 모두 부모님께 하듯이 사랑하며, 선한 행위를 완성시켜야 한다. 흉악한 사람이 있는 것을 보면, 감히 함께 말을 걸지 말고, 서로 사이가 반목될까 두려워한다. 서로 사이가 반목된 이후에는 다시 선을 잃고 악으로 들어가니 하늘이 그를 다시 미워한다. 그러므로 모두 스스로를 중시하고 애석해 하라. 자손에게 해를 입히는 것을 안타까워 하라. 금령에 저촉되는 것을 삼가며 하지 말라. 온 집안을 편안하지 않게 만들 것이다. 단지 편안하지 않을 뿐만 아니라, 아울러 가족과 친척이 안팎으로 긴장하여 떨게 되고 다시 현관(縣官)을 만나게 되어 (벌을 받고) 재산이 감소되거나 없어질 것이다. 그러므로 스스로 삼가도록 하며 문서의 말을 어기지 말라. 친하고 편안하고 화락하고 화목하며, 두 가지 말이 없다. 각자 가업이 있으며 각자 성공했다. 이는 크게 선한 사람의 행위이니, 하늘은 반드시 그를 장수하게 해주고, 귀신은 그를 보우해서 감히 실패하지 않게 해준다.

네 계절이 받들어져 진행되는 것에는 각각 순서가 있다. 시장에서 좋은 것을 사되, 가격으로 다투지 않는다. 그렇게 하는 까닭은 받들어 나아가는 것이 있는데, 모두 정과 신이 있어서 위로 올라가고 아래로 내려가며 나아가고 물러나기 때문이다. 만일 조금의 차이가 있어 깨끗하지 않으면 곧 잘못된 부분을 기록한다. 그러므로, 판매자가 정하는 가격과 판매자가 하는 말에 순종하면 이는 신에 대한 공경이 된다. 신들은 반드시 기뻐하여, 위로 사명신에게 보고하는데, 사관(祠官)과 각 부서의 관리들은 시찰을 하는데 혹은 스스로 다니기도 한다. 깨끗하고 향기로운 것을 보면 흠향하는데, 흠향한 이후에 제사자의 고조부 이하 다섯 분의 조상들은 이에 함께 모여 흠향을 한다. 흠향하면 반드시 기뻐하니, 집안에 드디어 부가 생기고, 자손들이 모두 선해지며, 악한 자식이 없게 된다. 군현(郡縣)에서 이 소식을 듣고, 불러서 직책이 있는 관리로 삼기도 한다.

자리를 이동하여 군(郡)의 조(曹)로 옮겨가게 되면 군조에는 드러난 직무를 담당하도록 맡긴다. 주(州)와 리(里)에서 알고서 그를 초빙하여 가까운 곳의 관리로 삼는다. 재주와 염치가 있는 자가 천거되는 것은 선함이 가져온 결과이다. 행위를 스스로 얻으니, 그 지위도 반드시 지극하다. 이는 또한 그대들의 타고난 형상과 녹명(祿命)을 모두 천명에서 받은 것이니, 선을 행하는 징험을 드러낸 것이며, 악이 그 문으로 지나가지도 못한다. 하늘에 있는 여러 신들이 모두 말한다. "이런 행위는 특히 선하다. 다만 하늘의 뜻을 모를 뿐이다." 그리하여 선한 문서와 선한 사람은 죽백에 기록하도록 하여, 뒤에 태어난 사람으로 하여금 나아가 선에 도달할 것을 추구하도록 해주며, 집안 대대로 영광이 있게 해주며, 자손이 벼슬길에서 멀어지지 않게 해주며, 제왕도 그를 사랑하여 항상 좋은 직책이 있게 해주니, 이 공은 저절로 그러한 것이고, 모두 그 복이 초래한 결과이다. 그러므로 선함이 있는 자는 마땅히 이 책을 본받으라. 말은 효험을 믿는 것이니, 헛된 말이 아니다.

이상은 하늘에서 효도, 역란을 멈추는 것, 오랑캐를 물리치는 것, 아랫사람을 순종하게 하는 쉬운 다스림에 대해 말한 것이다.

[존] 『삼통주낭(三洞珠囊)』 권3에서 『태평경』 114를 인용하여 말한다. 청동군(青童君)이 비근(飛根)을 채취하여 일경(日景)을 마시고 개명영부(開明靈符)를 복용하고, 월화부(月華符)를 복용하고, 제이부(除二符)를 복용하고, 몸 안의 삼혼(三魂)을 단속하며, 칠백(七魄)을 통제하며, 성상부(星象符)를 허리에 차고, 화단(華丹)을 복용하고, 황수(黃水)를 마시고, 회수(迴水)를 복용하고, 당강(闓剛)을 먹고, 봉뇌(鳳腦)를 먹고, 송리(松梨)를 먹고, 이조(李棗), 백은자금(白銀紫金)을 먹고, 운유(雲腴)를 먹고, 죽순(竹筍)을 먹고, 오신부

(五神符)를 차고, 이 변화무궁함을 갖추고 삼계의 밖으로 뛰어올라, 육합 속에서 노닐다.

[존] 『상청도류사상(上淸道類事相)』 권3 〈삼보대품(三寶臺品)〉에서 태평경 제114를 인용하여 말한다. 영상광대(靈上光臺) 태사(太師) 팽광연(彭廣淵)이 그 안에서 수련을 한다. 또 말한다. 태공경대(太空瓊臺)에 태평도군(太平道君)이 거처하시다.

惟有善行之人, 自不犯天地四時五行日月星辰諸神之禁. 畏其所施, 恐犯之, 輒有上姓名, 以故自欲爲善, 行孝順之義. 天地禁書, 故不欲令民犯之者, 欲令民充盛, 何時欲令藏乎? 設施當生之物, 使得食之, 何時欲使相危乎? 人自犯耳. 故善人無惡言者, 各有其文, 所誡所成, 分明可知. 善自得生, 惡自早死, 與民何爭. 故置善人文以示生民, 各知壽命吉凶所起, 爲道其誡, 使不犯耳. 行善之人, 無惡文辭. 天見善, 使神隨之, 移其命籍, 著長壽之曹, 神遂成其功. 使後生之人, 常以善日直天王相下無忌諱.[1] 先人餘算幷之, 大壽百二十. 其子孫而承後得善意, 無有小惡, 亦復得壽, 白髮相次, 子子孫孫, 家足人備, 亦無侵者, 佃作商賈, 皆有利入, 爲吏數遷, 無刑罰之意, 善所叔[2]也. 人不能倣效, 反倨笑之. 是善人之心行自善, 有益於人. 見人窮厄, 假貸與之, 不責費息. 人得其恩, 必不負之. 小有先償, 酒肉相謝, 兩相得恩. 天見其行, 復善之, 使其出入無干犯之者. 行善之人, 天自佐之, 不令逢惡, 是行所致. 其餘爲不善之人, 欲望坐得壽, 復有子孫, 是爲不分別, 故天別其壽.

殊能行天上之事, 與天同心志合, 可得仙度, 錄上賢聖精神增加, 其壽何極? 故言善不可不爲, 亦人所不及. 故天重有善人愛之, 不欲使有惡也. 善惡之人, 各有分部, 何得二千[3]乎? 故天書辭具, 自可知也. 善者善之, 惡者戒之, 欲使不陷於危亡之失其年耳. 是天報, 善增其命, 惡者使下[4]不成人, 是亦可知也, 何爲有疑乎? 人從生至老, 自致有子孫, 各令長大成就, 在所喜隨使安之, 無逆其意, 各得其宜, 乃爲各從其願. 爲人父母, 亦不容易, 子亦當孝, 承父母之敎, 乃善人骨肉肢節, 各保令完全. 父母所生, 當令完, 勿有刑傷. 父母所生, 非敢還言, 有美輒進. 家少財物, 賕[5]恭溫柔而已, 數問消息, 知其安危, 是善之善也. 鄰裏近親, 盡愛象之, 成善之行. 見有凶惡之人, 不敢與語言, 恐相反也. 相反之後, 更失善人[6]惡, 天復憎之. 故皆自重, 惜損其子孫, 愼無犯禁, 使家不安. 不但不安也, 幷及家親, 內外肅動, 更逢縣官, 亡滅財產. 故令自愼, 不違書言. 能親安和邕邕, 無有二言. 各自有業, 各成其功. 是大善之人行, 天必令壽, 神鬼祐之不敢失. 四時所奉進, 各有差序. 市賈取好, 不爭賈直. 所以然者, 夫有所奉進, 皆有精神, 隨上下進退, 小異不潔, 輒有文墨不有失. 故順所買所道, 乃爲恭敬, 神靈必喜, 上白司命, 祠官各部吏安行, 或自行, 見其潔香乃享食, 食後, 大曾五祖乃於處食, 食必歡喜, 家遂富有, 子孫皆善, 無有惡子. 郡縣聞之, 取召使爲有職之吏. 輒轉入府, 府有署顯職. 州復聞知, 辟召親近, 擧廉茂才, 是善所致也. 行自得之, 其位必至. 是亦相祿稟命所得, 明其爲善之徵, 惡不過其門. 天上諸神皆言, 是行尤善, 但未知天意耳. 故使善文善人, 記其竹帛, 使後生令得貪進遂善, 家世世有榮, 子孫不離朝堂, 帝王愛之, 常在善職. 是功自然, 皆其福所致也. 故有善者, 當法此書, 言取信驗, 不空言也.

右天上說孝以止逆亂卻夷狄令下順從易治.

［存］ 三洞珠囊卷三引太平經第一百十四云, 青童君採飛根, 呑日景, 服開明靈符, 服月華符, 服除二符, 拘三魂, 制七魄, 佩星象符, 服華丹, 服黃水, 服迴水, 食鐶剛, 食鳳腦, 食松梨, 食李棗, 白銀紫金, 服雲腴, 食竹筍, 佩五神符. 備此變化無窮, 超淩三界之外, 遊浪六合之中.

［存］ 上淸道類事相卷三寶臺品引太平經第一百十四云, 靈上光臺太師彭廣淵治其中. 又云, 太空瓊臺, 太平道君處之.

역주

1) 常以善日直天王相下無忌諱(상이선일직천왕상하무기휘) : 항상 좋은 길일에 즈음해서 하늘의 왕성한 기운과 만나서 출생하는 데에도 아무런 꺼림이 없다. 직(直)은 치(値)와 통한다(『금주금역(하)』, 『정독』). 왕상(王相)은 본래 오행휴왕설(五行休王說)의 전문술어. 왕(王)은 왕성하다는 의미이며, 상(相) 역시 강장(强壯)의 의미이다. 예를 들어 봄이면 목왕(木王)과 화상(火相)이다. 여기에서 말하는 천왕상은 북두칠성의 자루와 자루 앞 여섯 번째 별이 지향하는 정월에서 6월에 이르는 기간을 말한다(『금주금역(하)』). 하(下)는 낳다(出生, 降生)(『정독』).

2) 叔(숙) : 초래하다. 가져오다. 치(致)로 보아야 한다(『정독』). 『주역(하)』는 숙(俶)으로 보아 '시작하다'는 의미로 보았다.

3) 二千(이천) : 이천 전(錢). 이천(二千)은 『주역(하)』와 『금주금역(하)』는 한대(漢代) 요역(徭役)제도의 규정에서 나온 것으로 가난한 평민이 부자의 요역을 대신해주면 한 달에 이천 전을 받았다. 여기에서는 선악의 구분이 이천 전(錢)처럼 그렇게 (삶에) 무난한 것이 아니다라는 견해이다. 『전역(하)』는 이간(二干)의 오류라고 주해했다.

4) 下(하) : 땅속에 묻히다(入土)(『금주금역(하)』).

5) 賕(구) : 구하다. 구하다(求) 또는 공손하다(俅)로 보아야 한다(『합교』, 『금주금역(하)』).

6) 人(인) : 입(入)으로 보아야 한다(『합교』).

太平經

제115~116권

경부(庚部)의 13~14

『태평경초』

제204 모결(某訣)

해제 이 장 첫 구절의 '모결(某訣)'은 원래의 『태평경』이 저작된 이후에 오늘날까지 전해지는 『태평경』을 다시 편집한 어떤 사람이 추가해 놓은 글로 추정된다. 그리고 후대의 편집자는 이 경문을 권116으로 정하고, 아울러 주(注)를 달아 '원결일백일십오(原缺一百一十五)'라고 하였는데, 이는 권115의 제목과 원문이 모두 없음을 뜻한다. 또한 권116의 '모결제이백사(某訣第二百四)' 본문의 앞에는 '전문원결(前文原缺)'이라고 밝히고 있다. 이 번역에서는 편의상 '모결'을 이 장의 제목으로 삼는다.

이 장의 글은 초기 도교의 음악이론이 어떤 것인가를 보여준다. 이 장에서는 전반적으로 음악의 기원과 본질, 그리고 음악과 다스림 간의 상관성에 관해 설명한다. 음악이란 사람의 기쁨과 즐거움에서 비롯된 것으로서 하늘과 더불어 기(氣)를 같이하는 것이므로 태평한 다스림을 직접적으로 반영하는 것이다. 그것은 하늘과 땅, 네 계절, 오행이 순조롭게 운행하는 것을 나타내는 것이므로 즐거이 선한 일을 지향하게 하는 수단이 된다. 또한 그것은 기류(氣類)에 감응하는 것이고 천신(天神)과 지기(地祇)를 끌어오는 매개물이기도 하다. 이 장에는 음악의 작용에 관해 설명하는 글이 많다. 음악은 하늘과 땅을 느껴 움직이게 하고, 일월성신을 느껴 움직이게 하며, 네 계절과 오행의 '육부십기(六部十氣)' 그리고 청의옥녀(青衣玉女)를 포함한 여러 신령을 느껴 움직이게 하고, 산천과 만물을 느껴 움직이게 하고, 인간의 선하고 악한 마음과 정감을 느껴 움직이게 한다고 말한다. 그리고 음악을 아는 상 · 중 · 하의 삼사(三士)는 각자 등선(登仙) · 평치(平治) · 낙신(樂身)하여 제왕으로 하여금 무위로써 다스리게 함으로써 형벌을 단절시키게 할 수 있다고 한다.

이 장에서는 음악을 사용하는 일에 관해서도 강조한다. 음악의 이용에서는 북두칠성의 운행에 비추어 보고, 24절기의 변화를 따르며, 오행의 성쇠는 정률(定律)을 따르고, 상삼부(上三部)의 자리인 제기(帝氣)와 왕기(王氣)와 상기(相氣) · 미기(微氣)를 차례로 느껴 움직여야 하지, 하삼부(下三部)에 속하는 사파(死破) · 수폐(囚廢) · 쇠휴(衰休)의 기를 거꾸로 느껴 움직여서는 안 된다고 말한다.

제기(帝氣)는 순전히 선하고, 왕기(王氣)는 2선 1악이며, 상기 · 미기는 2악 1선이고, 사파기 · 수폐기 · 쇠휴기는 모두 순전히 악한 속성을 지니고 있다고 한다. 그리고 이들을 삼황 오제와 삼왕 오패에 각각 비의하여 제기(帝氣)에 대한 음악의 규모는 3배로 하고, 왕기(王氣)에 대한 음악의 규모는 2배로 해야 한다는 비례수를 정한다. 아울러 연월일시에서 어떻게 음악을 움직여 일으켜야 하는가에 대한 것 및 특수한 상황의 일에 맞게 음악을 사용하는 것에 대해 모두 제기와 왕기를 따라 바꾸어서 해야 한다는 규정을 내놓는다. 이 장 전체에서 설명한 내용은, 대체로 전국시대 말기의 『여씨춘추(呂氏春秋)』〈십이기(十二氣)〉와 『예기(禮記)』〈월령(月令)〉의 내용으로부터 한대의 참위 음양오행의 음악관에 이르는 것들을 기(氣)와 결부시켜 놓은 것이다.

이 장에서 말하는 핵심을 보다 잘 이해하기 위해서는, 『태평경』 권50 〈제악고문시비결(諸樂古文是非訣)〉, 권113 〈낙노길흉결(樂怒吉凶訣)〉, 임부(壬部) 제13절의 경문을 참조해야 한다. 이들은 초기 도교 음악사상의 체계를 구성하는 자료들이다. 또한 이들은 『태평경』 기부(己部)의 〈승운가룡도(乘雲駕龍圖)〉·〈동벽도(東壁圖)〉·〈서벽도(西壁圖)〉와 함께 도교예술을 탐구하는 데서 중요한 자료이다.

[앞부분의 글이 원래 결여되어 있다.]

"마음이 같아지고 뜻이 하나로 합치되는 것은 모두 큰 즐거움이다. 마음을 괴롭히고 뜻을 달리하는 것은 모두 어그러지고 등지는 것이므로, 이들은 다 괴로움의 기에 이르는 것이다. 즐거움이란 어찌 반드시 노래와 춤에만 있는 것이겠는가? 뭇 소리들이 서로 감응하여 화합하는 것이다. 괴로움이란 어찌 반드시 투쟁하는 데에만 있는 것이겠는가? 뭇 흉화가 아울러 일어나는 것이니라. 서로 즐거워하는 것들은 억누르고 형벌주기를 싫어하기 때문이다. 서로 괴로워하는 것은 거스름을 초래하기 때문이다. 서로 따르고 마음을 같게 한다는 것은 무엇을 뜻하는 것인가? 이는 사람이 크건 작건 그 뜻을 같이할 수 있어서 반드시 즐거움으로써 가까워지고 동류가 되는 것이니, 마땅히 다시 한 번 이런 뜻을 스스로 정밀하게 살펴보아야만 한다. 하늘 위에서 가장 높은, 높고 지극함을 통찰한 스승인 내가 황천(皇天)을 위해 한마디를 더해 중요한 뜻을 밝게 깨우칠 것이다. 그러니 하늘·땅의 마음과 뜻을 완전히 얻고자 하지 않고, 제왕의 다스림을 돕고자 하는 사람이 사람이라도 마땅히 하늘·땅의 마음과 뜻을 따라 그 마음을 써야 하며, 결코 태세(太歲) 등의 여러 신령을 거스르지 않고 그들이 지니고 있는 시기(時氣)와 같아지고 합치해야 하며, 제기(帝氣)·왕기(王氣)가 주도적인 지위를 점하는 일과 더불어 기쁨을 같이하고 마음 쓰기를 같이해야 하며, 가리키는 것을 같이하고 방위를 같이하며, 운전을 같이하고 추축(樞軸)을 같이하며, 근원을 같이하고 뜻을 같이해야 한다.

그러므로 옛적의 성인이 열거해 보인 법칙은 제왕이 봄에는 동쪽, 여름에는 남쪽, 가을에는 서쪽, 겨울에는 북쪽에서 천기와 더불어 일을 함께 하여 기가 같은 이유로 서로 서로 맞이하는 것이었다. 그것은 삼가 하늘의 도를 따른다고 하는 것으로 하늘과 더불어 기를 같이하는 것이니, 서로 잇고 따라서 서로 즐거워하는 것이다. 서로 즐거워하는 것은 하늘과 땅이 오랜 동안 기뻐하고 좋아할 것이다. 싸워서 분노하지 않는다면 재해와 간사함과 흉악함이 다 끊어지고 사라질 것이다. 악인이 사라진다면 평화로운 기운이 이를 것이며, 천상의 평화의 기운이 아래에 내려와 다스려질 것이며, 지상의 평화로운 기운이 위로 올라가 도울 것이니, 어찌 따르지 않고 즐거워하지 않고 황천·후토께서 기를 쓰지 않아 휴폐기가 되는 것과 같을 수 있을 것인가. 모두 뒤집어지고 거슬리는 것에 응하는 것으로 천지의 도를 거스르는 것이고 제왕의 기운을 거스르는 것이다. 천지와 뜻을 쓰는 것이 다르면 천지가 싸우고 노할 것이며 만 가지 변화가 함께 일어나 간사함이 날로 홍하게 되면, 불안하게도 흉년의 기운이 이르지 않겠는가? 마땅히 깊이 알아야만 하느니라."

"훌륭하십니다. 훌륭하십니다! 어리석은 제자들은 깨달음을 얻었습니다."

"쉽게 깨달았구나! 하늘께서 기뻐하시리라. 진인들은 신중을 기하도록 하라."

"예, 예. 삼가 자세히 기억하여 감히 잊지 않도록 하겠습니다."

"좋도다. 좋도다!"

"하늘의 이름 있는 스승께서 부득이 가르침을 더해주셨습니다. 바라옵건대 봄, 여름, 가을, 겨울에 따라 어떻게 하는 것인지를 듣고 싶습니다."

"모두 다 그때의 기운(時氣)에 순응하여 그 분수가 정해져 있는 것이니라. 유독 음력 6월이란 5월에 들어 있는 하지날부터 궁음(宮音)을 함께 사용하여 5월을 완전히 결속시켜야 한다. 6월은 순수한 궁음이다. 또한 사람들이 즐거워하면 이에 음악을 연주하고 거기에 노래와 춤을 더해야 한다. 이때에 주도적인 지위를 점하는 때의 기운인 왕기(王氣)를 불러일으키고, 일단 감흥을 불러일으켜 즐거워하면, 사람들은 그것을 받들고 따르게 되어 그것이 받들어 도와주게 된다. 멈추고 은폐되고 죽은 기운은 모두 안정되기를 바라서 불러일으킴 받기를 원하지 않는다. 그런즉 즐거워하지 않고 기뻐하지 않는다면 싸우고 노하게 된다. 싸우고 노하게 된다면 흉악함과 간사함과 재해가 일어난다. 이는 바로 저절로 그러한 하늘·땅의 올바른 본성이니, 만에 하나라도 잃어버리는 일이 없어야 한다."

"마땅히 어떤 기를 불러일으켜 움직여야 하는 것인지요? 이에 관한 가르침을 받아 그것을 법칙으로 삼음으로써 감히 하나의 기라도 거스르지 않기를 원합니다."

"마땅히 항상 먼저 제기(帝氣)를 불러일으켜야 하고, 그 다음 왕성한 왕기(王氣)를 불러일으켜야 하고, 그 다음 강장한 상기(相氣)를 불러일으켜야 하며, 그 다음으로 후기(候氣)를 불러일으켜야 하고, 마지막으로 미기(微氣)를 불러일으켜야 하는 것이다. 이런 시기들은 모두 북두칠성의 자루가 회전하면서 가리키는 방위에 거처하면서, 보조를 얻어 날로 왕성해지고자 하는 까닭에 그들을 불러일으켜야 하는 것이다. 이 나머지의 시기들은 모두 북두칠성의 자루와 상충하는 후면에 거처하는 것들이다. 이들은 천기(天氣)가 버리는 것들로서, 그 기가 날로 쇠해가는 것인 까닭에 마땅히 불러일으켜서는 안 되는 것이다. 이것들은 하늘을 배반하고 땅을 거스르는 것으로서, 하늘・땅의 마음에 부합하지 않는 까닭에 흉악한 것이다. 이런 까닭에 하늘이 지향하는 시기를 불러일으키고 하늘이 등지는 시기를 폐기해야 하는 것이다. 이렇게 하는 것은 시기의 길흉 상황을 아는 것이므로, 자신의 안전과 위해를 가늠할 수 있게 된다."

"청컨대 지금 순순히 일어나는 왕기와 상응하는 왕성한 음이 다섯 가지의 음률이 두루 갖추어지지 않아 온전한 가무의 곡을 이루지 못한다면, 어찌해야 하는 것인지 듣고 싶습니다."

"좋다! 그대들의 말은. 그렇다. 다만 먼저 불러일으키는 것이 있기만 하면 되는 것이다. 왜냐하면 다섯 가지 음률 가운데 본래 음양의 예속 관계를 구성하는 것으로서 왕기와 상응하는 음률을 불러일으키면, 동시에 그와 응하여 화합하는 기타의 음들도 일으켜지기 때문이다. 이런 까닭에, 음악이 일단 연주되면 함께 양에 속하는 음이 서로 응하여 화합하는 기타의 음을 낳게 된다. 그러므로 1이 궁음이면, 3은 치음이 되고, 5는 우음이 되고, 7은 상음이 되고, 9는 각음이 되지만, 2 · 4 · 6 · 8은 음률을 구성하지 못하게 된다. 형벌이란 가장 왕성한 음기의 표현이다. 이들을 불러일으킬 수 있는 어떤 이름의 음률도 없기 때문에, 음기로써 사람을 상해하는 것은 거의 불가능하다. '이들을 불러일으킬 수 있는 어떤 이름의 음률도 없다'라고 하는 것은 바로 이것을 이르는 말이다."

"그러면 지금 출병하여 싸우는 일에서 어찌하여 음악을 사용하는 것입니까?"

"좋구나! 그대들의 말하는 것이. 그렇다! 군자는 군대의 스승으로서 음을 갖는 것이니라. 그러나 그것은 다만 사기를 불러일으켜 적군을 물리치기 위한 것일 뿐으로, 반드시 적군에게 해를 끼치고자 하여 그런 것만은 아니다. 노하여 장차 적군에게 해를 끼치고 하게 되면, 그는 음성으로써 불러일으키지도 않고, 더 이상 상대방에게 알리지 않고도 해를 주는 것이다. 그대들은 알겠는가?"

"예, 예. 참으로 그와 같은 것이로군요. 어리석은 소생들은 이미 깨달았습니다."

"옛날 성인은 장차 즐거움을 따를 것들은 왼쪽에 두도록 하였고, 장차 형벌을 따를 것들은 오른쪽에 두도록 하였다. 길한 일은 왼쪽을 숭상하고 흉한 일은 오른쪽을 숭상하기 때문이다. 오른쪽은 양에 속하고 오른쪽은 음에 속하는 것이다. 사물은 각각 같은 유(類)를 따르는 법이다."

"훌륭하십니다. 훌륭하십니다!"

"이런 까닭에 나의 일은 글이 되는 것인데, 이는 하늘을 따라 뜻을 이루는 것이고, 땅을 따라 이치를 이루는 것이므로, 이에 따르는 자는 길하여 장차 번창할 것이나, 거스르는 자는 흉하게 될 것이다. 하늘과 더불어 그 뜻을 같이하지 않는다면, 더 이상 어떤 것을 바랄 수 있겠는가? 이런 까닭에 하늘에는 세 기가 있다. 최상의 기는 '낙(樂)'이라 불리고, 중간의 기는 '화(和)'라 불리며, 최하의 기는 '형(刑)'이라 불린다. 그러므로 낙은 양에 속하고, 형은 음에 속하며, 화는 중앙에 속하는 것이다. 따라서 동쪽과 남쪽의 양기, 곧 낙은 낳아주기를 좋아하고, 서쪽과 북쪽의 음기, 곧 노(怒)는 죽이기를 좋아하며, 화기(和氣)는 이들을 따라 왕래하면서 한번은 잠복하고 한번은 드러나기도 하면서 해를 피하는 일을 맡는다. 그러므로 음악은 다만 마땅히 그로써 길한 일을 즐거워하게 하고 낳아주는 일을 즐거워하게 하도록 해야 하는 것이지, 그로써 흉한 일을 즐거워하게 하고 죽이는 일을 즐거워하게 해서는 안 되는 것이다. 본래 하늘의 바른 본성은 이러한 것이므로, 위반할 수 없는 것이다. 진인들은 내 문서의 말을 진심을 다해 신중히 대하도록 하라."

前文原缺.

夫心同意合, 皆爲大樂也. 苦心異意, 皆爲乖錯, 悉致苦氣也. 夫樂者, 何必歌舞, 衆聲相和也. 苦者, 何必致鬬爭, 衆凶禍並起. 相樂者, 所以厭斷刑也.[1] 相愁苦者, 所以致逆也. 其相順同心, 何謂乎? 凡人大小能同其意者, 必樂也, 幾類之哉! 宜復更自精詳其意. 天上皇平洞極之師,[2] 爲天加一言, 重解決其意也. 然未欲大得天地之心意, 有益於帝王政理者, 乃當順用天地之心意, 不可逆太歲諸神,[3] 同合其氣,[4] 與帝王用事同喜同心, 同指同方, 同運同樞, 同根同意. 故古者聖人陳法, 使帝王春東方, 夏南方, 秋西方, 冬北方者,[5] 主與此天氣共事也, 氣同故相迎也. 是主所謂謹順天之道, 與天同氣, 故相承順而相樂, 主所言和同者相樂也. 相樂者, 則天地長喜悅, 不戰怒. 不戰怒, 則災害姦邪凶惡之屬, 悉絶去矣. 惡人絶去, 乃致平氣, 天上平氣得下治, 地下平氣得上升助之也. 如不順樂用皇天后土所順用氣, 而休廢氣也, 皆應錯逆, 逆天地之道, 逆帝王之氣, 與天地用意異. 天地戰怒, 萬變並起, 姦邪日興, 則致不安平凶年氣來, 故當深知之也. 善哉善哉! 愚生聞命矣. 易曉乎! 天喜之, 眞人愼之. 唯唯. 謹詳記, 不敢忘. 善哉善哉! 天明師旣加不得已, 願聞其春夏秋冬云何哉? 皆順其氣, 如其數.[6] 獨六月者, 以夏至之日, 幷動宮音,[7] 盡五月. 六月者, 純宮音也. 又樂者, 乃擧聲歌舞. 夫王氣者, 宜動搖, 動搖見樂, 相奉順, 見奉助也. 休囚死氣皆欲安靜, 不欲見動搖, 卽不悅喜則戰怒, 戰怒則生凶惡姦邪災害矣. 是乃自然天地之格性, 萬不失一也. 當動搖何氣乎? 願聞之以爲法, 不敢逆一氣. 是常先動其帝氣, 其次動王氣, 其次動相氣,[8] 其次動候氣,[9] 其次動微氣.[10] 此氣皆在天斗前日進,[11] 欲見助興, 故動之. 其餘氣者, 皆在天斗後.[12] 天氣所背去, 氣日衰, 故不宜興動, 與天反地逆, 不合天地之心, 故凶. 故天之所向者興之, 天之所背者廢之, 是爲知時氣吉凶, 安危可知矣. 請問今純動王音,[13] 五音不足,[14] 不成歌舞之曲, 如何乎? 善哉! 子之言也. 然, 但先動. 故爲陰陽者, 動則有音聲. 故樂動輒與音聲俱. 陽者有音, 故一宮·三徵·五羽·七商·九角, 而二四六八不名音也.[15] 刑者, 太陰者. 無音而作, 故少以陰害人. 無音而作, 此之謂也. 今軍師何故有音哉?[16] 善乎, 子言也. 然, 君子有軍師有音, 但倡樂卻之耳, 不必欲害之也. 及怒發且害之時, 非有音聲起中而已, 不復相告語也. 子知之邪? 唯唯. 眞如是, 小愚生已覺矣. 故古者聖人, 將從樂者左載, 將從刑者右載. 吉事尙左, 凶事尙右.[17] 左者陽, 右者陰. 言各從其類也. 善哉善哉! 故吾事爲文也, 隨天爲意, 隨地爲理, 順之者吉且昌, 逆之者凶也. 與天不同其意, 復何所望? 故夫天乃有三氣, 上氣稱樂, 中氣稱和, 下氣稱刑. 故樂屬於陽, 刑屬於陰, 和屬於中央. 故東南陽樂好生, 西北陰怒好殺, 和氣隨而往來, 一藏一見, 主避害也. 故樂但當以樂吉事樂生事, 不可以樂凶事樂死事, 自天格法如此, 不可反也. 眞人惻愼吾文言.

역주

1) 厭(염) : '압(壓)'과 통하는 글자로서 '억제하다' · '저지하다'라는 뜻이다.

2) 天上皇平洞極之師(천상황평통극지사) : 이는 천사(天師)가 자기를 스스로 호칭하는 말이다. '황평통극(皇平洞極)'이란 가장 밝은 태평기로 하여금 투철하게 강림하도록 한다는 뜻이다.

3) 不可逆太歲諸神(불가역태세제신) : '태세(太歲)'란 본래 고대 천문학에서 이상적인 천체(天體)로 간주하고 이를 통해 햇수를 셈하였던 것인데, 후세에는 점성가에 의해 세신(歲神)으로 여겨져 여러 신을 이끌고 방위를 통제하여 바르게 하며 계절의 순서를 조절하여 운행시키는 세공(歲功)으로 자리매김 되었다(『금주금역』). 태세란 별은 세성(歲星)이라고도 하며, 서양의 주피터(Jupiter) 별을 가리키며, 현재 타이완에서는 이 별에 대한 신앙이 잔존하고 있다.

4) 同合其氣(동합기기) : 이 구절의 '동(同)'자까지의 앞 구절들은 『태평경합교』를 편집한 왕명(王明)이 『태평경초』에 의거하여 보충해 놓은 것이다. 이 번역에서는 일부 구절들의 구두점을 왕명의 방식과는 다르게 처리하였다.

5) 冬北方者(동북방자) : 이 구절까지의 내용은 정기적으로 시기(時氣)를 맞이하는 길례(吉禮)를 행해야 한다는 점을 말한 것이다. 즉 입춘 일에는 동쪽 교외에서 봄기운을 맞이하여 청제(青帝)를 제사하는데, 수레와 깃발 및 복식을 모두 푸른 색깔로 하고 노래는 각성(角聲)으로 하며 춤은 우적(羽翟)으로써 하니, 이것이 영춘(迎春)의 음악이다. 입하 일에는 남쪽 교외에서 여름기운을 맞이하여 적제(赤帝)를 제사하는데, 수레와 깃발 및 복색을 모두 붉은 색깔로 하고 노래는 치성(徵聲)으로써 하며 춤은 고도(鼓鞉)로써 하니, 이것이 영하(迎夏)의 음악이다. 입추 일에는 서쪽 교외에서 가을기운을 맞이하여 백제(白帝)를 제사하는데, 수레와 깃발 및 복색을 모두 흰 색깔로 하고 노래는 상성(商聲)으로써 하며 춤은 간척(干戚)으로써 하니, 이것이 영추(迎秋)의 음악이다. 입동 일에는 북쪽 교외에서 겨울기운을 맞이하여 흑제(黑帝)를 제사하는데, 수레와 깃발 및 복색을 모두 검정 색깔로 하고 노래는 우성(羽聲)으로써 하며 춤은 간과(干戈)로써 하니, 이것이 영동(迎冬)의 음악이다. 이와 관련하여 『예기(禮記)』「월령(月令)」, 『회남자(淮南子)』「시칙훈(時則訓)」, 『후한서(後漢書)』「제사지중(祭祀志中)」의 내용을 참고할 수 있다(『금주금역』).

6) 如其數(여기수) : '수(數)'는 도수(度數) · 정식(定式)을 뜻한다. 즉 5성 12율을 음양과 오행, 계절과 달, 절기와 시령에 배속하는 관계에 의거하여 안배하고 시행하는 악무(樂舞) 활동을 뜻한다.

7) 宮音(궁음) : 이는 오음에서 주(主)가 되는 것으로서 토행(土行)에 속하는데, 현대 악보상의 1[도]에 해당한다. 하지는 음력 오월 하순이니, 이때에는 양이 극에 달하여 음을 낳아 음기가 움트므로, 궁음을 따라 움직여야 한다. 동한(東漢) 시기에는 동지와 하지 때 음악에 정통한 팔능지사(八能之士)를 초빙하여 음악을 연주하게 하는 제도가 있었다(『금주금역』).

8) 相(상) : 이는 오행휴왕설과 팔괘휴왕설에서 사용하는 전문 용어인데, '강하고 왕성함[强壯]'을 뜻한다. 본문에서는 상기(相氣)와 미기

(微氣)가 중화(中和)인 사람을 상징한다.

9) 候氣(후기) : 갈대 막의 재로 치장한 율관(律管)을 사용해 측정한 것에 상응하는 시기(時氣)를 뜻한다. 이에 관해서는 『후한서(後漢書)』「율역지(律曆志)」의 내용을 참고할 수 있다.

10) 微氣(미기) : 배태하고 움트게 하는 기로서 팔괘휴왕설 가운데의 태기(胎氣)에 상당하는 것이다. 허약하고 미소(微小)한 형태이다. 『백호통(白虎通)』「주벌(誅伐)」의 내용을 참고할 수 있다.

11) 天斗(천두) : 북두칠성을 뜻한다. 북두칠성은 동쪽에서 시작하여 남쪽을 거쳐 서쪽을 향해 회전하는데, 그것이 옮겨가면서 가리키는 방위가 곧 '전(前)'이다. 예컨대 북두칠성의 자루가 동쪽을 가리키면 지상은 봄이고, 남쪽을 가리키면 지상은 여름이며, 서쪽을 가리키면 지상은 가을이고, 북쪽을 가리키면 지상은 겨울이다.

12) 斗後(두후) : '후(後)'란 북두칠성의 자루가 가리키는 어떤 한 방위이지만, 동시에 북두칠성의 제1성에서 제4성에 이르는 별들이 구성한 머리[斗魁]가 가리키는 방위이기도 하다. 이 둘은 서로 정반대가 된다. 예컨대 북두칠성의 자루가 동남과 입하가 들어 있는 사위(巳位)를 가리키면, 북두칠성의 머리는 서북과 입동이 들어 있는 해위(亥位)를 가리키게 되어 정반대가 된다.

13) 王音(왕음) : 왕기(王氣)와 상응하는 음을 뜻한다. 『태평경합교』에서는 '왕(王)'이 '오(五)'의 오자인 것으로 보았으나, 이는 문맥상 합당하지 않은 견해이다.

14) 五音(오음) : 궁·상·각·치·우(宮·商·角·徵·羽)를 가리킨다. 상은 금행(金行)에 속하고, 각은 목행(木行)에 속하며, 치는 화행(火行)에 속하고, 우는 수행(水行)에 속한다. 각각이 현대 악보상의 1[도], 2[레], 5[솔], 6[라]에 상당한다. 여기에서의 '오음'이란 오성음계상의 다섯 음계를 뜻하는데, 궁·상·우는 음에 속하고 각·치는 양에 속하는 것이다.

15) 一宮·三徵·五羽·七商·九角, 而二四六八不名音也(일궁·삼치·오우·칠상·구각, 이이사육팔불명음야) : 한대(漢代)의 악위

(樂緯)에서 이르길, "율관을 불어 성(姓)을 정하는 데서, '일(一)'이란 토행을 얻음에 궁이라고 이르는 것을 말하고, '삼(三)'이란 화행을 얻음에 치라고 이르는 것을 말하고, '오(五)'란 수행을 얻음에 우라고 이르는 것을 말하며, '칠(七)'이란 금행을 얻음에 상이라고 이르는 것을 말하고, '구(九)'란 목행을 얻음에 각이라고 이르는 것을 말한다[吹律定姓, 一言得土曰宮, 三言得火曰徵, 五言得水曰羽, 七言得金曰商, 九言得木曰角]"라고 하였다. 여기에서 말하고자 하는 것은, 비록 하나의 왕음(王音)만을 움직여도 이에 따라 나머지 네 가지 음이 반드시 응하여 화합한다는 의미이다.

16) 軍師何故有音(군사하고유음) : '군사(軍師)'란 '출병하여 싸우다'라는 뜻이다. '유음(有音)'이란 자기 측면으로 말하자면, 출병하는 날에 악관(樂官)이 사기(士氣)를 예측하는 일을 뜻한다. 사기가 상성(商聲)에 응하면 전쟁에서 승리할 것인데, 이는 군대가 강하기 때문이다. 각성(角聲)에 응하면 군대가 우왕좌왕하여 많은 변화를 일으킬 것인데, 이는 사기를 잃었기 때문이다. 궁성(宮聲)에 응하면 군대가 화합할 것인데, 이는 사졸(士卒)이 한마음이 되었기 때문이다. 치성(徵聲)에 응하면 장수가 조급하고 자주 노할 것인데, 이는 군대가 피로하기 때문이다. 우성(羽聲)에 응하면 병사들이 나약해질 것인데, 이는 적은 위험이 있음이 분명하기 때문이다(『주례(周禮)』「주관(周官)·태사(太師)」에 대한 정현(鄭玄)의 주를 참고). 반대로 적의 측면으로 말하자면, 우선 율관(律管)으로써 정찰(偵察)하여 적을 무찌르는 것이다. 만약 적이 미묘한 소리를 전해오면, 그 소리가 율관에 응해 각성(角聲)이 되는데, 각성은 목(木)에 속하는 것이므로 백호금신(白虎金神)을 사용하여 그것을 극복한다. 그 소리가 율관에 응해 치성(徵聲)이 되면, 치성은 화(火)에 속하는 것이므로 현무수신(玄武水神)을 사용하여 그것을 극복한다. 그 소리가 율관에 응하여 상성(商聲)이 되면, 상성은 금(金)에 속하는 것이므로 주작화신(朱雀火神)을 사용하여 그것을 극복한다. 그 소리가 율관에 응하여 우성(羽聲)이 되면, 우성은 수(水)에 속하는 것이므로 구진

토신(勾陳土神)을 사용하여 그것을 극복한다. 소리가 응하는 바가 없으면 궁성(宮聲)이 되는데, 궁성은 토(土)에 속하는 것이므로 청룡목신(靑龍木神)을 사용하여 그것을 극복한다. 이것이 오행의 부(符)이다(『태공육도(太公六韜)』「오음(五音)」 참조)(『금주금역』).

17) 凶事尙右(흉사상우) : 이 구절까지의 네 구절은 『노자』 제31장을 참조한 것이다. 왼쪽은 동쪽이 되는데, 동쪽은 생(生)을 주관하기 때문에 길한 것으로 본다. 오른쪽은 서쪽이 되는데, 서쪽은 살(殺)을 주관하기 때문에 흉한 것으로 본다.

"예, 예. 지금 음에 관해 설명해주셨는데, 이는 단지 일갑(一甲)에 관한 것 특수한 것으로서 음의 전부는 아닙니다. 그 나머지는 마땅히 어찌해야 그것들이 이끌어 내는 바를 알 수 있는 것인지요?"

"그렇다. 마땅히 모든 성현의 문서를 끌어 모아 교정하고 정리하여, 서로 같거나 또는 서로 가까운 사상(事象)과 물상(物象)을 분별하여 동류에 의거해 귀납과 배열을 진행하고, 비교와 검증을 통해 크고 작은 사상과 물상들이 하나라도 응하여 화합하지 않는 부분이 없도록 해야 한다. 1조(條)를 사용하여 10을 비유적으로 설명하고, 10조를 사용하여 100을 비유적으로 설명하고, 100조를 사용하여 1000을 비유적으로 설명하고, 1000조를 사용하여 만을 비유적으로 설명하고, 만조를 사용하여 무수한 것을 비유적으로 설명하여, 여러 현명한 선비가 함께 헤아려 의논하면 빠뜨리는 것 없이 완전히 얻을 수 있을 것이다. 이런 까닭에 다만 그대들을 위해 실마리가 되는 부분만 열거하고 그 전부에 관해서는 다시 말하지 않은 것이다. 가장 현명한 사람이 나의 이 문서를 보면 스스로 그 뜻을 전부 얻을 수 있을 것이며, 중급의 사람이 나의 이 글을 보면 스스로 그 뜻을 얻게 되고, 하급의 사람이 나의 글을 보면 그것을 법칙으로 받들어 행할 수 있을 것이다. 하늘 · 땅께서 금하시는 것을 범하지 말고, 각자로 하여금 스스로 선한 뜻을 낳도록 해야 한다. 그것들을 모두 설명하게 되면 문서의 글귀가 매우 많이 쌓여 오히려 사람들로 하여금 글귀에 눈이 어지러워지게 만들고, 이렇게 되면 그 요령을 잡지 못해 문서가 혼란하여 장악하기 어렵게 된다. 이런 까닭에 마땅히 단지 그 중요한 실마리 부분만을 보여주어 사람들로 하여금 그것을 스스로 세세하게 생각하도록 할 따름이다."

"훌륭하십니다. 훌륭하십니다!"

"돌아가라. 나의 말은 이로써 일단락되지만, 의문이 생기거든 다시 찾아오거라."

"예, 예. 음과 소리가 응하여 화합하는 것에 관해 여쭙겠습니다. 그 뜻을 얻었는지 얻지 못하였는지를 어떻게 해야 알 수 있습니까?"

"그렇다. 알 수 있는 것이다. 제왕의 기는 천수를 다한 것이니라. 제왕의 기는 모든 것을 압도하여 가르침과 명령을 소리가 반향하는 것으로 음이 먼저 이끌어 나오는 것이니, 이는 마치 제왕이 먼저 천하에 명령을 내리면 백성과 만물이 모두 그것을 따라 복종함으로써 세상이 화합하고 태평해지는 것과도 같은 것이다. 어떤 사람이 감히 그것을 따라 복종하지 않고 거스른다면 그는 곧 죽게 된다. 이런 까닭에 제왕의 기가 앞서 나오면 나머지 기들은 따르게 되는 것이다."

"훌륭하십니다. 훌륭하십니다!"

"그러나 제왕의 기가 앞서 나오지 않았는데, 오히려 휴기(休

氣)와 수기(囚氣)가 먼저 발동하게 되면, 도리어 제왕의 기로 하여금 이것들을 따라 복종하게 만드는 것이므로 크게 거스르게 된다. 이것은 하늘과 땅의 바른 법이므로 억지로 뒤엎을 수 없는 것이다. 그대들은 알겠는가?"

"예, 예."

"또한 다섯 음은 이에 각기 불러일으키는 바가 있어, 때로 하늘을 일으키고, 때로 땅을 일으키고, 때로 해와 달과 별을 일으키고, 때로 네 계절과 오행을 일으키고, 때로 산천을 일으키고, 때로 백성과 만물을 불러일으킨다. 각 음이 일으키는 것은 모두 일으켜 감응시키는 대상을 가지고 있으며, 각각 일으키는 바가 있다. 이런 까닭에 화합하여 그 뜻을 얻은 사람은 선한 결과를 초래하고, 그 뜻을 얻지 못한 사람은 악한 결과를 초래한다. 일단 음악을 움직여 사용하면 만물의 정과 신이 모두 먼저 와서 알현하는데, 이런 뒤에는 그 형체까지도 따라올 것인지를 점칠 수 있다. 이런 까닭에 음을 사용하는 사람은 항상 마땅히 그 일을 제대로 아는 데 힘쓰고 그 뜻을 전부 얻어 태평이 이르게 하여 흉기(凶氣)가 제거될 수 있다. 그대들은 세세하게 생각하라."

"예, 예. 여쭙건대, 즐거운 음이라는 것은 대상을 이끌어 일으킨다 하셨는데, 그것은 무슨 말씀입니까?"

"좋다! 그대들의 물음은. 뜻을 얻은 바가 있다. 그렇다. 비유하자면, 봄이란 먼저 대각(大角)의 현율(弦律)을 움직여 맹춘의 갑일(甲日)을 일으켜 움직이게 하는 것과 같다. 갑일이 위로 올라가면 곧 목성(木星)과 심수(心宿)를 일으켜 움직이게 하고, 아래로 내려가면 곧 동악 태산을 일으켜 움직이게 한다. 그것은 시기(時氣) 가운데의 소양(少陽)을 감응시키고, 음 중에서 목행(木行)을 감응시키고, 천신(天神) 가운데의 구망(鉤芒)을 감응시키고, 금수 가운데의 창룡(蒼龍)을 감응시키고, 제위(帝位) 가운데의 청제(靑帝)를 이끌어오고, 신중에서는 청의옥녀(靑衣玉女)를 이르게 하는 것이다. 이처럼 위와 아래가 철저하게 통달하여 같은 무리들이 이끌려오지 않는 것이 없게 되어 즐거운 소리를 즐거워하기 때문이다.

실상으로서 그 무리들을 설명한다면 멀리 다할 수 있다. 스스로 세밀하고 상세하게 그 핵심적인 뜻을 살핀다면 모든 것을 스스로 얻을 수 있을 것이다. 그리고 그것이 모든 책과 글에 합치한다면, 그것은 곧 법이 될 것이다. 이런 까닭에 음악을 사용하여 그 최상의 뜻을 얻은 사람은 세속을 넘어 [신선이 될 수] 있다. 그 중급의 뜻을 얻은 사람은 태평을 실현하고 흉해를 제거할 수 있다. 그 하급의 뜻을 얻은 사람은 다른 사람들을 즐겁게 해줄 수 있다. 가장 위에서 뜻을 얻은 사람은 신을 즐겁게 해줄 수 있고, 중급으로 뜻을 얻은 사람은 정을 즐겁게 해줄 수 있으며, 하급에서 뜻을 얻은 사람은 자기 자신을 즐겁게 할 수 있다. 모두가 그 뜻을 얻게 되면 위의 제왕이 노닐며 일삼음이 없이 즐겨 일어나 형벌이 끊어지는데, 이는 정과 신이 서로 억제하기 때문이다."

"여쭙건대 '즐거움이 일어나면 형벌이 끊어진다' 하신 말씀의 핵심은 무엇입니까?"

"좋구나! 그대들의 말은. 고렇다. 즐거움은 태양의 정이고, 형벌은 태음의 정이다. 양이 홍하면 음은 잠복하고, 음이 홍하면 양은 잠복한다. 이리하여 즐거움이 성하면 형벌이 단절되는 것이다. 따라서 어떤 음을 사용하면, 낳아줌을 담당하는 양기나 형벌로써 살상하는 음기를 이끌어오게 된다. 음이 응하여 화합하면 서로 대응하는 곳의 화합과 선한 반응을 얻고, 음이 응하여 화합하지 못하면 서로 대응하는 곳의 악한 반응을 얻는다. 정당하게 움직여 사용하는 때에는 정밀하게 그 음을 들을 수 있다. 음을 알면 일의 길흉을 모두 알지만, 음을 알지 못하면 일의 길흉 또한 알 수 없다."

[부(附)] 양(陽)에 속하는 음이 나오면 응하여 화합하는 소리가 있게 되지만, 음(陰)에 속하는 음에는 응하여 화합하는 음이 없다. 이런 까닭에 형벌의 대다수는 음기에 빌붙어 사람을 상해하는 것이다. 옛날 성인(聖人)이 장차 즐거움을 좇으려고 하였을 때에는 하늘의 뜻을 따랐고 또한 땅의 뜻을 따랐다. 이들을 따르는 사람은 길하고 이들을 거스르는 사람은 흉하다. 따라서 하늘의 세 가지 기는 최상의 기는 '낙(樂)'이라 하고, 중급의 기는 '화(和)'라고 불리며, 하급의 기는 '형(刑)'이라고 불린다. 그러므로 낙은 양에 속하고, 형은 음에 속하며, 화는 중앙에 속한다. 따라서 동쪽과 남쪽의 양기, 즉 낙은 낳아주기를 좋아하고, 서쪽과 북쪽의 음기 즉 노(怒; 刑)는 죽이기를 좋아하며, 화기(和氣)는 이들을 따라 왕래하여 한편이 들어가 잠복하면 다른 한편은 드러남으로써 흉한 해를 피하게 된다.

음의 소리는 즐거움을 말로 나타내는 것이다. 먼 곳을 점쳐보건 가까운 곳을 점쳐 보건, 모든 것이 마땅히 이에 합치한다. 날짜와 시진(時辰) 그리고 성씨는 나뉘어 배분되는 경계에 있다. 왕기(王氣)와 상기(相氣) 그리고 휴기(休氣)와 폐기(廢氣)는 다시 서로 모이고 합함으로써 말로 이야기하는 것이다. 세밀한 사람은 이런 언어를 듣는 데서 아무런 착오도 일으키지 않는다."

唯唯. 今說音, 獨說一甲,[1] 殊不盡說之. 其餘當云何而悉得知其所盡引哉? 然, 宜拘校凡聖賢文, 各以家類引之, 出入上下, 大小莫不相應. 以一況十, 十況百, 百況千, 千況萬, 萬況無極, 衆賢共計, 莫不盡得. 故但爲子擧其端首, 不復盡悉言之也. 上賢見吾文, 自悉得其意. 中人見吾文, 冀可上及之. 小人見吾文, 可儀而爲之. 不犯天地之禁, 各使自生善意. 盡說之, 積文多, 反且眩瞀於文, 則失其綱紀, 令其文亂難理. 故當財示其端首,[2] 使其自思之耳. 善哉善哉! 行, 吾辭小竟, 疑乃復來. 唯唯. 請問音聲和, 得其意與不得, 豈可知邪? 然, 可知也. 帝王之氣, 以其天數耳. 帝王之氣得勝, 敎令聲響, 音得先發, 是乃比若夫帝王得先發號施令於天下, 則凡人萬物悉隨之而從, 天下和平矣. 有敢不從爲反逆, 則死矣. 故先發其帝王之氣, 其餘從矣. 善哉善哉! 然不先發帝王之氣, 反先動發休囚之氣, 而反當使帝王之氣隨從之, 爲大反逆也. 此者, 天地格法也, 不可彊也. 子知之邪? 唯唯. 又五音, 乃各有所引動, 或引天, 或引地, 或引日月星辰, 或引四時五行, 或引山川, 或引人民萬物.[3] 音動者, 皆有所動搖, 各有所致. 是故和合得其意者致善, 不得其意者致惡. 動音, 凡萬物精神悉先來朝, 乃後動占其形體. 故動樂音, 常當務知其事, 審得其意, 太平可致, 凶氣可去. 眞人詳之. 唯唯. 請問樂音者, 動引之云何哉? 善乎! 子之問事也, 得其要意. 然, 比若春者, 先動大角弦動甲.[4] 甲日上則引動歲星心星,[5] 下則引動東嶽. 氣則搖少陽, 音則搖木行, 神則搖鉤芒,[6] 禽則動蒼龍,[7] 位則引靑帝,[8] 神則致靑衣玉女.[9] 上洞下達, 莫不以類來朝, 樂其樂聲也. 說一以求其類, 無窮極也. 自精詳索其要意, 悉自得也. 與凡書文合之, 爲法式也. 故學樂得其上意者, 可以度世. 得其中意者, 可以致平, 除凶害也. 得其下意者, 可以樂人也. 上得其意者, 可以樂神靈也. 中得其意者, 可以樂精.[10] 下得其意者, 可以樂身. 俱得其意, 上帝王可遊而無事, 樂起而刑斷絶, 精神相厭也.[11] 願聞樂起刑斷絶意訣? 善哉! 子之言也. 然, 樂者太陽之精也. 刑者太陰之精也. 陽盛則陰服, 陰盛則陽服. 故樂盛則刑絶也. 樂何, 故爲陽・刑何.[12] 音和者, 其方和善得也. 音不和者, 其方凶惡. 當爲之時, 精聽其音. 知音者, 悉知其事吉凶, 不知音者, 亦不可知也.

[附] 陽者動而有音聲. 陰者無聲, 故刑多以陰害人. 古者聖人將從樂者, 隨天意, 亦隨地意. 順之者吉, 逆之凶. 故天三氣, 上氣稱樂, 中氣稱和, 下氣稱刑. 故樂屬陽, 刑屬陰, 和屬中央. 故東南陽好生, 西北陰好殺, 和氣隨而往來, 一藏一見, 主辟害也.

音聲者, 即是樂之語談也. 占遠占近, 皆當合之. 日時姓字, 分晝境界,[13] 王相休廢, 更相取合, 以爲談語, 精者聽之無失也.

역주

1) 一甲(일갑) : 오월 하지의 날로부터 아울러 일어나는 궁음(宮音)과 유월에 순전하게 일어나는 궁음(宮音)을 가리킨다. '일갑(一甲)'이란 1회의 60갑자, 즉 2개월을 뜻한다.

2) 財(재) : 재(纔)와 통하는 글자로서 '근근이'라는 뜻이다.

3) 或引人民萬物(혹인인민만물) : 이는 오행설에 비추어 볼 때 다음과 같은 내용을 뜻하는 구절이다. 궁성(宮聲)은 오상(五常)에서 신(信)이 되고, 오사(五事)에서는 사(思)가 되며, 군(君)을 대표한다. 궁성을 들으면 사람이 온화하게 되지만, 궁성이 어지러워지면 왕이 교만해져 정사가 황무해진다. 상성(商聲)은 오상에서 의(義)가 되고, 오사에서는 언(言)이 되며, 신(臣)을 대표한다. 상성을 들으면 사람이 방정하여 옳음을 좋아하게 되지만, 상성이 어그러지면 신하의 위계가 무너지고 직무가 폐기된다. 각성(角聲)은 오상에서 인(仁)이 되며, 오사에서는 모(貌)가 되고, 백성을 대표한다. 각성을 들으

면 사람이 측은한 마음을 가져 사랑하게 되지만, 각성이 그릇되면 백성이 학정을 원망하게 된다. 치성(徵聲)은 오상에서 예(禮)가 되고, 오사에서는 시(視)가 되며, 사(事)를 대표한다. 치성을 들으면 사람이 예를 좋아하게 되지만, 치성이 높으면 일이 번거로워 백성이 수고한다. 우성(羽聲)은 오상에서 지(智)가 되고, 오사에서는 청(聽)이 되며, 물(物)을 대표한다. 우성을 들으면 사람이 깊이 사려하게 되지만, 우성이 밑으로 깔리면 물(物)이 어지러워 나라가 불안해진다(『금주금역』).

4) 大角弦動甲(대각현동갑) : '대각(大角)'이란 음의 높이가 12율[12개의 표준음] 가운데의 '태족(太簇; 대략 서양악의 D조에 해당)'에 상응하는 각조(角調)를 뜻한다. '현(弦)'은 현율(弦律)을 가리킨다. 고대에는 춘음(春音)을 각(角)으로 삼았는데, 맹춘 정월은 율(律) 가운데의 태족이며, 중춘 2월은 율 가운데의 '협종(夾鐘)'이고, 계춘 3월은 율 가운데의 '고세(姑洗)'이다. 『태평경』에서는 이 세 가지 각조(角調)를 대각(大角; 혹은 上角) · 중각(中角) · 하각(下角)이라고 부른다. 이에 관해서는 『태평경』 권113 「낙노길흉결(樂怒吉凶訣)」을 참고할 수 있다. '갑(甲)'이란 본래 천간의 제1위를 뜻하는데, 여기에서는 맹춘 날의 기능에 대한 이름으로 사용되었다.

5) 歲星心星(세성심성) : '세성(歲星)'은 5대 행성 가운데의 목성을 가리킨다. 한대(漢代)의 상서위(尙書緯) 『고령요(考靈曜)』에서는 이것을 목정(木精)으로 간주하였다. '심성(心星)'은 동쪽 7수 가운데의 심수(心宿)를 가리키는데, 이는 천제(天帝)가 다스림을 시행하는 궁정으로 간주된다. 이 두 별은 모두 목행에 배속되므로 이렇게 말한 것이다.

6) 鉤芒(구망) : 소호씨(少皞氏)의 아들이라고 전해지는데, 그는 죽어서 목관(木官)의 신(神)이 되었다고 한다.

7) 蒼龍(창룡) : 목행에 해당하는 금수의 정령을 뜻한다.

8) 位則引青帝(위즉인청제) : '위(位)'란 방위를 뜻한다. '청제(青帝)'란 동쪽 신제(神帝)를 뜻한다. 동쪽에 해당하는 목(木)은 푸른색이므

로 '청제(靑帝)'라고 지칭하였다.

9) 靑衣玉女(청의옥녀) : 목행(木行)에 해당하는 여신(女神)의 이름이다. 옥녀와 관련하여 『춘추번로(春秋繁露)』「천지지행(天地之行)」에서 처음으로 '옥녀지영(玉女芝英)'이라는 명칭을 사용하였다. 『태평경』 권113 「낙노길흉결(樂怒吉凶訣)」에서는 청의옥녀 외에도 적의옥녀(赤衣玉女) 등을 높이고 있다.

10) 精(정) : 『태평경초』에는 이 글자 다음에 '영(靈)'가 더 들어 있다.

11) 精神相厭(정과 신상염) : '염(厭)'은 '압(壓)'과 통하는 글자로 '금지하다'라는 뜻이다. 이 구절의 구체적인 내용에 관해서는 『태평경』 권93 「방약염고상치결(方藥厭固相治訣)」을 참고할 수 있다.

12) 樂何, 故爲陽 · 刑何(악하, 고위양 · 형하) : '어떤 음악을 불러일으키는가' 하는 것이 곧바로 그와 상응하는 낳아주기를 좋아하는 양기(陽氣) 또는 죽이기를 좋아하는 음기(陰氣)의 출현을 초래한다는 뜻이다.

13) 分畫境界(분화경계) : '분화(分畫)'란 분획 · 구분의 의미이다. '경계(境界)'란 공간 범위로서, 기(氣)의 상삼부(上三部)와 하삼부(下三部)를 뜻한다.

"훌륭하십니다. 훌륭하십니다! 청컨대, 여쭙겠습니다. 즐거움으로써 재해와 교활한 것과 흉악한 것들을 제거하려면, 하늘 · 땅의 법을 본받아 법도로 삼고, 일찍이 그 악기를 움직여 그 음을 솔선하여 이끌어내고, 이렇게 하여 근심과 괴로움의 기를 풀어 태평에 이르도록 해야 하는 것입니까?"

"좋다! 그대들이 묻는 것은. 어찌 항상 교묘한가! 사실 황천(皇天)께서는 오랫동안 재해가 발생하는 것을 미워하시고, 제왕이 근심하고 괴로워하는 것을 가여워 하시어, 그대들로 하여금 책임지고 여러 의심스러운 사정을 묻도록 하신 것인가? 그렇다. 그렇다! 편히 앉도록 하라. 나는 감히 감추어 둘 수 없구나. 만약 감추어 두는 것이 있다면 하늘께서 책벌하시어 나로 하여금 오랫동안 각종의 벌을 받도록 하실 것이니, 이렇게 되는 것은 나의 타고난 수명에 아무런 유익함이 없을 것이다. 그대들은 편안히 좌정하여 자세히 듣도록 하라. 나는 그대들을 위해 하나하나 분별하여 그 지극한 뜻을 설명해줄 것이다.

대저 천도는 비유컨대 둥근 물체가 휘돌아 가는 것과도 같아서 한 바퀴를 다 돌고나면 새롭게 다시 시작하는 것과 같다. 음악을 연주하는 것도 항상 때에 따라 왕성한 왕기(王氣)가 그 지위를 확립하는 때에 해야 하며, 북두칠성의 자루가 가리키는 방위를 따라가면서 그 한 방위에 맞추어서 해야 한다. 사람이 이끌어 가는 것도 가능하기는 하지만, 각각에서 그에 상응하는 음에 맞추어 진행해야 한다. 서수(序數)는 육갑 오행으로써 하는데, 육갑오행은 곧 하늘과 땅의 수이다. 시기란 곧 하늘과 땅이 향해 가는 방향이고 또한 흥성하게 하여 사용하는 바의 것이다.

가령 입춘에는 북두칠성의 자루가 정월이 들어 있는 인위(寅位)를 가리키는데, 이것은 가장 상제의 때라 이름하는 것이다. 이때에는 먼저 대각(大角)의 음(音)을 움직여 사용해야 한다. 그리고 반 개월이 지난 우수 날에 이르러도 여전히 대각의 음을 움직여 사용해야 한다. 2월에 이르면 북두칠성의 자루가 묘위(卯位)를 가리키고, 다시 반 개월이 지나면 또 춘분 날로 옮겨가는데, 이 과정에서는 중각(中角)의 음을 움직여 사용해야 한다. 3월에 이르러 북두칠성의 자루가 진위(辰位)를 가리키면, 이때에는 하각(下角)의 음을 움직여 사용해야 한다. 목행(木行)은 바로 이와 같이 하는 것인데, 기타 네 가지 행의 경우에는 이러한 법칙을 본받아 그 시기를 배정하고, 앞뒤로 그 규정을 구성해야 한다. 우선 제기와 서로 응하여 합치하는 음률을 움직여 사용하고, 다음으로 왕기(王氣)와 서로 응하여 합치하는 음률을 움직여 사용하며, 그 다음으로는 상기(相氣)와 서로 응하여 합치하는 음률을 움직여 사용하고, 이어서 후기(候氣)와 서로 응하여 합치하는 음을 움직여 사용하며, 다시 이어서 미기(微氣)와 응하여 합치하는 음을 움직여 사용하여, 각자가 음 높이 규정에 부합하도록 해야 한다. 이것은 하늘의 법을 받드는 것이며 땅의 시기를 따르는 것이라고 이름한다. 하늘과 땅은 이에 스스로 즐거이 그들에게 사용되어지는데, 하물며 사람이야 어떠하겠는가? 사람이란 만물 가운데서 가장 존귀한 존재이며, 하늘이 그의 자식으로 삼아 양육해주는 대상이기도 하다. 하늘은 이에 세상 사람들이 그 규칙을 장엄하고 공경스럽게 받들어 사용하는 것을 즐거워하시고, 땅은 이에 세상 사람들이 그 규칙을 삼가 공순하게 사용하는 것을 즐거워하신다. 효자의 일에 비유하자면, 효자가 부모의 가르침을 순종하여 실천함에, 부모가 어찌 그 자식을 사랑하지 않고 좋아하지 않을 수 있겠는가?

지금 하늘께서 특별히 그대들로 하여금 내게 와서 일에 관해 묻도록 하셨으니, 나는 하늘의 말씀을 주관하여 위태로운 법도를 삼음에 감히 힘쓰지 않을 수 없고, 천지의 적자를 두려워하니 감히 여러 진인들을 기만할 수 없으며, 감히 감추어 둘 수 없느니라. 질문을 받지 않는다면 그뿐이겠지만, 질문을 받는다면 곧바로 설명해줄 것이다. 나는 그대들이 사정의 □□에 관해 묻는 것을 보고는, 곧바로 그것이 하늘께서 말씀하시고자 하는 것이라는 점을 알고 있으니, 이런 까닭에 그대들을 위해 상세하게 설명해줄 것이다. 그대들 진인들은 나의 이 도(道)를 얻어 그 속에 담겨 있는 뜻을 깊이 사색해야 한다. 그리하여 그것을 하고(下古) 시기의 세상 사람들에게 전해주고, 그들로 하여금 그것을 본받아 시행할 수 있도록 해야 한다. 그럼으로써 그들이 각종 재해에 속하는 것들을 제거할 수 있도록 해야 한다. 이렇게 하는 것이 위로는 하늘·땅의 시기를 안정시키는 일이고, 아래로는 제왕이 큰 다스림을 행함에 도움주는 것이다. 그리하여 모든 사람들로 하여금 마음이 안정되어 사특한 일을 꾀하지 않게끔 한다면, 만 이천 가지 생물들이 모두 제자리를 얻을 것이니, 이 어찌 즐거워하지 않을 수 있는 일이겠는가?"

"위대하십니다. 위대하십니다!"

"여러 진인들은 이제 알았다고 할 만하다."

"육방으로 훤히 통달하고 방의 일에 관관 것을 여쭙겠습니다. 대체 무엇이 가장 길하고 선한 것이고, 대체 어떤 것이 가장 흉악한 것이 됩니까?"

"그렇다! 그대들이 묻는 것이 참으로 좋구나. 자세히 들어보라, 그대들을 위해 그 핵심 뜻을 설명하겠다. 서로 잘 순종하고 서로 즐거워하는 것은 선이 되고 길이 되는 것이며, 서로 거스르고 서로 근심을 끼치는 것은 흉이 되고 악이 되는 것이다. 서로 순종하고 서로 즐거워하는 것은 선한 소리를 이루고, 서로 거스르고 서로 근심을 끼치는 것은 흉한 소리를 이룬다. 이런 까닭에 음악이란 오로지 서로 순종하는 것을 즐거워하여, 선한 일을 하는 것을 즐거워하고 길한 일을 즐거워하는 것이니, 이에 음악을 사용할 수 있는 것이다. 흉악한 일에 대해서는 음악을 사용할 수 없다. 그럼에도 불구하고 음악을 사용하는 것은 흉악함을 즐거워하는 것이라고 이름하며, 흉한 일이 날로 많아진다. 이런 까닭에 시기(時氣)의 사용은 제기(帝氣)·왕기(王氣)·상기(相氣)·미기(微氣)가 모두 북두칠성의 자루가 이동해 나아가면서 가리키는 방위에 맞추어 해야 길한 일인 것이다. 이는 하늘·땅께서 즐거워하시는 것이며 또한 흥기시키시고자 하시는 것이다. 하늘·땅께서 함께 하시는 것은 바야흐로 홍성하게 하여 사용할 수 있다. 이런 까닭에 마땅히 그들을 즐거워하게 만들고, 그들을 이치에 따르게 만들고, 그들을 번창시킬 수 있다. 그러나 휴기(休氣)·폐기(廢氣)의 시기에서는 하늘·땅께서 함께 폐기하고 쇄락하게 하시는 까닭에, 마땅히 이것들을 폐기해야 하지 홍성하게 해주고 즐거워하게 해주어서는 안 된다. 이것들을 즐거워하게 만들어 하늘·땅의 마음을 거스르는 것은 대역(大逆)이라 이름 불리는 것으로서, 시기에 순종하지 않는 것이다. 시기란 공명정대한 하늘의 시기인 것이다. 하늘·땅은 법칙이 되는 것이고, 왕기와 상기는 태평을 주관하는 것인데, 여기에 폐기와 사망의 시기를 끌어들인다면 억지로 흉년을 조성하는 것이 된다. 왕기와 상기는 많은 것을 낳고, 또한 많은 선한 일을 한다. 이런 까닭에 태평한 세월에 만물이 두루 생장하고 많은 선한 생물이 있는 것은, 이에 대한 분명한 증거인 것이며 하늘·땅의 위대한 효험인 것이다. 하늘·땅께서 선한 일을 기뻐하시는 것은, 그 효험이 백성과 만물에게까지 미쳐 드러나는데, 이것이 커다란 효험이며 증험인 것이다.

이런 까닭에 옛적의 성인과 현인은 이로써 스스로 점상을 예측하였고, 스스로 자기 행위의 득실을 알았던 것이다. 그것은 같은 무리와 같은 일과 같은 기로써 점상을 예측하는 것이다. 같은 기에 속하는 종류의 본보기를 얻어, 그것으로써 본성을 쉽사리 바꾸고 행위를 바꾸면 감히 그릇된 일을 하지 않게 된다. 하늘과 땅께서 사람들에게 말씀하시고자 하는 것은 바로 이로써 효험을 보는 것이지, 사람들과 머리를 맞대고 하는 그런 말이 아니다. 무리를 살펴서 얻는다면 스스로도 알 수 있는 것이다. 곤수(困囚)·폐기(廢棄)·사망의 때에는 태어날 동식물이 매우 적어 좋은 일을 이루는 것도 없다. 이런 까닭에 흉년의 세월에서는 정상적으로 생장할 수 있는 것이 적고, 좋은 반응도 없으며, 잘 자란 생물도 없으니, 이것이 '같은 일'·'같은 기'로써 하는 실제 사례이다. 이런 까닭에 장차 태평한 세상을 이루려는 자는 음악을 사용하는 일을 갖추어야 하는데, 음악이란 바로 왕기를 즐겨 따르게 하여 태평의 기를 내려오게 하는 것이니, 이는 미리 태평기를 인도하는 것이다. 흉년이 들었을 때에는 음악을 움직여 사용해서는 안 된다. 수폐기 상태에 처한 기를 아무런 이유 없이 일어나게 하고 즐거워하게 해서는 안 되는데, 하늘·땅에게 반역하는 것이다. 그러므로 흉년과 흉사에는 음악을 사용해서는 안 된다. 이런 까닭에 왕기와 상기는 양의 덕(德)이 거처하는 곳이고, 곤수와 폐기의 기는 음의 형(刑)이 거처하는 곳이다. 그러므로 도와 덕을 갖추고 낳아주기를 좋아하는 군주에게는 하늘께서 그로 하여금 음악을 사용하게 하시는 것이다. 도와 덕을 갖추지 못한 군주는 음악을 일으켜 사용할 자격이 없다. 이것이 하늘의 분명한 증험이다. 진인들은 알겠는가?"

[부(附)] 이런 까닭에 흉년의 세월에는 좋은 반응이 적다. 이런 까닭에 장차 태평해지려고 하는 때에는 걸맞은 음악을 갖춘 자가 마땅히 왕기를 따라야 한다. 흉년의 때에 아무런 이유 없이 음악을 일으켜 사용하는 것은 옳지 않은 일인데, (만일 그렇게 한다면) 곤수·폐기의 시기가 하늘·땅에 크게 거스르기 때문에 흉년과 흉사에는 음악을 사용할 수 없다. 왕기는 덕이 거처하는 곳이고, 수폐기의 기는 형(刑)이 거처하는 곳이다.

"예, 예. 두렵습니다! 오늘 하늘의 밝은 스승이신 천사님께 두루 여쭈었고, 이에 하늘께서 즐거워하시는 뜻이 무엇인가를 두루 알게 되었습니다. 여쭈어보지 않았을 적에는 음악을 사용하는 것쯤은 사소한 일로 치부하였으며, 어떤 사람에게든 어떤 일에서든 모든 것을 그렇게 해왔습니다. 오늘 천사님께 여쭈었으니, 이후로는 감히 망령되게 사용하는 일이 없도록 하겠습니다."

"좋다! 사정을 깨달은 제자들로서, 나의 글이 담고 있는 이치를 알았다고 할 만하니, 참으로 하늘의 뜻을 얻었다. 태평의 세월이 오고 재앙의 기운이 다 제거될 것이다."

"삼가 다시 마음속에 품고 있는 의문에 관한 것을 여쭙겠습니다."

"거리낌 없이 말해보라."

"예, 예. 이제 하늘·땅의 시기가 절반은 왕기이고 절반은 휴기인 상태로서, 낮과 밤에 비유하자면 해체되고 정지되는 일이 없을 것입니다. 그렇다면 음악을 그런 때 내내 움직여 사용할 수 있는 것입니까? 아니면 오로지 북두칠성의 자루가 가리키는 방위가 왕기를 드러내는 때에만 움직여 사용해야 하는 것입니까?"

"다만 시작하는 때에는 제왕의 기만이 시작하는 것일 뿐, 휴기는 시작함이 없다. 그러므로 일 년도 또한 그러하고, 한 달도 또한 그러하고, 하루도 또한 그러하고, 시진(時辰)도 또한 그러하다."

善哉善哉! 請問以樂除災害姦猾凶惡, 象天地法爲數, 帝當晏早而動搖其樂器, 而始唱其聲, 以解除愁苦之氣, 而致太平哉? 善哉! 子之問法, 何其常巧也! 皇天久疾災害, 憐帝王愁苦, 令使眞人主問凡疑事邪? 諾諾. 安坐, 吾不敢有可匿也, 匿之恐得天責, 使吾久被重謫, 無益於吾天年. 子安坐, 詳聽之, 爲子一二分別道其至意. 夫天道, 比若循環, 周而復始. 起樂也, 常以時加其王氣建, 響斗所加,[1] 方響其面, 動其音聲. 人唱之亦可, 各以其音爲之. 數以六甲五行.[2] 五六甲五行, 卽天地之數也.[3] 時氣者, 卽天地之所響, 所興爲也. 假令立春之日, 斗加寅,[4] 名爲上帝之時, 先動大角. 月半加甲,[5] 月斗加卯,[6] 月半加乙,[7] 三月加辰也.[8] 他行效此.[9] 各次其時氣, 晏早爲其度數. 先動帝音帝弦, 次動王音王弦, 次動相音相弦, 次動候音候弦, 次動徵音徵弦,[10] 各如其數. 此名爲承天之敎, 順地之氣, 天地乃自樂用之, 而況於人乎? 人者, 最物之尊者, 天之所子也. 天乃樂人嚴敬用其數, 地乃樂人謹順用其數, 此猶比若孝子之順用父母之敎, 父母安得不愛而好之乎? 今天故使子來問事, 吾主爲天談, 爲上太平制數, 不敢有可遣力, 畏天地之謫, 不敢欺諸眞人, 不敢有可隱匿也. 唯不見問, 問輒言之. 吾睹眞人問事□□, 承知天欲語, 故爲子具言. 眞人得吾道, 深思其意, 以付下古之人,[11] 使其象而爲之, 以除群災害之屬, 上以安天地之氣, 下以助帝王爲治. 令凡人心安不爲邪, 萬二千物各得其所, 豈不樂哉? 大哉大哉! 諸眞人可謂知之矣. 請問六洞八方之事, 最何等者爲吉善, 最何等者爲凶惡? 善乎子之問事. 然, 詳聽之, 爲子說其意. 最相順相樂爲善爲吉, 相逆相愁苦爲凶爲惡. 相順相樂爲善聲, 相逆相愁苦爲凶聲. 故樂者乃獨樂相順, 樂爲善, 樂吉事, 乃得作樂, 凶惡事不得有樂, 有樂名爲樂凶, 凶日多. 是故時加帝王之氣, 相氣 · 微氣皆在天斗前, 吉事也. 天地所樂, 欲興起也, 天地所共, 方興用也. 故當樂之順之昌之也. 休廢之氣, 天地所共廢共衰, 故當廢之, 不宜興樂之. 樂之爲逆天地心, 名爲大逆, 不順時氣. 時氣者, 正天之時氣也. 天地爲法，王相之氣主太平也，內廢絶氣立凶年.[12] 王相之氣多所生，多善事. 故太平之歲，凡物具生，多善物，是明證也，天地之大效也. 天地之喜善，效乃及見於人民萬物，以是爲大效證驗也. 故古者聖賢，以是深自占相，自知行之得失也. 明以同類同事同氣占相之也. 得同氣類之象，則改性易行，不敢爲非也. 天地之語言，以此爲效，不與人交頭言也. 視象類所得，可自知矣. 夫囚廢死絶氣少所生，無成善事. 是故凶年之歲，少可生，無善應，無善物，是其同事同氣也. 是故將太平者，得具作樂，樂者乃順樂王氣，平氣至也. 先以道之. 凶年者，不得作樂，不得無故興樂囚廢之氣，與天地反逆. 故凶年凶事，不得作樂也. 故王相之氣，德所居也. 囚廢之氣，刑所居也. 故有德好生之君，天使其得作樂. 無德之君，不得作樂也. 是天之明證也. 眞人知之邪?

[附] 故凶歲少善應. 故將太平者，具樂者當順王氣. 凶年無故不可作樂囚廢氣，與天地反逆，故凶也. 王氣，德所居也. 囚廢，刑所居也.

唯唯. 可核哉! 今日具問天明師，乃具知天樂意. 不問之時，謂作樂但小事，凡人凡事皆得爲之也. 今日問，乃後不敢妄動搖也. 善哉曉事生，可謂知文書理，長得天之意矣. 太平至，災氣悉去矣. 謹復重請問心所疑. 行，平言勿諱也. 唯唯. 今天地之氣，乃半王半休,[13] 比若晝夜，無有解已，樂寧可竟日作之邪? 獨加王鄉有王氣時可作邪?[14] 但始作之時，以其帝王始耳，無以休氣始也. 歲亦然，月亦然，日亦然，時亦然.

역주

1) 響斗所加(향두소가) : 북두칠성의 자루[斗柄]가 가리키는 방위를 따라가는 것을 뜻한다. '향(響)'은 향(向)과 같은 뜻이다.

2) 數以六甲五行(수이육갑오행) : '수(數)'는 서수(序數)를 뜻한다. '육

갑(六甲)'이란 60갑자 가운데의 갑자(甲子)·갑술(甲戌)·갑신(甲申)·갑오(甲午)·갑신(甲辰)·갑인(甲寅)을 가리키는데, 각각이 육순(六旬)의 머리가 된다.

3) 天地之數(천지지수) : 천수 1·3·5·7·9와 지수 2·4·6·8·10을 뜻한다. 천수를 모두 더하면 25가 되고 지수를 모두 더하면 30이 되는데, 이 두 수를 더하면 55가 된다.

4) 寅(인) : 지지(地支)의 제3위이다. 여기에서는 공간 방위상의 동북과 정월을 뜻한다.

5) 甲(갑) : 우수(雨水) 날을 대표한다. 이때에는 여전히 대각(大角) 음을 움직여 사용한다.

6) 卯(묘) : 이는 지지의 제4위인데, 여기에서는 경칩(驚蟄) 날을 뜻한다.

7) 乙(을) : 이는 춘분(春分) 날을 대표한다. 묘(卯)·을(乙)의 경우에는 모두 중각(中角) 음을 움직여 사용한다.

8) 辰(진) : 이는 지지의 제5위인데, 여기에서는 청명(淸明) 날을 대표한다. 하각(下角) 음으로 바꾸어 움직여 사용해야 한다. 이상의 여덟 구절의 내용에 관해서는 『태평경』 권113 「낙노길흉결(樂怒吉凶訣)」의 내용을 참조할 수 있다.

9) 他行(타행) : 화행·토행·금행·수행을 뜻한다.

10) 徵音徵弦(치음치현) : 여기에서의 두 '치(徵)'자를 모두 '미(微)'자로 고쳐서 보아야 한다.

11) 下古(하고) : 하(夏)·상(商)·주(周) 이래의 역사 시기를 뜻한다. 여기에서는 동한(東漢) 당시를 가리킨다.

12) 內廢絶氣立凶年(납폐절기립흉년) : '납(內)'은 납(納)과 통하는 글자이다. '립(立)'이란 여기에서는 '인위적으로 조성하는 것'을 뜻한다. 『태평경초』에는 '납(內)'이 '수(囚)'로 되어 있고, '립(立)'이 '주(主)'로 되어 있다.

13) 半王半休(반왕반휴) : 봄의 목행(木行) 소양기(少陽氣), 여름의 화행(火行) 태양기(太陽氣), 가을의 금행(金行) 소음기(少陰氣), 겨울

의 수행(水行) 태음기(太陰氣)가 돌림으로 주도적 지위를 점하고 휴퇴(休退)하는 상태를 설명한 것이다. 이 중에서 특별히 '왕기가 시작되는 지점'을 문제 삼은 것이다.

14) 王鄕(왕향) : 북두칠성의 자루[斗柄]가 가리키는 곳이 왕기를 드러내고 있는 것을 뜻한다.

"지금 어리석은 소생들은 말씀의 뜻을 분명히 이해하지 못하였습니다."

"그렇다. 일 년을 즐거우려면, 세성(歲星)이 동쪽의 묘위(卯位)에 머물 때, 즉 봄의 2월에 음악을 즐거워하라. 매달을 즐기려면 북두칠성의 자루가 그 달이 처한 방위에 있을 때에 음악을 사용하도록 하라. 하루에서는 봄의 인일(寅日)과 동류인 왕일(王日)에 사용하고, 시진(時辰)에서는 왕시(王時), 즉 새벽이나 정오에 사용하도록 하라. 이와 같이 하면 하늘의 도(道)를 얻었다고 이를 만하니, 재해의 기운이 제거될 것이다. 만일 이와 같이 하지 않는다면, 모든 것이 하늘의 벼리와 기틀을 어지럽히게 되어 흉해와 재앙을 낳을 것이다. 이런 까닭에 옛적 성왕은 하늘·땅의 마음과 뜻을 깊이 알아, 감히 흉한 일을 즐거워하지 않았다. 흉한 일이 즐거워지게 되면 흉한 일이 날로 흥하게 되고, 그것이 날로 흥하게 되면 구제받을 길이 없는 까닭에, 마땅히 흉한 일을 즐거워해서는 안 된다. 하늘께서 만물에게 본성을 주실 때에는 각자에게 정과 신이 있도록 하신다. 그리하여 선한 것을 즐거워하면 선한 정과 신이 이르고, 악한 것을 즐거워하게 만들면 악한 정과 신이 이른다. 이것은 스스로 그러한 본성이므로, 아무런 괴이함도 없는 것이다.

우매한 사람만이 이러한 본성을 깊이 헤아려보지 못할 뿐이다."

"훌륭하십니다. 훌륭하십니다!"

"진인들이 위대한 효험을 알고자 하려면 하늘의 도에 비유해서 보면 될 것이다. 모든 가볍고 맑은 것들은 떠올라 하늘에 귀속되는 것을 즐거워하고, 모든 무겁고 탁한 것들은 아래로 가라앉아 땅에 귀속되는 것을 즐거워하여, 각각 자기 부류를 따르므로 잘못될 수 없다. 그러므로 선함을 즐기는 자는 선함을 얻고, 악함을 즐기는 자는 흉함을 얻는다. 비유하자면, 이는 물이 낮은 곳으로 좇아 내려가고 불이 높은 곳으로 올라감에 털끝만한 착오도 일으키지 않는 것과도 같다. 진인들은 나의 글을 덕 있는 군주에게 전해주어 뭇 사람에게도 보여줄 수 있도록 하라. 지금 태평의 기가 내려와 하늘께서 선한 것을 홍하게 하시고, 선함을 즐거워하게 하도록 하시니, 다시는 아무런 이유 없이 흉한 일을 즐거워하지 말라. 흉한 일을 즐거워하는 자는 하늘과 원수가 되고 땅과도 원한을 맺게 되어 그 죄는 씻을 수 없다. 오늘날 하늘에서는 이런 일을 흉한 일을 즐거워하는 것이라고 이름하는데, 하늘과 땅을 크게 거스르는 사람이다. 그리하여 하늘의 흉한 기운과 땅의 온갖 재앙이 다 그런 자에게 내려가서 돌아가게 된다."

"청컨대, 갑작스레 생긴 시급한 물음을 여쭙고자 합니다. 마땅히 음으로써 길한 일을 즐거워해야 하나, 기다릴 겨를이 없어서 일단 북두칠성의 자루가 왕기(王氣)가 있는 방위를 가리키는 것으로 여기고 음악을 사용해야 하는 경우에는 마땅히 어떻게 해야 하는 것입니까?"

"좋다! 그대들이 묻는 것은 긴요한 뜻을 얻은 것이로다. 그렇다. 음악을 연주하는 사람으로 하여금 그 몸을 왕기가 있는 방향에 두도록 해야 하는데, 만일 그러한 방위를 안배하는 데 곤란이 있을 경우에는 음악을 연주하는 사람과 여러 참여자들이 왕기가 있는 방향을 바라보도록 하고, 음과 규정 모두를 음양·오행의 대응 관계에 의거하여 시행해야 한다. 만일 단지 그 주동자의 성(姓)을 표시하는 글자만을 고려할 경우에는, 악률과 역법에 의거하여 음률과 시기(時氣) 모두가 성명을 표현하는 글자와 서로 합치하게 하고, 또한 왕기와 상기(相氣) 상태의 시기를 따르게 하여, 주동자의 성명을 표시하는 글자의 귀속에 의거하여 음악을 사용하도록 해야 하는데, 이렇게 시행하면 일을 그르치지는 않는다. 이와 같이 하는 것은 모두 하늘·땅의 가르침과 명령을 따라 쓰는 것으로 재해를 없애는 것이다. 만일 이와 같이 하지 않고, 흉기(凶氣)·수기(囚氣)와 더불어 서로 응하여 합치하는 것이라면, 전부 흉한 일이 생기게 된다.

또한 음을 사용하여 즐거움을 일으키는 것 또한 마땅히 길한 것으로써 해야 하는데, 길한 음은 선한 일을 생기게 한다. 대저 왕기와 상기는 비유하자면 인간 세상에 군왕(君王)이라는 존재가 있어서 흉사·흉언·흉음을 듣고자 하지 않는 것과도 같다. 이러한 까닭은, 왕기와 상기는 곧 황천(皇天)을 위해 낳아주는 일을 맡고 선한 일을 이루어주는 일을 맡고 있어서, 이렇게 하여 황천께서 낳아주시고 성장시켜주시는 일을 도울 수 있기 때문이다. 악한 음과 흉한 일은 황천께서 만물을 낳아주시고 만물을 성장시켜주시는 것을 돕지 못한다. 이런 까닭에 왕기는 악한 음을 즐겨 들으려 하지 않고, 북두칠성의 자루가 가리키면서 이동하는 범위에 있는 시기들도 모두 즐겨 들으려 하지 않는다. 이런 까닭에 옛적 성현과 제왕들은 모두 선한 말과 선한 일을 쌓고 모았으며, 흉악한 일을 용납하지 않았던 것이다. 일단 요망한 말이라고 규정되면 그 죄명에 의거하여 사형에 처해지게 된다. 그 요망한 말은 상서롭지 못한 것이므로 그것을 없애 버리는 것이다. 진인들은 아마도 이런 금기가 얼마나 엄중한 것인지를 알았느냐?"

"예, 예. 두렵습니다. 두렵습니다!"

"그대들은 일찌감치 두려워할 줄 알게 되었으므로 오래도록 보존할 수 있을 것이다. 두려워할 줄 모르는 것은 죽음의 근원이니라.

첫째, 먼저 음곡을 따라서 하늘 · 땅과 네 계절의 제기(帝氣)를 움직임에, 한번 음악을 움직여 사용하는 것을 3배 규모로 하여 하늘을 즐겁게 해드려야 한다. 지금 하늘을 매우 기쁘게 만들어드리면 제왕은 늙도록 오래 살고, 요망한 것과 악한 것이 없어진다. 하늘의 재해가 전부 제거되면 태양기가 사납게 노하지 않아 나라 영역 안이 평안하게 된다. 그래서 항상 먼저 움직여 따라서 즐기는 자는 천도가 그를 위해 나타나고, 숨어 있던 은사(隱士)들이 모두 즐거이 나와서 돕고 바르게 해 줄 것이니, 이는 □□한 것이로다!

둘째, 먼저 음악을 따라서 하늘 · 땅과 네 계절의 왕기(王氣)를 움직임에, 한번 음악을 움직여 사용하는 것을 두 배 규모로 하여 땅을 즐겁게 해주어야 한다. 지기(地氣)가 크게 기뻐하여 사납게 노하지 않으면 왕은 장수하게 되고, 간특한 자와 도적과 군대가 소멸하며, 나라 안이 선함으로 흥하게 된다. 아랫사람이 전부 윗사람을 즐거이 받들어 순종하고, 중급의 현명한 선비가 모두 나와 나라의 다스림을 도와 줄 것이다. 지신(地神)께서 만물 기름을 순조롭게 하시니, 이는 □□한 것이로다!

셋째, 먼저 음악을 따라서 상기(相氣) · 미기(微氣)를 움직임에 중화(中和)의 기로 하여금 크게 기뻐하게 해야 한다. 이렇게 하면 군신과 인민이 순종하고 근면하여 각각이 제자리를 지키므로, 간교함과 거짓과 도적이 일어나지 않아 나라의 경계 안이 보호될 것이다. 이런 까닭에 화기(和氣)가 날로 흥성하고 왕기가 만물을 낳아주어 사물은 선함을 좋아하게 된다.

넷째, 신중하게 음악을 통하여 죽음과 파괴의 기운을 움직이지 말아야 한다. (만일 이렇게 하지 않으면) 심각한 도적이 일어나고 또한 졸지에 죽는 사람이 많아진다. 나라 안은 항상 위급한 상태가 되어 안정되기 어렵다. 그리하여 사특한 기운과 귀물(鬼物)이 매우 많아지고 위해가 심각해지는데, 이렇게 심각해진 상태를 혼란스럽고 요란한 상태라고 하는 것이다. 극도에 도달한 음기는 반역을 불러오므로, 이러한 것을 삼가고 또 삼가야 한다.

다섯 째, 곤수(困囚)와 폐기의 기운은 즐겁게 해주지 말아야 한다. (만일 이렇게 하지 않으면) 도적이 일어나고 죄수의 무리가 옥사하며 소송 판결하는 일이 분분하여 안정되기 매우 어렵다. 인민들은 서로를 해치고 불치의 고질병을 앓는 자들이 많아진다.

여섯 째, 쇠락과 후퇴의 기운은 움직여 즐겁게 해주지 말아야 한다. (만일 이렇게 하지 않으면) 쇠약하고 병을 앓는 자들이 매우 많아진다. 또한 훔치기 좋아하는 자들과 교활한 자들이 서로를 속이며 갖가지 사악하고 음탕한 말이 전파되어, 나라 경계 안의 재물이 줄어들고 인민들은 매우 빈곤해진다.

상제 · 상왕기, 미기 세 부분의 기를 즐겨 하늘과 땅과 사람이 기뻐하게 되고 때에 응하여 베풀어주는 하늘의 은택이 이르러 재해의 부류가 제거되니, 이는 하늘 · 땅 · 사람을 순종하는 선한 기라고 이름하는 것으로서, 선한 일을 불러오는 것이다. 아래 세 부분의 죽음과 패망의 기(死亡破敗氣) · 곤수기(困囚氣) · 휴퇴쇠락기(休退衰落氣)를 즐기면, 거스름을 초래하여 하늘이 때맞추어 내리는 비에 재변이 일어나고, 사악함과 해로움이 매우 심해지니, 금지하고 방지할 방법이 없게 된다. 이와 같은 여러 가지 폐기(廢氣)

들을 움직여 즐겁게 해주면, 곧 악한 기가 크게 발설되어 현명한 선비가 자취를 감추고 숨으며 천자가 올바른 통치를 상실하게 되고, 인민과 신하가 다스려지기 어려워지고, 각종의 사건이 어지럽게 일어날 것이니, 경계하고 삼가지 않을 수 없다.

하늘·땅의 모든 일은 항상된 법이 있다. 기의 마을에서 존귀함을 향하는 것은 즐거움을 보고자 하고, 기가 없는 마을에서 쇠하고 죽는 것은 마땅히 즐거움을 보고자 하지 않는다. 이런 까닭에 선함을 즐거워하는 것은 천상에서 '하늘의 정사를 따르는 것'이라고 하고, 악함을 즐거워하는 것에 대해서는 천상에서 '가르침을 거스르는 것'이라고 이르는 것이다. 하늘의 다스림을 따르면 하늘의 힘을 얻고, 하늘의 가르침을 거스르는 사람은 하늘의 해침을 얻게 된다. 하늘의 힘을 얻은 사람은 장수하고, 하늘의 해침을 얻은 사람은 흉한 앙화를 당한다. 왜냐하면, 하늘의 다스림은 마치 그림자가 형체를 따르고 메아리가 본래의 소리를 따르는 것처럼 세상 사람이 편안해 하는 바를 빼앗지 않기 때문이다. 선함을 즐거워하면 선한 결과를 얻게 되고, 악함을 즐거워하면 악한 결과를 얻게 되니, 다시 무슨 말을 더할 것인가! 선함과 악함, 안락함과 위태로움은 각각 부류를 따라서 절대로 착오를 일으키지 않는데, 단지 어리석은 사람만이 이러한 점을 헤아리지 못하고 있을 뿐이다. 이런 까닭에 도를 즐겨 실천하는 사람에게는 도가 와서 쌓이고, 덕을 즐겨 행하는 사람에게는 덕이 와서 쌓이고, 무력을 즐거이 행하는 사람에게는 무력이 와서 쌓이고, 정직함을 즐거이 행하는 사람에게는 정직이 와서 쌓이고, 간사함을 즐거이 행하는 사람에게는 간사함이 와서 쌓이니, 어떤 일인들 이와 같지 않은 것이 있겠는가? 이런 까닭에 나는 하늘의 법칙을 깊이 헤아리고, 이로써 진인들을 훈계하는 것이다. □□해야 할 것이로다! 하늘의 법칙은 결코 위반될 수 없다. 이런 까닭에 거듭 그대들에게 간절히 다짐받는 것이다."

"예, 예."

今愚生未及其意. 然, 欲樂歲, 歲在東方卯,[1] 以春二月乃樂之.[2] 欲樂月, 各加其月, 日者以王日,[3] 時者以王時.[4] 如是, 則可謂得天之道, 災氣去矣. 如不若此, 皆爲亂天之紀, 生凶災矣. 是故古者聖王深知天地心意, 不敢樂凶事. 凶事見樂, 則凶事日興多, 興多不可救, 故不當樂之也. 天之授性, 各自有精神. 樂善, 善精神至. 樂惡, 惡精神至. 此自然之性也, 無有怪也. 但愚人不深計之耳. 善哉善哉! 眞人欲知其大效, 此比若天道也. 諸淸淨者樂歸天, 諸沈重者樂歸地, 各從其家,[5] 無可非也. 故樂善得善, 樂凶得凶, 比若水從下, 火從高, 不失銖分. 眞人以此書付有德之君, 以示凡人. 今太平氣至, 天興善, 皆使樂善也, 不得復有無故樂凶事者也. 樂凶事者, 乃與天爲仇, 與地爲咎, 其過不除. 今天上名此樂凶事者, 爲大反逆之人也. 天凶氣·地中諸咎悉且來下歸之也.

請問卒有急, 當以樂樂吉事, 時不暇待加王鄕斗前, 當奈何哉? 善乎! 子之問事也, 得其要意. 然, 使樂人居王鄕.[6] 不得居王鄕者, 令樂人衆人, 亦向王請之, 亦以其音, 亦以其數. 如但其人姓字, 擧持律曆音氣相應, 亦可順其王相時氣, 而依其人使作樂, 亦可如此.[7] 如此者皆爲順用天地之敎, 令無災害也. 如不若此, 有與凶囚氣合者, 悉生凶事. 又擧音倡樂, 亦當以吉, 吉音善事. 夫王相氣, 比若人之有君王, 亦不欲聽聞凶事·凶言·凶音也. 所以然者, 王相之氣乃爲皇天主生, 主成善事, 乃而助天生成也. 惡音凶事, 不而助天生成凡物. 是故王氣不欲樂聞之也, 斗前之氣皆不欲樂聞之也. 是故古者聖賢帝王, 悉積聚善言善事, 不內凶惡之事. 名爲祅言, 罪卽誅死. 其罪未足以誅死, 但惡其祅言不祥耳, 故殺之也. 眞人豈知此禁重邪? 唯唯. 可怢哉! 可怢哉! 子知早怢, 可長存. 不知怢, 死之根也.

一曰先順樂動天地四時帝氣, 一事加三倍以樂天. 令天大悅喜, 帝王老壽, 祅惡滅, 天災害悉除去, 太陽氣不戰怒, 國界安. 而知常先動順樂之者, 天道爲之興, 眞神爲之出, 幽隱穴居之人, 皆樂來助正也, □□哉! 二曰先順樂動天地四時王氣, 再倍以樂地. 地氣大悅不戰怒, 令王者壽, 姦猾盜賊兵革消, 國界興善. 下悉樂承順其上, 中賢悉出助國治, 地神順養. □□哉! 三曰先順樂動相氣微氣, 令中和之氣大悅喜. 君臣人民順謹, 各保其處, 則佞僞盜賊不作, 境界保. 故和氣日興, 王氣生凡物好善. 四曰愼無動樂死破之氣. 致劇盜賊, 又多卒死者. 國界常危難安, 致邪氣鬼物甚多, 爲害甚劇, 劇則名爲亂擾. 極陰之氣致返逆, 愼之愼之. 五曰無動樂囚廢之氣. 多致盜賊, 囚徒獄事刑罪紛紛, 甚難安. 民相殘傷, 致多痼病之人, 六曰無動樂衰休之氣. 令致多衰病人. 又生偸猾人相欺, 多邪口舌, 國境少財, 民多貧困.

樂上帝上王相微氣三部, 今[8]天地人悅, 致時澤, 災害之屬除去, 名爲順天地人善氣也, 致善事. 樂下三部死破囚休衰之氣, 致逆, 災天時雨, 邪害甚衆多, 不可禁防也. 此諸廢氣動搖樂之, 則致惡氣大發泄, 賢儒藏匿, 縣官失政, 民臣難治, 多事紛紛, 不可不戒之愼之也.

天地凡事, 有固常法. 有氣之鄕而向尊者, 欲見樂, 無氣之鄕衰死者, 不宜見樂. 故樂善者, 天上名爲順政, 樂惡者, 天上名爲逆令. 順政者得天力, 逆令者得天賊. 得天力者致壽, 得天賊者致凶咎. 所以然者, 天之爲政猶影響, 不奪人所安. 樂善得善, 樂惡得惡, 是復何言! 夫善惡安危, 各從其類, 亦不失也, 但愚人不計之耳. 是故樂道者, 道來聚, 樂德者, 德來聚, 樂武者, 武來聚, 樂正者, 正來聚, 樂邪者, 邪來聚, 何嘗不若此乎? 故吾深計天之法, 以戒眞人也. □□哉! 天法不可犯也. 故重丁寧子. 唯唯.

역주

1) 歲(세) : 세성(歲星)을 가리키는 말이다. 악위(樂緯)가 『악동성의(樂動聲儀)』에서 말하길, "각음이 조화되면 곧 세성이 항상 응하여 화합한다[角音和調, 則歲星常應]"라고 하였다.

2) 春二月乃樂之(춘이월내악지) : 동쪽은 오행가(五行家)가 움직임의 방위로 삼는 것으로서 양기가 만물을 진동하고, 만물은 양기에 응하여 어김없이 출현한다. 2월을 대표하는 묘(卯)의 의미는 무(茂)이다. 2월 중춘에는 우레가 처음으로 울리는데, 그 음률이 협종(夾鐘 : 대략 서양음악의 D조에 해당함)에 상응하는 까닭에 이렇게 말한 것이다.

3) 王日(왕일) : 봄의 인일(寅日)과 신일(申日) 등이 길일에 속한다는 것을 뜻한다. 그것이 정위(正位)에 거처하면 제왕의 상[帝王之象]을 볼 수 있으므로, '왕일(王日)'이라고 표현한 것이다.

4) 王時(왕시) : 새벽과 정오를 뜻한다. 고대의 의경(醫經)인 「영추(靈樞)」와 「소문(素問)」에서는 하루를 사등분하여 새벽을 봄에 비유하고 정오를 여름에 비유하였다.

5) 家(가) : '유별(類別)하는 것'을 뜻한다.

6) 樂人居王鄕(악인거왕향) : '악인(樂人)'이란 음악 연주를 직업으로 삼는 사람을 가리키는데, 악공(樂工) 또는 악기(樂伎)라고도 부른다. '거왕향(居王鄕)'이란 몸을 왕기가 있다고 생각되는 방위에 두는 것을 이른다.

7) 亦可如此(역가여차) : 이상에서 말한 것은 취율정성설(吹律定姓

說)과 오음점복술(五音占卜術)에 바탕을 둔 것이다. 『백호통(白虎通)』 권8 「성명(姓名)」에서 이르기를, "인간은 오행의 기를 품수하여 태어나는데, 성인(聖人)이 율관(律管)을 불어 성을 정하고, 이것을 사용하여 족인(族人)을 구별하였다. 정성(正聲)에는 다섯이 있으니, 곧 궁·상·각·치·우가 그것이다. 이것들이 서로 섞이면 25(姓)를 이루게 된다. 네 계절이 갈마들며 기를 달리하고 음(音)을 달리 하면 모든 것이 갖추어져 성(姓)에는 100이 있게 된다"라고 하였다. 『태평경』에서 말하는 것은, 만약 어떤 사람의 성이 전(田)이라고 할 때, 전은 치음(徵音)에 속하고 화행(火行)에 귀속되는 것이므로, 그의 음악 사용에서는 반드시 치음(徵音)을 채용하여 음률이 중려(仲呂) 혹은 유빈(蕤賓)으로 정해져야 한다는 것이다. 중려의 의미는, 양기가 장차 극성해지려고 함에 음기가 그 가운데서 움직이는 것으로서, 이는 서양음악의 F조에 해당한다. 유빈의 의미는, 양기가 위에서 극성함에 음기가 아래에서 일어나기 시작하여 음기가 귀빈을 대하듯이 양기를 존경하는 것인데, 이는 대략 서양음악의 #F조에 해당한다(『금주금역』).

8) 今(금) : 문맥상 이 글자를 '영(令)'자로 바꾸어서 보아야 한다.

"제왕의 기[帝氣]에 세 배 규모의 음악을 높여 사용하는 까닭은 제왕의 기가 가장 존귀하고 무상의 존재로서 하늘의 본받아서 배가하는 것이다. 하늘은 땅과 사람을 제어할 수 있는 까닭에 세 배로 하여 하늘·땅·사람을 본받는 것이다. 하늘·땅·사람이 음악으로 다스려지면 사물은 각기 제자리를 얻고, 상서로움이 응하여 선한 일만 이천 가지의 좋은 생물이 모두 생장되니, 이런 까닭에 먼저 제왕의 기를 즐겁게 해주어야 한다. 즐겁게 해주려면 마땅히 자세히 듣고 뜻을 집중하며, 단정히 좌정하고서 오래도록 사색하며, 마음속이 기쁘고 흔쾌해야 한다. 충성되고 바르고 신실하며 지극히 정성스러워 악의가 전혀 없어야만 한다. 비유하자면, 제왕과 마주 앉음에 감히 도리에서 벗어나고 편벽되지 않은 것과도 같다. 하늘은 이러한 행동에 감응하시어, 요망하고 악한 재해의 부류를 전부 제거해주신다. 하늘의 존귀함에 연유하고 제기가 상응하는 판단을 하는 것에 연유하여, 저절로 그러한 하늘께서 법칙을 보여주시는 것이니, 이런 까닭에 태평한 세상을 실현하는 것은 결코 어려운 일이 아닌 것이다."

"훌륭하십니다. 훌륭하십니다!"

"왕기(王氣)에 대해 2배 규모의 음악을 움직여 사용하는 까닭은, 왕기가 땅을 본받는 것이다. 땅은 사람과 더불어 거처하는 까닭에, 두 배 규모의 음악을 사용해야 땅을 즐겁게 해드릴 수 있다. 땅과 사람이 즐거워져 기뻐하면, 만물이 함께 다스려진다. 또한 땅은 낮게 처하기 때문에 음악의 규모가 하늘보다 작다."

"훌륭하십니다. 훌륭하십니다!"

"또한 왕기는 제왕의 기에 비해 미약하여 그보다 한 등급 아래인 까닭에 한 배를 작게 하는 것이다. 높고 낮음을 안배하는 법은 분수가 저절로 그러한 것이다."

"훌륭하십니다. 훌륭하십니다!"

[부(附)] 제왕의 기에 세 배 규모의 음악을 사용하는 까닭은, 제왕의 기가 가장 존귀하여 무상의 존재로서 하늘의 존귀함을 본받기 때문에 배로 즐겁게 해드리는 것이다. 일만 이천 가지 사물들이 다 생장하고 선한 기가 모두 응한다. 왕기에 두 배로 음악을 사용하는 까닭은 왕기가 땅을 본받기 때문이다. 땅은 사람과 아울러 거처하는 까닭에, 2배 규모의 음악을 사용해야 땅을 즐겁게 해

드릴 수 있다. 땅이 사람과 더불어 아울러 하면 사람들은 모두 기뻐지고 만물은 아울러 다스려진다.

"한 곡의 음악을 사용해 상기(相氣)와 미기(微氣)를 즐겁게 해주는 까닭은, 상기와 미기가 사람을 본받기 때문이다. 사람은 하늘·땅에 비해 지위가 낮기 때문에, 그들을 움직이는 음악의 규모를 보다 작게 하는 것이다. 사람이란, 하늘·땅께서 만물을 다스림에 도움을 주므로 사람이 즐거워하면 선한 일을 함에 기뻐하고, 선한 일을 행하면 만물은 잘 다스려진다. 사람이 즐거워하지 않으면 곧 흉악한 일을 꾀하게 되고, 흉악한 일을 꾀하면 만물은 흉해를 당하게 된다."

"훌륭하십니다. 훌륭하십니다!"

"또한 사람은 중화의 존재로서 만물의 우두머리이다. 우두머리가 기뻐하고 이치에 맞는다면 만물의 일은 잘 다스려진다. 우두머리가 어지러우면 사물이 혼란스러워진다. 이런 까닭에 먼저 우두머리를 즐겁게 하고, 이로써 하늘·땅·사람의 도를 순조롭게 만들고 또한 즐겁게 하는 것이다."

"훌륭하십니다. 훌륭하십니다!"

"이런 까닭에 가장 선한 기는 가장 존귀하고 선하므로, 사용하는 음악의 규모를 세 배로 하는 것이고, 이러한 것을 사용하여 선함을 즐기는 것이다. 이런 까닭에 옛날 제왕의 다스림은 선함을 얻었고, 하늘의 마음과 뜻을 얻으니 두 배로 하는 것이다. 이것이 그 분명한 증험이다. 이제 태평기(太平氣)가 이르렀으므로 그 음악을 흥하게 하는 것을 가르치는 것이다. 쇠패하고 요동치는 기는 흉년에 서로 응하는 까닭에, 이런 때에는 음악을 홍행시켜서는 안 된다. 그럼에도 불구하고 만일 음악을 홍행시킨다면, 그것은 흉해와 쇠패를 일어나게 하는 것이라 한다. 천상에서는 큰 반역이라 이름하는 것으로, 재해의 근원이며 화가 따라 나오는 바이니, 삼가지 않을 수 있겠는가?"

"훌륭하십니다. 훌륭하십니다!"

"이런 까닭에 한 등급이 낮은 일에는 음악을 두 배로만 하는 것은 왕기가 제왕의 기만 못한 것이므로 그 음악을 줄여서 작게 하는 것이다. 이런 까닭에 비교적 작은 선함을 다스리는 자에 대해서는 쓰는 음악 또한 줄여서 작은 규모로써 하는 것이다. 이런 까닭에 음악의 규모를 줄여서 적은 것으로써 하는 것은, 시기가 쇠하여 완전히 선할 수는 없기에 감히 규모가 성대한 음악을 사용하지 않는 것이다. 그 가운데는 흉기(凶氣)가 들어 있는 까닭에 그 음악을 다 갖추어 사용하지 않는 것이다. 비유하여 말하자면, '한 집안에 일곱 가지 선한 일과 세 가지 흉악한 일이 동시에 있으면 마음속이 기쁠 수 없다'라고 하는 것은 바로 이것을 이르는 말인 것이다."

"훌륭하십니다. 훌륭하십니다!"

"일곱 가지 선함과 세 가지 악함은 선함이 많고 악함이 적은데, 어째서 음악을 멈추어야 하는가? 사람의 마음속에 비록 즐거움이 있기는 하지만, 때에 따라 세 가지 흉함을 고려하면 순수한 즐거움일 수는 없으니, 이것은 하늘의 본성(天性)이다. 이에 또한 세 가지 흉악한 일조차 모두 선한 일이 되어 하나의 근심거리도 없어야만 즐겁게 선함을 즐긴다. 이런 까닭에 음악으로써 선함만을 즐겨야 하는 것이지, 악함을 즐겨서는 안 된다."

"훌륭하십니다. 훌륭하십니다!"

"내 말은 이에 하늘께서 밝히시는 믿을 만한 문서이므로, 한 점의 착오도 없다. 이런 까닭에 다시 한 등급이 더 내려간 음악 규모인 단 한 곳으로 한정하는 것은, 상기와 미기가 안정될 수 있는 곳이 매우 적으므로 세상 사람의 도와 덕 또한 가장 적어, 천기 · 지기와 같을 수 없기 때문이다. 이런 까닭에 그 음악을 다시 미약하고 작게 하는 것은, 하늘 · 땅과 같을 수 없기에 음악을 작게 하는 것이다. 상기와 미기는 이끌어갈 수 있는 것이 매우 적다. 이에 그 나라 중에는 확실히 악한 것이 많고 선한 것이 적다. 그래서 감히 음악을 많이 갖추어 시행할 수가 없는 것이다. 이와는 반대로 악한 것을 즐기는 것이라고 이름하는 것은 선함이 적으므로 음악의 규모를 작게 하는 것이다. 음악의 규모를 작게 하는 까닭은 선함만을 즐기고 감히 흉함을 즐기지 않기 위함이다. 악한 부분을 즐기지 않는 것은 비유하자면 소인(小人)이 일곱 가지 흉함과 세 가지 선함을 지니고 있을 경우 세 가지 선함이 걸맞지 않게 세 배의 즐거움을 늘려서 얻는 것과도 같다. 일곱 가지 악함은 거꾸로 일곱 배의 근심을 주어 고뇌하게 하니, 어찌 즐거울 수 있겠는가? 이러한 까닭은 열 중의 열을 표준으로 삼는데, 열 중에서 셋을 감하였기 때문이다. 제왕의 기는 열 중의 열 모두 선하고, 왕기는 둘은 선이나 하나는 악이며, 상기는 둘은 악이고 하나가 선이다. 이런 까닭에 제왕의 기는 하늘을 본받는 것인데, 하늘은 항상 낳아줌을 좋아하시고 어떤 것도 해하려는 마음을 갖지 않으며 베풀어 주고자 하시기만 하는데, 삼황께서는 그런 하늘을 본받아 항상 순수하고 선하여 악함이 없으셨고 또한 해하고자 하는 마음도 없으셨다. 하늘은 삼황과 같고, 삼황은 하늘과 같은 존재이다. 이런 까닭에 최고의 선한 사람은 티끌 만한 악함도 없고 항상 선한 일만을 하고자 한다. 그가 하늘을 본받는 것은 참된 신을 본받는 것이다!"

"훌륭하십니다. 훌륭하십니다!"

"왕기란 땅을 본받는 것이고, 땅은 항상 만물을 길러주어 덕을 좋아하므로, 오제가 그것을 본받았다. 땅은 비록 만물을 양육해주지만 또한 죽임[殺]이라고도 불리는 까닭에 오제 때에는 모두 형벌 제도를 두었다."

"훌륭하십니다. 훌륭하십니다."

"상기와 미기는 사람을 본받고, 사람들에게는 항상된 준칙이란 게 없어 자주 변하고 바뀐다. 삼왕이 이를 본받아 항상된 준칙을 두지 않았던 것이다. 화기(和氣)는 바뀌어 때로 나아가고 때로 물러나는 까닭에 오르고 내림에 항상됨이 없다. 중화, 곧 사람은 강한 것을 보아도 따라가고 유약한 것을 보아도 따라가기 때문에, 그들에게는 항상된 준칙이라는 게 없는 것이다. 쇠락·유폐와 사망의 기는 만물을 본받는 것으로 자주 변하여 혼란을 일으켜 올바르게 들어가고 나옴이 없다. 오패(五覇)가 이것을 본받았다. 그 기는 혼란스럽고 흉패한 까닭에 이에 대해서는 음악을 사용할 수 없다. 하늘·땅의 본성은 음악으로써 선함을 크게 즐기는 것이지, 흉함을 크게 즐기지 않아야 한다. 하늘·땅께서 무력을 사용하여 악함을 죽이고자 하시지, 선함을 죽이고자 하시는 것이 아니다. 이러한 하늘·땅의 올바른 법은 되돌릴 수 없다."

[부(附)] 제기(帝氣)가 즐거워하자 삼황이 그것을 본받아 하늘과도 같아졌다. 왕기(王氣)가 즐거워하자 오제가 그것을 본받았는데, 땅을 본받아 덕을 좋아하여 만물을 양육해주지만, 때로 형벌을 사용하기도 하였다. 미기(微氣)란 삼왕이 본받았던 것인데, 항상된 법은 없다. 쇠락·흉패와 사망의 기는 본받은 것인데, 이런 기는 혼란스러운 것이다. 하늘·땅께서는 무력을 가지고 계시는데, 이는 흉악한 것을 죽이고, 선한 것을 따르도록 하기 위한 것으로, 깊이 살펴보아야 한다.

"훌륭하십니다. 훌륭하십니다. 청컨대, 음악으로 선한 뜻을 즐기는 것에 관해 여쭙겠습니다. 바라옵건대 가장 중요한 정론으로 우매한 소생들이 철저하게 깨달아 다시는 감히 묻지 않도록 해 주시길 바랍니다. 어찌해야 들을 수 있겠습니까?"

"그대들은 여전히 깨닫지 못하고 있다는 말인가?"

"삼가 이미 조금은 깨달은 바가 있습니다만, 하고(下古) 시기의 사람들이 우매하고 미혹됨이 날로 오래되어 비록 문서를 전해 준다 할지라도 그들이 여전히 깨닫지 못하고, 더욱이 그들로 하여금 하늘께서 금하시는 바를 범하도록 하지나 않을까 염려되는 까닭에, 감히 그 가장 중요한 정론을 쉽게 알 수 있는 방법에 관해 여쭙지 않을 수 없습니다."

"좋다! 그대들의 물음은 뜻을 얻었도다. 좋다. 편히 앉거라. 바로 설명해 주겠다. 그렇다. 가장 좋고 가장 기쁜 해에는 만물이 모두 풍부하고 튼실하게 자라며 사람들은 모두 기뻐하여 마음속으로 항상 가무를 즐기고자 한다. 사람들은 묵묵히 스스로 서로를 애호하고 변심하거나 다툼을 일으키지 않으며, 스스로 즐거움을 생기게 한다. 윗사람과 아랫사람이 서로를 이기고자 살상하는 일이 없고 모두가 서로를 즐겁도록 해 준다. 이런 까닭에 음악은 선한 것으로부터 생겨나오고 또한 선한 것을 즐겁게 해 주는 것인데, 이렇듯 하늘께서는 저절로 이와 같이 되도록 하시는 것이다."

"훌륭하십니다. 훌륭하십니다!"

"큰 흉년이 든 때에는 사물 중 하나도 좋은 게 없고 사람들은 모두 굶주리고 추위에 떨며 절규하고, 다시 서로를 살상하게 된다. 암암리에 모두가 스스로 우수와 고뇌와 분노와 원한을 낳아 마음속이 즐겁지 않으니, 어찌 가무를 생각할 겨를이 있겠는가? 음악 또한 암암리에 저절로 폐지 · 단절되고 마는 것이다. 그러므로 큰 흉년과 소출이 적은 해에는 음악도 없는 것이니, 하늘께서 그것이 저절로 없어지게 하시는 것이다. 이것이 곧 하늘께서 악함을 즐거워하지 않으신다는 증명이다. 이런 까닭에 음악은 선함을 위해 생겨난 것이고, 무력은 악함을 일으키기 위해 발동하는 것이다. 이런 까닭에 옛날 제왕 가운데 장차 흥하고자 했던 자는 선함을 즐겨 감응을 얻었다. 장차 쇠망하려는 자는 흉함을 즐겨 감응을 얻었다. 이것은 저절로 그러한 법칙이다. 이런 까닭에 음악은 선함을 낳고, 선함은 음악을 낳는다. 흉함은 무력을 즐겨 사용하고, 무력은 흉한 결과를 낳는다. 무위(無爲)의 다스림은 즐거움을 낳고, 즐거움은 무위의 다스림을 낳는다. 무력은 혼란을 낳고, 혼란은 무력을 낳는다. 즐거움은 가무를 낳고, 가무는 즐거움을 낳는다. 흉함은 근심과 고뇌를 낳고, 근심과 고뇌는 흉함을 낳는다. 나의 문서를 하고(下古) 시대 사람들에게 보여주어, 세밀하게 생각하도록 하고, 또한 즐기도록 하라. 설명은 여기에서 일단락 짓기로 하자."

"훌륭하십니다. 훌륭하십니다!"

이상은 '오음(五音)', '음악이 마땅히 움직여 쓰여야 할 전후 사정', '하늘 · 땅 · 사람의 마음과 뜻을 얻음'으로써 태평한 세월을 도래케 하고, 재앙과 간특함을 제거하여 화기(和氣)를 불러오는 것에 관한 중요한 정론을 말한 것이다.

所以三倍帝氣樂賢[1)]者, 帝氣最尊無上, 象天尊, 故倍樂之. 天者, 而制御地與人, 故三倍之, 象天地人也. 夫天地人見樂興理, 而萬物各得其所, 瑞應善物萬二千, 爲其具出矣, 故先樂之也. 樂之當詳聽一意, 端坐長思, 心中悅喜, 愉愉然也. 忠信至誠, 無有惡意, 比若對帝王而坐, 不敢邪僻. 天應其行, 祆惡災害之屬莫不悉去, 因天爲尊, 因帝氣爲權, 自然天逑法, 故致太平不難也. 善哉善哉! 所以再倍王氣樂弦者, 王氣象地. 地者與人幷居, 故再倍其樂, 樂地也. 地與人見樂悅喜, 而萬物幷理得矣. 又地者卑, 故其樂少於天也. 善哉善哉! 又王氣弱於帝氣, 卑於帝氣爲一等, 故少之也. 尊卑相次之法, 其分自然也. 善哉善哉!

[附] 所以三倍帝氣樂弦者, 帝氣最尊無上, 象天尊, 故倍樂之. 萬二千物俱生, 善氣悉應. 所以再樂相氣樂弦[2)]者, 相氣象地. 地與人幷居, 故再倍其樂地,[3)] 地也與人幷, 人見皆悅喜, 而萬物幷理.

所以樂相氣微氣一行者, 相氣微氣象中和人. 夫中和人卑於天地, 故其樂少. 人者, 主爲天地理萬物, 人樂則悅喜爲善, 爲善則萬物理矣. 人不樂則爲惡, 爲惡則萬物凶矣. 善哉善哉! 又人者, 是中和萬物之長也. 其長悅喜理, 則其萬物事理, 其長亂, 則其物亂. 故先樂其長, 以順樂天地人之道也. 善哉善哉!

是故上善之氣最尊善, 故樂得三重也, 以樂善也. 是故古者帝王治得善, 得天心意者, 得重樂也, 是其明證也. 今太平氣至, 故敎其興樂也. 衰亂之氣應凶年, 故不得興樂. 如興樂, 名爲興樂凶衰, 天上名之爲大逆也, 災害之本, 禍之所從起. 可不愼乎? 善哉善哉! 是故其次樂再重, 王氣不若帝氣, 故樂少. 是故治少善者, 樂爲之衰少. 所以衰少者, 氣衰不而大善, 故不敢重多樂也. 中有凶氣, 故不敢具其樂也. 比若人家有七善三惡, 則心中爲之不而樂, 此之謂也. 善哉善哉. 夫七善三惡, 善多惡少, 安而止樂乎? 人心中雖樂, 時念三惡, 則不而純樂, 此天性也. 乃且盡善, 無復一憂, 乃而大樂也. 故樂以樂善, 不以樂凶也. 善哉善哉!

吾言乃天明券書, 不失一也. 是故其次樂一行, 相氣微氣少所而安, 人德最少, 不而若天地氣也. 故乃微少, 不而若天地, 故少其樂. 相氣微氣少所而化. 乃其中國固多惡少善, 故不敢多具其樂也. 反名爲樂凶惡, 其善少, 故其樂少也. 所以少者, 但樂其中善者, 不敢樂其中凶惡也. 樂其中凶惡, 比若小人有七凶三善, 三善讁得三從樂.[4] 有七凶惡反七愁苦, 悒悒安而從樂乎? 所以然者, 十十爲法者, 十乃三折之也. 帝氣十十皆善, 王氣者二善一惡, 相氣者二惡一善也. 故帝氣者象天, 天者常樂生, 無害心, 欲施與, 三皇[5]象之, 常純善良無惡, 無害心. 天如三皇, 三皇如天也. 故上善之人無一惡, 但常欲爲善. 其象天也, 其象眞神乎! 善哉善哉! 王氣者象地, 地者常養而好德, 五帝[6]象之也. 地雖養者, 名爲殺, 故五帝時有刑也. 善哉善哉! 相氣微氣者象人, 人者無常法, 數變易, 三王[7]象之, 無常法也. 夫和氣變易, 或前或退, 故下上無常. 和者睹剛亦隨之, 睹柔亦隨之, 故無常也. 衰死囚亡之氣象萬物, 數變亂, 無正相出入, 五霸[8]象之. 其氣亂凶, 故不得有樂也. 夫天地之性, 樂以樂善, 不以樂惡也. 夫天地之武以誅惡, 不以誅善. 天地格法, 不可反也.

[附] 帝氣樂, 三皇象之, 如天也. 王氣樂, 五帝法之, 象地, 好德養物, 而時復刑也. 微氣者, 三王象之, 無常法. 衰囚亡之氣, 五霸象之, 其氣亂. 天地之有武, 以誅惡而遵善, 可深察之.

善哉善哉! 請問樂以樂善意, 願聞大訣, 使愚生心悉解, 而不敢復問, 豈可聞乎? 子自若不解邪? 謹已小解. 恐下古之人, 積愚迷日久, 雖與其文, 猶復不解, 復令犯天禁, 故不敢不問其大訣易知者矣. 善哉! 子之言, 得其意. 諾. 安座方解之. 然, 夫上善大樂歲, 凡萬物盡生善, 人人歡喜, 心中常樂欲歌舞, 人默自相愛, 不變爭, 自生樂, 上下不相剋賊, 皆相樂. 故樂生於善以樂善, 天使自然如此也. 善哉善哉! 夫大凶年, 凡物無一善者, 人人皆飢寒, 啼呼哭泣, 更相剋賊. 默自生愁苦忿恚, 心中不樂, 何而歌舞? 樂默自廢絶. 故凶年惡歲無樂, 天使其自然無也. 是則明天不樂凶惡之證也. 是故樂爲樂善生, 武爲興凶作. 是故古者帝王將興者, 得應樂善也. 將衰者, 得應惡也. 此者, 自然之法也. 是故樂生善, 善生樂. 凶凶生樂武, 武生凶. 無爲生樂, 樂生無爲. 武生亂, 亂生武. 樂生歌舞, 歌舞生樂. 凶惡生愁苦, 愁苦生凶惡. 以吾文見下古之人, 使其思之樂之, 訣說小竟於此. 善哉善哉!

右五音樂當所動發前後得天地人心[9]意以致太平除災姦致和氣出大訣.

역주

1) 樂賢(낙현) : 여기에서의 '현(賢)'은 '현(弦)'의 오자인 것으로 보인다. 문맥상으로도 그렇고 [부(附)]의 글에서도 '악현(樂弦)'으로 하였기 때문이다.

2) 相氣樂弦(상기악현) : 여기서는 '상기악현'을 2배 규모의 음악을 사용하는 대상으로 하고 있는데, 이는 『태평경』 본편에서 기술한 것과는 다른 내용이다. 『태평경초』에서는 다음 단락에서 '상기미기일행(相氣微氣一行)'이라고 하였으므로, 여기서의 '상(相)'은 '왕(王)'의 오자임이 분명하다.

3) 再倍其樂地(재배기악지) : 여기에서의 '지(地)'자는 '지(之)'자의 오자인 것 같다.

4) 謫得三從樂(적득삼종락) : '적(謫)'은 '적(適)'과 통하는 글자로서 '마침' · '알맞다'라는 뜻이다. '종(從)'은 종(縱), 즉 '죽 늘어지다'라는 의미이다.

5) 三皇(삼황) : 천황(天皇) · 지황(地黃) · 인황(人皇)을 뜻한다.

6) 五帝(오제) : 황제 · 전욱 · 제곡 · 요 · 순을 뜻한다.
7) 三王(삼왕) : 하우(夏禹) · 상탕(商湯) · 주문왕(周文王)과 무왕(武王)을 뜻한다.
8) 五霸(오패) : 제환공(齊桓公) · 진문공(晉文公) · 진목공(秦穆公) · 송양공(宋襄公) · 초장왕(楚莊王)을 뜻한다.
9) 心(심) : 본래 '以(이)'자로 되어 있는데, 여기에서는 『태평경초』에 의거하여 교정하였다.

궐 제(闕題) : 제목 없음

해제 이 장의 경문과 제목은 일찍이 없어졌다. 이 번역에서는 『태평경합교』에서 『태평경초』에 의거하여 보충해 놓은 것을 따른다. 이 장의 글에서는 『태평경』이라는 책을 매어 꾸민 것과 글씨를 쓴 것의 특징에 관해 설명하고, 저자가 화행(火行)의 인정의 도리(仁政之道)를 전한다는 뜻을 말하였다. 이 구절의 글은 정부(丁部) 권56~64 「궐제」(5)에서도 보인다.

나의 글 중에서 훌륭한 점은, 책 전부를 푸른색 비단을 사용하여 머리 부분을 감쌌고 붉은 색깔로 표지의 제목을 쓴 것이다. 어째서 이렇게 하였는가? 나의 도(道)는 단청처럼 미더운 것이기 때문이다. 푸른색은 낳아줌인데, 어질고 바른 것이다. 붉은 색은 태양(太陽)으로 하늘의 바른 색이다. 나의 도는 태양이고 인정(仁政)의 도로서 다시 상해하고자 하지 않는 것이다.

吾書中善者, 悉使靑首而丹目,[1] 何乎? 吾道乃丹靑之信[2]也. 靑者生,[3] 仁而有正,[4] 赤者太陽, 天之正色也. 吾道太陽仁政之道, 不欲傷害.

역주

1) 靑首而丹目(청수이딘목) : 푸른 빛깔의 비단을 사용하여 책의 머리 부분을 감싸고 붉은 색깔을 사용하여 제목을 썼다는 의미이다. 그러나 『후한서(後漢書)』 권30 「양해전(襄楷傳)」 및 이현(李賢)의 주(注)에 의거하면, 『태평경』은 비단에 쓴 백서(帛書)인데 '백(帛)'은 청백색을 취한 것이며, 그 위에 붉은 색깔을 써서 세로로 구획하였다고 하였다. 어쨌든 이 구절은 『태평경』이라는 책을 매어 꾸민 것과 글씨를 쓴 방식에 관해 설명한 것이다.

2) 丹靑之信(단청지신) : 단청은 쉽게 퇴색되지 않는데, 여기에서는 이것을 비유적으로 사용하여 '신(信)'이라고 말하였다.

3) 靑者生(청자생) : '생(生)'은 낳아주는 것을 뜻한다. '청(靑)'은 목(木)에 속하는데, 목은 낳아주는 일을 주관한다.

4) 仁而有正(인이유정) : 『태평경』 권56~권64의 「궐제」(5)에서는 '정(正)'을 '심(心)'으로 하였다. 인륜의 오상(五常)을 오행에 배당할 때 인(仁) 또한 목(木)에 속한다.

궐 제(闕題) : 제목 없음

해제 이 장의 경문과 원래의 제목은 일찍이 없어진 것이다. 이 번역에서는 『태평경합교』에서 『태평경초』에 의거하여 보충해 놓은 것을 따른다. 이 장의 글에서는 원기(元氣)의 저절로 그러함, 하늘 · 땅의 삼광(三光), 춘하추동의 네 계절과 여섯 방위의 무릇 신령들, 만물과 만사, 인민 남녀의 즐거움과 기쁨 또는 분노와 다툼이 야기하는 서로 다른 상황과 결과를 열거한다. 그런 가운데 즐거움은 양(陽)이 되고 하늘의 영원한 법칙이 되며 커다란 교화의 근본이 되어, 생(生)과 시(始)와 음양(陰陽)을 이끌고 그 공능을 합하는 효능을 지닌다는 점을 설명한다. 반대로 즐거워하지 않고 분쟁하는 것은 형벌·병혁의 시단과 흉패(凶敗)의 근원이 되어 음과 양이 상극해 서로를 해치는 극단적인 파괴성을 지니게 된다는 점을 설명한다. 나아가 즐거워하면 양이 홍하고 음은 잠복되는 저절로 그러한 법칙을 제시한다. 그리고 제왕이 즐거움을 따르도록 하면 형벌이 단절되는데, 이를 위해 『역경』의 신령스러운 도와 삼황오제·삼왕오패의 행위를 빌려 논한다. 아울러 효도와 윗사람을 순종하는 등급 질서 및 성사(聖師)·선사(善師)가 하늘을 대리하여 교화하는 으뜸적인 작용을 강조한다.

“청컨대, 여쭙습니다. 만일 지금 태평한 상황의 기가 갖추어 내려옴에 마땅히 천상(天上)을 본받아 그와 같은 다스림을 시행해야 할 것인데, 어째서 먼저 해야 할 일과 뒤에 해야 할 일이라는 구별을 두는 것입니까?”

“지금 천상에서 법으로 삼으신 것은 즐거움이란 따름으로써 즐거워하고, 괴로움이란 따름으로써 괴로워하는 것이다. 천상에서 법으로 삼는 것은 이와 같다. 이에 태평기가 이르기 때문에 천상께서는 즐거움에 따라 순종하고 받들도록 하셨고, 무력을 가장 위급한 것으로 간주하여 형벌을 단절시키셨다. 지상도 또한 마찬가지이다. 즐거움이란 양에 속하는 것으로 하늘의 영원한 근간이며, 무력과 형벌은 음에 속하는 것으로서 땅의 노함이다. 음이 홍하면 반드시 양의 가르침을 해치는데, 지금 태평기가 이른다면, 하늘께서는 신령·무력과 더불어 다스리실 것이다. 이런 까닭에 형벌·무력과 쟁송을 단절시켜 세상 사람들로 하여금 매우 분명하게 살피도록 하여 영원토록 다시는 망령되이 행동하지 않도록 하실 것이다. 모두 해·달처럼 밝아서 오래도록 가리거나 감추어 둘 수가 없다.

원기와 스스로 그러함[自然]이 즐거워하면 화합하여 함께 하늘과 땅을 낳는다. [하늘과 땅이] 기뻐하면 음과 양이 화합하여 바람과 비가 고르게 된다. 바람과 비가 고르게 되면 함께 일만 이천 종의 사물을 낳는다. 무릇 사물들이 즐거워하면 진기한 길상들이 갖추어 응하여 나타난다. 만물의 응함이 일어나면 정령이 위로 올라가 천상에 달라붙으니, 해·달·별의 삼광이 더욱더 밝게 빛나 모든 것을 명백하게 비추어 준다. 삼광이 즐거워하여 화합하면 네 계절이 순조롭게 운행한다. 봄은 낳아줌을 즐거워하고, 여름은 기르기를 즐거워하며, 가을은 거두어들이기를 즐거워하고, 겨울은 저장하기를 즐거워한다. 네 계절이 즐거워하고 기뻐하여 오행이 거스르지 않으면 인민이 홍한다. 인민이 홍하면 제왕은 장수하고, 제왕이 장수하면 모든 인민이 즐거워하고, 무릇 인민이 즐거워하면 정령과 귀신과 사악한 사물은 잠복한다. 정귀와 사물이 잠복하면 요절하거나 병들어 죽는 사람이 없게 된다. 요절하거나 상해를 입는 사람이 없어지면 태평기가 내려온다. 모든 나라들이 전쟁을 하지 않고 도적과 탐욕스러운 자와 교활한 자들이 멸절된다.

하늘·땅과 여섯 방위의 신령들이 모두 즐거워하고 기뻐하시면, 하늘·땅 사이의 진인(眞人)과 선인(仙人)이 세상에 출현한다. 하늘·땅 사이의 진인과 선인이 출현하면 바른 기가 다 드러나고 사악한 기는 다 잠복한다. 악한 사람들이 모두 앉아서 스스로 사색하고, 선한 사람들이 뜻대로 실천할 수 있게 되며, 신인(神人)의 천서(天書)가 남김없이 내려져 사특하고 거짓된 글들이 없어지게 된다. 사람들 누구든 기뻐하고 즐거워하지 않는 자가 없게 되면, 남녀가 화합하여 같은 마음으로 한 집안을 이루고 후세를 이어나 간다.

어떤 일이든 즐거워하는 것에는 악함이 없다. 음양이 즐거워하면 삶의 시작이 된다. 만물은 천부적인 생명을 받아 일어나니, 모든 것이 사람과 비슷하게 된다. 남녀가 즐거워하면 같은 마음이 되어 함께 자녀를 낳아 이루지 못할 일이 없게 된다. 즐거워하지 않으면 서로 더불어 기쁘게 화합하려 하지 않는데, 서로 화를 내고 즐겁지 않음에도 억지로 기쁜 척하고 합하려고 한다면 후손에게 흉함이 된다. 지금 나의 이 글은 겨우 그 대강만을 든 것으로서 그 시작을 보여주는 것일 뿐이다. 그렇지만 즐거워하는 일에 관한 것으로써 선하지 않은 일에 관한 것을 풀어낼 수 있다면, 어찌 이루 다 설명하겠는가?

이미 즐거워함의 좋은 점을 알았을 터이지만, 즐거워하지 아니함의 금기에 관해서는 언급하지 않은 까닭에, 다시 대강을 펼쳐 보이겠다. 황홀함의 상태에서도 즐겁지 않으면, 함께 힘써 마음을 합하여 함께 원기를 낳으려고 하지 않아, 스스로 그러한 본연의 상태에 머물러 있게 된다. 원기와 저절로 그러함[自然]이 즐겁지 않아 나뉘어져 싸우게 되면, 몸과 합하고 도와 덕과 보화하여 함께 하늘과 땅을 낳는 일을 할 수 없다. 하늘·땅께서 즐겁지 않으시면, 음양이 나뉘어 싸우게 되어 네 계절과 오행의 기를 취합해 바람과 비를 고르게 함으로써 만 이천 가지 사물들을 무성하게 자라도록 할 수 없다. 만 이천 사물이 즐겁지 않아 나뉘어 싸우게 되면, 다수가 상해를 입고 사망하게 되어 그 해에는 큰 흉해가 있다.

각종의 일들이 즐겁지 않아 나뉘어 싸우게 되면, 해·달·별의 삼광이 이에 말미암아 밝음을 잃게 되고, 제왕이 근심과 고뇌에 빠지며 모든 백성이 유랑하게 된다. 선한 기가 가려지고 감춰지면 악한 기가 유행한다. 순수한 신령이 멀리 떠나가면 귀물이 도처에서 출현한다. 만물과 인민이 요절하면 올바른 해가 없게 된다. 만이천 나라들이 서로 나뉘어 싸우게 되고 즐거워하지 않아, 형벌이 크게 일어나 전쟁이 끊이지 않는다. 기쁨이 단절되고 폐지되면, 형벌이 곳곳에서 사용되어 여섯 방위가 화목하지 못하고 나날이 흉해진다. 천기가 고르지 못한 것은 바로 이러한 일들이 뒤따라서 생겨나는 것임에도, 사람들은 말미암는 바를 알지 못하고 그 죄과를 도리어 윗사람에게 돌려 제왕을 책망한다. 자신의 큰 허물을 인정하지 않고 도리어 아랫사람이 윗사람을 책망하여 모두 때의 기운을 거스르고 있으니, 어찌 태평을 실현할 수 있겠는가? 거꾸로 흉해를 끌어들이고 있는 까닭에 형살기(刑殺氣)가 날로 흥하게 되어 즐거운 일은 없어지게 된다. 이런 죄는 중고(中古) 이래 때때로 스승이 와서 가르침을 행하였으나 도리어 무력에의 입구를 열어 놓고 즐거움의 길을 닫아 버렸던 것이다. 이런 까닭에 간사함만을 흥하게 하였으니, 끝마치는 곳을 알 수 없다. 큰 죄과는 바로 여기에 있다. 이런 까닭에 지금 천상의 통명한 태평기가 이르도록 하려면, 크게 즐거워하고 형벌을 없애야만 한다. 지상에서도 또한 그러하다.

나는 즐거움을 따르는 것이 선한 일이 되고, 즐겁지 않음을 따르는 것이 흉한 일이 되는 모든 것을 낱낱이 설명할 수는 없다. 이런 까닭에 음양의 도는 천상을 따라 지하에 다 이르고, 다시 사방으로 다하지 않는 것이 없다. 암컷과 수컷의 부류는 서로를 기뻐하고 서로를 즐겁게 만든 뒤에 마음을 합하여 함께 낳고 성장시키며 함께 다스리는바, 이는 천통(天統)과 지통(地統)을 이어서 무극(無極)의 술을 다스리는 것이다. 가령 서로를 기뻐하지 않고 마음을 합하여 하나가 되지 못하면 서로 함께 낳아주고 함께 성장시키고 함께 다스려 천통과 지통을 이어서 무극의 술을 다스릴 수 있겠는가? 힘써 형벌을 사용하고 위협하여 억지로 합하게 한다면 시간이 오래될수록 오히려 그르치고 만다. 서로 어그러지고 분쟁을 일으키면, 음과 양이 상극하여 죽이고 해치는데, 이런 일을 금할 방법이 없다. 이는 바로 부자 · 모자 · 부부와 같은 매우 친근한 사람들로 하여금 결국에는 서로를 해치도록 만들어, 함께 천도를 어지럽혀 후세를 끊어 버리게 되는 것이니, 그 큰 허물이 초래하는 결과는 이와 같다.

즐거움은 하늘의 근간으로 태양의 정수이고 효는 땅의 근간으로 태음의 정수이다. 이런 까닭에 즐거워하는 것은 시초를 이끌고 낳아줌을 이끌어 화합과 즐거움을 이끌어 공을 이룬다. 하늘은 선함을 즐기고 낳아줌을 즐기는 까닭에, [사람은] 항상 하늘과 더불어 하고 아울러 기를 같이해야 한다. 즐겁게 화합하면 서로를 낳아줄 수 있는데, 이렇게 하는 데에는 마땅히 위와 아래가 있어야 한다. 이런 까닭에 즐거움은 하늘이 되고 위가 되며, 효는 아래가 되어 땅을 본받는다. 땅이란 아래에 거처하면서 그 위를 받들고 순종하는 것이며, 음은 그 양을 섬기고, 자식은 그 아버지를 섬기며, 신하는 그 군주를 섬기는 것이다. 군주는 위로 하늘을 섬기고 땅 또한 하늘을 섬기는데, 하늘은 그 위의 원기를 섬긴다. 이런 까닭에 땅과 더불어 기를 하나로 하면 즐거워할 수 있고 효순할 수 있는데, 이렇게 하는 것이야말로 하늘과 땅을 최고로 순종하는 일이다.

『주역(周易)』은 음양의 두 기를 다스려 여덟 방향에서 부는 바람으로 하여금 조절하고 육갑과 더불어 위치를 일치하게 하며, 음과 양이 하나의 몸체가 되도록 하여 하늘 · 땅과도 연결돼 한 몸이 되도록 하는 도이다. '형벌'[刑]은 철두철미 음물(陰物)이고 싸우게 하는 것으로 화합하지 못하는 기이므로 입추 · 입동의 절기를 따라 흥하는 것이다. 형벌은 음기를 얻으면 극성부리는 것이므로, 봄과 여름이 되면 잠복하고 가을과 겨울이 되면 흥한다. 도적은 밤이 되면 활개치고, 간사한 일은 누구도 알 수 없는 음침한 곳에서 일어나며, 귀물(鬼物)이 일으키는 갖가지 질병은 어두운 곳에서 발동하고, 원한을 맺어 증오하는 사람들은 좁고 막다른 길에서 서로를 죽인다. 이것이 곧 즐겁지 않아서 형벌을 따르는 것의 뚜렷한 증거인 것이니, 삼가지 않을 수 있겠는가?"

"어리석은 소생들은 두렵습니다."

"그대들이 그런 일을 두려워할 줄 아는 것은 장수할 징조이다. 그런 일을 두려워할 줄 모르는 것은 화의 입구이다. 그대들에게 훈계하건대 그런 일을 삼가도록 하라! 이런 까닭에 천상에서의 다스림은 각 방면에서 즐거움을 좇음으로써 교화의 근본으로 삼는 것이다. 사람들마다 스스로 즐거워하고 서로를 감화시키며 좌정하여 자기의 과오와 득실을 생각하도록 한다면, 이보다 좋고 쉬운 방법은 없을 것이로다! 천상에서의 다스림은 이와 같다. 지상 또한 그러하다. 이런 까닭에 다스림에서 태평을 실현하는 시기를 앞당기고자 하는 사람은 분쟁과 형벌을 끊어버리는 데 힘써야 하며 즐거움을 이끌어 내기를 우선해야 하는데, 이렇게 하면 가장 왕성하고 밝은 태평기(太平氣)가 바로 이를 것이다."

"여쭙건대, 천상의 태평기가 저절로 이를 때면 사람들은 모두 마땅히 스스로 선하게 되어야 합니다. 만물 또한 스스로 마땅히 평안하고 질병을 앓는 일이 없어야만 할 것입니다. 그런데 지금 천상에서 법으로 삼았음에도, 어째서 거꾸로 사람들이 즐거움을 이끌어서 서로를 교화시켜야 한다고 말씀하시는 것입니까?"

"무릇 일이란 모두 그에 앞서 이끌어주고 가르쳐주어야 하는 것이다. 선과 악이란 교화함에 있어서 가장 먼저 알려주어야 하는 것이고, 어리석은 사람을 깨우쳐주는 문호이다. 이런 까닭에 하늘께서 장차 일 중에서 제일 먼저 해야 할 것을 이끌어내어 그 징조를 하늘에 나타내 보이시고, 아울러 신령스러운 글을 내려주시는 것이다. 옛날 성인(聖人)은 이를 본받아 그 뜻을 이루었다. 이런 까닭에 천황 · 지황 · 인황의 삼황께서는 도로써 교화를 행하셨고, 인민들 또한 모두 도를 지니게 되었던 것이며, 사물 또한 그러하였다. 오제들은 주로 덕으로써 교화하였으며, 인민들 또한 모두 항상된 덕에 근접하였던 것이며, 사물 또한 그러하였다. 삼왕은 주로 예의규범으로써 교화하였고, 인민들 또한 주로 예의 규범으로써 교화하였고, 사물 또한 그러하였다. 오패들은 주로 무력으로써 교화하였고, 인민들 또한 무력으로써 분노하기를 좋아하여 강함과 용맹을 숭상하였으니, 이는 두루 교화하는 일에서 가장 먼저 힘써야 할 것은 아니었던 것이다. 이런 까닭에 선한 사람이 거처하는 곳에는 선한 사람이 많게 되고, 악한 사람이 거처하는 곳에는 많은 악한 사람이 있게 되는 것인데, 이러한 상황은 서로 쉽사리 바꿀 수 없는 것이다."

請問今太平上皇氣具至, 天土理,[1] 何所先後, 豈可聞乎? 今天上爲法也, 樂者順之以樂, 苦者順之以苦, 天上之爲法如此矣, 乃太平氣至. 故天上從其樂, 以順奉之, 大急兵杖而斷刑罰. 地上亦然. 樂者, 陽也, 天之經也. 兵杖刑罰者, 陰也, 地之怒也. 陰興必傷陽化. 今太平氣至, 乃天與神兵共治, 故斷刑罰兵杖爭訟, 令使察察, 萬世不復妄也. 皆如日月, 不可久蔽藏也. 元氣自然樂, 則合共生天地, 悅則陰陽和合,[2)]風雨調. 風雨調, 則共生萬二千物. 凡物樂, 則奇瑞應俱出, 生萬物之應, 精上著天, 三光更明察察也. 三光樂而合, 則四時順行. 春樂生, 夏樂長, 秋樂收, 冬樂藏. 四時樂喜, 五行不逆, 則人民興. 人民興則帝王壽, 帝王壽則凡民樂, 凡民樂則精物鬼邪伏矣. 精邪伏則無夭病死之人, 無夭傷人, 則太平氣至矣. 萬國不戰鬪, 盜賊貪猾絶矣.

天地六萬[3)]神俱樂喜也, 天地眞仙人出. 天地眞仙人出, 則正氣悉見而邪氣悉藏. 惡人悉坐自思矣, 善人行矣, 神人筴書盡出而邪僞文亡矣. 人莫不悅樂喜, 陰陽和合, 同心爲一家, 傳相生. 凡事樂者, 無有惡也. 凡陰陽樂, 則生之始也, 萬物所受命而起也, 皆與人相似. 男女樂則同心共生, 無不成也. 不樂, 則不肯相與歡合也, 怒不樂而强歡合, 後皆有凶. 今吾之文, 纔擧其大綱, 見其始. 以樂化之爲不善, 安可勝記也. 已知樂之善, 未及不樂之禁, 復爲開其綱紀. 恍惚不樂, 不肯并力合心而共生元氣, 著自然也. 元氣自然不樂分爭, 不能合身和德而共生天地也. 天地不樂, 陰陽分爭, 不能合氣四時五行, 調風雨而盛生萬二千物. 萬二千物不樂 · 爭分, 多傷死, 其歲大凶. 凡事不樂 · 爭分, 三光爲之失明, 帝王愁苦, 萬民流亡也. 善氣蔽藏, 惡氣行也. 正神遠去, 鬼物興也. 萬物人民夭死, 無有年也. 萬二千國[4)]分爭不樂, 刑罰大起, 兵革揚也. 樂斷廢也, 則刑大起, 六方不和, 則日日凶也. 天氣不調, 正從此起, 而人不知其所由, 反歸過以罪上而責帝王. 不得其大過, 反下責上, 盡逆氣, 何能致太平? 反致凶, 故刑氣日興, 樂者絶亡. 咎在中古以來師敎時時有設者, 反開列兵之門, 閉其樂戶, 故使邪奸得起, 不可卒止. 大咎在此. 故今天上洞平氣至, 大縱樂, 除刑罰也. 地上亦然.

吾不能勝記縱樂之爲善也, 縱樂之爲惡也.[5] 是故陰陽之道, 從天上, 盡地下, 旁行無窮極. 牝牡之屬相嬉相樂, 然後合心共生成, 共爲理, 傳天地之統, 御無極之術. 設使不相嬉, 不肯合心爲一, 肯共生共成共爲理, 共傳天地之統, 御無窮之術? 力以刑罰, 威而合之, 久久猶敗. 相背分爭, 陰陽相剋賊害, 不可禁止也. 正使父子 · 子母 · 夫婦極親會相害也, 共亂天道, 斷無世也. 其大過所致如此矣. 樂爲天之經, 太陽之精. 孝爲地之經, 太陰之精. 故樂者倡始倡生, 倡合樂成功. 天者常嬉善嬉生, 故常與天合與同氣也. 樂合乃能相生, 當有上下. 故樂爲天爲上, 孝爲下象地. 地者下承順其上, 陰事其陽, 子事其父, 臣事其君. 君上事天, 地亦事天, 天事其上, 故與地同氣, 故樂與孝, 最順天地也.

『易』者理陰陽氣, 八風爲節,[6] 與六甲同位,[7] 陰陽同體, 與天地連身, 故爲神道也. 刑者, 絶洞陰戰不和之氣也, 故常隨陰節而起. 刑者, 得陰而劇, 得春夏而服, 得秋冬而興. 盜賊得夜而起, 奸邪得幽冥間處而作, 鬼物諸病得冥而發, 怨咎得險狹而聚相殺也. 此則不樂從刑之大徵, 可不愼乎?

愚生畏之. 子知畏之, 壽之徵也. 不知畏之, 禍之門也. 戒子愼之! 是故天上爲政, 各縱樂以爲化本. 人人使俱自樂相化, 坐思其過得失, 莫爲善易哉! 天上爲政如此也, 地上亦然. 故理欲疾平者, 務斷分爭刑罰, 倡樂爲先, 皇平之氣立至矣. 請問天上太平氣自時來至也, 人皆當自化爲善, 萬物自當平安無病. 令[8]

天上爲法，何故反以人倡之作樂以相化乎？凡事，在其先導之敎之. 善惡，是化之先也，開蒙愚之門也. 故天將有可爲，皆先倡其先，其象見於天，神文出. 古者聖人象之爲作意. 故上三皇乃敎化以道，其人民盡有道，物亦然. 五帝敎化多以德，其人民多類經德也，物亦然. 三王敎化多以文，其人民多文，物亦然. 五霸敎化多以武，其人民多悉武好怒，尙强勇，此非悉化之首也. 故善人之鄕者多善人，惡人之鄕者多惡. 人，此非相易也.

凡天上·天下之事，各自有師法，各象其師法，而所化悉相類似. 天者好生興物，物不樂，不肯生. 今天上皇平洞極之氣俱出治，陽精昌興，萬物莫不樂喜. 故當象其氣而大縱樂，以順助天道. 好是則天道大喜，今[9]帝王理平人民壽，故其縱樂以奉天道，又使各坐思自化，何有各乎？又樂者，天也，陽精也. 陽與則陰精伏，猶如春夏起，秋冬伏，自然之式也. 眞人務順吾書言，刑自絕. 爲化如此，與神無異. 故理難平，化失之耳. 今天道自有衰盛吉凶，何反言師化之首乎？天地不與人語也，故時時生聖人，生聖師，使傳其事，此主天. 時且吉樂，故生善師，使善言善化. 天道將亂凶衰，則生惡師，使敎化惡也. 是主化天道且自善自惡之徵也者. 夫[10]且樂歲生善物多，五穀成以食人，其人好善. 天且惡歲生惡物多，善者少，以惡物食人，其人色惡. 是其化人之師明徵也. 故善師出，惡師伏，是天盛衰之徵，是主天也. 今天道大周，故使吾下善說，眞人善事，樂其化爲上善，故以第一事敎之. 天周備，其事具者必樂. 子知其意，若人物周遍，有其家爲其樂. 今天周遍，有何不樂而曰凶乎？此書萬世不改，天上之化如此矣.

역주

1) 天土理(천토리) : 이 구절 가운데의 '토(土)'자를 마땅히 '상(上)'자로 바꾸어 보아야 한다. 이 구절은 '하늘과 마찬가지의 나스림을 시행해야 한다'는 뜻이다.

2) 悅則陰陽和合(열즉음양화합) : 이 구절의 첫 부분에 마땅히 '천지(天地)'라는 글자가 들어 있어야 한다. 뒤의 구절에서는 '불락(不樂)'을 논하면서 먼저 원기자연(元氣自然)을 들고 다음으로 천지(天地)를 들기 때문이다.

3) 天地六萬(천지육만) : 여기에서의 '만(萬)'자를 마땅히 '방(方)'으로 고쳐서 보아야 한다.

4) 萬二千國(만이천국) : 이는 『태평경』의 저자가 술수를 사용하고, 전국시대 음양가 추연(鄒衍)의 '대구주설(大九州說)'을 결합하여, 분봉제(分封制)에 비의하여 정한 세계 다스림 구역의 숫자이다. 이에 관해서는 『태평경』 권93 「국불가승수결(國不可勝數訣)」의 내용을 참고할 수 있다.

5) 縱樂之爲惡也(종락지위악야) : '락(樂)'자 앞에 '불(不)'자가 빠져 있는 것으로 보아야 한다.

6) 八風爲節(팔풍위절) : '팔풍(八風)'이란 북쪽의 광막풍(廣莫風), 동북쪽의 조풍(條風), 동쪽의 명서풍(明庶風), 동남쪽의 청명풍(淸明風), 남쪽의 경풍(景風), 서남쪽의 양풍(凉風), 서쪽의 창합풍(閶闔風), 서북쪽의 부주풍(不周風)을 뜻한다. '위절(爲節)'이란 '시기(時氣)가 변동하는 정률(定律)을 구성한다'는 의미이다. 구체적으로는 팔괘 가운데의 감괘(坎卦)가 정북에 거하여 동지를 주관하고 광막풍을 낳으며, 간괘(艮卦)가 동북에 거하여 입춘을 주관하고 조풍을 낳으며, 진괘(震卦)가 정동에 거하여 춘분을 주관하고 명서풍을 낳으며, 손괘(巽卦)가 동남에 거하여 입하를 주관하고 청명풍을 낳으며, 이괘(離卦)가 정남에 거하여 하지를 주관하고 경풍을 낳으며, 곤괘(坤卦)가 서남에 거하여 입추를 주관하고 양풍을 낳으며, 태괘(兌卦)가 정남에 거하여 추분을 주관하고 창합풍을 낳으며, 건괘(乾卦)가 서북에 거하여 입동을 주관하고 부주풍을 낳는다(『금주금

역』).

7) 六甲同位(육갑동위) : '육갑'이란 육순(六旬)의 머리가 되는 갑자·갑술·갑신·갑오·갑진·갑인을 가리킨다. '동위(同位)'란 팔괘가 각기 45일을 주관하여 1년 4계절을 주행하는 것이 마땅히 360일이 되는 것을 뜻한다.

8) 슈(영) : 이 글자를 마땅히 '금(今)'자로 바꾸어서 보아야 한다.

9) 今(금) : 이 글자를 마땅히 '영(슈)'자로 바꾸어서 보아야 한다.

10) 夫(부) : 다음의 구절에 의거해 보면, 이 글자를 마땅히 '천(天)'자로 고쳐서 보아야 한다.

太平經

제117권

경부(庚部)의 15

『태평경초』

제207 천락득선인문부화군결(天樂得善人文付火君訣) : 하늘이 즐겨 선인을 얻어 글을 화행의 군주에게 보내는 비결

해제 이 117권의 글은 「천락득선인문부화군결(天樂得善人文付火君訣)」과 「천구사인욕도계(天咎四人辱道誡)」 등 두 장으로 이루어져 있다. 첫 번째 장에서는 태평의 기가 강림할 때 하늘은 바람을 부리고 비를 다스리고 만물이 모두 살아나게 할 수 있는 지상의 성현을 찾아내서 신서(神書)의 글을 보내 하늘의 뜻을 알린다는 점을 설명하고 있다. 이 장에서는 "내가 그대 진인들에게 신문(神文)을 줄 터이니 그대들은 그것을 다시 근면한 백성에게 주고, 그런 다음 화행(火行)에 속하는 도덕적 군주에게 보내게 하면 그는 하늘의 뜻을 알릴 신문(神文)을 백성들에게 보여주고, 천하의 백성으로 하여금 나의 이 글과 말을 함께 실천하도록 할 것이다"라고 했는데, 여기서 말하는 "화행에 속하는 도덕적 군주(火精道德之君)"는 바로 한나라의 군주를 가리킨다. 한 왕조는 자칭 화덕을 지닌 왕조인데, 여기에서 『태평경』은 한나라 때에 나왔고, 처음에는 왕조에 백성을 구제하라는 요구를 하기 위하여 조정에 바쳐졌으나, 후일 그러한 사상이 펼쳐지지도 않아 장각(張角)의 황건봉기(黃巾蜂起)의 경전으로 사용된 것으로 보인다.

"지금 진인들은 매우 선량하고 현명하며, 천하의 일에 정통해 있다. 지금 하늘에서 가장 왕성하고 환하게 열린 태평의 기가 강림하려고 하면서 하늘에서 시급히 찾고 있는데, 그대들은 이 일을 알고 있느냐?"

"소생들은 본디 어리석어 그 일에 대해서 잘 알지 못합니다. 오직 천사님뿐입니다."

"좋다. 여러 진인들은 자리에 앉아라. 내가 그 일에 대해 그대들에게 모두 말하겠다. 지금은 하늘에서 태평의 왕성한 기가 강림할 때로서 지상에서 바람과 비를 조정하여 만물을 모두 살릴 수 있는 사람을 급히 찾고 있다. 천지가 개벽한 이후로 덕을 쌓고 선행을 실천해온 사람은 매우 적고, 따라서 하늘의 마음에 부합하는 사람이 매우 적다. 오늘날 지상에는 하늘에서 원하는 선한 사람이 없다. 때문에 하늘은 항상 이 점 때문에 근심하고 있다."

"오늘날 하늘은 왜 스스로 착한 사람을 만들지 않고 오히려 지상에 와서 찾는 것일까요?"

"천지가 만물을 낳을 때는 음과 양 두 가지가 하나로 합해져야 한다. 지금 위의 이 하늘은 아래의 땅과 결합하는데, 모든 양의 발생은 반드시 음 속에서 이루어진다. 그러므로 이 지상에 와서 사람을 찾는 것이다. 또 사람은 음양이 부여한 기를 포함하고 있으며 반드시 일정한 출생지를 가지고 있다. 그러므로 체질과 기질이 모두 출생한 곳의 특징을 갖고 있다. 동서남북 그리고 중앙 등 오방(五方)은 습속이 각기 다르고, 천하의 사람은 그러므로 조금씩 차이가 있다. 일만 이천 개의 나라가 있는 거대한 구주(九州) 속에 사는 사람은 모두가 다 다르다. 그대들은 알겠느냐?"

"예, 예."

"태어나면서부터 항상 선한 것은 그 공이 아버지에게 있다. 그러므로 착한 사람은 하늘에 그 공을 돌린다. 만물 가운데 빼어나고 착한 사람 중 상급의 사람은 하늘과 합치하여 삼광(三光)이 된다. 중급의 사람은 사람과 부합하고 음양에 순응하여 만물을 다스린다. 하급의 사람은 땅과 부합하여 걸어 다니면서 일을 하도록 되어 있다. 진인들은 알겠는가?"

"예. 예."

"그러므로 오늘날 하늘은 바람과 비를 조정하여 만물들이 모두 살게 할 수 있는 사람을 찾으려고 한다. 그래서 내가 파견되어 그러한 사람을 찾고 있다. 내가 진인들에게 신령스러운 글을 줄 터이니, 그대들은 그것을 다시 근면한 백성에게 주고, 그런 다음 화행(火行)에 속하는 도덕적 군주에게 보내게 하면 그 사람은 하늘의 뜻을 알릴 신문(神文)을 백성들에게 보여주고, 천하의 백성으로 하여금 나의 이 글과 말을 함께 실천하도록 할 것이다. 그러므로 이것을 그대들 진인에게 줄 터이니 이것들이 단절되어 전파되지 않는 일이 없도록 조심하여야 한다. 그렇지 않으면 그대들은 반드시 하늘의 징벌을 받을 것이다. 그대들은 더욱더 조심하여 일을 처리해야 한다."

"예. 예. 어리석은 소생들은 하늘은 위로 끝이 없다고만 생각했지, 아래로 바로 이 땅과 결합할 것이라는 것을 어떻게 알기나 했겠습니까?"

"좋다. 그대들의 의문은. 하늘은 비록 위로 끝이 없지만 또한 음양에서 출발하였고, 그 음양이 서로 결합하는 것이다."

"지금 땅 아래서도 역시 음양이 저절로 결합합니까?"

"그렇다. 땅 역시 아래서부터 끝없이 벋어 나가고 또 그 지체로 음과 양을 가지고 있기 때문에 음양이 서로 결합한다. 이처럼 하나의 음과 하나의 양은 위아래로 끝이 없고 옆으로도 끝이 없다. 대도는 이것을 본성으로 삼고 있고, 하늘의 법도는 이것을 기준으로 삼고 있으며, 모두 하나의 음과 하나의 양을 핵심으로 삼고 있다. 이것이 바로 원기와 저절로 그러함의 술이고 무극의 정이다. 순환하는 것은 처음으로 되돌아오며, 끝나거나 그치는 법이 없다. 나는 진인들을 위해 하나하나 세밀하고도 조리 있게 펼쳐 보여주고 설명해줄 터이니, 진인들이 하나를 알면 만 개를 알 수 있다고 생각하였으므로 그대들을 위해 그 시초에 대해 간략하게 설명하고 그것들의 대강에 대해 보여주고, 그런 다음 그대들 스스로가 생각하고 아울러 온 세상의 현명한 자로 하여금 그것을 고묘한 비결로 여기게 하도록 하겠다. 그대들은 알겠는가?"

"예. 예. 가르침의 말씀을 듣고 싶습니다."

"좋다. 내가 하는 말을 각자가 자세하게 기록하여라. 나의 가르침을 받들어 실천하면 그대들은 불로장생할 것이다."

"예. 예."

今眞人積善又賢, 事事通. 今天上皇洞平氣[1)]具至, 今天上欲有可急得, 子亦豈知之乎哉. 小生性愚且蒙不及, 唯天師. 行, 諸眞人安坐, 爲子悉陳之. 今天上樂得善人, 可以調風雨, 而具生凡物者. 初天地開闢以來, 人爲善者少, 少而中天意者, 天常以是爲憂患, 而今地上人無中天上可求者. 今天上何不自生人, 而反乃取於地上人乎. 夫天地之生凡物也, 兩爲一合. 今是上天與是下地爲合. 凡陽之生, 必於陰中, 故乃取於此地上人也. 又人含陰陽氣之施, 必生於土泉,[2] 故皆象其土而生也. 故五方異俗, 天下小小而不同. 故萬二千國一部[3]中人不相似也. 子知之乎. 唯唯. 人生而常善者付於父, 故善人上付於天也. 萬物之精善者, 上合爲天, 爲三光也. 其中者付於人, 使其仕, 順陰陽而理萬物也. 其下者付於土, 使步行而作事也. 眞人知之乎. 唯唯. 善哉善哉. 是故今天上欲調風雨, 具生萬物, 樂得善人, 故吾見遣下簡索之也. 以文付眞人, 以與謹民, 令付上火精道德之君,[4] 使以示天下人, 共思吾書言. 故以付眞人, 愼毋斷絶, 子且病之, 加戒愼事. 唯唯. 今愚生以爲天上乃無極而正, 獨與此下地爲合乎. 善哉, 子之難也. 天雖上行無極, 亦自有陰陽, 兩兩爲合. 今地下亦自有合乎. 然, 地亦自下行何極, 亦自有陰陽, 兩兩爲合. 如是一陰一陽, 上下無窮, 傍行無竟. 大道以是爲性, 天法以是爲常, 皆以一陰一陽爲喉衿,[5] 今此乃太靈自然之術也. 無極之政, 周者反始, 無有窮已也. 欲爲眞人分別一二而陳道之, 眞人會不而知之耳. 故略爲子擧其端, 見其始, 著其大綱, 自思出其紀, 令天下地上賢聖自美之耳. 子知之耶. 唯唯. 願聞其教. 諾. 自詳記吾言於吾敎, 子上而息.[6] 唯唯.

역주

1) 上皇洞平气(상황동평기) : 가장 번성하고 가장 뚜렷한 태평기를 가리킨다.

2) 生於土泉(생어토천) : 반드시 일정한 출생지가 있다. 토천(土泉)은 출생지 혹은 거주지를 가리킨다. 생어토천(生于土泉)은 출생지에서 생겨난다는 것을 뜻하는 것이 아니라 출생지가 있다는 것을 말한다.

3) 一部(일부) : 대구주(大九州)를 가리키는 말로서 전국시기 음양가 인 추연(鄒衍)이 제창한 가설이다.

4) 上火精道德之君(상화정도덕지군) : 화행(火行)에 속하는 최고의 도와 덕의 군주, 즉 오덕종시설의 역사순환론에 따르면 화덕을 자처한 동한의 제왕을 가리킨다. 상화정(上火精)은 제일등급의 화행에 속하는 사람이다. 동한 시대에는 한대가 화덕에 속한다는 학설이 성행했기 때문에 이런 주장이 나온 것이다.

5) 喉衿(후금) : 요령. 핵심. 인후(咽喉)와 옷깃을 가리키는 말로서 요령(要領) 혹은 핵심이라는 의미를 나타내고 있다.

6) 上而息(상이식) : 나의 가르침을 숭상하면 불로장생할 것이다. 상(上)은 숭상한다는 것을 의미하고 그 목적어는 바로 앞에서 말한 "나의 가르침(吾敎)"이다. 식(息)은 불로장생을 가리킨다.

제208 천구사인욕도계(天咎四人辱道誡) : 하늘은 불교수행 네 가지를 비난한다는 계

해제 이 장에서는 불교를 공격하고 있다. 첫째는 불교는 불효를 조장한다고 공격한다. 불교에서는 출가하여 머리를 깎기 때문에 이는 몸을 훼손하는 것이고 부모로부터 멀리 떠나는 것이기 때문이다. 둘째는 둘째 불교의 교리는 인간의 자연스러운 본성에 바탕을 둔 것이 아니라고 공격한다. 불교 승려는 결혼을 하지 않고 후손을 출산하지 않기 때문이다. 셋째 불교에서는 똥을 먹고 오줌을 마신다고 공격한다. 넷째는 불교의 걸식을 비판한다. 불교에서는 걸식을 강조하는데, 불조인 석가모니마저도 왕사성(王舍城)에 들어가 걸식하였다. 불교에서는 걸식을 거치지 않고 얻은 음식을 "사명식(邪命食)"이라고 하였다. 이 장의 마지막 부분에서 제자의 물음에 대한 대답의 형식을 통해 이들 문제에 대해 도교의 입장을 전반적으로 정리하고 있다.

"지금 하늘에서는 어떤 일을 극도로 싫어하는데 있는데 그것을 천구(天咎)라고 한다. 진인들은 도를 배운 지 오래되었는데, 아마도 그것을 깊이 알고 있느냐?"

"지금 어리석은 소생들은 아직 거기까지는 미치지 못합니다. 가르쳐 주시기 바랍니다."

"그렇다. 예나 지금이나 도를 행하는 것은 황천(皇天)이 취하는 법이다. 가장 선한 것의 이름이고, 높은 꼭대기에 자리하고 있어 그 위로 아무것도 없으며, 겉이 없는 것을 감싸고, 속이 없는 것을 담고, 틈이 없는 곳으로 나오고 틈이 없는 곳으로 들어가며, 천하 모든 일의 귀감이다. 그것은 생명의 시작이고 모든 일의 주재자이며, 고금의 성현이 얻은 최고의 것이다. 도는 오늘날 제왕이 하늘의 마음을 얻어 세상이 저절로 평안하게 될 수 있도록 하는 바탕이고, 그것은 또 백성의 부모이고 만물 생성의 발단이다. 진인들은 알겠느냐?"

"예. 예."

"대저 도는 하늘이고, 맑고 밝은 것으로서 모독해서는 안 되는 것이다. 지금 도를 배우는 몇몇 사람들은 모두 네 가지 잘못된 행동을 일삼으면서 함께 하늘의 신성한 도를 모독하고, 나아가 땅의 기강을 어지럽혀 결국 도를 만물 교화의 첫째 임무로 삼기 어렵게 하고, 도를 본보로 삼지 못하게 하고, 도를 부모로 삼지 못하게 하는 것인데, 이는 모두 함께 하늘의 보물을 훼손시키는 행위이다. 하늘에서는 그런 사람을 크게 거스르는 자식이라고 부른다. 너희가 지상에 살면서 만약 도법을 봉행하지 않는다면 하늘이 또 어떻게 도법을 보여줄 수 있겠느냐? 그대들은 이런 사실을 세세하게 알아야 한다. 이것은 마치 세속의 소인배가 제왕 앞에 와 있는 것과 같은데, 그래도 그가 끝내 도법을 봉행하지 않을 수 있겠느냐? 만약 어떤 사람이 도법을 봉행한다면 하늘은 오히려 그를 받아들여 그를 도법을 준수하고 실천하는 선한 부류라고 여길 것이며, 제왕에게 추천할 것이다. 이것은 도리어 사악한 사람을 기르는 것이 아니겠느냐? 그러므로 하늘은 그것이 도법을 잃고 잘못으로 빠지는 것임을 잘 알고, 그러므로 그런 사람들을 엄벌로 다스리는 것이다. 지금 하늘의 태평기가 도래하려고 하니 이들 네 부류의 사람들을 더 이상 용인할 수 없다. 이 네 부류의 사람들은 천상과 천하의 사람들로 하여금 수도자를 무시하게 하고 또 도리어 나쁜 사람들이라고 하고 있다. 이 때문에 사람들 사이에서는 도가 나날이 쇠퇴하고 끊어져서 다시 일어나지 못하고 있다. 오늘날 천하의 사람들은 모두 함께 사악한 행위를 일삼으니 이것은 바로 이 네 부류의 사람들에 의해 훼손되고 망가져버렸기 때문이다. 그래서 하늘은 그들을 대단히 미워하여 사람들의 생사에 대한 문제를 다시 결정하려고 한다. 진인들은 알겠느냐?"

"어리석은 소생들은 타고난 본성이 우둔하여 천사님의 말씀이 무슨 뜻인지 결국 이해하지 못하겠습니다. 좀 더 자세히 듣고 싶습니다."

"그대들이 아직 이해하지 못한다면 속인들에게는 무슨 가망이 있겠는가? 좋다. 귀를 열고 똑똑히 들어라. 그대들에게 도에 있어서 이러한 병폐가 발생하게 된 원인이 무엇인지에 대하여 상세하게 열거하여 보여주고, 도를 잃는 원인이 무엇인지 천하의 후학들이 분명히 알도록 해 주겠다.

첫째는 불효이고, 둘째는 결혼하지 않고 후손을 낳지 않는 것이며, 셋째는 똥을 먹고 오줌을 마시는 것이고, 넷째는 돌아다니면서 구걸하는 것이다. 그러므로 이 네 부류의 사람들은 모두 하늘의 바른 도를 모독한다. 그들은 교화를 일으키지 못하고, 하늘 위에 있든 하늘 아래 있든 영원히 본받아서는 안 되는 사람들이다. 가령 그들이 도를 얻어 하늘로 올라간다 하더라도 하늘에서는 그들을 조사하고 심문하여 그들을 모두 악인으로 분류할 것이다. 그리하여 지금 그런 부류의 사람은 바람과 비를 조정하여 일만 이천 종의 사물을 모두 살려낼 수도 없고 사람들의 스승이 될 수도 없다."

"두렵습니다. 두렵습니다. 소생들은 귀가 밝지 못하고 눈이 밝지 못하여 여태껏 이런 사람들이 하늘에 죄를 짓고 있다는 사실을 알지 못하고 있었습니다. 지금은 그저 하늘의 현명하신 스승님께서 제자들을 위해 다시 한 번 자세하게 구분하여 설명해 주시어 몽매한 마음이 보다 활짝 열리기를 바라옵니다."

"좋다. 상세하게 설명할 테니, 잘 듣도록 해라. 그 의미를 진인들에게 설명하여 천추만세의 법도로 삼고 후세 사람들로 하여금 삼가게 하고, 또 도를 실천하는 사람들로 하여금 하늘에서 금하는 것을 더 이상 어기지 않도록 하라. 가령 도를 얻은 사람이 하늘로 올라가면, 하늘에서는 그를 환영한다. 그것은 마치 지상의 제왕이 착한 사람을 얻어 제왕과 함께 나라를 다스리면서 기뻐하는 것과 같다. 그 때문에 하늘에서 사람을 채용하는 것은 지상에서 사람을 채용하는 것과 같다. 그 어찌 좋지 않겠느냐?

"예. 예."

"도는 하늘의 스승이고 하늘의 진귀한 보물이다. 도를 따라 실천하면 마음은 마치 하늘처럼 밝고 깨끗해진다. 도를 얻은 사람은 하늘로 올라가 신선이 되고, 하늘에서는 분명히 좋아하고 아울러 그에게 신직(神職)을 하사할 것이다. 악행을 저지르고서도 도를 얻어 하늘로 올라간 사람에 대하여 하늘에서는 그가 인간 세상에서의 행적을 조사하고 심문하여 불량하고 효성스럽지 못한 행위를 분명하게 밝힌다. 도는 만물을 생성하는 원천이고 하늘은 사람의 스승인데, 어떻게 짐승 같은 사람을 용납하겠느냐? 만약 그대들에게 이러한 악행이 있다면 하늘이 과연 그대들을 오래 살게 하고 신선이 되게 놓아두겠느냐? 그리고 제왕은 또 그대들과 함께 천하를 다스리겠느냐? 그렇다면 하늘은 오히려 마땅히 이 악행과 반역을 저지른 사람을 그대로 내버려두어야 할 것인가? 지상의 군주는 오히려 그에게 관직을 내리지 않을 텐데, 하늘이 어떻게 그에게 관직을 줄 수 있겠느냐? 그러므로 도를 닦으면서 효도를 하지 않은 사람 중에서 진정으로 신선이 되어 하늘로 올라간 사람이 한 사람도 없었으며, 설령 잠시 동안 세속에서 벗어났다 하더라도 그 역시 사악하고 요망한 귀신의 꼬임에 빠지고 나중에는 모두 살륙의 재앙을 만나게 되어 사방에 아무것도 없는 황량한 암흑 속에서 죽어 없어질 것이다. 하늘과 사람은 그림자나 메아리 같이 서로 호응하고 있다. 따라서 악행을 저지른 사람에게 선한 보응이 따르는 일은 옛날부터 지금까지 거의 없었다. 지상의 임금 중에서 도를 실천하는 사람은 예전부터 많았지만, 신선이 된 사람은 적었다. 오늘날 하늘에는 선한 사람이 적어서 더불어 만물을 다스릴 만한 사람이 없다. 이는 바로 앞의 네 가지 부류의 사람의 행실은 모두 흉악하기 때문이다."

"만약 그렇다면 하늘은 왜 그들을 바로 죽이거나 혹은 그들을 멀리 외딴 곳으로 귀양 보내지 않는 것일까요?"

"하늘이 그들을 바로 죽이지 않는 것은 하늘과 땅 사이에는 원기로 가득 차 있고, 원기는 여러 기들을 합쳐서 중화의 기를 형성할 수 있으며, 중화의 기는 원기와 마찬가지로 만물을 포용할 수 있기 때문이다. 그 때문에 불효를 저지르면서 도를 닦는 사람들이 잠깐 동안 살아 있을 수 있는 것이다. 하늘은 주된 직무는 맑음과 밝음의 유지에 있다. 그것은 마치 제왕 앞에서는 간사하고 악한 행동을 하는 사람을 용납할 수 없는 것과 같다. 하늘은 본래부터 그런 사람과 일을 함께 하지 않았고, 지상에서도 마찬가지다. 하늘이 성실하지 못하고 효성스럽지 않은 사람과 함께 일을 하는 것은 마치 지상의 현명한 군주가 성실하지 못하고 효성스럽지 않은 사람과 함께 천하를 다스리지 않는 것과 같다. 현명한 군주도 그런 사람과 함께 일을 하려고 하지 않는데, 하늘이야 말할 것이 있겠느냐? 옛날의 현명한 군주는 성실하고 효성스러운 사람과 함께 천하를 다스렸는데, 그것은 그들이 하늘의 법도를 명확하게 알고 있으며 하늘을 본받아 행동하였기 때문이다. 그들은 어리석은 사람과 함께 일을 하는 것을 하늘이 극도로 싫어한다는 것을 알고 있었다."

"어떻게 해야만 이 점을 설명할 수 있는지요?"

"군주가 그런 사람들과 함께 나라를 다스린다면 하늘이 그에게 내리는 재앙은 비정상적인 현상이 특히 더 많아지고 또 그 정도가 심할 것이다. 주변의 야만족들이 자주 쳐들어오는 것은 하늘이 진노하고 미워한다는 증거이다. 이러한 증거는 컴퍼스를 가지고 원을 검증하고, 곱자를 가지고 사각형을 검증하고, 두 짝의 계약서를 서로 대조해 보는 것 등과 전혀 아무런 차이가 없다. 만약 인간 세상의 제왕이 결국 이런 사람들과 함께 나라를 다스리는 것을 하늘이 본다면 그런 행위에 대해 증오하고 또 몹시 미워할 게

뻔한데, 어떻게 스스로 그런 사람들과 함께 일을 처리할 수 있겠는가? 세상 사람들이 미워하는 놈들을 하늘도 미워하고, 세상 사람들이 좋아하는 것을 하늘도 중시하고 아울러 좋아한다. 그러므로 옛날 성현들은 하늘의 뜻을 살피는 데 몹시 철저했다. 따라서 항상 하늘을 본받아서 일을 처리하였고 털끝만큼도 어기려고 하지 않았다. 그러므로 그들은 오직 하늘과 긴밀한 관계를 유지하면서 하늘의 마음을 얻었다. 만약 하늘의 마음과 부합하지 않고, 하늘의 마음을 얻지 못한다면 대단히 위험해진다. 세상 사람들의 행위가 오히려 이런데 하늘로부터 선택을 받고자 하는 사람은 어떻겠느냐? 하늘로부터 선택을 받고자 하는 사람은 하늘과 함께 일을 처리하고 무궁한 방술을 연마하는데, 이는 오랜 기간 동안 힘과 마음을 합쳐 기를 조화롭게 해야만 가능한 것이다. 그대들은 이해하겠느냐? 스스로 더 조심해야 한다. 나의 말은 순전히 저 하늘의 뜻이다. 절대로 위반해서는 안 된다. 위반하는 사람은 바로 죽는다. □□하지 않은가?"

"훌륭하십니다. 훌륭하십니다. 어리석은 저희 마음이 이 문제에 있어서 분명해졌습니다."

"그대들은 겨우 이해하였지만, 일반 속인들은 전혀 이해하지 못하고 줄곧 몽매함에서 살아가고 또 그저 그와 같은 상태로 있을 뿐이다. 하늘은 이런 상태를 매우 싫어한다. 그래서 나를 파견하여 각각의 일에 대하여 정론을 결정하도록 하고, 전반적으로 하늘의 도법을 드러내도록 하였다. 지금부터 도를 배우는 사람은 이 점에 대하여 대단히 경계하고 더욱더 신중하게 처리해야 할 것이다."

"지금 하늘은 순서에 따라 서로 교합하여 번식하는 것을 매우 중시한다. 그러므로 춘하추동 네 계절은 천도를 받아들이고 교화에 따라 번갈아가면서 생겨나고 이루어지면서 그러한 과정을 끝없이 순환하게 하고, 그렇게 함으로써 만물이 나서 자라고 번성하게 한다. 그러므로 하늘은 태어남 그리고 아버지라고 하며, 땅은 기름(養) 그리고 어머니라고 부른다. 육갑과 12지와 팔괘를 법도로 삼아 변환하면서 서로 낳고 서로 시킨다. 천도는 이것에 따라 항상 존재하고 훼멸되지 않는다. 이것은 바로 하늘의 변함없이 베푸는 공로에 의한 것이다. 오늘날 도를 배우는 사람은 모두 마땅히 하늘이 하는 것을 본받아야 하는데, 대부분의 사람들은 오히려 그와는 반대로 그저 자기 한 사람만 돌보고 후세를 필요 없다고 생각하여 하늘로 이어지는 계통을 함께 끊어 없애버린다. 선천적으로 생식 능력을 갖지 못한 남자들은 오히려 천성에 순종하지만, 생명을 부여하는 양기가 미치지 못한다. 그러나 생식 능력을 갖춘 사람은 오히려 남녀의 교합활동을 억지로 막아버려 음양으로 하여금 번식의 법칙을 잃게 하고 그 몸이 처하고 수련하는 곳에서 정액이 새어나가게 한다. 어떤 사람은 거꾸로 내다 버리거나 살해하고, 또는 자기 아내와 자식을 살지 못하도록 한다. 이런 사람들은 모두 참된 도를 상실하고 아울러 참된 도를 심각하게 훼손하는 사람으로서 본받을 만한 구석이 하나도 없다. 그들은 모두 대재앙에서 한 부분을 차지하는 놈들로서 세상 사람에게 본받을 만한 준칙을 마련해 주지도 못하는데, 하늘이 사람에게 본받도록 마련해 준 준칙과 어떻게 부합할 수 있겠느냐? 하늘은 만물의 우두머리이고 인민의 주재자이며, 천하의 현명한 군주가 본받는 대상인데, 그렇게 도법을 위반하고 함부로 나쁜 짓을 일삼으며 후손을 끊어놓는 사람들을 용납할 수 있겠느냐? 그리고 어떻게 그들과 함께 천하를 다스릴 수 있겠느냐? 만약 하늘이 오직 그런 사람들과 함께 다스린다면 하늘이 앞장서서 악인을 감춰주고 사악한 방법을 퍼뜨린다는 이름을 얻게 될 것이니, 하늘이 어떻게 참되게 사람을 다스리는 최고의 스승이 될 수 있겠는가? 그러므로 하늘은 그런 부류의 사람들을 결코 받아들이지 않는다. 옛날의 성현들은 모두 하늘이 싫어하는 것을 알았기에 후손이 없는 사람들과 함께 천하를 다스리는 일은 하지 않았다. 왜냐하면 그것은 하늘의 뜻에 맞지 않기 때문이다. 그러므로 하늘은 성현으로 하여금 후세를 가지는 일을 귀중하게 여기도록 하였고, 하늘과 성현은 모두 후손이 없는 사람을 싫어하였다. 성인은 하늘의 뜻을 깊이 깨닫고 있기 때문에 항상 하늘을 본받고 조금이라도 놓치지 않는데, 하물며 하늘은 어떻겠느냐? 지금 오랫동안 선한 사람이 없었다. 그러므로 하늘께서는 나를 내려보내 사람들에게 큰 소리로 알리게 하였다. 나에게 하늘의 뜻을 알려 어리석은 사람들이 모두 스스로 깨닫도록 한 것이다. 만약 하늘이 이런 사람에게 벼슬을 준다면 하늘이 도리어 앞장서서 후손이 없는 사람을 인정하는 셈이 아니냐? 행실이 이런 사람이 도리어 하늘로 올라가서 신선이 된다면 그것은 하늘이 후손이 없는 것을 부추기는 것으로 만물을 태어나게 하는 것을 좋아하지 않는 것이 아니냐? 그러므로 그런 사람들은 모두 불모의 땅에서 죽는다. 곧 아무것도 자라지 않는 땅, 아무도 살지 않는 들판에서 각자 자기와 같은 무리로 속으로 되돌아가도록 해야 한다. 네가 후손을 낳아 기르는 것을 좋아하지 않는다면 그것은 천도를 거스르는 것이다. 그러므로 너를 아무것도 나지 않는 곳에 던져버릴 것이다. 네가 고요하고 아무도 없는 곳을 좋아한다면 너를 아무도 살지 않는 들판에 던져버릴 것이다. 세상 사람들은 아무것도 알지 못하고 떠들기만 할 뿐 이런 상황을 모른다. 그들은 후손을 낳지 말 것을 주장하는 사람은 이미 세속을 넘어서서 하늘로 올라갔다고 말하는데, 이것은 전혀 사실이 아니다. 나는 감히 너희에게 거짓말하는 것이 아니다. 나는 하늘의 일을 있는 그대로 지상의 사람들에게 말했다. 그 사실을 분명히 아는 것과 알지 못하는 것은 마치 태양이 어떤 모양을 하고 있는지 장님에게 말해주어도 장님은 사람들이 자기를 속이고 있다고 말하면서 도리어 자신의 입을 가리면서 웃는 것과 같다. 어리석은 사람은 바로 이와 아주 비슷하다. 진인들은 신중한 자세로 일을 처리해야 한다. 하늘에서 미워하는 것은 지상에서도 또한 똑같이 미워한다."

"훌륭하십니다. 훌륭하십니다. 저희는 하늘의 일에 대하여 전혀 들어보지 못했습니다. 천사님의 말씀을 듣고 저희는 진실이 무엇인지 깨달았습니다."

"그대들은 선을 행하고 나의 글을 행하고 제왕의 근심과 고통을 이해하는 것 등에 힘쓰도록 하여라. 그대들의 업적이 세상에 가득 차고 마침내 하늘에 올라가 스스로 하늘의 일을 보게 된다면 내 말은 바로 큰 효험을 본 것이리라."

"예. 예. 감히 중간에 그만두지 않을 것이며 감히 게으르지 않을 것입니다."

"그대들은 신중하게 일을 처리해야 한다. 소홀히 하거나 게을러서는 안 된다. 만약 정말로 게으름이 없도록 해야 한다. 만약 이 글을 가로막거나 소홀히 대한다면 그대들은 제명에 죽지 못할 것이다."

"어리석은 소생들은 하늘의 징벌이 몹시 두렵습니다. 하늘의 뜻을 받들어 반드시 이 글을 전파할 것입니다."

今天上有何大憎惡, 名爲天咎.[1)] 眞人學用日久, 豈亦深知之邪哉. 今愚生不及何等也, 願聞之. 然, 古今諸爲道者, 乃皇天之所取法也. 最善之稱, 冠無上, 包無表, 內無裏, 出無間, 入無孔, 天下凡事之師也. 生之端首, 萬事之長, 古今聖賢所得之長. 今帝王之所以得天心, 以自安民之父母, 凡化之所從起也. 眞人知之邪. 唯唯. 夫道乃天也, 淸且明, 不欲見汙辱也. 而今學爲道者, 皆爲四毁之行,[2] 共汙辱皇天之神道, 幷亂地之紀, 訖[3]不可以爲化首, 不可以爲師法, 不可以爲父母. 俱共毁敗天之寶器, 天之皆名之, 名爲大反逆之子. 汝居地上, 不中師法, 上天安而反中師法哉. 子欲知其審實, 此若小人居民間, 不中師法也. 至於帝王之前, 寧而中師法不哉. 如使處下, 不中師法, 而上天反畜之以爲師法, 中類天上與帝王之前, 反當主畜積邪惡之人邪哉. 故天上深知其失道意, 非故疾咎之也. 今洞上皇平氣至, 不而復容此四人. 此四人也, 乃使天上天下共賤爲道者, 反名爲惡子. 是故令使人道日衰消, 休廢不復起. 今天下之人共爲惡, 正此四人所毁敗也. 今天上大憎咎之, 故欲更選七也. 眞人知之邪. 愚生今受性頑鈍, 訖能不解, 何謂也. 願聞之. 子尙不卽解, 何望於俗人哉. 諾. 開耳精聽, 爲子詳陳道大瑕病所起, 使天下後學者, 令昭然知其失道也.

其第一曰不孝, 第二曰不而性眞,[4] 生無後世類, 第三曰食糞飮其小便,[5] 第四曰行爲乞者. 故此四人者,[6] 皆共汙辱天正道, 甚非所以興化, 而終古爲天上天下師法者也. 假令得道上天, 天上簡問之, 盡爲惡人. 今不可以調風雨, 而興生萬二千物, 爲其師長也. 可核哉. 可核哉. 小生聾暗, 訖不知有過於天, 今唯皇天, 明師, 願見爲復重察察, 分別解之, 冀蒙心得更開. 行, 詳聆聽, 爲眞人具道其意, 使可終古以爲萬世之法. 後生謹良, 爲道者不復犯天禁, 令使得道而上天, 天上更喜之. 比若地上帝王得善人, 與共爲治, 亦喜之也. 故天上所進, 地上亦然, 豈不善哉. 唯唯, 聞命矣. 道者, 乃皇天之師, 天之重寶珍物也. 爲者其行當若天成. 道者當上行, 天乃好愛之仕也. 今或有過誤, 得道而上天者, 天上受如問之, 反皆有不謹孝之行. 道爲化首, 天爲人師法, 何可反主畜舍,[7] 匿養天下不謹孝子哉. 子親有此惡行, 而天何宜, 使此人長生與其共事乎. 若此天反當主舍此惡人反逆之子邪. 地上尙不仕, 天安肯仕之乎. 故不孝而爲道者, 乃無一人得上天者也. 雖去, 但悉見欺於邪神佞鬼耳. 會皆住死於不毛之地, 無人之野, 以戮其形. 天之應人如影響, 安得行惡而得善者乎. 古今希有之也. 地王雖爲道, 前後衆多者, 其度者少. 今天上乃少善人, 無可與共事者也, 其行悉凶惡也. 如是天何不卽殺之, 乃使到不毛之地, 無人絶氣之野乎. 所以不卽滅殺之者, 天地之間, 其氣集多所而畜容, 故名爲中和. 比若人和, 無不而包容也. 故得須臾. 天者主執淸明, 比若居帝主之前, 不可得容姦惡人也. 故天上本不與等子爲治也, 地上亦然也. 天不與不謹孝子爲治, 比若聖王不與不謹孝人爲治也. 聖王尙不肯與爲治, 天何肯獨與爲治乎哉. 古者聖賢, 所以不與爲治者, 乃深睹天法, 象天爲行也. 與愚者爲治, 天卽大恨矣. 何以明之. 人君與之爲治, 天爲其多災變怪, 夷狄數來, 是明天恨惡之證也. 與重規合矩, 劵書何異哉. 今天乃見人與之爲治, 尙憎惡疾之, 何肯乃自與其共事乎. 人所惡, 天亦惡之也. 人所愛, 天亦重愛之也. 是故古者賢聖睹天意深, 故常象天而爲行, 不敢失銖分也. 故而常獨與天厚, 得天心也. 如不與天心合, 不得天心則大凶矣. 人行尙如此, 何況今乃當爲天上簡士哉. 天上簡士, 乃當與天共事, 治無窮極之術也, 長相與幷力同心調氣. 眞人寧解不邪. 宜自愼, 吾言純天心意也, 不可犯也, 犯者死矣. □□哉. 善哉善哉. 愚生心意, 一善解於是. 子尙裁一善解,[8] 俗人不解, 冥冥憒憒是也. 天疾之, 故使吾下大言, 具出天法. 自是之後, 學者戒之愼之.

今天乃貴重傳相生, 故四時受天道敎傳相生成, 無有窮已也, 以興長凡物類. 故天者名生稱父, 地者名養稱母. 因六甲十二子八卦之氣[9]以爲紀, 更相生轉相使, 故天道得常在不毁敗, 是常行施化之功也. 今學道者, 純當象天爲法, 反多純無後, 共滅消天統. 其貞者, 尙天性也, 氣有不及. 其不貞者, 彊爲之壅塞, 陰陽無道, 種其施於四野, 或反棄殺, 窮其妻子而去者, 是皆大毁失道之人也. 無可法, 是大凶一分之人也, 不可以爲人師法, 安而中天師法乎. 夫皇天, 乃是凡事之長, 人之父母也, 天下聖賢所取象也, 何用等失道, 妄爲無世類之子, 爲與共事乎. 如天但與此子共爲治, 天名爲主舍, 匿惡人, 興凶術, 何可以爲聖, 治人上師乎. 故不舍止之也. 古者聖人大賢尙知諱, 不肯與無後世類之人共事, 與之爲治, 悉不得天心, 故聖賢天使其皆貴重有後世, 而共憎惡人無後世也. 聖人乃深知天意, 故獨常法象之, 不失銖分也, 而況天乎哉. 今天上久純無善人, 故使吾下大語, 以示敕後來, 使愚者悉自知. 若天上仕此人, 天上反當主聚無後世人邪. 行如此反得上天, 天上反愛無後世而不好生邪. 故皆死於不毛地, 不生之土, 無人之野, 令使各歸其類也. 汝不好生, 與天反, 故投汝不生之處. 汝好無人, 故投汝無人之野. 俗人冥冥不睹, 則言其已度世矣, 實不也. 吾不敢欺眞人也, 吾親以天上行而下, 睹與不睹, 比若示盲者以日, 言人欺之, 反掩其口而笑, 愚者比若此矣. 眞人愼之. 天上所惡也, 上亦然也. 善哉善哉. 愚生未嘗見是天上事, 眞眞一覺於是. 子努力爲善行, 吾之文療天地之病, 解帝王之愁苦. 子功滿得上天, 自往睹見之, 吾言乃大效矣. 唯唯. 不敢道留,[10] 不敢懈忽也. 子愼之無懈忽, 審沮懈忽, 大命絶矣. 愚生甚畏天威, 誠受行之.

역주

1) 天咎(천구) : 하늘이 인간 사회의 어떤 현상에 대해 극도로 증오하는 것을 가리킨다. 직역하면 하늘의 재앙이라는 뜻이다.

2) 四毁之行(사훼지행) : 네 가지 잘못된 행동이라는 의미로서 불교도의 수행 방식을 가리킨다. 구체적으로 출가하여 부모를 버리고, 결혼하지 않고 후사를 잇지 않고, 똥을 먹고 오줌을 마시며, 걸식하고 탁발하는 것 등을 가리킨다.

3) 訖(흘) : 마지막.

4) 性眞(성진) : 성진(性眞)은 인간이 태어나면서부터 가지고 있는 생리적 기능과 본성을 가리킨다. 『맹자』「고자상」에서 고자는 식색(食色), 즉 식욕과 성욕이 인간의 본성이라고 말했고, 『예기』「예운편」에서는 음식남녀 속에 사람의 큰 욕망이 존재한다고 말했다.

5) 食糞飮其小便(식분음기소편) : 똥을 먹고 오줌을 마시다. 이 구절은 일부 방술에서 처방으로 내놓은 것에 대해 비판한 것이다. 이런 부류의 방술은 동한 초기에 이미 출현하였다. 『논형』「뇌허」편에는 도사 유춘(劉春)이 한 광무제의 아들 초왕 유영(劉英)을 미혹하여 불결한 것을 먹게 했다는 기록이 있다. 또 『한서』「방기전」에는 감시(甘始) 등 세 명의 방사가 소변을 마셨다는 기록이 있다. 후세의 약전에도 쥐의 똥이나 돼지의 똥오줌 등을 도사들이 약으로 썼다는 기록이 있다.

6) 此四人者(차사인자) : 이들 네 가지 부류의 사람들. 이 앞에서 든 네 가지 잘못된 행위들은 주로 초기 불교 교의와 법술을 비판한 것이다. 불교가 중국에 처음 들어올 때는 황로술에 의지했다. 그러므로 당시에 그것은 도술로 간주되었다.

7) 主畜舍(주축사) : 짐승 같은 사람이 머물도록 일을 처리하다. 축

(畜)은 짐승을 뜻하는데, 도교에서는 불효자를 짐승으로 간주한다. 주(主)는 주관하는 것을 의미하고 사(舍)는 숙소 혹은 받아들이는 것을 뜻한다.

8) 尙裁一善解(상재일선해) : 겨우겨우 이해하다. 재(裁)는 겨우를 뜻하는 재(才)의 가차.

9) 六甲十二子八卦之氣(육갑십이자팔괘지기) : 육십갑자와 십이지와 팔괘의 기를 가리킨다. 육갑(六甲)은 즉 갑자(甲子), 갑인(甲寅), 갑진(甲辰), 갑오(甲午), 갑신(甲申), 갑술(甲戌) 등 육십갑자의 갑신(甲神)을 가리킨다. 십이자(十二子)는, 즉 자(子), 축(丑), 인(寅), 묘(卯), 진(辰), 사(巳), 오(午), 미(未), 신(申), 유(酉), 술(戌), 해(亥) 등 십이지지(十二地支)를 가리킨다. 팔괘(八卦)는 건(乾), 곤(坤), 감(坎), 이(離), 간(艮), 손(巽), 진(震), 태(兌) 등을 가리킨다. 옛날 사람들은 간지로써 연대를 기록하였다. 즉 천간(天干)과 지지(地支)를 서로 배합하여 60년을 주기로 하였다. 팔괘를 방위에 배치하였다. 간은 동북쪽을 주관하고, 진은 동쪽을 주관하고, 손은 동남쪽을 주관하고, 이는 남쪽을 주관하고, 곤은 서남쪽을 주관하고, 태는 서쪽을 주관하고 건은 서북쪽을 주관하고, 감은 북쪽을 주관하는 것으로 생각하였다. 팔괘는 또 역법의 설명에도 사용되었다. 진은 춘분을 주관하고, 태는 추분을 주관하고, 감은 동지를 주관하고, 이는 하지를 주관한다고 설명하였다. 이 때문에 우주에는 이것들에 의거하여 끝없이 순환하는 것으로 생각하였다. 그러므로 이 구절은 이것들을 "법도로 삼는다(以爲紀)"라고 말한 것이다.

10) 道留(도류) : 도중에 그만두다. 신문(神文)의 행을 보류하는 것을 가리킨다.

"좋다. 좋아. 그대들은 이미 하늘의 뜻을 얻었다. 오늘은 하늘이 깨끗하고 맑으며, 도(道) 역시 깨끗하고 맑다. 하늘과 도는 가장 윗쪽에 있고, 그것들은 사람들의 행위의 준칙이 된다. 깨끗하고 맑은 것은 깨끗하고 맑은 것을 좋아한다. 그러므로 해와 달과 별의 삼광이 모두 하늘에 있으며, 이것들은 본래의 부류를 따라서 셋이 합하여 전체 형상을 이룬다. 하늘의 모습은 마치 밝은 거울과 같고, 사람의 두 눈동자와 같이 대상에 의해 더럽혀지거나 손상되지 않는다. 그대들은 성왕 앞에 꿇어앉은 신하와 같이 공손하고 선량한 태도로 천도를 받들어야 하며, 마음속은 반드시 깨끗하고 맑은 상태를 유지하여 천도를 더럽히지 말아야 한다. 천도를 더럽히면 죽을 죄를 짓는 것이다. 진인들은 알겠느냐?"

"예. 예. 두렵습니다. 두렵습니다."

"사람의 머리와 입은 하늘을 본뜬 것으로서 더럽혀지기를 바라지 않고 항상 깨끗하고 항상 밝고 맑기를 바라면서 항상 깨끗하고 입에 맞는 먹을 것을 얻으려고 한다. 만약 더럽고 조악한 먹거리를 사람에게 먹으라고 준다면 하늘이 벼락을 내릴 것이다. 그대들은 천도에 어긋나는 이러한 행위가 악행임을 알겠느냐?"

"예. 예. 어리석은 소생들은 매우 두렵습니다."

"상고시대나 중고시대부터 사람들은 스스로 선하다고 말하며, 속인보다 특별히 뛰어나다고 생각했다. 도를 배우는 어떤 사람들은 급기야 인분을 먹고 소변을 마시는 짓까지도 마다 않으면서 아울러 이것이야말로 참으로 질박한 선인의 행동이라고 칭송하고 있다. 하늘과 도법은 이런 행위를 극도로 혐오하여 그들을 극악무도한 반역자들이라고 하고 그들을 보려고 하지 않는다. 어떤 사람들은 악마가 몸에 딱 달라붙어 있는데 이런 사람은 돼지나 개의 후손이다.

도는 하늘로 하여금 만물을 낳게 할 수 있고, 하늘 역시 도를 가지고 있다. 이 때문에 그 두 가지를 모든 사물의 귀감으로 삼는 것이다. 도는 선을 진작시키고 악을 제거한다. 그러므로 고대의 성현과 제왕이 무언가를 달성하려 하거나 나라를 부흥하려고 할 때는 스승의 지도를 획득하여 그들의 책략과 지혜를 받아들여 백성들을 교화하였다. 스승의 지도를 본받고 또 그것을 존중하는 것은 그들이 하늘의 뜻을 알았다는 것과 하늘의 행위를 본받았다는 것을 말해 준다. 하늘은 참된 도를 가진 사람을 매우 중시한다. 하늘은 그들이 음양 변화의 기를 조화시킬 수 있고, 춘하추동의 규칙적인 변화를 따를 수 있고, 목화토금수의 상생과 상극의 원리에 의거하고 바람과 비를 조절하여 해와 달과 별의 삼광이 다시 빛나게 할 수 있고, 만물이 생성하도록 하고 왕성하게 자라나게 할 수 있다고 생각한다. 오늘날 똥을 먹고 오줌을 마시는 그런 사람들이 어떻게 스승이 될 수 있겠느냐? 아마도 지상의 평범한 사람의 스승으로서도 적합하지 못할 것이며, 반역자라까지 불리고 있는데, 그들이 어떻게 하늘의 스승이 될 수 있겠느냐? 이들 비천하고 어리석은 사람들이 천도를 파괴하고 모욕하는 정도는 몹시 심각하다. 그대들은 천도의 법을 깨달아야 하고 그것이 가지고 있는 깊은 뜻을 상세하게 생각해 보아야 한다. 지상에서 증오하는 모든 것은 하늘께서도 증오하며, 하늘께서 증오하는 것은 지상에서도 똑같이 증오한다. 지상의 사람들은 똥을 먹고 오줌을 마시는 사람을 증오하고, 하늘에서도 그런 사람들을 증오한다. 그러므로 천둥과 번개로써 그들을 공격한다. 내가 말하는 이 말들은 그저 지상의 사람들을 깨닫게 할 수 있을 뿐이다. 하늘에서는 이런 사람에 대해 진저리나도록 미워한다. 지상에서도 그들을 증오하는데, 하늘에서 어떻게 그런 사람들을 쓸 수 있겠느냐? 하늘은 깨끗하고 맑고 밝은 존재인데, 어떻게 똥을 먹고 오줌을 마시는 그런 사람들을 받아들일 수 있겠느냐? 그들의 악행은 심각하여 설령 어쩌다가 도를 얻었다고 해도 하늘로 올라갈 수는 없다. 하늘은 그들로 하여금 고립무원의 황무지에서 죽게 하는데, 이것은 그들의 악행에 대한 대답이고, 그들의 악행과 죄과를 분명하게 밝히기 위함이다. 이것이 바로 선한 행위에는 선한 것으로 보답하고, 악한 행위에는 악한 것으로 보답한다는 것이다. 그대들이 장수하고자 한다면 더욱더 조심하고, 이러한 악행을 저지르지 못하도록 후세 사람들을 훈계하라. 태평의 기는 이런 사람을 그대로 두지 않고, 그들을 죽음의 땅에 버려두는데, 이렇게 해야 천하가 비로소 태평하고 맑고 밝아진다."

"두렵습니다. 두렵습니다."

"진인들이 두려움을 안다는 것은 그것들이 악행임을 이미 분명하게 알고 있다는 것을 의미한다. 만약 두려움을 모른다면 그들과 마찬가지로 하늘의 금기를 어길 것이다. 만약 그것이 악행임을 알면서도 어긋난 행동을 한다면 무거운 처벌을 피할 수 없을 것이다."

"예. 예. 감당할 수 없습니다. 감당할 수 없습니다."

"위에 계시는 황천의 본성은 항상 베풀려고 하시는 것이니, 베푸는 것을 위주로 하고 나눠주는 것을 위주로 하며, 낳는 것을 위주로 하고 기르는 것을 위주로 한다. 하늘은 내주는 것을 위주로 하지만 받아들이는 것을 위주로 하지 않고, 마음으로 복종하게 하는 것을 위주로 하지만 무력으로 굴복시키는 것을 위주로 하지 않는다. 무력을 이용하는 것은 바로 천도에 어긋나는 것이다. 그러므로 천도에서는 억지로 빼앗는 것이 불가능하다. 억지로 빼앗으면 몸을 잃는 재앙을 당할 것이다. 하늘은 착한 것을 주관하고, 맑고 밝은 것을 주관하며, 더럽혀지거나 모욕당하는 것을 즐거워하지 않는다. 오늘날 하늘과 도에 대해서는 최고의 칭호를 부여하고 있다. 그러므로 제왕은 하늘을 본받아 행동하면서 최고의 군주라고 부른다. 하늘의 운행을 털끝만큼이라도 잃어버리지 않으면 길하고, 잃어버리면 크게 흉하다. 지금 도를 배워 장수하고자 하는 자들은 오로지 하늘을 본받아야만 한다. 하늘은 살아 있는 것을 좋아한다. 그러므로 오래 사는 법을 배우는 자들은 오로지 하늘의 첫 번째 생명의 기를 지키고 행동할 때는 천도의 뜻에 따른다. 그러나 땅은 모욕을 참아가며 죽이는 것을 주관하고, 거두어 간직하는 것을 주관하기 때문에 땅의 뜻에 따라서는 안 된다. 도라는 것은 거대한 변화의 뿌리이고, 거대한 변화의 모범이다. 그러므로 천하의 모든 것들 가운데 그것을 본따서 생겨나지 않은 것이 없다. 지금 천하고 어리석은 소인들이 도를 수련하려고 하면서 도리어 백성들에게 아무런 도움이 되지 못하고 있다. 그들은 모두 천도를 모욕하고 있는데 이는 참으로 대역무도한 행위로서 하늘에서는 그들을 역도들이라고 부른다. 이는 대단히 흉악한 사람이라는 뜻으로서 하늘은 그들을 보고 싶어하지 않는다."

"왜 그러는 걸까요? 어리석은 소생들은 마음이 막혀서 잘 이해하지 못하겠습니다."

"좋은 질문이다. 하늘이 너희를 시켜 그런 질문을 하게 하였으니, 정신을 바짝 차리고 들어라. 하늘과 도는 베푸는 것을 좋아하고 살리는 것을 좋아하고 칭송하는 것을 좋아하지 않느냐? 그들은 왜 점을 치거나 약을 처방하여 백성들에게 도움을 주지 않을까? 신령을 불러들여 몸 안에 깃든 사악한 것들을 다스린다면 질병도 곧 나을 것이다. 세 부류의 사람은 모두 스승이라는 칭호를 들을 만하다. 그들은 하늘의 이법에 도움이 되지는 않지만 그들은 감히 하늘의 이법을 모욕하지 않는다. 하늘의 이법은 사람을 속이지는 않는다. 하늘에 대하여 정성을 다하여야 한다. 하늘의 이법은 또 속지도 않는데, 만약 하늘을 속였다면 하늘은 나중에 재앙을 내려 나쁜 짓을 한 사람을 징벌할 것이다. 하늘의 도리는 모욕당하는 것을 좋아하지 않고 또 어느 한쪽 편만을 들지도 않는다. 하늘은 가장 높지만, 도는 그것을 넘어서서 있다. 도는 하늘이 모범으로 삼는 것으로서 하늘보다 더 높다. 그러므로 하늘과 도는 모든 일을 바로잡는 것을 주된 직책으로 삼고 만물은 하늘과 도를 자신들의 우두머리로 삼는다. 그러므로 음양을 조화롭게 하고 바람과 비를 조정하고 낮과 밤을 바르게 하고 오행의 순서에 따라 나아가도록 한다. 하늘과 땅 사이에 하늘과 도의 은택을 입어 명을 받지 않은 것이 없다. 만물은 그것들로 말미암아 각자 제자리에 있다.

지금 비천하고 어리석은 사람들이 도를 수련하면서 오히려 하늘과 도를 속이고 어리석은 것처럼, 때로는 미친 것처럼 행동하면서, 함께 하늘과 도를 현혹시키고 만물을 낳고 기르는 하늘의 가르침을 망가뜨리고 있다. 그들은 거꾸로 다른 사람의 재물을 구걸하고 있으니 민간에게 무익하다. 백성들로부터 이익을 취하는 것은 전혀 스승의 법으로 삼을 만한 것이 아니다. 그런데도 후세 사람들은 서로 다투어 그것을 본받고 도가 사람들을 어리석고 미치광이로 만든다고 말하면서 더럽고 치욕스러운 행동을 일삼고 이런 행동에 따라 이름을 붙여 열광적으로 구걸하는 도라고 칭하고 있다. 세상 사람들로 하여금 모두 하늘을 욕하도록 만들고 정도를 천시하도록 만들어 마침내 만물을 생성하고 변화시키는 천도가 끊기도록 만들어버린다. 하늘과 도는 이런 것을 몹시 미워하면서 이런 모습을 보고 싶어 하지 않는다. 지금 태평의 기가 내려왔고, 해와 달과 별이 모두 나타나 겹겹이 빛을 발하고 있으며, 도와 하늘이 바람을 시켜 비를 순조롭게 하고 음양 두 기가 조화롭게 하니, 만물이 다투어 생겨나고 변화하게 한다. 만약 앞에서 말한 그런 미치광이 걸인들이 요행히 하늘로 올라간다 해도 하늘은 그들에게 신의 직책을 부여하지 않을 것이다. 하늘은 그들의 행위를 조사하여 이전에 비뚤어진 짓을 했음을 찾아내면, 그들과 함께 천하를 다스릴 수 없다. 그대들은 지상에서 살면서 저들 미치광이 걸인들을 보았다. 그들의 행위는 제왕의 뜻과 부합하지 않는데 어떻게 하늘의 도법에 부합할 수 있겠느냐? 하늘은 그들을 몹시 증오한다. 천도가 쇠퇴한 원인은 하고(下古) 시대 사람들이 잘못된 법도를 서로 앞다투어 배운 데 있다. 하늘은 그것을 골치 아프게 생각하고 크게 걱정하였다. 천도가 백성들과 소통되지 않아 나를 내려보내 진인들과 함께 이야기하면서 조목조목 득실을 설명하여 천하의 사람들이 철저하게 깨닫도록 하고 모두가 하늘의 뜻을 분명하게 알아 자신의 행위를 고치고 자기의 생각을 바꿔 다시는 하늘의 금기를 어기지 않기를 바라는 것이다. 그렇게 되면 도를 배우는 사람은 바로 공을 이룰 것이다. 만약 그래도 여전히 원래의 방식에 따라 수련한다면 하늘은 그들이 하늘에 오르지 못하게 할 것이며, 오방에서 가장 더러운 곳으로 보내 그곳에서 죽게 할 것이며, 그들의 영혼을 오방에서 가장 지저분하고 철저하게 외떨어져 아무도 살지 않는 곳에서 어리석고 미친듯이 황야를 떠돌게 할 것이다. 위로는 해나 달이나 별이 없고 아래로는 좋은 땅이 없을 것이다."

"왜 그런지요? 그들의 잘못이 얼마나 무거운 것인지 듣고 싶습니다."

"하늘은 그들에 대해 결코 마음대로 징벌을 내리는 것이 아니라, 천도는 각자의 죄과에 따라 각기 다른 징벌을 내리는데, 구걸하는 자에 대한 징벌이 가장 무겁다."

"왜 이처럼 바로 죽이지 않고 그들을 유배 보내는 것일까요?"

"곧바로 처형하려고 할 때 그들은 또 자신들이 처음에 불로장생술을 추구한 것이라고 말하고 아울러 경건하게 천도를 신봉했다고 말한다. 중간에 처형하려고 할 때 그들은 또 울면서 하늘과 땅을 향하여 억울하다고 소리친다. 그들이 천도를 위반한다는 것을 근본적으로 모르기 때문에 하늘은 그들을 심문하고, 그런 다음에 유배형을 내려 그들을 아무도 없는 외딴 곳으로 보내 스스로 반성하도록 하는 것이다. 너희들이 그 이유를 자세하게 알고 싶다면 이 일을 성군이 범인을 문책하는 것과 비교해 보면 될 것이다. 성군은 범죄자를 결코 그 자리에서 죽이지 않고 죄상의 경중에 따라 각기 다른 감옥으로 보낸다. 극악무도한 죄를 저지른 자는 큰 감옥으로 보내고 가벼운 죄를 저지른 자는 작은 감옥으로 보내 그들이 말로나 마음으로 복종하게 하고 죽더라도 원망하지 않게 한다. 만약 그들을 그렇게 처리하지 않으면 원망의 소리가 끊이지 않고 다들 한을 품고 죽어갈 것이다. 오패의 군주는 범죄자들을 곧바로 처형하여 많은 신하와 백성들이 원한을 품고 죽어갔다. 그대들은 하늘이 범죄를 다스리는 것과 형벌을 사용하는 것을 알고 싶어 했는데, 그것은 바로 이와 같다. 그대들은 알겠는가?"

"두렵습니다. 두렵습니다."

"두려움을 아는 것은 삶의 문이요, 두려움을 모르는 것은 죽음의 근원이다. 그대들이 만약 내 말을 신중하게 받아들여야 한다. 내가 한 말은 바로 하늘의 무기이니라. 비방하거나 무례할 수 없는 것이다. 그렇지 않으면 벌을 받을 것이다. 그 정도가 가볍다면 상해를 입을 것이며 무겁다면 죽게 된다. 그대들에게 훈계의 말을 한 구절 들려주겠다. 하고(下古)의 사람들이 어리석음이 오래되자 자신들의 무지한 마음을 믿으면서 천사가 한 말을 인정하지 않고 스스로 막다른 길로 치달았다. 나는 하늘을 대신하여 도를 전한다. 그 □□을 알고 만에 하나라도 놓쳐서는 안 된다. 나는 그대들을 감히 속이지 못한다. 왜냐하면 천도가 두렵기 때문이다. 내가 하는 말은 절대적으로 옳고 확실하다. 그 중에는 여러 가지 중복되는 부분이 있는데, 그것은 만에 하나라도 빠뜨리는 것이 있을까 걱정이 되어서이다. 그래서 중복했기 때문에 그 말이 많고 글이 □한 것이다.

하늘의 일은 참으로 멀어서 알기 어렵다. 그러나 하늘은 시시각각 글을 내려보내서 지상의 일에 호응한다. 지상이 선해지면 천상에서도 선해지고, 지상이 악해지면 천상도 악해진다. 그러므로 지상에서 사람들이 선한 행동을 하면 천상에서도 역시 그들에게 선한 것으로 보답하고, 지상에서 사람들이 악한 짓을 하면 천상에서도 역시 그들에게 악한 것으로 보답하는데, 그 기가 위로 통하기 때문이다. 오기(五氣)는 천상과 지상을 하나로 연결하여 관통하고, 육갑(六甲)은 천상의 것과 지상의 것이 하나로 통하며, 십이지(十二支)는 합하여 아래위가 드러난다. 먼 것이건 가까운 것이건 모두 서로 통한다. 아래가 선하면 위는 밝아지고, 아래가 악하면 위에서는 흉한 재앙을 내린다. 그러므로 오행은 아래에서 일어나고 오성(五星)은 위에서 밝다. 이것이 바로 하늘이 세상 사람들을 밝혀주는 이유이다. 모든 삼광이 다 그러하고, 하늘은 다시 지하의 삼광과 서로 통한다. 지상의 삼광이 빛나면 천상의 삼광도 빛나며, 천상의 삼광이 빛나면 지상의 삼광 역시 빛난다. 하늘과 땅 두 가지가 서로 호응하고 조화하는 것은 불변의 법도가 된다. 하늘에서 좋은 일이 일어나면 땅에서도 그러하다. 이것은 마치 하늘에 육갑과 십이지가 있으면 땅에도 그런 것이 있고, 또 땅에 육갑과 십이지가 있으면 하늘에도 그런 것이 있는 것과 같다. 그러므로 항상 위와 아래가 서로 대응하여 털끝만큼의 어긋남도 없다. 진인들은 이 점을 신중하게 받아들여야 한다. 내가 하는 말이 비록 매우 심원하기는 하지만, 절대로 숨겨두거나 방치함이 없도록 하고, 도를 배우는 이들에게 가르쳐 주고, 전달함에 있어 반드시 재계해야 한다. 그것을 신중하게 대해야 하고, 나의 도에 관한 글을 조사하여 행위의 준칙으로 삼아야 하며, 막연하게 암송만 해서는 안 된다."

善哉善哉. 得天意矣. 今天乃淸且明, 道乃淸且白, 天與道乃最居上, 爲人法. 淸明者好淸明, 故三光上著天, 各從其類, 合如爲形.[1] 天之爲形, 比若明鏡. 比若人之有兩目洞照, 不欲見汙辱也. 若比聖王之前, 常欲淸明, 不欲見汙辱, 汙辱之則得滅死之過也. 眞人知之耶. 唯唯. 可怰哉. 可怰哉. 是故人頭口象天, 不欲樂見汙辱也, 常欲得鮮明, 得善物. 故天下人以淹汙辱惡, 與人食之, 天乃遣雷電下, 自捕取之. 眞人知是逆惡邪. 唯唯. 愚生甚畏之. 今大中上古以來, 人自言爲善, 絶殊於俗人也. 學爲道者, 反多相示敎食糞飮小便, 相名爲質直善人, 天與道大憎之. 天上名此爲大反逆之子, 天上不欲見其人形也. 此大邪所著, 犬豬之精所下也. 夫道之生天, 天之有道也, 乃以爲凡事之師長. 正道者, 所以興善, 主除惡也. 是故古聖賢帝王將興, 皆得師道, 入受其策智, 以化其民人, 師之貴之, 乃言其能知天心意, 象天爲行也. 天上亦尊貴善道人, 言其可與和風氣, 順四時, 承五行, 調風雨, 助日月星宿爲光明也, 而使萬物興也. 今如此食糞飮小便, 何可以爲師. 今地上師尙不中名爲逆子, 何能反中天上師乎哉. 小人甚愚也, 甚淹汙辱天道. 眞人得極文,[2] 思其意. 地上所惡, 天上亦惡之. 天上所惡, 地上亦然.

是地上人惡食糞飮小便, 天上亦惡之, 故乃遣雷電霹靂下殺之也. 此辭者, 但可以曉地上人耳. 天上惡之劇, 於是地上尙憎惡之, 天上何用爲哉. 天乃淸明而鮮, 何以反當主舍, 聚此食糞飮小便人乎. 錐過誤,[3] 須臾得道, 會不得上昇天也. 悉往死於五廢絶氣敗凶之地, 以順其行, 以彰其過, 各歸其所, 求不欺之也. 眞人年有善竟, 戒之愼之, 以示後來. 令洞上皇平氣至, 不得容此惡行, 犯之死, 明矣. 可慈哉. 可慈哉. 眞人知慈, 是子覺也. 子不慈, 與之同罪. 知而故爲之, 罪不除. 唯唯, 不敢不敢. 今上皇天之爲性也, 常欲施與, 故主施主與, 主生主長, 主出不主納, 主勝不主服.[4] 服則爲逆, 故天道不可威劫也, 劫迫之則令人滅亡矣. 天主善, 主淸明, 不樂欲見淹汙辱. 今天與道, 乃與上之稱也. 故帝王象天爲行也, 稱無上之君, 不敢失天. 行之銖分則吉, 失之則大凶. 今學道爲長生, 純當象天也. 天者好生, 故學長生者, 純守天第一生之氣, 其爲行, 當隨天道意也. 故地者主辱殺, 主藏, 不當隨地意也. 夫道者, 乃大化之根, 大化之師長也. 故天下莫不象而生者也. 今下愚小人欲爲道, 反無益於民人, 而共淹汙辱天道, 甚逆無狀, 天上名之爲逆子, 大凶之人也, 天上不欲見之也.

何謂也. 愚生心結閉, 未及之也. 善哉, 子之問乎. 天使子言, 詳開耳目而聽. 夫天與道, 不好施好生好稱邪, 爲之何不卜卦賦藥,[5] 有益於民人, 而使神治人, 病固止也. 此三人也, 皆得稱師, 不利天道, 不敢淹汙辱天道. 夫天道不欺人也, 常當務至誠. 天道不欺以欺, 卽其後久久日凶衰矣. 天之爲道也, 不樂淹汙辱, 不欲利人. 天乃無上, 道復尙之. 道乃天皇之師法也, 乃高尙天. 是故天與道者主修正, 凡事爲其長. 故能和陰陽, 調風雨, 正晝夜, 列行伍. 天地之間, 莫不被恩受命, 各得其所者. 今下愚爲道, 反爲欺慢癡狂, 乃共惑亂天之道, 毀敗天之化首. 反行乞丐求人之物, 無益於民間, 淹汙辱天道, 內利百姓, 不可以爲師法. 反使後生者相教, 每爲道道, 令人癡狂慢欺, 又行被淹汙辱而乞丐, 因以此行而名之, 謂爲癡狂乞丐者之道. 反使凡人共罵天, 共賤正道, 斷絶大化, 天甚惡之, 道甚疾之, 天上不欲見其形也. 今天上皇洞正氣大至, 日月星羅列皆重光, 道與天當調風雨, 和陰陽, 使萬物各得其所, 而前人邂逅得道而昇上天, 無可仕者也. 天上問之悉有過, 不可與共事, 汝等乃居地上, 尙見謂爲癡狂乞丐者. 不中帝王之師, 安而中天上之師哉. 天其惡之, 大道衰廢, 咎在下古人相學失法度. 天病之, 大悒悒. 天道不通, 故遣吾下與眞人共談, 分別道得失. 樂天下人一覺, 俱知天上意, 改其行, 易其心, 不復犯天禁, 則學者成矣. 如修其故行, 天不上之也, 會當復往, 死於五辱之地, 付命於五汙之土, 絶洞無人癡狂之野, 上無三光, 下無良土.

何也. 願聞之, 其過何重也. 不謫之也. 天道爲法, 各從其類, 下奪之也. 如是何以不卽殺之, 乃到此乎. 欲卽滅殺之, 又其人自言, 欲長生而至信. 欲中殺之, 又反且哭天啼地, 自言甚冤, 又不自知其過所由出. 故天考之徒之, 其後投於五辱癡狂之土, 使自知也. 子欲知其實審, 比若明王考人過責, 非肯卽殺之也. 猶當隨其罪大小詣獄, 大罪大獄, 小罪小獄治之, 使其人服, 自知乃死, 不恨而無言也. 如不窮其辭語, 會自言冤, 懷恨而死. 故五霸之君, 其民臣多懷恨而死者也. 子欲知天上之治刑如此矣. 眞人解邪. 可核哉. 可核哉. 子知驚核, 生之門也. 不知驚核, 死之根也. 子愼吾言, 吾言正天之兵, 不可詆冒. 詆冒令人傷, 小詆小傷, 大詆滅亡也. 戒眞人一言, 下古之人積愚, 信其無知之心, 且言不然自窮矣. 吾親以天上行, 而下知其□□, 萬不失一也. 吾不敢欺子也, 欺子不畏眞人, 乃畏天威. 故吾言乃信復信. 所以言復重者, 乃恐其固固有失之者. 故復重使其言多文□□. 天上之事, 實遠難知, 故文時時下合於地也. 地上善, 卽天上善也. 地上惡, 卽天上惡也. 故人爲善於地上, 天上亦應之爲善. 人爲惡於地上, 天上亦應之爲惡, 乃其氣上通也. 五氣相連上下同, 六甲相屬上下同, 十二子[6]爲合上下著, 無有遠近皆相通. 其下善, 其上明. 其下惡, 其上凶. 故五行興於下, 五星明於上. 此者, 天所以曉於天下人也. 凡三光皆然. 天上復與地下三光相通, 三光明於下, 天上亦然. 天上明於上, 地上亦然. 兩兩相應, 和以爲經, 於天上大善, 地上亦然. 猶天有六甲十二子, 地上亦然. 地上有六甲十二子, 天上亦然. 故常上下相應, 不失銖分也. 眞人其愼之. 吾言雖遠, 愼無閉藏, 以示學者, 傳之必齋戒, 其愼之. 案文爲法, 勿得暗誦也.

역주

1) 合如爲形(합여위형) : 합쳐져서 형상을 이룬다. 여(如)자는 접속사 이(而)자의 의미로 쓰였다.

2) 得極文(득극문) : 법도가 적힌 문서를 얻다. 극(極)은 법도, 준칙의 뜻으로 쓰였다.

3) 錐過誤(추과오) : 잘못이 몹시 깊다. 추(錐)는 깊이까지 들어갔다는 의미인데, 여기서는 잘못이 매우 심대하다는 것을 비유적으로 사용하였다.

4) 主勝不主服(주승부주복) : 도덕적으로 복종하게 하는 것을 주관하지만 무력으로 제압하는 것을 위주로 하지는 않는다. 아래서 설명하는 요지에 의하면 이 구절에서 승(勝)자와 복(服)자는 위치가 바뀌었다. 승(勝)은 무력으로 굴복시키는 것이고 복(服)은 도와 덕을

따르게 하여 마음으로 복종하게 하는 것을 가리킨다.

5) 卜卦賦藥(복괘부약) : 점을 치거나 약을 처방하다. 복괘(卜卦)는 점술을 이용하여 재난을 쫓아내는 방술이고, 부약(賦藥)은 병증에 따라 약을 처방하는 물리적 치료법이다.

6) 十二子(십이자) : 십이지지(十二地支)를 가리킨다.

"예. 예. 여쭙겠습니다. 상고시대와 중고시대 이후로 서로 가르쳐 주면서 도술의 수련에 종사한 사람들 가운데 많은 사람들이 집을 떠나 부모를 버리고 처자식을 내팽개쳤으며, 대부분의 사람들이 구걸을 하고 바보나 미친 사람처럼 행동하거나 때로는 거짓으로 행동하고, 똥을 먹고 소변을 마셨습니다. 후세에 도를 수련하는 사람들은 그런 일을 서로 가르치면서 모두 그들이 하던 것을 모방하는데, 그들이 그렇게 하는 것에 정말로 아무런 근거가 없는 것입니까?"

"그들의 악의를 파악하였구나. 하늘이 그들을 싫어하기 때문에 그대들에게 그것을 질문하게 한 것일까? 그대들의 말이 어쩌면 그렇게 상세한가! 그대들은 왜 그것에 대해 질문하느냐?"

"그들의 그런 점을 이상하게 생각한 지 오래 되었습니다. 그러나 그에 대해 여쭈어 볼 사람이 없어 항상 두려워하고 있었습니다."

"좋다. 하늘이 정말 그대들로 하여금 그 일을 묻도록 한 것인가 보다. 좋다. 그대들을 위하여 자세하게 설명할 터이니 두 귀를 바짝 세우고 들어라. 하늘이 처음 참된 도를 만들어낼 때는 그와 같지 않았다. 모두들 효도하고 부모를 돌보았고, 아내를 얻어 자식이 번성했으니 몸가짐과 용모를 단정히 하고 어리석거나 미친 행위를 하지 않았고 똥을 먹거나 오줌을 마시지 않았다. 모두 도를 따랐기 때문에 행위가 법도에 맞았다. 그 가운데 고명한 사람은 제왕의 보좌가 되어 천하를 다스려 백성과 만물을 번창하게 하고, 서로서로 돌보도록 하고 서로 상해를 입히는 일이 없었다. 이때 삼황오제 같은 사람은 정도에 입각하여 행동하였고, 서로 이롭게 하도록 하면서 서로 상해를 입히지 않도록 하는 데 힘썼다. 그러므로 정도가 행해질 수 있었고, 정도를 팽개쳐두는 일이 없었다.

삼왕에 이르러 정도가 문란해졌고 오패가 일어나자 군주와 신하와 백성이 서로 속였다. 그러므로 거짓으로 어리석은 체하고 미친 척하면서 그것이 알려질까 두려워한 나머지 구걸을 하고 똥을 먹고 오줌을 마셨다. 이것은 곤궁에 처했을 때의 행위이고 곤궁에 처했을 때의 말이다. 도라는 것에도 쇠퇴기와 전성기가 있다. 이는 마치 삼황오제의 시기와 삼왕오패의 시기가 있었던 것과 같다. 하고(下古) 시대에는 패도가 많이 나타났다. 구걸을 하는 것, 부모와 처자식을 버리는 것, 똥을 먹고 오줌을 마시는 것 등은 도가 쇠퇴하고 패도가 나타났음을 의미한다. 그러므로 삼황오제 가운데 대부분은 도를 얻어 하늘로 올라갔다. 어떤 이는 몸을 벗어두고 신선이 되었고, 어떤 이는 몸이 신선으로 변해서 사라졌다. 삼왕은 모두 장수를 누렸지만 오패 중에서 정도를 얻은 사람은 없었고 모두 전쟁을 벌여 들판에서 죽었다. 하고 시대에 패도를 지켰기 때문에 역시 모두 들판에서 죽었다는 것은 이것을 뜻하는 말이다. 나는 그대 진인들에게 거짓말을 하지 않는다. 도 가운데도 패도가 있으며, 그것은 패왕과 같다. 그러니 어떻게 신선이 되어 하늘에 오를 수 있겠느냐?"

"훌륭하십니다. 훌륭하십니다. 어리석은 소생들은 진정으로 이미 다 이해하고 있다고 생각하면서도 도에도 패도가 있다는 점을 생각하지 못했습니다. 천사님께서 해명해 주신 다음에야 알게 되었습니다."

"참으로 □□하도다! 그대들은 깨달았다고 할 수 있을 것이다."

"여쭙습니다. 오늘날 도를 배우는 자들은 어떻게 해야 할까요?"

"그렇다. 오늘날 천도는 잘 갖추어져 있다. 오늘 이후부터는 옛날과는 다르다. 그런데도 옛날의 패도와 술수를 배우려고 생각한다면 참된 도는 결코 얻을 수 없을 것이다. 진인들은 조심하고 신중해야 한다. 장수하는 것을 바란다면 나의 글을 익혀야 한다. 만약 털끝만큼이라도 어긴다면 생명이 온전하지 못할 것이니 지키지 않을 수 있겠느냐? 도의 본원, 즉 황도(皇道)가 이미 일어나고 화덕(火德)이 시행되자 패도는 끊어졌다. 하늘이 비록 막힘없이 크지만 본래부터 분별의 이치를 가지고 있기 때문에 모든 인간에게 문서를 보여주어 함께 의논하도록 한다. 마땅히 위에 속해야 할 사람은 위에 속하게 하고, 마땅히 중간에 속해야 할 사람은 중간에 속하게 하고, 마땅히 아래에 속해야 할 사람은 아래에 속하게 하며, 위에 속하는 사람과 아래에 속하는 사람 그리고 중간에 속하는 사람이 함께 의논하도록 하였으니, 마치 하늘과 함께 이야기하는 것처럼 그 참되고 믿음 있고 □□한 것을 볼 수 있지 않은가?"

"훌륭하십니다. 훌륭하십니다. 네 계절의 기가 정상적으로 운행될 것입니다."

"진인들은 어떻게 그 사실을 알았느냐?"

"천사님께서 말씀해 주신 것을 직접 듣고서 네 계절의 기가 정상적으로 운행될 것임을 알았습니다."

"좋다. 좋다. 그대들은 내 말의 뜻을 파악했다."

"두 가지 일에 대해 다시 여쭙겠습니다만 감히 말을 많이 할 수 없습니다."

"좋아, 말해 보거라."

"오늘 이후로 도를 추구할 때 어떻게 해야 합니까?"

"한적한 방에서 도를 추구하되 부모를 멀리하거나 처자식을 떠나지 말라. 원칙을 따라 점진적으로 수련을 행하여 자유자재의 경지에 도달하면 그만 그쳐라. 만약 자유자재의 경지에 도달했는데도 계속 수련을 한다면 아무런 도움이 되지 않을 뿐만 아니라 오히려 일찍 죽는다. 각자가 진실이 무엇인지를 살펴보고 행할 때는 하늘의 뜻을 어기지 말아야 한다. 사람은 속일 수 있지만 하늘은 속일 수 없으니 다른 사람에게 걱정을 끼칠 수 있는 나쁜 행동을 하지 말라. 모든 사람은 천도로써 자기 언행의 규범으로 삼아야 한다. 도를 따르지 않는 사람은 바로 악인이고, 기만적이고, 열등한 사람이다. 사람들 각자로 하여금 이런 도술을 통해 자기를 다스리도록 한다. 이런 도술을 감히 수련하지 않는 사람 또한 사악한 사람으로서 다른 사람을 속이려는 사람이다. 이와 같은 기준으로 살펴보면 절대 틀림이 없을 것이다. 만약 도를 배우는 사람이 이렇게 행동한다면 세상에는 간사하고 사악함이 사라질 것이며 선인과 악인이 확연하게 구별될 것이다. 이것을 하늘이 선비를 선발할 때 사용하는 책이라고 부른다. 상급급의 사람은 신선이 될 수 있고, 중급급의 사람은 제왕을 보좌하여 다스림을 할 수 있고, 하급급의 어리석고 무지한 사람도 민간의 근면한 사람이 될 수 있다. 진인들은 이 점을 잘 기억하고 있도록 하여라."

"예. 예. 자유자재의 경지에 도달한 뒤에는 또 어떻게 해야 합니까?"

"도를 얻으면 바로 신선이 되어 하늘에 오른다. 도를 얻지 못한다면 날마다 부모에게 효도하고 처자식을 돌보면서 날마다 점진적으로 수양하여 청정한 삶을 산다면 천천히 도를 깨달을 수 있을 것이다. 현명한 그대들은 나의 이 말을 깊이 생각해 보도록 하여라."

"예. 예."

이상은 하늘이 현명하고 유덕한 선비를 선발하는 것, 천도를 제창하고 사악함과 거짓을 끊는 것, 패도를 버리고 후손을 기르며 사악한 마음을 바로잡는 것, 간사함과 교활함을 단절하는 것, 부모에게 효도하고 처자를 돌보는 것 등에 관한 비결이다.

唯唯. 願請問太上中古以來, 諸相教爲道者, 反多有去家棄親, 捐妻子. 反多有乞丐, 癡狂詳欺, 食糞飮小便. 後學者多以相教示, 皆有師法, 亦不苟空也. 善哉. 子之難問, 得其惡意. 天疾之, 教子問之邪. 其言何一巧也, 子何故問此乎. 怪其久矣, 無於質問, 常若悒悒. 善哉, 天果使子主問事邪. 諾. 開兩耳, 且爲子分別言之. 夫上天初出眞道之時, 不如此也. 悉作孝養親, 續嗣有妻子, 正形容, 不癡狂食糞飮小便也. 皆以其道, 動作中法. 上士爲帝王之師輔, 傳類相養, 無有傷者. 於此之時, 比若三皇五帝, 動以正道, 務相利不相害傷也. 故得以正道行, 不自匿藏. 三王紊亂, 五霸將起, 君臣民更相欺慢, 故僞作癡狂. 尙恐見知, 乞丐食糞飮小便, 是困窮之行也, 困窮之辭也. 夫道亦有衰盛, 比若此三皇五帝三王五霸矣. 下古多見霸道, 乞丐棄其親, 捐妻子, 食糞飮小便, 是道之衰, 霸道起也. 故三皇五帝多得道上天, 或有尸解, 或有形去. 三王以壽, 五霸無得正道者, 皆戰鬥死於野. 今下古守此霸道, 亦皆死於野, 此之謂也. 吾不欺眞人, 是亦道之霸, 與霸王同耳, 安得上升天哉. 善哉善哉. 愚生之心, 眞眞已解矣, 不意道亦有霸也. 天師解之, 乃後知之. 誠誠□□哉. 子可謂開矣.

請問今學者, 當奈何乎哉. 然今者天道大周備. 自今以往, 與古異. 欲修中古霸道法, 眞道不得來. 眞人宜戒之愼之. 欲樂長存, 修吾文. 失銖分之間, 命不全, 可不守乎. 道之元, 皇道已起,[1] 火光行之,[2] 霸道絶矣. 天雖浩大, 自有分理, 以示文凡人, 令共議之. 宜屬上者屬上, 宜屬中者屬中, 宜屬下者屬下, 宜上下中共之, 何不睹其誠信□□, 比若與天語. 善哉善哉. 時氣平矣. 眞人何以知之乎. 見天親遣天師下言, 知天氣平矣. 善哉善哉. 子得其意. 願復請問一兩事, 不敢多言. 行道之. 自今以往, 求道皆當於何哉. 皆求之於閑室, 無遠父母而去妻子. 以漸爲之, 僻漏乃止.[3] 或內不善而僻漏, 無可益也, 反且先死. 各自考實, 行不負天. 人乃可欺, 天不可欺也, 勿憂人爲非也. 使各以是自治, 不敢爲道者, 卽惡人也, 欲欺僞者也. 以是占之, 萬不失一也. 學人若此, 姦猾絶矣, 善人與惡人可見矣. 此名爲皇天簡士書, 上可得度世, 中可爲帝王輔, 下愚無知固固, 可爲民間謹子. 眞人重知之. 唯唯. 願聞僻漏得道去云何. 然, 道成去而已. 如道未成, 爲日守父母, 保妻子, 日日以漸, 淸靜爲之, 旦自知其意矣. 賢者共策此言. 唯唯.

右天上簡士文與道斷爲棄霸續命人自易心姦猾消守親保妻子.

역주

1) 皇道已起(황도이기) : 황도가 이미 시작되었다. 황도(皇道)는 도가에서 창도한 무위의 다스림, 즉 만물은 모두 스스로 다스린다는 치국의 도리를 가리킨다.

2) 火光行之(화광행지) : 화덕이 시행되다. 화광(火光)은 화행의 정광(精光)으로서 화덕을 가리킨다. 동한 시기에는 한나라가 화덕에 의해 성립되었다는 주장이 성행되었다. 이 구절도 그러한 주장의 영향을 받은 것이다.

3) 僻漏(벽루) : 자유자재의 경지에 도달하다. 이 구절은 매우 난해하다. 『전역』에서는 "어떤 문제를 발견하다"라고 번역하였고, 『금주금역』에서는 "배가 고프지 않음을 느끼다"고 번역하였다. 그리고 『주역』에서는 "출입무간(出入無間)의 경지에 이르다"라고 번역하였다. 세 가지 번역 모두 비슷한 부분이 조금도 없다. 앞뒤 문맥으로 보아 이 구절은 "출입무간(出入無間)의 경지에 이르다"로 해석하는 것이 가장 무난한 것 같아 이를 따른다. 출입무간이란 자유자재와 같은 뜻이다.

太平經

제118권

『태평경초』

경부(庚部)의 16

제209 금소산림결(禁燒山林訣) : 산림을 불태움을 금지하는 비결

해제 이 장에서 말하는 금소산림(禁燒山林), 곧 산림을 불태우는 것을 금한다는 것은 초기 도교의 자연보호의식이 음양오행 사상과 결합되어 나타난 것이다. 이 장에서는 오행휴왕설(五行休王說)을 천격(天格), 즉 하늘의 불변의 법칙으로 이해하고 산림과 불이 모두 양에 속한다고 하면서 그것을 대지나 식물과 구별되는 오행의 우두머리임을 밝혔고, 이러한 생각에 의해 음의 간사함을 제거하려고 하였다. 또 음양상수(陰陽相須)의 이론에 따라 삼양과 삼군이 서로 만나 다투면 음양이 의지할 바를 잃고 하늘에 의해 멸망의 길, 무후의 길을 갈 수밖에 없기 때문에 산림을 불태우는 것을 금지해야 한다는 것을 강조하였다.

“지극한 이치에 통달하신 황천(皇天)의 스승님께 여쭙습니다. 스승님께서는 어리석은 소생들을 불쌍히 여기시고 하늘의 일을 가지고 저희들을 가르치시는데, 이는 정말로 저희가 감히 바라지도 못했던 것입니다. 스승님께서 저희들에게 득도승천의 길을 보여주시고 저희들로 하여금 하늘의 일에 대해 이해하도록 알려주셨는데, 하늘은 무엇을 좋아하고 무엇을 금지하고 있는지에 대해여 알고 싶습니다. 저희는 하늘이 금지하고 있는 것은 반드시 밤낮으로 생각하고 어디에서나 조심하여 추호도 위반해서는 안 되고 또 천도의 뜻을 후대 사람에게 알려주어야 한다는 것을 알고 있습니다.”

“좋은 질문이다. 핵심을 파악하고 있구나. 진인들은 앉거라. 내가 그대들에게 알려줄 터이니 만세토록 전해지고 변함이 없어야 할 것이다.”

“예. 예. 저희들은 스승님의 가르침을 경건하게 따르겠습니다.”

“감사해 할 것 없다. 그대들은 하늘과 땅을 위해 질문한 것이고 나의 직책은 바로 하늘을 대신하여 말을 전하는 것이니 모두 하늘과 땅의 일이다. 그러니 감사할 필요가 있겠느냐?”

“만약 감사하지 않고 그냥 생각나는 대로 질문을 던진다면 마치 도를 경시하는 것 같을 것이고 천사님께서는 그것을 우려하실 것입니다. 만약 감사한다면 역시 금기를 위반하게 됩니다. 그렇다면 저희는 사양하지 않겠습니다.”

“나는 그저 쓸데없이 겉만 번지르한 말을 꾸며대서 도의 진정한 의미를 혼란하게 할까 걱정할 뿐이다. 그래서 그대들이 감사하는 것을 사양하는 것이다. 말은 천도의 근거이고 신문(神文)의 근원이다. 근심할 필요 없다. 이제 그대들에게 자세하게 설명해주겠다."

"예. 예."

"지금 하늘에서는 상황통평기(上皇洞平氣)가 모두 이르러 양이 홍성하고 태양의 빛이 밝아져 사악한 기가 그치고 바른 기가 드디어 펼쳐지니 낡은 것은 사라져 가고 도와 덕이 왕성해지고 있으며, 하늘은 산을 불태우거나 산림을 훼손하는 행위를 엄격하게 금지하고 있다."

"왜 그런지 여쭙습니다."

"그렇다. 산이라는 것은 태양이고, 토지의 벼리로서 군주에 해당한다. 뿌리를 내리고 있는 식물 중에서 나무가 뛰어난 것으로서 역시 군주에 해당하며 양에 속한다. 화(火)는 오행의 우두머리이고 역시 양에 속한다. 세 삼군(三君)과 삼양(三陽)은 본래 서로 돕고 서로 이루어주며 절대로 서로 훼손하거나 제약하지 않는다. 그러므로 하늘은 산림을 불태우거나 수목을 훼손하는 것을 엄격하게 금지하는 것이다. 나무가 불타지 않으면 음 속의 음이 어머니 역할을 하여 아래로 내려갈 수 있다. 하늘은 그래서 자(子)와 축(丑)과 인(寅)으로 하여금 가장 먼저 만물이 시작하는 기를 발생하게 하고 해로운 기운을 제거하게 하였다. 만물이 생겨나면 화행이 지배적인 지위를 차지하고 화행이 지배적인 지위를 차지하면 태양은 더욱더 밝아진다. 그렇게 되면 병(丙)과 정(丁)이 성행하고 사(巳)와 오(午)는 더욱 왕성해진다."

"왜 그런가요? 여쭙습니다."

"이것은 하늘의 법도이고 본성이다. 만물의 어머니가 홍성하여 지배적인 지위를 차지하면 자식은 강성해진다. 자식이 강성하지면 오랫동안 원기를 받을 수 있고, 따라서 수명이 늘어나 장수할 수 있다. 그러므로 하늘은 산림을 태우고 나무를 훼손하는 것을 금지하고 있다. 양기가 홍성하면 음기는 쇠퇴하고, 양기가 쇠퇴하면 음기가 홍한다. 그러므로 간사한 무리들은 모두 어둠 속에서 나쁜 짓을 일으킨다. 이는 양기가 쇠퇴하면 간사한 무리들이 일어난다는 증거이다. 하늘은 간사한 사람을 쓸어내 버리고 싶어한다. 그러므로 산림을 불태우고 나무를 훼손하는 것을 금지한다. 이것은 자연의 법칙이다. 하늘 또한 이와 같고, 땅 또한 이와 같다."

"훌륭하십니다. 훌륭하십니다. 세 양(三陽)이 왕성해지면 왜 재앙이 쇠퇴하는 것입니까?"

"좋은 질문이다. 핵심을 꿰뚫고 있구나. 그렇다, 세 양은 각각 하늘의 양(陽)에 호응하고, 땅의 양에 호응하고 사람의 양에 호응하는데, 세 가지는 모두 양에 속하며 음에 속하는 것은 하나도 없다. 세 가지는 모두 군주에 속하고 신하에 속하는 것은 하나도 없다. 셋은 모두 남성에 속하고 여성에 속하는 것은 하나도 없다. 이것이 바로 멸망의 길이라고 이름하는데, 대가 끊기는 길이며 한 세대에서 다음 세대로 번식해갈 수 없으며 서로 낳고 길러갈 수 없다. 그러므로 재앙이 되는 것이다. 이것이 이른바 하늘만 있고 땅은 없는 것, 해만 있고 달이 없는 것, 위만 있고 아래가 없는 것, 겉만 있고 속이 없는 것이다. 하늘에서는 이것은 쇠망에 이르는 문제의 소재라고 생각한다. 그 때문에 이러한 현상을 증오하고 금지하신다."

"훌륭하십니다. 어리석은 저희들이 이 물음을 물었으나 매우 두렵습니다."

"너희들이 두려워한다는 것, 그것이 바로 삶의 뿌리이다. 그것을 두려워할 줄 모르는 것이 바로 재앙으로 들어가는 문이다."

"예. 예."

請問皇天上洞極之師, 師幸哀愚生不肖, 乃告語以天上之事, 誠非小生所敢望也. 旣加得已, 開其道路, 使得知天上事. 願聞天上皆何所喜, 何所禁, 唯得其戒. 誠日夜思惟其意, 不敢犯之, 以示後生. 善哉子之問也, 得其要意. 眞人安坐, 爲子道之, 可傳萬世, 無有去時也. 唯唯. 受命厚厚. 勿謝. 子爲天地問疑, 吾主爲天談, 非子之私也, 俱共公事, 何須謝哉. 欲不謝, 若爲輕道易事[1]愁師, 謝又觸忌諱不謙也. 但恐書益文多辭, 令難知, 故止眞人言耳. 夫辭者, 道之柄, 文之所從起也, 勿悒悒, 方爲子分別之. 唯唯. 今天上乃上皇洞平氣俱至興盛, 陽日光明, 邪氣止休, 正氣遂行, 衰者消去, 道德陽, 天上急禁絶火燒山林叢木之鄕.

何也. 願聞之. 然, 山者, 太陽也, 土地之綱, 是其君也. 布根之類, 木是其長也, 亦是君也, 是其陽也. 火亦五行之君長也, 亦是其陽也. 三君三陽, 相逢反相衰. 是故天上令急禁燒山林叢木, 木不燒則陰中. 陰者[2]稱母, 故倚下也. 天所以使子丑寅最先發去興多,[3] 興多則火王, 火王則日更明. 丙丁興, 巳午悅, 何也. 願聞之. 此天格也, 性也. 其母盛多而王, 則其子相. 其子相, 則受氣久長得延年, 故天上止之也. 陽盛卽陰姦日消, 陽衰則陰姦日起. 故姦猾者常起暮夜, 是陽衰而姦起之大證也. 故天上乃欲除姦, 故禁之也, 此自然之術法也. 天上亦然, 地上亦然. 善哉善哉. 請問三陽相得[4]何故凶衰乎. 善哉子之問也, 得其意. 然三陽者應天陽地陽人陽. 三盡陽也, 無一陰. 三盡君也, 無一臣. 三盡男也, 無一女. 名爲滅亡之路, 無後之道也.

不敢復傳類, 不而復相生成, 故凶也. 是所謂有天而無地, 有日而無月, 有上而無下, 有表而無裏, 天上名此爲立敗之紀, 故惡之禁之也. 善哉. 愚生過問此, 甚畏之矣. 子知畏之, 生之根也. 不知畏之, 凶之門也. 唯唯.

역주

1) 易事(이사) : 생각나는 대로 묻다.
2) 陰者(음자) : 수행(水行)을 가리킨다.
3) 使子丑寅最先發去興多(사자축인최선발거홍다) : 자(子)와 축(丑)과 인(寅)으로 하여금 가장 먼저 만물 시생(始生)의 기를 발생하게 하고 해로운 기운을 제거하게 하다. 자축인(子丑寅)은 지지(地支)의 앞쪽에 있는 세 가지이고, 그것들은 각각 북쪽과 11월, 동북쪽과 12월, 편동북쪽과 정월을 대표하고, 각각 수행(水行), 토행(土行), 목행(木行)에 속한다. 최선발거(最先發去)는 만물이 막 시작되는 싹이 돋아나고 여러 가지 사악하고 해로운 기운을 없애는 것을 의미한다.
4) 三陽相得(삼양상득) : 삼양(三陽)이 왕성해지다. 삼양은 산(山), 숲(林), 화(火) 등 세 가지를 가리킨다.

제210 소하전초결(燒下田草訣) : 습지대에서 야생초를 태우는 비결

해제 이 장에서 말하는 "하전초(下田草)"는 저지대의 웅덩이나 습지대에 모여 살고 있는 야생초를 가리킨다. 이에 대하여 이 장에서는 그 속성을 음으로 규정하고, 동시에 간지(干支)의 배속 관계와 음양상승설에 의거하여 을묘(乙卯)와 하전(下田), 즉 저지대의 웅덩이나 습지와 풀 등을 삼음(三陰)이라고 하고, 이 삼음을 사악함이 발생하는 원천으로 간주하여 그것들을 불태워 없애야 한다고 주장한다. 불태우려고 쓰는 불, 즉 화(火)는 양에 속하고 음이 극에 이르면 양이 생겨난다. 그러므로 저지대의 웅덩이나 습지대의 야생초를 불태워버리면 양을 진작시키는 효과가 더욱 커진다고 본 것이다. 이 장 전체의 내용은 앞의 편과 반대되기도 하고 서로 보완적이기도 하다. 이 장은 자원 이용에 대한 초기 도가의 사상을 반영하고 있다.

"움푹한 저지대의 수풀은 태워도 될까요?"

"하늘은 그것을 태우는 것에 대해서는 금하지 않는다. 태워야 한다."

"유독 무슨 이유로 당연히 태워야 하는지요? 여쭙습니다."

"그렇다. 풀은 목(木)에 속하고 음에 속하며, 을(乙) 역시 음에 속한다. 그러므로 풀과 서로 호응한다. 목은 양에 속하고 갑(甲) 역시 양에 속하여 목과 갑은 같은 부류이다. 그러므로 목과 갑이 서로 호응한다. 을은 금(金)을 두려워하고, 금은 목을 이긴다. 목이 손상을 입으면 양이 쇠퇴하고 양이 쇠퇴하면 간사한 무리들이 일어난다. 그러므로 들풀을 태워버려야 한다. 하늘은 또 이렇게 말한다. 을은 음에 속하고 풀도 음에 속하며, 저지대의 습지 역시 토지의 음쪽에 자리 잡고 있으니 세 부류는 모두 음에 속하는 것으로서 모두 함께 존재하면 간사한 무리들이 일어난다. 그러므로 거북과 뱀은 가장 북쪽에서 산다. 음이 극에 이르면 거꾸로 양이 생겨난다. 화는 양에 속하고, 음이 양을 얻으면 길상이 일어나고 사물에게 좋은 변화가 일어난다. 그러므로 하늘은 들판의 풀을 불태워 없애면 음이 번성하고 양이 번성한다고 하면서 그것들을 불태워 없애라고 가르친다. 하늘 역시 이와 같이 한다. 갑은 하늘의 목에 해당하고, 을은 하늘의 풀에 해당한다."

"인(寅)과 묘(卯)는 무엇에 속합니까?"

"그렇다. 인 역시 양에 속하고 지상에서는 목행(木行)에 속한다. 묘는 음에 속하고 지상에서는 풀에 해당한다. 이 네 가지 일은 모두 목행에 해당한다. 그러나 양은 나무라고 하고 음은 풀(草)이라고 하는데, 이것은 저절로 그러함의 법칙이고 천상의 근간이다. 나는 감히 진인들을 속이지 못한다. 그대들은 하늘을 위해 모르는 것을 질문하고 의문점을 해결하며, 나는 하늘을 위해 사실에 대해 설명한다. 우리들 두 사람은 함께 직무를 수행하고 함께 음양을 다스리며, 천지의 병폐를 제거하여 제왕으로 하여금 근심과 걱정을 하지 않게 하고, 일만 이천 가지 사물이 각자 만족함을 얻어 기뻐하는 기색을 표현하지 않음이 없도록 하고 억울함이 없도록 하려는 것이다."

"훌륭하십니다. 훌륭하십니다."

"그렇다. 진인들은 도를 알았다고 할 수 있겠다."

"감당할 수 없습니다. 감당할 수 없습니다."

"그렇다. 도를 배우고 도에 대해 묻는데, 사양할 것이 뭐 있겠느냐?"

"예. 예."

"마음에 새겨두고 한 시라도 떠나서는 안 된다."

"훌륭하십니다. 훌륭하십니다."

"그대들의 학문은 하늘의 법도를 깨달았다."

請問下田草寧可燒不. 天上不禁燒也. 當燒之. 獨何故當燒之乎. 願聞之. 然, 草者, 木之陰也, 與乙相應.[1] 木者, 與甲相應.[2] 甲者, 陽也, 與木同類, 故相應也. 乙者, 陰也, 與草同類, 故與乙相應也. 乙者畏金,[3] 金者傷木, 木傷則陽衰, 陽衰則僞姦起, 故當燒之也. 又天上言, 乙亦陰也, 草亦陰也, 下田亦土之陰也. 三陰相得, 反共生姦. 故玄武居北極陰中, 陰極反生陽. 火者, 陽也, 陰得陽而順吉, 生善事. 故天上相教, 燒下田草以悅陰, 以興陽, 故燒之也. 天上亦然也. 甲者, 天上木也. 乙者, 天上之草. 寅與卯[4]何等也. 然寅者亦陽, 地上木也. 卯者, 陰也, 地上之草也. 此四事俱東行[5]也. 但陽者稱木, 陰者稱草, 此自然之法, 天上之經也. 吾不敢欺眞人也. 子爲天問事決疑, 吾爲天說事, 二人共職, 共理陰陽, 除天地之病, 令帝王不愁苦, 萬二千物各得其所, 莫不悅喜而出見, 無有冤結者也. 善哉善哉. 然, 眞人可謂知道矣. 不敢不敢. 然, 學而問道, 有何謝乎. 唯唯. 繫之胸心, 無有去時. 善哉善哉. 學問得其數[6]矣.

역주

1) 與乙相應(여을상응) : 을(乙)과 서로 호응하다. 을은 천간(天干)의 두 번째 자리로서 음간(陰干)에 속한다.

2) 與甲相應(여갑상응) : 갑(甲)과 서로 호응하다. 갑은 천간의 첫 번째 자리로서 양간(陽干)에 속한다.

3) 乙者畏金(을자외금) : 을은 금(金)을 두려워한다. 금(金)은 오행의 하나를 가리킨다.

4) 寅與卯(인여묘) : 인(寅)과 묘(卯)는 각각 지지(地支)의 세 번째 자리와 네 번째 자리로서 인은 양지(陽支)에 속하고 묘는 음지(陰支)에 속하며 두 가지는 모두 목행(木行)에 속한다.

5) 東行(동행) : 목행을 가리킨다. 다섯 방위를 오행에 배속할 때 동쪽은 목에 속한다. 그러므로 목행을 동행이라고도 한다.

6) 學問得其數(학문득기수) : 학문이 하늘의 법도를 얻는 경지에 이르

렸다. 수(數)는 법도, 법칙을 뜻한다. 이 구절을 진인들이 자찬하는 것으로 보는 견해도 있지만, 적절하지 않다.

제211 천신고과구교삼합결(天神考過拘校三合訣) : 천신이 교감하고 정리하여 셋이 화합하는 비결

해제 이 장의 제목 가운데 "천신고과(天神考過)"는 하늘이 여러 신들을 시켜 마음대로 나무를 베어내고 야생 동물을 사냥하기 좋아하는 세상 사람에 대하여 크고 작은 잘못을 기록하도록 하고, 나중에 그것들을 함께 모아 징벌한다는 것을 의미한다. 또 "구교삼합(拘校三合)"은 도교 경전에 대한 정리 문제를 설명한 것이다. "구교(拘校)"는 모든 자료를 한곳에 모아 교감하고 정리한다는 의미이고, "삼합(三合)"은 상고(上古), 중고(中古), 하고(下古)의 고서에 대하여 부류에 따라 인증과 교감 작업을 진행한다는 뜻이다. 이 장에서는 한대에 유행하던 천인감응론이 현저하게 드러나는데, 지상의 왕조제도를 본따서 천상의 제도를 만들고 하늘이 정한 계율을 사람들이 잘 지키고 있는지 감시하고 처벌한다는 점을 설명하고 있다. 즉 하늘은 신(神)과 정(精)과 귀(鬼)를 인간 세상에 특사로 보내 사람들을 관찰하고 조사하여 그에 대한 정보를 하늘에 보고하게 하였다. 매년 한 번씩 조사하여 보고하는 것을 소고(小考)라 하고, 3년에 한 번 조사하여 보고하는 것을 중고(中考)라 하고, 5년에 한 번 조사하여 보고하는 것을 대고(大考)라고 하는데, 이와 같은 방법을 통해 수집된 정보를 종합하여 죄의 경중에 따라 수명을 단축시키기도 하고 몸소 그에 상응하는 벌을 받거나 심할 경우 죽음이라는 엄중한 처벌을 받게 된다고 설명하고 있다.

"지금 하늘에는 가장 선량한 태평의 기가 도래하여 백성들이 고의로 때를 어기고 다른 동물을 해칠까 항상 두려워하기 때문에 하늘의 여러 신들은 죽이기 좋아하는 사람, 예를 들어 사냥하는 사람, 활을 쏘는 사람, 물고기를 잡는 사람 등을 조사하여 그들의 이름을 기록해 두고 있다. 이들은 천도에 따르지 않고 좋지 않은 일을 일삼기 때문에 하늘은 그들을 증오하고 땅은 그들을 미워하며, 여러 신들도 모두 그들이 틀렸다고 말한다. 나는 이들 어리석은 사람들의 고질적인 나쁜 습관이 오래 되어 그들의 못된 짓을 금지할 수 없을까 걱정스럽다. 그들이 함께 가장 명확하고 가장 왕성한 태평기를 교란한다. 그러므로 각 부서의 여러 신들은 백성들의 일상 행위를 기록하고 시간이 되면 모았다가 시험을 본다. 3년과 윤월에 모두 한 번씩 중간 규모의 시험을 보고, 5년에 한 번 대규모의 시험을 본다. 죄가 엄중한 사람은 그에 상응하는 죄 값을 치르게 하고, 죄가 가벼운 사람은 수명을 줄인다. 삼대에 한 차례 철저하게 다스리고, 5대에 한 차례씩 멸망시켜버린다. 하늘은 여러 신들이 세 통로로 올리는 보고서를 수집한다. 여러 신들이 기록해놓은 것을 통해 생명을 죽이거나 손상을 입히기를 좋아하는 사람이 누구인지를 판단하여 벌을 내리고, 음악을 일으키고 지상에서도 똑같이 시행되도록 한다. 진인들이 선행하는 것을 즐기고 항상 하늘의 은덕을 받기를 바라면서 제왕의 근심걱정을 불쌍하게 여기지만, 네 계절의 기가 조화를 이루지 못한다. 그 이유는 사실 사람들이 생명을 죽이거나 손상하기를 좋아하는 데 있다. 사람들이 사냥하고 물고기를 잡는 것 등은 모두 형벌을 일으키는 것으로 그것들은 모두 항상 천지의 뜻을 거스르는 것이다. 그러므로 오랫동안 어그러지고 혼란스러워 조화를 이루지 못하게 하고 그 무렵 제왕은 근심걱정에 빠지는데, 이것은 큰 잘못이다. 진인들은 항상 하늘에 공을 세우고 싶어 하고 제왕으로부터 은덕에 보답하고 싶어 했다. 지금 하늘이 생명을 해치고 손상시키는 자들에 대해 분노하고 미워한 지 오래 되었고, 여러 신들은 내게 이 글을 그대들에게 주라고 하였다. 그래서 지금 진인들에게 문서를 줄 터이니 그것을 유덕한 군주에게 보내서 천하 사람들에게 보여 주도록 하여라. 사람들은 이 신문(神文)을 읽어보고 그 뜻 체득하고 스스로 깊이 반성하여야 하며 자신의 과실을 생각하고, 책의 말을 기억하라.

지금 태평의 기가 도래하였으니 하늘은 도를 시기하고 전파하지 않는 나쁜 사람을 용서하지 않는다. 내가 하늘의 이러한 금기를 알고 있는데, 어떻게 감히 세상 사람들에게 알리지 않을 수 있겠느냐? 알리지 않는 것이 바로 도를 시기하는 나쁜 사람이다. 재앙이 장차 그러한 사람에게 내릴 터이니 나는 감히 천도를 거스를 수 없다. 그래서 하늘의 뜻을 그대들에게 전달하는 것이다. 그대들은 이에 신중하게 대하여야 한다. 그대들이 아래로 전달하지 않으면 그대들에게 재앙이 내릴 것이다. 만약 이것을 세속의 일반 사람들에게 알려주었고, 그들이 알면서도 일부러 하늘의 뜻을 위반한다면 그들에게 재앙이 내릴 것이다. 그러나 하늘은 더 이상 그대들을 문책하지 않을 것이다. 오늘 이후로 하늘은 여러 신들을 파견하여 각각의 사람들의 악행을 기록하고 조사한 다음 징벌을 내릴 것이다.

하늘은 세 경로를 통해 보고서를 수집하고, 신들도 세 가지 경로를 통해 보고서를 수집하며, 사람들도 역시 세 가지 경로를 통해 보고서를 수집한다. 그러므로 사람은 하늘을 본받고 하늘은 사람을 본받는다. 하늘과 땅과 사람이 하는 것을 신령들도 본받는다. 귀신과 정기가 사람을 바로잡을 때 그들 역시 바로잡는다. 그들은 항상 하늘과 땅과 사람 등과 함께 보조를 맞춘다. 그러므로 신은 천기에 호응하여 일을 하고 사물은 지기에 호응하여 일어나고, 귀신은 사람의 다스림에 호응하여 대항한다. 신과 정령과 귀신 등 세 가지는 하늘과 땅과 사람의 표징이고, 하늘과 땅과 사람은 서로 호응한다. 그들은 계속 오가면서 자유롭게 교류하고 자유자재로 글을 쓰니, 상상할 수 없을 만큼 신비롭다. 이번에 천도가 하달한 치세의 방법은 이전의 방법과는 완전히 다르다.

지금의 방법으로 옛 일을 점검하는 것은 부합하지 않을 수 있고, 옛 방법으로 지금의 일을 검토하는 것 역시 정확하지 않을 수 있다. 옛날의 여러 가지 문서는 이미 시간이 지나서 더 이상 사용할 수 없다. 만약 그것을 그대로 쓴다면 연이어 맞지 않은 부분이 나타나고 또 참되고 참된 글을 다시 수집하여 비치한 것이 있다. 그러므로 하늘은 상고(上古)·중고(中古)·하고(下古) 이래의 저작들을 수집하고 교감하여 그 가운데서 오늘의 시대에 적합하고 하늘의 뜻에 부합하는 부분을 골라내서 하늘의 뜻을 전할 수 있는 신서를 다시 편찬하도록 명령을 내렸다. 이렇게 하면 천도가 순수해지고 왕도가 완비된다. 세상 사람들이 이 신서를 공부하고 그에 따라 행동하면 모든 사악한 것들이 사라질 것이며 제왕은 무위의 다스림을 펼치고 세상은 태평해질 것이고 백성은 공손하고 부지런해져 하늘과 도의 뜻에 부합할 것이다. 그대들은 이 일이 무거운 것임을 알겠느냐?"

"예, 예."

"좋다. 그대들은 그 뜻을 분명히 알았다."

이상은 하늘이 불내는 것을 금지함으로써 만물이 살아가게 하고 살상을 금지한다는 것, 수렵을 금지한다는 것, 네 계절의 기를 따르지 않는 것을 하늘이 싫어한다는 것 등을 말하고 있다. 이 기록에서 화기(火氣)가 처음으로 되돌아가고 하늘에서 내려주는 부명(符命)을 받아 다시 시작하는 것임을 보여주고 있다.

今天上良善平氣至, 常恐人民有故犯時令而傷之者. 今天上諸神共記好殺傷之人, 畋射漁獵之子, 不順天道而不爲善, 常好殺傷者, 天甚咎之, 地甚惡之, 群神甚非之. 今恐小人積愚, 不可復禁, 共淹汙亂洞皇平氣. 故今天之大急, 部諸神共記之, 日隨其行, 小小共記而考之. 三年與閏[1]幷一中考, 五年一大考. 過重者則坐, 小過者減年奪算. 三世一大治, 五世一滅之. 故今天上集三道行文書,[2] 群神共記過, 斷好殺傷刑罰也. 而興樂. 地上亦然. 眞人幸爲善, 常欲有德於皇天, 而憐帝王愁苦, 時氣不和, 實咎在人好殺傷, 畋射漁獵, 共興刑罰, 常有共逆天地之心意. 故使久乖亂不調, 帝王前後, 得愁苦焉, 是重過也. 眞人幸欲常有功於天, 有恩於帝王, 今天上積疾毒之. 群神敎吾言, 故今以文付眞人, 歸有德君, 以示天下. 人得文各自深省, 思過失, 念書言.

天今良平氣俱至, 不喜人爲嫉賊, 吾知天上有此言, 今敢不下道之, 不言恐爲嫉賊, 害在吾身, 吾不敢犯也, 故以事報, 諸眞人愼之. 眞人不言, 害在子身. 以示凡人, 愚人欲犯之, 害在其身, 天亦不復過責眞人也. 自今以往, 天乃興用群神, 使行考治人. 天上亦三道集行文書以記過, 神亦三道行文書以記過, 故人亦三道行文書以記過. 故人取象於天, 天取象於人. 天地人有其事, 象神靈, 亦象其事法而爲之. 故鬼神精氣於人諫亦諫, 常與天地人同時. 是故神應天氣而作, 精物應地氣而起, 鬼應人治而鬥. 此三者, 天地中和之疾使, 隨神氣而動作, 應時而往來, 絶洞而無間, 往來難知處. 故今天道傳治, 與往古殊異, 以今占古多不中, 以古占今不復應. 故古文衰竭難復用, 用之不比中, 又有集處眞眞文.[3] 故天上言, 拘校前後三合, 取中善者以明事以合意. 然後天上道正, 王道備, 邪惡悉去, 帝王大樂, 乃無事, 人自爲謹得天意. 眞人知此事重乎. 唯唯. 善哉. 子知其意矣.

右天上禁火以興生斷刑傷殺止畋射獵不順天時氣爲天所惡記見在知赤初受符[4]更始文.

역주

1) 三年與閏(삼년여윤) : 3년과 윤월. 고대에는 3년에 한 번 윤달을 두어 양력과 음기 사이의 모순을 조정하였는데 윤(閏)은 그 윤달을 가리킨다.

2) 三道集文書(삼도집문서) : 본래는 지방관리, 읍민, 왕래하는 행인 등이 명령을 받고 조정에 올리는 의견서를 가리키는데, 여기서는 여러 신들이 하늘에 올리는 보고서를 가리킨다. 삼도(三道)는 세 가지 경로를 뜻한다.

3) 有集處眞眞文(유집처진진문) : 참되고 참된 글을 다시 수집하여 비치하다. 집처(集處)는 다시 만들어 비치하는 것을 말하고, 진진문(眞眞文)은 참된 신의 글로서 『태평경』을 가리킨다.

4) 赤初受符(적초수부) : 화기가 처음으로 되돌아가고 하늘에서 내려주는 부명(符命)을 받다. 적초(赤初)는 화기가 처음으로 돌아가 다시 지배적인 지위를 차지하는 것을 말한다. 수부(受符)는 하늘이 내려주는 부명(符命)을 받은 것을 가리킨다.

太平經

제119권

『태평경초』

경부(庚部)의 17

제212 삼자위일가양화수오결(三者為一家陽火數五訣) : 하늘과 땅과 사람 셋이 한 가족이 되고 양(陽)과 화(火)의 수가 다섯인 비결

해제 이 장에서는 천도(天道)에 항상 엄격하게 정해진 세 가지의 기(氣)가 있으며 함께 공을 같이하고 그리하여 다시 서로를 말미암는다고 말한다. 낳음(生)을 좋아하는 양(陽), 이룸(成)을 좋아하는 화(和), 죽임(殺)을 좋아하는 음(陰)의 세 기운은 하늘과 사람과 땅의 기운으로 이 세 기운이 한 가족을 이루어 조화하며 세계 만물을 만들어 낸다. 무릇 태어나는 것은 모두 그 근본으로 돌아가는 것이며 음과 양이 서로 더불어 합해져서 태어날 수 있다고 말한다. 하늘과 땅이 아직 나누어지지 않은 최초의 시작하는 때에는 그윽하고 어두워 정해진 이치가 없지만 그 속 내부의 자체에는 위와 아래, 왼쪽과 오른쪽, 겉과 속, 음과 양이 있어 모두가 서로 견지하고 있고 다만 분별되지 않을 뿐인데, 이것은 마치 음과 양이 서로 견지하며 함께 태어나게 하는 것과 같다고 주장한다. 또한 적(赤)의 기운이 왕성하게 도래하였다는 오행론(五行論)에 입각한 화덕설(火德說)을 주장하며 당시의 통치 이념을 옹호한다.

❋

"비천하고 어리석은 소생들이 한 가지 여쭙고자 합니다. 지금 천도가 마땅히 갖추어져서 갖추어지지 않은 것이 없고 포용하지 않는 것이 없습니다. 천상에서는 무엇을 보고 무엇 때문에 일시에 모두 살리고자 하면서 형벌을 재촉합니까?"

"좋도다! 그대들의 어려운 질문은 그 뜻을 깨닫고 있다. 나는 항상 그대들의 말을 매우 좋아한다. 그대들의 말은 항상 나의 뜻을 발기시켜 나의 도를 흥성하게 한다. 네가 앞으로 나와서 어려운 질문을 할 수 없으면 누가 다시 또 어려운 질문을 할 수 있겠는가? 그러므로 천도는 오랫동안 단절되어 막혀 통하지 않으므로 하늘이 매우 그것을 고통스러워하였다. 나도 오랫동안 근심스러웠지만 말하고자 하여도 더불어 말할 수 있는 사람이 없었으므로, 천도가 베풀어 주는 이치를 잃은 지 오래되었다. 해가 흐르고 흘러 또 흘러서 지금에 이르렀다. 하늘의 운수로 성인을 낳아 그 말을 하게 하였으나 그 병통이 되는 사람을 모두 제거할 수 없었다. 그러므로 이에 진인들이 스스로 와서 나와 더불어 서로 보게 하였으므로 이에 하늘이 한 상세한 말을 모두 할 수 있게 되었다. 그대들의 어려운 질문은 늘 홀로 하늘의 뜻을 깊이 깨달은 것이다. 편히 앉거라. 그대를 위해 그것을 모두 펼쳐 말하겠다. 내가 말하지 않으려 하지만 하늘의 위엄이 두렵다. 그러므로 그대들의 질문을 받으면 번번이 말하고자 하며 숨기는 것이 없을 것이다. 진인 또한 알겠는가?"

"예. 예."

"그렇다! 그대들은 명백하게 이해하고 있다. 지금 하늘이 모두 다 낳고 기르고자 하면서 해치고 계하는 이유는 천도에는 항상 한정된 세 가지의 기(氣)가 있기 때문이다. 첫째는 낳음(生)을 좋아하여 양(陽)이라 칭하고, 둘째는 이룸(成)을 좋아하여 화(和)라 칭하며, 셋째는 죽임(殺)을 좋아하여 음(陰)이라 칭한다. 그러므로 하늘의 임무는 만물을 태어나게 하는 것이고, 사람의 임무는 그것을 길러서 이루는 것이고, 땅의 임무는 죽이는 것으로 죽여서 저장하는 것이다. 하늘과 땅과 사람 셋이 함께 임무을 수행하는 공을 같이하는 것이니, 다시 서로 말미암는 것이다. 양 없이는 낳지 못하고, 화 없이는 이루어지지 못하고, 음 없이는 죽이지 못한다. 이 셋은 서로 반드시 한 가족이 되어 함께 만 이천 가지의 사물을 이룬다. 그러나 천도에는 근본과 말단과 중간이 있다. 지금은 천도가 처음 일어난 이래로 대순환을 반복하여 사람에 속하고 양에 속한다. 양이란 낳음을 좋아하고 죽임을 싫어하고, 낳음은 모름지기 즐거우므로 이에 합심하여 하나가 되어, 서로 낳는데 만약 속에 살기가 있어서 번번이 해치게 된다면 서로 태어나게 할 수 없다. 그대들이 그 믿을 만한 진실을 알고자 한다면, 비유컨대 마치 뱃속에 있는 아이에게 작은 해라도 있어서는 안 되는 것과 같아서 문득 상해를 입어 죽게 되는데, 죽으면 다시 살아날 수 없고 오로지 한 사람을 버리게 되고, 이와 같이 연속해서 상해를 입게 되는 일이 그치질 않으면 바로 절멸하여 후세가 없게 되어 온 가족이 계통을 잇지 못하고 후세가 끊기게 된다. 그러므로 더욱더 크게 형벌과 살상을 경계한다. 천도가 한결같게 평범하지 않음은 이와 같을 뿐이다. 지금 크게 경계할 것에 대해 더욱더 진인을 위해 그것을 자세히 살피고 분별하므로 [지금의] 하고(下古)시대 사람에게 천도를 크게 깨우쳐 알도록 한다. 지금 살상하여 결단하려는 뜻이 없으므로 더욱 진인들을 위해 자세히 살펴서 말한 것이다. 세상 사람들이 나를 따르려 하여도 그들에게 글의 말을 익힌 일이 없기에 교묘한 말을 만든 것이라 할 것이다. 그러므로 다시 그들을 위해 형벌에 관한 하늘의 증거를 진술한다.

지금 갑자(甲子)는 하늘의 바름[天正]이고 해가 동지로 있으므로 처음으로 돌아가 본래의 위치로 되돌아간다. 을축(乙丑)은 땅의 바름[地正]이고 만물이 뿌리를 내린다. 병인(丙寅)은 사람의 바름[人正]이고 동틀 때 사람들이 일어나서 문을 열고 나가 일을 한다. 이 셋은 모두 하늘과 땅과 사람이 처음으로 태어나는 시초이자 사물의 근본이다. 처음의 낳음은 양(陽)에 속하고 양은 하늘과 땅과 사람의 원기를 근본으로 삼는다. 그러므로 건(乾), 감(坎), 간(艮), 진(震)은 동쪽과 북쪽에 있고, 그 중화(中和)는 감(坎)과 간(艮) 사이에 존재하고, 음과 양이 합하여 중앙에서 생성된다. 그러므로 무릇 잉태되는 것은 (모체의) 머리 아래와 발 위에 있는 중간의 배에서 거처하며 미묘하게 중화의 아래에 있다. 양(陽)이 합해져서 가장 먼저 나타나는 것이 생기게 되면, 그 형살(刑殺)의 기운이 나타나서 다른 방면의 것에 의탁하는데, 이것이 주로 하늘과 땅과 사람의 세 기운이 처음으로 태어나는 곳에서 만물은 다시 시작하는데 위와 아래로부터 결코 형살의 기운이 그 중간에 거처할 수 없게 한다는 것이다. 덕의 기운과 양의 기운을 배치하므로 이에 만물은 마침내 태어날 수 있다. 만일 가운데 흉기(凶氣)가 있으면 번번이 해친다. 그러므로 형살의 기운이 나오면 그것을 제거한다.

지금은 천도가 크게 순환하여 다시 시작하고 위와 아래의 순양(純陽)이 하늘과 땅을 다스리므로 형벌을 경계하여 단절한다. 하늘은 신(神)을 칭하고 양 또한 신을 칭하므로 지금 하늘은 신에게 사람을 다스리게 한다. 진인들은 나의 글이 하늘과 서로 상응하는가의 여부를 알고자 하는가? 지금 이후로 나의 글을 어기고 형살을 좋아하고자 한다면 하늘 역시 그것을 또한 살펴본다. 사람 역시 더욱 그것을 경계하지만 신 역시 그것을 또한 살펴본다. 천상과 지상은 다른 곳이지만 함께 도모하고, 귀신과 사람과 더불어 한 가족이 아니지만 또한 함께 도모하는데, 이는 하늘의 태평한 기운이 장차 이르게 된다는 것이다. 하늘의 최초의 기운은 천상에서 다시 시작되고 땅의 최초의 기운은 지하에서 다시 시작되고 사람의 최초의 기운은 중앙에서 다시 시작한다. 이 세 기운은 바야흐로 함께 생기기 시작하여 형살의 흉악한 기운을 보려 하지 않고 함께 즐거운 기운을 보고자 하므로, 지금 이후로 하늘과 땅은 즐겁게 형살의 기운을 단절한다. 진인들은 알겠는가?"

"예. 예. 어리석은 소생들은 우매하여 천상에서 사람이 악한 일을 할까 우려하여 형벌로 살상하고 해치는 것을 금지하는 것이라 생각하였기에 하늘과 땅과 사람에게 회임의 기운이 존재하여 다시 본래의 시초에서 시작한다는 것을 생각하지 못하였습니다. 천사님의 말씀을 듣고 보니 매우 두렵고 매우 걱정됩니다."

"그대들은 두려움과 근심스러움을 아니, 깨달았도다. 천도의 뜻을 알았다고 할 것이다. 좋도다! 일을 밝게 이해한 그대들에게 이 글을 경계시키니 신중하게 하여 끊고서 몸을 해치지 않도록 하라."

"예. 예. 감히 하지 않겠습니다. 감히 하지 않겠습니다."

"돌아가서 그것을 거듭 보도록 하라. 무릇 사람이 학문하길 각자 몸을 위해 생각한다면 천도를 힘써 따라야 한다."

"예. 예."

"하늘이 금기하는 바를 내어서 감추지 말라."

"예. 예. 천도가 왜 바로 지금 크게 순환하여 근본의 시초로 돌아가는데 다시 또 광범위하게 바른 글을 살펴야하는지에 대해 묻길 청합니다."

"그대들의 어려운 물음이 좋도다! 크게 하늘의 마음을 얻었다. 그런데 지금은 다섯 양(五陽)의 기운이 극성하여 다섯 화(五火)의 시작이 된다. 화(火)의 최상이 되는 것은 위로는 하늘이고 해와 달의 색이 되는 것이다. 화(火)는 적색(赤色)으로 하늘과 더불어 같은 색인데 하늘의 색은 적색이며 화(火) 또한 적색이고 적색은 곧 신을 가리킨다. 하늘과 신은 언제나 번창하여 모든 일의 으뜸이 된다. 그러므로 11월이 천정(天正)이 되며 하늘 또한 그러하다. 그러므로 그 사물의 기운은 적색이다. 적(赤)의 기운이란 태양이 나와서 [冬至에 이르러] 다시 돌아가는 것을 말한다. 그 건괘의 첫째 양효(初九)의 기운은 갑자(甲子)에 속하여 육갑(六甲)의 최상의 우두머리가 된다. 갑(甲)이란 것은 정수가 되어 모든 일의 마음이 되므로 갑(甲)이 가장 먼저 자(子)의 위치에 나오고, 그러므로 위로 나와 심성(心星)이 된다. 그러므로 불의 정과 신은 인심(人心)이 된다. 인심은 신성하게 되고 신성한 인심은 가장 존귀한 참된 선(善)이다. 그러므로 신성한 인심은 바로 모든 일을 조작할 수 있기에 그 최초의 으뜸인 우두머리가 된다. 그러므로 신성한 도법이 이에 한결같이 마음으로부터 일어나고 풀어서 설명하지 못하는 것이 없다. 그러므로 적(赤)의 기운이 왕성하면 하늘이 되고 해가 되고 마음이 된다. 하늘과 해와 마음은 언제나 밝기에 비추어 살필 수 없는 것이 없다. 그러므로 지금 이후로 이러한 도를 행한다면 간사한 무리가 모두 제거될 것이다. 무릇 양의 기운이 생기는 것은 그윽하고 어두운 속에 존재한다. 그러므로 양의 기운이 북쪽에서 일어나 동쪽에서 나오고 남쪽에서 이루어지며 서쪽에서 쇠하여 소실되는데, 하늘이 법으로 삼는 것이 이와 같다."

"훌륭하십니다. 지금 양의 기운이 생기는 것이 무엇 때문에 바로 그윽하고 어두운 속에 존재하는지에 대해 듣고 싶습니다."

"무릇 태어나는 것은 모두 그 근본으로 돌아가고 음과 양이 서로 더불어 합해지면 이에 태어날 수 있다. 그리고 또한 태어나는 것은 모두 그 시초로 돌아간다. 하늘과 땅이 아직 나누어지지 않은 최초의 시작하는 때에는 곧 위와 아래, 해와 달과 별이 없고 위와 아래가 그윽하고 어두운데, 그윽하고 어두운 것에는 정해진 이치가 없다. 비록 정해진 이치는 없지만 그 속 내부의 자체에는 위와 아래, 왼쪽과 오른쪽, 겉과 속, 음과 양이 있어 모두가 서로 견지하는 것을 갖추지만 분별되지 않는다. 마치 음과 양이 서로 의지하여 함께 태어나게 하는 것과 같다. 베풀기를 그윽하고 아득하게 하지만 또한 분별되지 않는다. 반드시 태어난 연후에야 머리와 발이 갖추어진다. 음과 양이 처음 태어나는 것이 이와 같이 시작됨을 어찌 알겠는가? 그러므로 사람이 만약 장차 변화를 일으켜 태어남을 번식시키려 한다면 모두가 언제나 그윽하고 어두우며 조용한 곳으로 가는데, 하늘이 [사람에게] 그 근본을 잊지 못하도록 하기 위한 것이다. 사람은 처음으로 하늘과 땅의 법칙을 받는 것을 앞세우고 가장 우선하므로 하늘은 사람에게 잊지 못하게 한다."

"훌륭하십니다. 훌륭하십니다. 위대한 천사님의 말씀을 듣고 이치를 알게 되었습니다."

"그대들은 가르쳐서 쉽게 이해했다고 할 수 있다."

"양(陽)과 화(火)가 왜 유독 짝이 되는지를 여쭙습니다."

"기의 운행에는 각자 짝이 있어서 유독 화(火)만이 그러한 것이 아닌데, 금(金)과 화(火)는 가장 뛰어나게 짝이 되고 적제(赤帝)의 우두머리이다. 그러므로 『천책서』에서 언급하지 않은 것이다. 병오(丙午)와 정사(丁巳)는 시조가 된다. 비롯하는 것은 우선하는 것이고 우두머리이다. 그러므로 『천책서』에서 '조(祖)'와 '시(始)'를 말하는 것이다. 모든 일의 시작은 적심(赤心)으로부터 일어난다. 마음이란 모든 일을 그윽하게 비추어 알고, 양은 음 속에서 비롯하며 역시 그윽하게 비춘다. 그러므로 수(水)란 밖은 어둡고 안은 밝아서 그윽하게 비출 수 있으며 속에는 양의 정수를 지닌다. 그러므로 양은 북쪽에서 일어나기 시작하지만 음은 남쪽에서 일어나기 시작하며, 11월에 지하는 따뜻하고 5월에 지하는 차갑다."

"지금 음과 양과 화(火)가 일어나기 시작하는 것은 무엇 때문에 천상에서 있지 않고 바로 땅속에서 있습니까?"

"좋구나. 그대들의 어려운 질문은. 땅은 어머니가 되고 아버지는 어머니에게 베풀기 때문에 음 속에 있지만 양기의 정수를 베푸는 것이기에 하늘에서 발동하기 시작하는 것과 같을 뿐이다. 양은 변화하여 기를 낳기 시작하는 것이 미묘하여 보기 어려운데 음 속에 들어가 형체를 이루게 되면 뚜렷하게 볼 수 있으므로, 음 속에 있다고 기록하고 그 양을 기록하지 않는다."

"지금 하늘의 비와 눈은 베풀고 변화하는 도와 같기에 자세히 볼 수 있는 것이라 말할 수 있습니다. 양이 정미하게 베풀어지는 것은 볼 수 없습니까?"

"좋도다! 그대들의 말은. 그 뜻을 어렵게 얻을 수 있기에 진인을 위하여 그것을 분별하여 말하고자 한다. 천도를 크게 드러내 보이는 것이 두려워 그대들을 위해 말하지 않았다. 그러나 진인의 마음에 한이 될까 두렵다. 대저 사람의 스승이나 사람의 윗자리의 사람이 되는 것이 어렵다. 편하게 앉거라! 그대들을 위해 자세히 설명해 주겠다. 하늘의 비와 눈이 조성되려 할 때 호흡은 단지 기일 뿐이며 음과 양이 교류하여 서로를 얻을 수 있어야 베풀어지는데 이러한 때에 볼 수 있듯이 천기가 내려오고 지기가 올라와 합하여야 바야흐로 베풀어진다. 그러므로 비와 눈이 형체가 있게 되어 볼 수 있다."

"여쭙습니다. 지금 혹 산이 구름 위에서 무너지는 것을 모두 볼 수 있는데 볼 수 없다고 말씀하신 것은 무엇 때문입니까? 여쭙지 않으려 하였으나, 고통스럽고 답답하여 지금 그런 까닭에 상세하게 그것을 여쭙고자 합니다. 제자가 되어 염치가 없는 것이 아니지만 묻질 않으면 알 수 없기에 그것을 여쭙기에 이르렀으므로 의혹하는 것이 없도록 해주십시오."

"좋다. 그대들을 위해 그것을 자세히 설명하겠지만 모든 것을 다 말해 줄 수는 없다. 그런데 구름과 비가 산을 무너지게 하는 것은 음이 크게 성내어 스스로 참지 못하고서 양을 해치는 흉한 일이 되어 좋지 않게 변한 것이다. 변화하는 도에 상해를 입히면 음의 과실이요 음의 손상이다. 진인들은 다시는 엄중히 묻질 말며 천도도 자세히 살피어 다 말할 수 없다. 그대 스스로가 그 의미에 대해 생각하라."

"예. 예."

"가 보거라."

下愚之生願一請問, 今天道當具, 無不有無不包容也. 天上何睹, 何故一時悉欲生而急刑罰乎. 善哉子之難問, 得其意. 吾常甚好子之言. 子之言, 常發起吾意, 使吾道興. 子向不能難問, 誰復而難問者乎.[1] 故天道久斷絶閉而不通, 天甚疾苦之.

吾久悒悒, 欲言無可與言者, 故天道失其分理久矣. 歲歲至歲, 至於今. 天運生聖人使其語, 無而盡解除其病者.[2] 故乃使眞人自來, 與吾相睹, 乃一得爲天具語. 子難常獨深得天意, 安坐, 爲子悉陳道之. 吾欲不言, 畏天威也. 故得子問者, 輒欲言, 無可匿也. 眞人亦知之邪. 唯唯.

然, 子解解矣. 今天上所以盡悉欲生長, 而急害傷者, 天道常有格三氣. 其初一者好生, 名爲陽. 二者好成, 名爲和. 三者好殺, 名爲陰. 故天主名生之也, 人者主養成之, 成者名爲殺, 殺而藏之. 天地人三共同功, 其事更相因緣也. 無陽不生, 無和不成, 無陰不殺. 此三者相須爲一家, 共成萬二千物. 然天道本末中也. 今者, 天道初起以來, 大周復反, 來屬人屬陽. 陽好生而惡殺, 生者須樂, 乃而合心爲一相生,[3] 而中有殺氣輒傷,[4] 不能相生成. 子欲知其信實, 比若胞中之子, 不可有小害, 輒傷死, 死不復生, 輒棄一人, 爲是連傷而不止, 便絕滅無後世矣, 一家無統絕去矣. 故尤大急刑罰殺傷也. 天道同不常如此耳. 今者大急, 復更爲眞人察察分別之, 使下古人大覺知天道. 今不欲殺傷訣意, 所以更爲眞人察察言者. 俗人隨吾, 但無事習文辭而作巧語也. 故更爲其陳刑天證.

今〈起〉甲子,[5] 天正也,[6] 日以冬至初還反本. 乙丑,[7] 地正也,[8] 物以布根. 丙寅,[9] 人正也,[10] 平旦人以初起, 開門就職. 此三者, 俱天地人初生之始, 物之根本也. 初生屬陽, 陽者本天地人元氣. 故乾坎艮震, 在東北之面,[11] 其中和在坎艮之間,[12] 陰陽合生於中央. 故凡懷妊者, 在頭下足上, 中腹而居, 微在中和之下. 陽合者生於最先發去, 出其形氣, 投於他方者, 此主天地人三氣初生之處, 物之更始, 以上下不可有刑殺氣居其中也.[13]

〈止〉置其德氣陽氣, 乃萬物得遂生. 如中有凶氣輒傷. 故出其刑去之也. 〈起〉今者天道大周更始, 以上下純陽治天地, 故急斷刑罰也. 天者稱神, 陽亦稱神, 故今天使神治人. 眞人欲知吾書文與天相應不. 自今以往, 犯吾書文, 欲好刑殺者, 天上亦且考之. 〈止〉人亦且更急之, 神亦且考之. 天上地上異處同謀, 鬼神不與人同家, 亦且同謀, 是天平氣且至也. 天初氣更始於天上, 地初氣更始於地下, 人初氣更始於中央. 此三氣方俱始生, 不欲見刑惡凶氣, 俱欲得見樂氣, 故自今以往, 天與地樂斷刑也. 眞人知之乎. 唯唯. 愚生暗昧, 以爲天上行疾人爲惡, 而禁刑殺傷也, 不意乃天地人在懷妊之氣, 更始之本元也. 見天師說之, 甚惶甚怯. 子知惶且怯, 可謂覺悟, 知天道意矣. 善哉. 曉事生戒此文, 愼無斷絶爲身害. 唯唯, 不敢不敢. 行去重之. 凡人學問各爲身計, 務順天道. 唯唯. 出此天上禁忌勿藏. 唯唯. 請問天道何故正以今爲大周, 爲元初, 乃更大數考正文哉. 善乎子之難問也, 大得天心意. 然今者, 五陽之上長也,[14] 五火之始也.[15] 火之最上者, 上爲天, 爲日月之色者. 火赤與天同色, 天之色赤, 火亦赤, 赤者迺稱神. 天與神者常昌, 得凡事之元. 是故十一月爲天正, 天上亦然. 故其物氣赤, 赤者日始還反. 其初九氣屬甲子, 爲六甲長上首也.[16] 甲者爲精, 爲凡事之心, 故甲最先出於子, 故上出爲心星. 故火之精神, 爲人心也. 人心之爲神聖, 神聖人心最尊眞善. 故神聖人心乃能造作凡事, 爲其初元首. 〈起〉故神聖之法, 乃一從心起, 無不解說. 故赤之盛者, 爲天爲日爲心. 天與日與心常明, 無不而照察.[17] 故自今以往, 行此道者, 姦邪之屬悉絶去矣. 夫陽之生者, 於幽冥之中. 是故陽氣起於北, 而出於東, 盛於南, 而衰消於西, 天之爲法如此〈止〉矣.

善哉. 願聞今陽之生者, 何故正於幽冥中乎. 夫生者皆反其本, 陰陽相與合乃能生. 故且生者, 悉復其初始也. 天地未分, 初起之時, 乃無有上下日月三光, 上下洞冥, 洞冥無有分理. 雖無分理, 其中內自有上下左右表裏陰陽, 具俱相持, 而不分別. 若陰陽相持始共生. 其施洞洞, 亦不分別. 已生出, 然後頭足具. 何知陰陽之初生之始如是矣. 故人今將變化而施生者, 悉往就幽冥閑處, 天使不忘其本也. 人初受天地之法, 是其先也, 故天使其不忘也. 善哉善哉. 見皇天師言, 乃知分理也. 子可謂易示曉矣. 請問陽與火何獨伍乎. 行氣者各自有伍, 非獨火也, 金火最爲伍,[18] 赤帝之長. 故天策書非云邪. 丙午丁巳爲祖始.[19] 始者, 先也, 首也, 故書言祖始也. 萬事之始, 從赤心起. 心者洞照知事, 陽始於陰中, 亦洞照. 故水者, 外暗內明而洞照也, 中有陽精也. 故陽始起於北, 而陰始起於南, 十一月地下溫,[20] 五月地下寒.[21] 今陰陽始起, 何不於天上而正於地中乎. 善哉, 子之難問也. 然, 地爲母, 父施於母, 故於陰中也, 其施陽精, 同始發於天耳. 陽者, 其化始氣也微難睹, 入陰中成形, 乃著可見, 故記其陰中, 不記其陽也. 今天雨雪, 同是其施化之道, 見可睹而言. 陽施精微, 不可睹乎. 善哉子之言也, 難得其意, 欲爲眞人分別說之. 恐天道大形見, 故不爲子說也. 然恐眞人心恨. 夫爲人師爲人上者難. 請安坐, 爲子微說之. 天雨雪造將爲之時, 呼吸但氣耳, 陰陽交相得乃施, 可睹於此之時, 天氣下, 地氣上, 合其施. 故雨雪有形而可見也. 請問 : 今或有山潰雲上 皆可睹, 而言不可睹, 何也. 欲不問, 苦悒悒, 今故具問之. 爲弟子不謙不也, 不問無以得知之, 致當問之, 無所疑也.

諾. 爲子微說之, 不可窮極. 然雲雨潰山, 此者陰之盛怒, 而不自忍傷陽, 化凶事也, 非善變也. 有傷於化之道, 陰之失也, 陰之傷也. 眞人勿復窮問, 天道亦不可察察盡言也. 子自思其意. 唯唯. 行去.

역주

1) 誰復而難問者乎(수부이난문자호) : '이(而)'는 '능(能)'과 통한다(『정독』).
2) 無而盡解除其病者(무이진해제기병자) : '이(而)'는 '능(能)'과 통한다(『정독』).
3) 乃而合心爲一相生(내이합심위일상생) : '이(而)'는 '능(能)'과 통한다(『정독』).
4) 而中有殺氣輒傷(이중유살기첩상) : '이(而)'는 '여(如)'와 통한다(『정독』).
5) 今甲子(금갑자) : '갑자(甲子)'는 천간·지지(天干·地支)의 첫 번째를 말한다.
6) 天正也(천정야); 주(周)의 역법(曆法)에서는 11월을 해의 시작으로 삼고서 천통(天統)을 대표하는데, 하늘이 생(生)을 베푸는 시초가 된다는 의미에서 '천정(天正)'이라 지칭한다(『금주금역』).
7) 乙丑(을축) : 천간·지지(天干·地支)의 두 번째를 말한다.
8) 地正也(지정야) : 은(殷)의 역법(曆法)에서는 12월을 해의 시작으로 삼고서 지통(地統)을 대표하는데, 땅이 생(生)을 보조하는 시초가 된다는 의미에서 '지정(地正)'이라 지칭한다(『금주금역』).
9) 丙寅(병인) : 천간·지지(天干·地支)의 세 번째를 말한다.
10) 人正也(인정야) : 하(夏)의 역법(曆法)에서는 1월을 해의 시작으로 삼고서 인통(人統)을 대표하는데, 사물이 크게 생겨나는(生) 시초가 된다는 의미에서 '인정(人正)'이라 지칭한다(『금주금역』).
11) 在東北之面(재동북지면) : 네 가지 양괘(陽卦)가 분포된 방위의 경우, 건(乾)은 서북쪽을, 감(坎)은 북쪽을, 간(艮)은 동북쪽을, 진

(震)은 동쪽을 가리키다.

12) 其中和在坎艮之間(기중화재감간지간) : '중화(中和)'는 만물을 잉태하여 기르는 것을 말하는데, 『태평경』 제112권 「경문부수소응결(經文部數所應訣)」에 현명(玄冥; 坎)에서 회임하고 동북(東北; 艮)에서 뿌리를 내린다는 내용이 나온다.

13) 以上下不可有刑殺氣居其中也(이상하불가유형살기거기중야) : '이(以)'는 '종(從)'을 말하고, 문장의 내용은 위와 아래의 양의 기운이 가운데에 형살의 기운이 거처할 수 없게 한다는 것을 뜻한다.

14) 五陽之上長也(오양지상장야) : '오양(五陽)'은 다섯 가지 양의 기운을 말하는데, 대체로 11월 1일, 12월 2일, 1월 3일, 2월 4일, 3월 5일 양의 기운이 생기며 건괘(乾卦)의 괘상(卦象)으로부터 취한 것이다(이상 『금주금역』). 또한, 1에서 10까지 중 홀수는 양을 짝수는 음을 말하며 『낙서(洛書)』에 의하면 5는 홀수의 중앙에 위치하여 토덕(土德)을 상징한다. '상장(上長)'은 토덕(土德)이 매우 자라 극성한 상태에 있음을 말하는데, 『태평경』에서는 화덕설(火德說)을 주장하므로 5는 화(火)의 시작이 되어 지금이 화덕(火德)이 곧 토덕(土德)을 대체하는 시기에 놓여 있음을 말하는 것이다(이상 『전역』).

15) 五火之始也(오화지시야) : 오화(五火)는 아래 문장에 의하면 천(天), 일(日), 심성(心星), 적기(赤氣), 인심(人心)을 말한다.

16) 爲六甲長上首也(위육갑장상수야) : '육갑(六甲)'은 '갑자(甲子) · 갑술(甲戌) · 갑신(甲申) · 갑오(甲午) · 갑신(甲辰) · 갑인(甲寅)'을 말한다.

17) 無不而照察(무불이조찰) : '이(而)'는 '능(能)'과 통한다(『정독』).

18) 金火最爲伍(금화최위오) : '쇠(金)'는 음(陰)에 속하고 '불(火)'은 양(陽)에 속하는데 쇠의 속성은 견강(堅剛)하지만 불을 얻으면 부드러워진다. 오행상극(五行相克)의 순서에 비추어보면 '불이 쇠를 이기므로(火克金)' 여기에서 이러한 말이 나온 것이다(『금주금역』).

19) 丙午丁巳爲祖始(병오정사위조시) : '병오(丙午)'란 순양(純陽)을, '정사(丁巳)'란 순음(純陰)을 의미며, 만물의 근본 원리인 음양(陰

陽)이 조화해야 천하를 다시 화합하고 홍기시킬 수 있다는 내용이다. 『태평경』「해사책사결 제50(解師策書訣第五十)」에 나온 『사책문(師策文)』에 대한 해설에 의하면, '병오(丙午)'와 '정사(丁巳)'는 불(火)이고 붉음(赤)이다. '병오(丙午)'란 순양(純陽)이고, '정사(丁巳)'란 순음(純陰)이다. 음양(陰陽)은 조화를 주관하는데, 모든 일은 음양의 기(氣)를 말해야만 마땅히 다시 천하를 화합하고 그것을 홍기시킬 수 있다. '위(爲)'란 제왕에게 유리하게 하기 위하여 흉하고 해로운 것을 제거해내는 것이고, '조(祖)'란 선조를 말하며 천황(天皇)·지황(地皇)·인황(人皇)인 삼황(三皇)의 덕(德)을 상징하며, '시(始)'란 최초의 상태로 돌아가는 것이기 때문에 이 도(道)를 행하면 당연히 상황(上皇)의 시대로 돌아갈 수 있다고 밝히고 있다.

20) 十一月地下溫(십일월지하온) : 11월은 동지(冬至)를 말하는데, 동지는 음이 극에 달해서 양이 생기기 시작하므로 지하가 따뜻하다고 말한 것이다.

21) 五月地下寒(오월지하한) : 5월은 하지(夏至)를 말하는데, 하지는 양이 극에 달해서 음이 생기기 시작하므로 지하가 차다고 말한 것이다.

제213 도우삼인결(道祐三人訣) : 도가 세 부류의 사람을 돕는 비결

해제 이 장에서는 도(道)와 덕(德)과 인(仁)을 좋아하는 세 부류의 사람을 제시하고 이들은 천통(天統)·지통(地統)·인통(人統)의 삼통(三統)의 운명(命)을 지닌다고 말한다. 즉 도를 즐기길 좋아하는 사람은 운명이 하늘에 속하고, 덕을 쌓고 기르길 즐겨 좋아하는 사람은 운명이 땅에 속하며, 인을 즐기길 좋아하는 사람은 운명이 사람에 속한다. 이러한 세 부류의 사람은 음과 양, 중화(中和)의 계통에 순응하여 모두가 수명을 기록한 하늘의 명부에 있으며 하늘의 여러 신들은 반드시 그들을 기르고 지키며 돕는다고 말한다. 또한 이 장에서는 첫 번째 도를 배우는 일, 두 번째 덕을 배우는 일, 세 번째 인(仁)을 배우는 일에 더하여 네 번째 관(官)을 배우는 것과 인데, 다섯 번째 재물을 축적하는 일을 잘하는 일에 대해 제시하면서, 이러한 다섯 가지를 깨달음에 모두가 그 힘을 다해야 한다고 역설하는데, 그 중 앞의 세 가지 일이 더욱 강조되고 있다. 궁극적으로 이 장에서는 도와 덕과 인(仁)을 얻기 위한 수양을 계속하면 신령스러움이 저절로 생긴다는 점을 강조한다.

진인들이 재배하며 말하였다. "삼가 천사님의 도에 대해 여쭙고자 합니다. 태평의 기운이 이르면 어떤 사람이 마땅히 도에 알맞습니까? 어떤 사람이 도에 마땅하지 않습니까?"

"좋도다. 그대들이 묻고자 하는 일이여. 무릇 도와 사람은 비유하자면 마치 바람과 비와 같아서 하는 사람은 선하게 되고 하지 않으면 끝나게 된다. 하길 좋아하는 사람이란 곧 마땅한 사람이다. 하길 좋아하지 않는 사람이라면 마땅한 사람이 아니다. 하는 사람이 힘을 쓰지 않고 쉽게 이해하여 장악하는 사람이라면 마땅한 사람이다. 이해하지 못하여 장악하지 못해서 종일토록 공을 이룰 수 없으면 마땅한 사람이 아니다. 그것을 하면 길하게 되고 하지 못하면 흉하게 되는 이러한 사람이 그 마땅한 사람이다. 그 일을 하지 않아도 그 사람 자체가 길하고 선하면 근심하고 고통스러울 것이 없다. 그 일을 끝낸 뒤 도리어 근심스럽고 고통스럽다면 곧 마땅한 사람이 아니다. 또한 무릇 사람은 스스로가 수양하며 자세히 살피지 않을 수 없다. 대저 도란 바로 사람의 부적이다. 질병과 괴물이란 바로 사악함으로 가는 계단과 통로여서 양민을 해치고 죽이는 도적이다. 어떤 경우에는 다른 사람이 바른 도에 들어가려 하는 것을 보고서 도리어 그 사람에게 성내고 그 사람과 다투거나 다른 사람이 바른 도를 하는 것에 대해 도리어 흉악하게 대하고 좋지 않은 일을 하며, 도리어 편안하게 같은 부류 사이에 숨으므로 삼가고 자세하게 스스로가 정밀하게 살피지 않을 수 없는 것인데, 도를 얻으면 길하고 도를 잃게 되면 흉하게 된다. 죽고 사는 운명은 스스로가 쉽게 생각하여 삼가고 상세히 살피지 않아서는 안 된다."

"훌륭하십니다. 훌륭하십니다. 어리석은 소생들은 알게 되었습니다."

"좋다. 진인들이 의혹스러운 일을 물었기에 진인들에게 하늘의 긴요한 말을 알려주려 한다. 나의 도가 오래 길러질 수 있는 까닭은 사람들이 도를 좋아하고 덕을 좋아하고 인을 좋아할 수 있어서 모든 일을 경시하며 오로지 살길 바랄 뿐인데, 도란 바로 오래 이러한 세 부류의 사람을 기르고 지키는 데 있다. 이것을 지나친 하급의 사람에게 나의 도는 오래 길러질 수 없다."

"무엇 때문입니까? 대저 사람의 도란 바로 덮지 못하는 것이 없는데 무엇 때문에 오로지 이러한 세 부류의 사람을 도우시고 나머지 사람은 돕지 않습니까?"

"그렇다. 그대들이 어려운 질문을 하는 것이 훌륭한데 그 뜻을 이해하였다. 대저 위대한 도가 나오면 사람들이 모두 그 은혜를 받으며 곧 초목에 미치고, 변화시켜 선한 일이 행되지 않는 게 없으므로 모든 것이 갖추어지게 되어서 모두 마침내 천수를 누린다."

"대저 도와 덕이 없어 어질지 못하면 오래 길러질 수 없다는 것은 무엇 때문입니까?"

"그렇다. 단지 도와 덕과 인을 좋아하지 않기 때문이다."

"대저 도와 덕과 인을 좋아하면 무엇 때문에 오로지 오래 길러질 수 있습니까? 그 의를 여쭙습니다."

"그렇다. 그대들은 사리에 밝은 학생이도다! 그 묻는 일에 대해 딱 잘라 결단해서 말해 줄 터이니 자세히 듣도록 하라. 그대를 위해 그 의미를 분별하여 말하겠다."

"예. 예."

"좋다. 이처럼 도와 덕과 인을 좋아하는 이러한 세 부류의 사람은 모두 천통, 지통, 인통 삼통(三統)의 운명을 지닌다. 도를 즐기길 좋아하는 사람은 운명이 하늘에 속한다. 덕을 쌓고 기르길 즐겨 좋아하는 사람은 운명이 땅에 속한다. 인을 즐기길 좋아하는 사람은 운명이 사람에 속한다. 이러한 세 부류의 사람은 음과 양과 중화의 계통에 순응하여 모두가 수명을 기록한 하늘의 명부에 있으므로 하늘의 여러 신들이 나의 글이 그들을 기를 수 있다고 말한다. 행동이 이와 같지 않다면 또한 수명을 기록한 하늘의 명부에 없으므로 나의 글이 그들을 오래 기를 수 없다고 한다. 지금 태평한 기운이 이르러 간사함이 없으므로 간악한 사람을 오래 기를 수 없다. 과거에 내란이 있었을 때만 못하게 악한 사람을 포용하여 기를 수 있다."

"그 궁극적인 말씀을 듣고 싶습니다."

"그렇다. 간사한 악한 기운이 나오면 살아 있는 사람은 도리어 간악한 사람을 오래 기를 수 있다. 그러나 선량한 사람을 오래 기를 수 없으면 그 무리의 폐해가 많아져서 선한 것이 적어지는데, 비유하자면 마치 큰 추위가 이르게 되어 뜨거운 기운이 쇠하는 것과 같다. 지금 올바른 기가 이르면 곧 간악한 사람을 오래 기를 수 없는데, 비유하자면 마치 양의 기운이 이르면 음의 기운이 소멸하는 것과 같다. 대저 태양 위로 붉은 기가 이르면 이에 불은 왕의 정수가 된다. 불이 왕이 되면 이에 밝게 빛나서 위로 해가 된다. 해는 이에 간악한 사람을 비추어 살피므로 그른 일을 할 수 없다고 말하며, 그러므로 악한 사람을 용서하지 않는다. 또한 도란 태어나길 주관하고 덕이란 기르길 주관하고 인이란 마음 쓰길 주관하므로 사랑한다. 봄이면 태어나고 여름이면 기르는데, 사람은 곧 마음을 써서 다스리고 만물을 길러 자라게 한다. 그러므로 태양이 낳고 기르고 자라게 하는 데에는 마음씀이 가장 수고로운 것이다. 이것을 말하는 것이다."

"훌륭하십니다. 훌륭하십니다. 어리석은 소생들은 다시 운명에 대해 듣고자 합니다."

"좋다. 편안히 앉도록 하고 그대를 위해 다시 조목과 해설을 해주겠다."

"예. 예."

"첫 번째 일은 도를 배우는 것인데, 크게 깨닫는 것은 하늘에 달려 있고 중간 정도로 깨닫는 것은 신령에게 달려 있고 작게 깨닫는 것은 사람에게 달려 있다. 두 번째 일은 덕을 배우는 것인데, 크게 깨닫는 것은 하늘에 달려 있고 중간 정도로 깨닫는 것은 신령에게 달려 있고 작게 깨닫는 것은 사람에게 달려 있다. 세 번째 일은 인을 배우는 것인데, 크게 깨닫는 것은 하늘에 달려 있고 중간 정도로 깨닫는 것은 신령에게 달려 있고 작게 깨닫는 것은 사람에게 달려 있다. 네 번째 일은 관(官)을 배우는 것인데, 크게 깨닫는 것은 하늘에 달려 있고 중간 정도로 깨닫는 것은 신령에게 달려 있고 작게 깨닫는 것은 사람에게 달려 있다. 다섯 번째 일은 재물을 축적하는 일을 잘하는 것인데, 크게 깨닫는 것은 하늘에 달려 있고 중간 정도로 깨닫는 것은 신령에게 달려 있고 작게 깨닫는 것은 사람에게 달려 있다. 그런데 이러한 다섯 가지 일의 크게 깨닫는 것과 중간 정도로 깨닫는 것과 작게 깨닫는 것은 모두가 그 힘을 다하는 것으로 말미암아, 운명이 하늘에 의탁하고 덕이 땅에 의탁하며 인(仁)이 사람에 의탁하게 한다. 이 세 가지 일을 지켜 몸에 익힘으로써 현명한 마음과 착한 뜻으로 그것을 생각하고 또 생각해서 몸은 비로소 완성될 수 있다. 그것을 쌓고 그것을 모으면 신이 또한 저절로 생긴다. 그것을 지키고 그것을 기르면 도가 또한 저절로 이루어진다. 그것을 즐기고 그것을 좋아하면 하늘의 도는 친함도 없고 소원함도 없이 선인에게 따라붙어 의탁한다.

그러므로 하늘 스스로가 힘써 도를 행하므로 하루에 한 번을 돈다. 한 번을 도는 까닭은 모든 사물이 태어남은 모두가 육갑과 오행과 네 계절을 본받아 태어나고 모든 기가 이르지 않으면 사물은 완전하게 갖추어지지 않는데, 즉 그 태어남에 충족하지 못하고 적합하지 못하기 때문이다. 다른 사람의 군주가 되어 윗자리에 있는 부모이면서 적합하지 못하면 큰 과오이다. 그러므로 하늘은 하루에 한 번을 돌며 스스로가 그것을 내려보며 관찰한다. 그러한 까닭은 스스로가 그것을 내려보며 관찰할 때 가령 자(子)가 수(水)라 하자. 그러나 수(水)의 기운이 돌지 않는다면 오행의 기운이 부족하고 네 계절의 기운이 두루 미치지 않으므로 관찰하면서 그것을 내려본다. 갑(甲)이 그 위에 더하면 목행(木行)이 있고 봄의 기운[春氣]이 있게 된다. 병(丙)이 그 위에 더하면 화행(火行)이 있고 여름의 기운[夏氣]이 있게 된다. 무(戊)가 그 위에 더하면 토행(土行)이 있고 네 계절의 중앙의 기운이 있게 된다. 경(庚)이 그 위에 더하면 금행(金行)이 있고 가을의 기운[秋氣]이 있게 된다. 임(壬)이 그 위에 더하면 수행(水行)이 있고 겨울의 기운[冬氣]이 있게 된다. 오행이 이미 두루 미치고 네 계절의 기운이 이미 다다르면 비로소 모든 사물이 태어날 수 있다. 하늘과 땅이 화육을 베풀길 고루 하여 존귀하거나 비천한 것, 크거나 작은 것이 모두 하나와 같아서 서로 다투며 송사할 것이 없으므로 다른 사람의 군주요 부모가 될 수 있다.

대저 사람이 도와 덕과 인을 행하는 것은 마땅히 이러한 것을 본받는 것이다. 이에 하늘의 뜻을 얻으려면 스스로가 가볍고 쉽게 제멋대로 행동해서는 안 된다. 하늘의 도가 본받길 이와 같이 하는데 하물며 사람이고서야! 그러므로 상급의 선비는 하늘을 본받길 그 도로 한다. 중급의 선비는 땅을 본받길 덕으로 한다. 하급의 선비는 사람을 본받길 그 인(仁)으로 한다. 이를 지나친 하급의 사람은 사람에 속하지 않으므로 금수와 초목과 같아서 정해진 수명이 없다. 진인들이 나의 글을 얻어서 스스로 그 중요한 뜻을 깊이 생각하고, 그것에 따라서 선함을 행하면 하늘과 더불어 서로 같은 일을 할 수 있다. 나의 글과 반대로 하는 사람은 하늘과 땅이 책망하고 나 또한 참지 못한다. 나의 글이 증오하는 것은 바로 이러한 사람이다. 진인들은 그것을 신중히 하여 상급의 선비에 주고 다시 천자에 맡겨서 모든 사람에게 보이도록 하라. 지금 이후로 하늘은 옛날과 다를 것이다."

"훌륭하십니다. 훌륭하십니다."

이상은 『태평경』의 마땅한 것과 마땅하지 않은 것을 분별하는 비결이다.

眞人再拜, 謹問天師道.〈起〉太平氣至, 誰者當宜道哉. 誰者不宜道乎. 善哉, 子問事也. 夫道與人, 比若風雨, 爲者則善, 不爲則已. 好爲者, 則其人也. 不好爲者, 卽非其人也. 爲者不用力, 易開通者,[1] 卽是其人也. 不開不通, 終日無成功, 卽非其人也. 爲之卽吉, 不爲則凶,〈止〉是其人也. 不爲之, 其人自吉善, 無所疾苦. 已爲之後, 反有所疾苦, 卽非其人也. 又〈起〉凡人自養, 不可不詳察也. 夫道者, 乃正人之符也.〈止〉疾病鬼物者, 迺邪惡之階路也, 賊殺良民之盜賊也. 或見人且入正道, 因反怒人, 與人爭鬥, 於人爲正道, 反凶不爲善, 反安隱於等之間, 不可不謹詳自精者, 得道則吉, 失道則凶也. 死生之命, 不可自易, 而不謹詳也.

善哉善哉. 愚生已解矣. 然, 眞人旣問疑事, 且告眞人天要語. 吾道之所以而長久養者, 人而樂道樂德樂仁, 忽於凡事, 獨貪生耳, 道正長於養守此二人也.[2] 過此而下者, 吾道不而長久養也. 何哉. 夫人道乃無不覆蓋, 何故獨宥此三人, 不有餘哉. 然, 善哉子之難問也, 得其意. 夫大道之出也, 人皆蒙之恩, 乃及草木, 莫不化爲善, 皆得其所俱, 而各竟其天年. 夫無道德不仁, 不可久養也, 何哉. 然, 但以其不好道德仁也. 夫好道德仁, 何故獨可久養哉. 願聞其意. 然, 子曉事生哉. 其問事絶訣也, 詳聽, 爲子分別言其意. 唯唯.

然, 是好道德仁, 此三人皆有三統之命. 樂好道者, 命屬天. 樂好德畜養者, 命屬地. 樂好仁者命屬人. 此三人者, 應陰陽中和之統, 皆有錄籍, 故天上諸神, 言吾文能養之也. 行不若此, 亦無錄籍, 故吾文不能久養之也. 今太平氣至, 無姦私, 故不而久養姦惡之人也. 不如往者內亂之時, 能包養惡人也. 願聞其竟說. 然, 姦邪惡氣出, 活者反能久養姦惡之人也. 而不能久養善人者, 是其衆害多, 善者少也, 比猶若大寒至而熱氣衰也. 今正氣至, 乃不能久養姦惡之人, 比若陽氣至而陰氣消亡也. 夫太陽上赤氣至, 乃火之王精也. 火之王者, 乃光上爲日. 日者, 乃照察姦惡人, 故言不得爲非, 故不容惡人也. 又道者主生, 德者主養, 仁者主用心故愛. 春卽生, 夏者卽養, 人則用心治理, 養長萬物. 故太陽所生養長, 用心最勞苦. 此之謂也. 善哉善哉. 愚生重聞命乎. 然, 安坐, 爲子更有所脩解.[3] 唯唯. 一事學道, 而大度者在天, 中度者在神靈, 小度者在人也. 二事學德, 而大度者在天, 中度者在神靈, 小度者在人也. 三事學仁, 而大度者在天, 中度者在神靈, 小度者在人也. 四事學官, 而大度者在天, 中度者在神靈, 小度者在人也. 五者好畜聚財業, 大多者在天, 中多者在神靈, 小多者在人也. 然此五事, 大度中度小度, 一由力之歸命於天, 歸德於地, 歸仁於人. 守此三事學身, 以賢心善意, 思之惟之, 身迺可成. 積之聚之, 神且自生. 守之養之, 道且自成. 樂之好之, 身且自興. 天道無親無疏, 付歸善人.

是故天自力行道, 日一周. 所以一周者, 凡物之生, 悉法六甲五行四時而生, 一氣不至, 物有不具, 則其生不足不調矣. 爲人君上父母, 而不調大過也. 故天日一周, 自臨行之也. 所以自臨行之者, 假令子水也.[4] 但有水氣未周, 五行氣不足, 四時氣不周, 故爲行而臨之. 甲加其上,[5] 有木行, 有春氣. 丙加其上,[6] 有火行, 有夏氣. 戊加其上,[7] 有土行, 有四季中央之氣. 庚加其上,[8] 有金行, 有秋氣. 壬加其上,[9] 有水行, 有冬氣. 五身已周,[10] 四氣已著, 乃凡物得生也. 天地施化得均, 尊卑大小皆如一, 乃無爭訟者, 故可爲人君父母也.

夫人爲道德仁者, 當法此. 乃得天意, 不可自輕易而妄行也. 天道爲法如此, 而況人乎. 故上士法天, 其道乎. 中士法地, 其德乎. 下士法人, 其仁乎. 過此而下者, 不屬於人, 故與禽獸草木同乎無常命. 眞人得吾文書, 自深思其要意, 緣而無善,[11] 與天相得同事也. 與吾文反者, 乃天地之怨也, 吾亦不耐也. 吾文書所惡, 正是也. 眞人愼之, 以付上士, 歸縣官, 示凡人. 自今以往, 天與古異. 善哉善哉.

右分別太平文出所宜所不宜訣.

역주

1) 易開通者(이개통자) : '개통(開通)'은 이해하여 장악하는 것이다(『정독』).

2) 道正長於養守此二人也(도정장어양수차이인야) : '2(二)'는 도 · 덕 · 인을 즐길 수 있는 세 부류의 사람을 지칭하는 '3(三)'의 잘못으로 본다. 뒤에 '3인(三人)'이 다시 계속 나온다.

3) 爲子更有所脩解(위자경유소수해) : '수해(脩解)'는 조목과 해설을 말한다.

4) 假令子水也(가령자수야) : '자(子)'는 지지(地支)의 첫 번째 자리를 말하고 '수행(水行)'에 속하기 때문에 '자수(子水)'라 한다.

5) 甲加其上(갑가기상) : '갑(甲)'은 천간(天干)의 첫 번째 자리를 말하고 '목행(木行)'에 속하며 봄을 대표한다.

6) 丙加其上(병가기상) : '병(丙)'은 천간(天干)의 세 번째 자리를 말하고 '화행(火行)'에 속하며 여름을 대표한다.

7) 戊加其上(무가기상) : '무(戊)'는 천간(天干)의 다섯 번째 자리를 말하고 '토행(土行)'에 속하며 네 계절에 속하지 않고 중앙에 위치한다.

8) 庚加其上(경가기상) : '경(庚)'은 천간(天干)의 일곱 번째 자리를 말하고 '금행(金行)'에 속하며 가을을 대표한다.

9) 壬加其上(임가기상) : '임(壬)'은 천간(天干)의 아홉 번째 자리를 말하고 '수행(水行)'에 속하며 겨울을 대표한다.

10) 五身已周(오신이주) : '오신(五身)'은 '오행(五行)'을 말한다.

11) 緣而無善(연이무선) : '연(緣)'은 '순(循)'과 통하고(『광아(廣雅)』「석고사(釋詁四)」: "緣, 循也"), '무(無)'는 마땅히 '위(爲)'자의 잘못이다(『전역』).

『태평경초』

신부(辛部)

〈권을 나누지 않음〉*

太平經

_ 태평경초 신부는 『돈황목록(敦煌目錄)』에 따르면 대략 48장으로 이루어져 있다고 한다. 이 장은 『돈황목록』 제120권 「불식장생법(不食長生法)」과 대체로 상응한 내용으로 구성되어 있는데, 주로 방약(方藥)을 이용해 장의 기(氣)를 충만하게 하여 먹지 않고도 살 수 있는 도술의 방법과 그 효능(忽帶收腸)에 대해서 말하고 있다.

"여쭙습니다. 먹지 않아도 배 부르고 수명이 장구하여 장생하는 데 이른다면, 이것이 곧 나라를 부유하고 백성을 보존하는 도가 아닌지요?"

---

* 이하 신부와 임부는 원래 나누어져 있지는 않은 것이나, 楊寄林譯註의 『太平經今注今譯』(河北人民出版社)에 적시되고 있는 바에 따라 『돈황목록』의 상응하는 부분을 명기한다. 그리고 신부부터 끝의 계부까지는 대체로 앞에서 제시되었던 내용들과 상당 부분 일치하는 내용이 많아 반복되는 측면이 많다.

"비유컨대 장차 먹지 않으려 할 때 먼저 수명을 인도하는 방약(方藥)을 앞서 있게 함으로써 기를 머무르게 한다. 기약(氣藥)을 복용한 후 3일이면 굶주림이 줄어들고 7일이면 약간의 굶주림만 있으며 10일 이후에는 작게 성공할 수 있어서 의혹되지 않고 이미 죽음을 물리치고 사는 데로 나아간다. 기약을 복용한 이후에는 각종의 형체가 있는 음식물을 먹는 것은 소화하기가 매우 어려우므로 한 번 먹으면 한도에 이른다. 형체가 없는 음식물을 먹는 것은 조금씩 줄이면 좋다. 100일이 지나면 먹지 않아도 되는 것은 '막힘이 없는 도'라 하고 나라를 도와서 백성을 기르는 것이라 부르는데, 하늘과 땅을 도와서 주인을 먹인다. 적게 먹는 것이 길하고 많이 먹는 것이 흉하며 전혀 먹지 않는 것 역시 흉하여 장과 위가 통하지 못한다. 장과 위가 통하는 법은 다음과 같다. 한 번 먹으면 적당하고 두 번 먹으면 많으며 세 번 먹으면 아래로 나오고 네 번 먹으면 장이 부어오르고 다섯 번 먹으면 굶주림이 더욱 일어나고 여섯 번 먹으면 크게 흉악해지고 모든 질병이 이로부터 생기게 되어 크게 굶주린 해에는 마땅히 죽게 된다. 먹는 것을 줄이길 1,000일이 지난 뒤에는 크고 작은 장이 모두 차서 마침내 음식물 거리가 없게 된다. 사람에게 병을 모두 제거하면 안색이 더욱 좋아지고 금지하고 막을 게 없다. 옛날에 도를 얻어 장수한 사람은 모두 먹지 않았기 때문이다. 군주와 신하와 백성은 모두 몸과 마음을 편안하게 할 수 있음으로써 그 직무를 다스리고 부유한 사람이 재물을 보존할 수 있고 가난한 사람이 신체를 바룰 수 있다. 군자가 그것을 행하면 일생을 잘 즐기고 흉년이 들어도 위태롭거나 망하지 않는다. 대저 사람은 하루에 세 가지 명운이 있지만 스스로가 알지 못하면 하루에 세 번 먹어야 비로소 살게 된다. 아침에 먹지 않으면 하나의 명운이 끊어지고 낮에 먹지 않으면 두 번째 명운이 끊어지며 저녁에 먹지 않으면 세 가지 명운이 끊어진다. 삼일을 끊고서 먹지 않는다면 아홉 가지 명운이 끊어진다. 숨겨진 음식물이 없어서 남겨져 감추어진 것이 없으면 이것으로 인해 굶주림이 생겨난다. 간사함이 크게 일어나는 것은 모두 이로부터 시작된다. 나의 도를 쓰면 모든 일이 저절로 다스려지고 길한 해에는 이익을 홍하게 할 수 있고 흉한 해에는 백성을 보존할 수 있는데, 항상 허리띠를 졸라매고 창자를 오그라들게 하여 보행을 편리하게 한다."

請問不食而飽, 年壽久久, 至于遂存, 此乃富國存民之道. 比欲不食, 先以導命之方居前, 因以留氣. 服氣藥之後, 三日小飢, 七日微飢, 十日之外, 爲小成無惑矣, 已死去就生也. 服氣藥之後, 諸食有形之物堅難消者, 以一食爲度. 食無形之物, 節少爲善. 百日之外可不食, 名不窮之道,[1] 名爲助國家養民, 助天地食主.[2] 少者爲吉, 多者爲凶, 全不食亦凶, 腸胃不通. 通腸之法 : 一食爲適, 再食爲增, 三食爲下, 四食爲腸張, 五食飢大起, 六食大凶惡, 百疾從此而生, 至大飢年當死. 節食千日之後, 大小腸皆滿, 終無料也. 令人病悉除去, 顏色更好, 無所禁防. 古者得道, 老者皆由不食. 君臣民足以安身心, 理其職, 富者足以存財, 貧者足以度軀. 君子行之, 善樂歲, 凶年不危亡. 夫人曰有三命, 而不自知, 日三食乃生. 朝不食一命絶, 晝不食二命絶, 暮不食三絶.[3] 絶三日不食, 九命絶.[4] 無匿物,[5] 無寶留,[6] 此由飢也. 奸邪大起, 悉從此始. 用吾道, 萬事自理, 吉歲可以興利, 凶年可以存民, 常當忽帶收腸,[7] 使利行步也.

역주

1) 名不窮之道(명불궁지도) : '불궁지도(不窮之道)'는 '불사(不死)'의 도술(道術)을 말한다.
2) 助天地食主(조천지식주) : '주(主)'는 나라의 주인이라는 의미에서 '군주' 내지 '백성'의 두 가지 뜻으로 해석해도 무방하다.
3) 暮不食三絶(모불식삼절) : '삼(三)' 뒤에 '명(命)'자가 빠졌다.
4) 九命絶(구명절) : 사람에게 선천적으로 예정된 삼통(三統)의 명운, 즉 하늘에 속하는 명운, 땅에 속하는 명운, 사람에 속하는 명운이 있음을 가리키는데(『금주금역』), 하루에 세 가지 명운이 있으므로 3일이면 모두 아홉 가지 명운이 된다.
5) 無匿物(무닉물) : '익(匿)'은 위장의 음식물은 육안으로 볼 수 있으므로 '익물(匿物)이라 말한 것이다(『전역』).
6) 無寶留(무보유) : '보유(寶留)'는 '유장(留藏)'으로(『정독』) 위장 안에 남겨져 감추어진 음식물을 말한다.
7) 常當忽帶收腸(상당홀대수장) : '홀(忽)'은 '속(速)'으로 '속(束)'과 통하여(『정독』) '홀대(忽帶)'는 허리띠를 단단히 매는 것을 말하고, '수장(收腸)'은 창자를 단속하여 가라앉히는 것을 말한다.

_ 이 장은 『돈황목록』 제121권 「점상내불능구결(占相乃不能救決)」과 대체로 상응한 내용으로 구성되어 있는데, 주로 천지자연과 법칙을 통해 미래의 일을 예측할 수 있으므로 이를 통해 인간사의 나쁜 일을 미연에 방지해야 한다는 내용이다. 모두 열 가지의 사례를 제시하고 있다.

하늘과 땅 사이에 모든 일은 각자 정(精)과 신(神)을 지니고 있으며 광명이 위로는 하늘에 속하고 별이 되어 편안함과 위태로움을 살필 수 있다. 하늘과 땅의 본성은 스스로 바른 법을 가져, 육갑(六甲)·오행(五行)·사시(四時)의 운행하는 법도로 미래의 일을 점치어 예측할 수 있어서 쇠퇴함과 혼란함으로부터 구해내고 미연의 일을 방지한다. 신하가 군주의 쇠퇴함을 보고서 그를 구하여 그를 다시 흥하게 하는 것은 큰 공로이다. 그 쇠퇴함을 깊이 알고도 그를 구하지 않거나 혹은 도리어 쇠퇴하였다고 유포하면서 직책을 버리는 것은 요사함을 일으키는 것이라 하는 것으로, 그 죄는 없어지지 않는다. 세 번째 일은 신하가 그 군주에게 과실이 있음을 알고서, 장차 흉악하고 해로울 것을 예견하고서 그를 구하여 다시 흉악하고 해로울 것이 없게 하는 것은 큰 공로이다. 알고서도 구하지 않는 것은 흉악함으로 인도하였다 말하며 그의 죄는 제거되지 않는다. 네 번째 일은 군주의 다스림에 그 중요한 뜻을 잃어서 재해가 연이어 일어날 것을 알고서 그의 다스림을 구원하고 도와주는 것은 그 마땅함이다. 일에 밝은 신하가 되어서 알고서도 구하지 않으면 그 죄는 제거되지 않는다. 다섯 번째 일은 신하가 그의 군주가 어려서 현명함이 미처 일에 미칠 수 없는 것을 알고서 그를 구하여 그가 알게 되도록 도와주는 것은 그 마땅함이다. 알고서도 현명하도록 돕지 않고 도리어 미치지 못한다고 유포하는 것은 충성스럽지 못하고 그 군주를 약화시켰다 말하며 그의 죄는 제거되지 않는다. 여섯 번째 일은 신하가 그 군주가 연로함을 알고 하늘이 정한 수명이 있음을 걱정하여 그를 위해 특이한 방약(方藥)과 크게 현명한 사람의 도움을 찾아서 기이한 비책과 신비한 문서로 군주에게 수명을 더욱 더할 수 있게 하는 것은 큰 공로이다. 알면서 할 수 없다 하고 도리어 길하고 흉하다 말로만 하는 것은 그 허물이 크다.

일곱 번째 일은 아랫사람이 되어 윗사람이 위험에 처한 것을 알고 잘못하여 다스리거나 잘못하여 잊게 되면 함께 그를 도와 그것을 상세히 살피는 것은 큰 공로이다. 알고서도 구하지 않고 스스로 회피하면서 직책을 버리는 것은 충과 효를 따르지 못하는 사람이 되어서 죄가 모두 그 후대에까지 미친다. 여덟 번째 일은 부모가 질병이 들면 그것을 자세히 살피고 자세히 보아 알아보고서 할 수 있는 한 모든 힘을 다해 없애고자 정성을 다함으로써 그를 구한다. 알고서도 구하질 않으면 하늘이 장차 큰 벌을 내린다. 아홉 번째 일은 부모가 연로하여 곧 수명이 다하려 하면 자식된 자는 부모가 연로하여 세상을 떠날 날이 이르렀음을 알고, 현명한 의사와 효과가 기이한 방약을 구해서 강령함을 얻게 하는 것이 효자의 마땅함이다. 이것은 다른 사람의 음식을 먹으면 음식으로써 그것을 보답한다는 것과 같은 것으로 큰 공로가 있다. 열 번째 일은 사람의 흉하고 쇠함을 알고 큰 재앙이 장차 이르려 하면 그를 구하여 다시 흥하도록 그에게 기이한 방약과 신비한 책서를 주는 것인데 신비한 문서에 나온 선한 일은 다시는 걱정과 고통을 없게 하므로, 이것이 큰 공로이다. 알고서도 행하지 않으면 죄가 되어 제거되지 않는다.

天地之間, 凡事各自有精神, 光明上屬天, 爲星, 可以察安危. 天地之性, 自有格法, 六甲五行四時節度, 可以占覆未來之事, 作救衰亂, 防未然之事. 臣見君父之衰, 救之, 使其更興盛, 是大功也. 深知其衰也, 不救之, 或反言而去,[1) 名爲倡訞, 罪不除也. 三事, 臣知其君有失, 將睹凶害而救之, 使其更無凶害, 是大功也. 知而不救, 名倡凶, 其罪不除也. 四事, 知君理失其要意, 災害連起, 而救助其理之, 是其宜也. 爲曉事之臣, 知而不救, 其罪不除也. 五事, 臣知其君年少, 其賢未能及事而救之, 助其爲知, 是其宜也. 知而不助爲賢, 反言不及, 名爲不忠,弱其上, 其罪不除也. 六事, 臣知其君老, 有天期而憂之, 爲其索殊方大賢之助, 異策內文,[2] 令君更得延年, 是大功也. 知而不能, 反言吉凶者, 其過大也. 七事, 爲人下知上有危, 有失理, 或失忘,[3] 而共救之案之, 是爲大功. 知而不救, 自解避而去, 爲不順忠孝之人, 罪皆及其後. 八事, 父母有疾, 占相之知, 能盡力竭精, 有以救之. 知而不救, 天將大罰. 九事, 父母年老且盡, 爲子者知父母老期將至, 爲求賢師異方,[4] 令得丁強, 孝子之宜也, 此由食人之食, 以食歸之,[5] 而有大功也. 十事, 知人凶衰, 有大害患將至而救之, 使其更興, 與其奇方異策, 內文善事, 令無復憂苦, 是爲大功. 知而不爲, 有罪不除也.

역주

1) 或反言而去(혹반언이거) : '언(言)'은 군주의 쇠락한 현상을 유포하는 것을, '거(去)'는 직책을 내버리고 가는 것으로 본다.

2) 異策內文(이책내문) : '내문(內文)'은 도참(圖讖)과 법술(法術)과 같은 종류의 신비한 서문(書文)을 말하는데 그 일이 비밀스러우므로 '내(內)'라고 말한다(『금주금역』).

3) 或失忘(혹실망) : '실망(失忘)'은 군주의 기억력이 좋지 않아서 잘못하여 다스림상 해야 할 일을 잊는 것을 말한다.

4) 爲求賢師異方(위구현사이방) : '현사(賢師)'는 '현명한 의사'를 '이방(異方)'은 '기이한 방약(방약)'으로 해석한다.

5) 以食歸之(이식귀지) : '귀(歸)'는 보답한다는 뜻이다(『정독』).

_ 이 장은 『돈황목록』 제122권 「폐장출용문결(閉藏出用文決)」과 대체로 상응한 내용으로 구성되어 있는데, 주로 하늘의 문서(文書)란 인간사의 여러 재해를 제거하여 태평을 이루게 하는 귀중한 것이

니 만큼 귀중하게 여기고 잘 보관해야 한다는 내용이다.

대저 사람의 자식이 되어 부모가 죽게 될 어려움에 있다는 것을 보고서도 그것을 내버리고 돌보지 않으면서 즐거움에 거처하고 고통을 피하는 것은 바로 금수와도 같을 뿐이다. 어찌 삼재(三才)를 이을 수 있어서 하늘과 땅을 계승하겠는가? 그러므로 성인이 출현하여 가르침과 경계함을 베풀어 사람들이 선한 일을 하도록 가르치고 흉악한 일을 단절함으로써 하늘과 땅의 재앙으로부터 구하고 해·달·별과 오행(五行)이 순서대로 운행하도록 하였는데 어찌 헛된 말이라 하겠는가? 지금 하늘은 이에 문서를 갖추어 내놓음으로써 여러 재해를 제거하고 선함을 이루고자 하므로, 내가 몸소 진인들에게 밝히고 경계시키며 글을 드러낸다. 지금 하늘은 나를 가르쳐 크게 말하길 감추어 은닉하지 말라 한다.

지금 하늘과 땅은 크게 순환하여 다시 시작하므로 재해가 그것에 견주어 마땅히 소멸하여 다시 남은 여분이 없게 된다. 그러므로 사람들에게 옛날과 지금의 글을 모아서 정리하여 선함을 모아 놓은 것을 지극한 이치를 밝히는 경전으로 삼도록 하고, 선함이 정해지면 다시 바꿀 수 없도록 하였기에, 비록 성현이라도 그 문장의 말을 다시 바꿀 수 없다. 대저 글의 말은 천지와 음양의 말이다. 그러므로 군주와 현자를 가르치고 깨우치길 그것을 경계시키고 부지런히 힘써 행하여 태평을 이루도록 하고자 한다. 비밀리에 감춘다고 말하는 이유는 현명한 군주가 얻어서 마음속에 감추고 천하에 사용하면 만물을 양육하고 태평을 이루기 때문이다. 또한 상제에게 공로를 보답하려면 곧 돌상자나 깊은 구멍에 견고하게 보관한다. 하늘이 아름다운 물건을 생기게 하면 반드시 그것을 아름다운 곳에 의탁하게 한다. 예컨대 구슬과 옥의 경우 반드시 제왕이 그것을 보배로 여긴다. 추악한 물건의 경우 많은 사람들이 그것을 버린다. 하물며 사람이 아름답다고 하는 것을 하늘이 어찌 사랑하지 않겠는가? 제왕은 어찌 그것을 중시하지 않겠는가?

夫爲人子, 見父母有死難而拋去之, 處樂違苦, 此乃與禽獸同耳. 豈可統三才, 繼天地乎. 是以聖人出也, 施教戒, 勸人爲善, 斷絶凶惡, 以救天地之災, 令三光五行, 星辰順敘,[1] 豈徒言哉. 今天上乃具出文書, 以化除諸災害, 以致善, 是故吾自曉敕眞人出書也. 今天上教吾大言, 勿有蔽匿也. 今天地大周更始, 災害比當消亡, 無復餘糧類. 故教人拘校古今文集善者, 以爲洞極之經, 定善不可復變易也, 雖聖賢之人不能復致其文辭. 夫文辭, 天地陰陽之語也. 故教訓人君賢者而敕戒之, 欲令勤行致太平也. 言蔽藏者, 賢君得而藏於心, 用於天下, 育養萬物而致太平也. 而歸功於上帝, 則堅於石室深穴也. 天生善物, 必歸之善處. 如珠玉也, 必帝王寶之. 其麤惡之物, 衆棄之. 況人爲善, 而天豈不愛乎. 帝王豈不重之乎.

역주

1) 星辰順敘(성신순서) : '성신(星辰)'은 앞의 삼광(三光)의 별과 중첩되므로 빼고 해석하며, '순서(順敘)'는 자신의 법칙에 따라 운행하는 것을 말한다.

_이 장은 『돈황목록』 제123권 「삼도집기출문남녀송행결(三道集氣出文男女誦行決)」과 대체로 상응한 내용으로 구성되어 있는데, 주로 천하의 모든 의견을 수합하여 모든 일을 공평하게 처리하는 다

스림이 하늘의 도에 부합하며 태평의 기운을 이르게 한다는 내용이다.

지금 하늘 위에는 '끝없는 하늘'[無極之天]이 있고 중간에는 '끝없는 하늘'이 있으며, 아래에는 '끝없는 하늘'이 있어서, '끝없는 하늘'이 널리 펼쳐 있다. 지금 법칙이 되는 바는 삼도(三道)에서 모은 기에 비교하며 함께 의논한 것으로, 그것은 하늘과 땅과 사람의 위치에 대응한다. 이에 태평이 이르러 하늘이 기뻐하면 제왕이 천수를 누린다. 도의 신합이 하늘과 땅을 돕고 선한 기가 서로 반응하고 도와 덕이 날로 이르러 사악하고 거짓된 것이 물러나고 요사한 신하와 간사한 도둑이 없어진다. 평범한 신하가 모두 임명되고 모든 선함이 스스로 도래하며, 오행이 조화하고 네 기운이 때에 맞게 양호하다. 그것은 다스림과 법도가 되고 근본에서 비롯한 것이다. 근본이란 하늘과 땅 사이의 사람이 신을 본받는 것이다. 신 또한 사람을 본받고 각자에게는 짝하는 것이 있는데, 정(亭)·부(部)·향(鄕)·현(縣)의 선과 악, 좋아하는 것과 괴롭고 고통스러워하는 것을 취합하면 각기 그 근본이 있다. 일은 모두 가까이 살피고 스스로가 서로의 단점을 살피며 장단과 득실은 해와 달보다 명료하게 밝힌다. 그러므로 모아 놓은 의론들을 크게 본받고 현명한 사람과 어리석은 사람이 일을 공평하게 처리한다. 그러므로 천하의 주(州)·현(縣)·향(鄕)·리(里)에 의견 상자를 설치하고 모든 백성에게 자신의 재능에 따라서 글을 쓰도록 하는데, 괴롭고 고통스러운 것, 이롭고 해로운 것, 할 수 있고 할 수 없는 것에 대해 직접 말하고 글로 써서 의견 상자 속에 넣도록 한다. 지방 관리는 다시 정리해서 천자께 상주하고 백성의 좋아하고 싫어하는 것, 현명한 사람과 어리석은 사람, 이롭게 여기는 것과 해롭게 여기는 것을 알게 하여 의견을 모아서 정리할 수 있다면 태평의 기운이 이르게 되는데, 군주와 만 백성을 도와서 일만 이천의 사물이 각자 있을 바를 얻는다.

하늘의 도에는 느림이 있고 급함이 있으며 사람의 일 역시 그러하듯 느림이 있고 급함이 있다. 하늘의 도가 급하면 바람과 비와 천둥과 번개가 때에 맞추어 이르지 못한다. 사람의 도가 급하면 역시 빨리 가게 되어 때를 맞추어 이르지 못한다. 급한 일은 곧 때에 맞게 하늘의 법칙에 순응하여 그것을 상주하고 신속하게 한 통의 문서를 하달하여 이 일에 대해 회답하면, 상과 벌을 내리고, 긴급하지 않은 일은 모름지기 8월 초하루가 되면 상주하는데 천상의 법이 이와 같다. 대저 음양의 법이 이와 같으며 사람의 도 역시 이와 같다.

今天上無極之天, 中無極之天, 下無極之天, 旁行無極之天. 今爲法, 況三道集氣共議,[1] 其應天地人之位也. 乃太平至, 天悅喜, 則帝王壽. 其道神靈祐天地, 善氣莫不響應, 道德日至, 邪僞退, 訞臣奸冗滅.[2] 凡臣悉除, 萬善自來, 五行和, 四氣時良.[3] 其爲政法, 起於本. 本者, 天地之間人象神. 神象人, 而各自有隅, 聚亭部鄕縣善惡, 所好所疾苦, 各有其本. 事皆近察, 察自相短, 短長得失, 明於日月. 故大敎其集議, 賢不肖共平其事. 故天下州縣鄕里置封,[4] 仰萬民各隨材作書, 直言疾苦利害可否, 致書投於封中. 長吏更撰上天子, 令知民好惡賢不肖利害, 可集議而理之, 卽太平之氣至矣, 而福國君萬民, 萬二千物各得所矣. (封卽今匭函也.)[5] 天道有緩有急, 人事亦然, 有緩有急. 天道急, 卽風雨雷電不移時而至. 人道有急, 亦趨走不移時而至. 急者卽以時應天法則上之, 刺一通付還本事,[6] 而有賞罰, 緩者須八月爲一日上也,[7] 天上法如此. 夫陰陽爲法如此, 人道亦如此矣.

역주

1) 況三道集氣共議(황삼도집기공의) : '황(況)'은 비교하여 견주어본다는 의미이고, '삼도(三道)'의 경우 여기서 해와 달과 별의 삼광의 법도로 본다.

2) 訞臣奸冗滅(요신간용멸) : '용(冗)'은 '궤(宄)'의 잘못이다(『합교』).

3) 四氣時良(사기시량) : '사기(四氣)'는 봄의 소양기(少陽氣), 여름의 태양기(太陽氣), 가을의 소음기(少陰氣), 겨울의 태음기(太陰氣)를 말한다(『금주금역』).

4) 故天下州縣鄕里置封(고천하주현향리치봉) : '주(州)·현(縣)·향(鄕)·리(里)'는 한(漢)나라의 행정 단위를 말하며, '봉(封)'은 의견서를 수납하는 전용 시설로서 지금 말하는 의견함이라 할 수 있다(『금주금역』). 의견을 모으는 자세한 내용에 대해서는 『태평경』 제88권 「작래선택법(作來善宅法)」을 참조.

5) 封卽今匭函也(봉즉금궤함야) : 난외주이다.

6) 刺一通付還本事(자일통부환본사) : '자일통(刺一通)'은 신속하게 한 통의 문서를 하달한다는 의미이고, '부환본사(付還本事)'는 앞서 하달한 건에 대한 회답을 말한다.

7) 緩者須八月爲一日上也(완자수팔월위일일상야) : 만물은 중추(仲秋) 8월에 성숙하여 수확할 수 있기에 8월이 되면 각 지역에서 상주한 문서를 검토한다. 자세한 내용은 『태평경』 제48권 「삼합상통결(三合相通訣)」을 참조.

_이 장은 『돈황목록』 제124권 「인복각유천자문귀적한결(人腹各有天子文歸赤漢決)」과 대체로 상응한 내용으로 구성되어 있는데, 주로

마음은 모든 일의 근본이기에 마음을 다스리는 일은 일의 성공과 장수의 관건임을 밝히고 있다.

모든 사람의 뱃속에는 각기 천자(天子)가 있고 오기(五氣)에는 각기 왕자(王者)가 있다. 하늘에는 다섯 기(氣)가 있고 땅에는 다섯 자리(位)가 있다. 그중 하나의 기운이 운행을 주관하고 왕이 된 사람이 다스림을 주관하여 다스린다. 모든 일은 사람의 뱃속에 거처하여 스스로가 마음이라 부르는데, 마음은 오장의 왕이고 신의 근본이며 한 몸의 지극함이다. [마음은] 선한 행동을 하도록 주관하여 다스리고, 마음은 망령되어 내면이 사악해지는 것을 좋아하지 않는다. 모든 사람이 선함을 지닐 수 있어서 청정하게 스스로가 거처하며 외부로 망령되이 구하지 않고 단정하면 내면 스스로가 뱃속의 왕자와 더불어 서로 보게 되는데, 이를 일러 밝음은 그 마음을 돌이켜 볼 수 있다고 말하는 것이다. 마음은 곧 왕이요, 서로 보게 되면 반드시 목숨을 이어갈 수 있게 되고, 일을 하면 다스려진다. 왕을 만날 수 없는 것은 모두가 사악하다. 다시 왕과 더불어 서로 통할 수 없으면 일을 하는 모든 것이 실패한다. 또한 빨리 죽는다.

凡人腹中, 各有天子, 五氣各有王者. 天有五氣, 地有五位. 其一氣主行, 爲王者主執正.[1] 凡事居人腹中, 自名爲心. 心則五臟之王, 神之本根, 一身之至也. 主執爲善, 心不樂爲妄內邪惡也. 凡人能執善, 淸靜自居, 外不妄求端正, 內自與腹中王者相見, 謂明能還睹其心也. 心則王也, 相見必爲延命, 擧事理矣. 不得見王者, 皆邪也. 不復與王者相通, 擧事皆失矣. 而復早終.

『태평경초(太平經鈔)』 신부(辛部) 1965

역주 1) 爲王者主執正(위왕자주집정) : '정(正)'은 '정(政)'의 의미이다.

_이 장은 『돈황목록』 제125권 「도화다이적각명신문결(圖畵多夷狄却名神文決)」과 대체로 상응한 내용으로 구성되어 있으며, 모든 대책과 계책에는 각기 정과 신이 있음을 밝히고 있다. 즉 하늘과 땅에는 길함도 있고 흉함도 있어서 길할 때에는 길한 정과 신이, 흉할 때에는 흉한 정과 신을 이르게 한다는 내용을 말하고 있다.

"지금 태양의 덕이 홍하여 하늘 위와 하늘 아래로 하여금 위로 마침이 없고 아래로 다함이 없이 두루 팔방의 안팎으로 뻗으려 합니다. 참된 신과 참된 정의 빛이 모두 나와 제왕의 다스림을 돕고 지극히 밝고 밝은 태평의 기운을 이르게 하여 일찍이 이러한 것을 본 적이 없습니다. 착한 사람의 수명이 장구하고 만물이 다시 일찍 죽어 스스로가 원망하는 일이 없고, 사악한 신이 모두 소멸하여 천하가 다시 억지로 억울하게 병드는 일이 없는데, 어찌 들을 수 있습니까?"

"좋구나! 그대들의 질문은! 하늘은 모든 간사함과 거짓됨과 흉함과 악함을 끊게 하도록 참된 일을 드러낸다. 무릇 대책과 계책에는 각기 정과 신이 있는데, 참된 일에는 참된 신이 있고 사악한 일에는 사악한 신이 있으며, 선한 일에는 선한 정과 신이 있으며, 악한 일에는 악한 정과 신이 있다. 대저 사악함을 축적한 집안은 이후에 반드시 사악한 해가 있게 된다. 참된 글과 참된 도를 축적한 집안은 이후에 반드시 세상을 초월한 사람이 있게 된다. 그러므로 참됨과 거짓됨에는 각기 정이 이르게 된다. 그러므로 하늘에는 길함도 있고 흉함도 있어서 길할 때에는 길한 정과 신이, 흉할 때에는 흉한 정과 신을 이르게 한다. 땅 역시 길함과 흉함이 있어서 길할 때에는 길한 정과 신이, 흉할 때에는 흉한 정과 신을 이르게 한다."

今太陽德盛, 欲使天上天下, 上無竟, 下無極, 旁行八洞外內. 眞神眞精光悉出助帝王治, 而致上皇洞平之氣, 未常見之.[1] 善人命長, 萬物無復夭死自冤者, 而邪神悉消亡, 天下無復强枉病者,[2] 豈可聞乎. 善哉子之問也. 天使悉斷邪僞凶惡, 而出眞事. 凡圖畫各有精神, 眞事有眞神, 邪事有邪神, 善事有善精神, 惡事有惡精神. 夫蓄積邪之家, 後必有邪害也. 蓄積眞文眞道之家, 後必有度世者也. 故眞僞各精所致也. 故天有吉有凶, 吉則吉精神, 凶則凶精神. 地亦有吉凶, 吉則吉精神, 凶則凶精神.

역주

1) 未常見之(미상견지) : '상(常)'은 '상(嘗)'과 통한다.
2) 天下無復强枉病者(천하무부강왕병자) : '강왕(强枉)'의 '강(强)'은 '뜻하지 않게, 아무 이유 없이, 억지로'의 의미로, '왕(枉)'은 억울하게 당한다는 의미로 본다.

_이 장은 『돈황목록』 제126권 「구사친속형제결(九事親屬兄弟決)」과 대체로 상응한 내용으로 구성되어 있으며, 주요 내용은 아홉 가지 일을 살펴보며 다스림과 혼란함의 근본이 태평의 기틀임을 밝히는 데 있다. 주로 하늘과 땅은 각기 속한 부류에 따라 신을 보내는데,

하늘이 장차 그를 도우려 할 때 신이 그를 뒤쫓으며, 이러한 하늘과 땅의 중요한 뜻을 깊이 생각한다면 태평의 기운이 나타나서 도달할 수 있다는 내용을 말한다.

대저 삼황오제는 각자의 친족형제가 있고, 삼왕오패는 각자의 친족형제가 있다. 세세하게 분별하면 각자 그 부류를 따라 세상이 홍하면 지위가 높아지고 세상이 쇠퇴하면 지위가 낮아진다. 비유하자면 낮과 밤과 같아서 서로 따라 일어나서 음양이 처음 생긴 이래로부터 지금까지 그치지 않는다. 가난하면 소인이 되고 부유하면 군자가 되며, 번갈아 함께 서로 순환하게 하며 서로 의뢰하는 관계가 된다. 무릇 하늘과 땅은 친족이다. 만물이 홍하지 않으면 그 속의 거의 모든 부류가 비슷한 것 같지만 실제로 그렇지 않다. 하늘에 있는 육갑(六甲), 네 계절, 오행, 강함과 부드러움, 암컷과 수컷, 맹·중·계(孟·仲·季) 월은 모두가 친족 형제이므로 그것을 공경하게 받들고 그 뜻을 잃지 않음으로써 천하를 화육하고 선량한 군주가 되게 하여 인·의·예·지(仁·義·禮·智), 문·무(文·武)가 교대로 서로 친족 형제가 된다.

대저 도와 더불어 도와 친족 형제가 되는 것은 무릇 도와 곧 대화합하여 하나가 되고 교대로 서로 순환하며 서로 낳는 것을 증명하여 밝힌다. 오늘날 몸이 이미 도를 얻으면 무릇 도인들이 모두 와서 친척 사람과 합심하여 한 가족을 이루고 모두가 착한 뜻을 품는다. 무릇 크고 작은 것은 다시는 서로 상해하지 않아서 재해가 모두 제거되고 재앙이 없게 된다. 제왕이 그것을 행하므로 천하가 홍하고 번창한다. 모두가 손을 드리우고 하는 일이 없으며[무위하여] 세속을 넘어서서 수명이 오래 간다. 관리와 백성이 그것을 행하므로 그 다스림이 해와 같이 밝다. 무릇 도가 모두 나오므로 빛이 나지 않는 게 없다.

도와 더불어 도와 친족이 되는 자는 돌고 돌아 서로 행한다. 그러므로 무릇 도를 더불어 도를 부르고 도로써 도를 구한다면 도로써 친족 형제가 된다. 도로 교화하는 것을 숭상하길 이와 같이 한다면 천하가 모두 태어남을 좋아하고 죽임을 싫어하는데 어찌 도가 없는 사람이 있길 바라겠는가? 도와 덕과 더불어 도와 덕과 친족 형제가 되는 사람은 오늘날 몸이 큰 덕을 지니고 덕으로써 뜻을 삼는다. 무릇 덕이 있는 사람이 추천한 것을 사양하며 서로 일하게 하므로 천하의 덕 있는 사람이 모두 다 나온다. 이것을 법으로 삼으면 편안히 앉아 일함이 없는데, 제왕이 그것을 행하면 그 나라가 부유해지고 관리와 백성이 그것을 행하면 다스려지지 않는 게 없게 된다. 덕으로써 덕을 부르면 덕은 저절로 온다. 인(仁)과 더불어 인과 친족 형제가 되는 사람은 오늘날 몸이 어질게 한다. 무릇 인이란 스스로가 오도록 구하고 인으로써 인을 구한다면 어진 사람이 모두 오게 된다. 제왕이 그것을 행하면 천하가 모두 어질다. 관리와 백성이 그것을 행한다면 서로 친하지 않은 게 없다. 이른바 인이란 인과 더불어 합하여 한 가족을 이루는데, 이것이 친족 형제이다. 의(義)와 더불어 의와 친족 형제가 되는 사람은 의로써 의를 구하여 오늘날 몸이 이미 의를 이룬다. 무릇 의로운 사람은 모두가 의로움에 맡기려 함으로써 의로써 모인다. 제왕이 그것을 행하면 고통과 즐거움은 서로 반이 된다. 관리와 백성이 그것을 행하면 낳고 해치는 것이 반이 된다. 의로써 의를 구하는, 이것은 친족 형제가 된다. 예(禮)와 더불어 예(禮)와 친족 형제가 되는 사람은 예로써 예를 구하여 오늘날 몸이 이미 예를 이룬다. 무릇 예를 지닌 사람이 모두 오고 행하는 것이 절도를 지킨다면 앉아 있는 사람이 불안하여, 뱃속 안은 공허하여 외면은 마치 둥근 고리와 같이 하고 빨리 걸어 나가며 종종걸음하고 무릎 꿇고 절하며 일어나고 명령을 듣지 않는 게 없다. 날짜가 오래되지 않아서 의복과 물건이 거의 다한다. 제왕이 그것을 행하면 근심걱정으로 괴롭고 또한 성가시다. 관리와 백성이 그것을 행하면 맡은 일이 뒤섞여 어수선해진다. 장정 일꾼의 힘이 모자라고 노약자가 힘줄을 상하게 된다. 예와 예가 서로 친한, 이것은 친족형제가 된다.

문(文)과 더불어 문과 친족 형제가 되는 사람은 오늘날 이미 문을 이룬다. 문으로써 문을 구하면 글을 익힌 사람(文人)이 모두 와서 마치 하늘에 떠다니는 구름과도 같이 이르러서 조정의 안과 밖으로 그것을 쌓아 모은 것이 마치 산더미 같다. 지극한 정성이 이에 적고 커다란 거짓이 나타난다. 제왕이 그것을 행하며 일을 다스리면 때로 성공하기도 하지만, 때로 실패하기도 한다. 관리와 백성이 그것을 행하면 다시 서로 속이고 제멋대로 서로 무리를 지어 해로움이 질병 만 가지를 일으켜서 사람이 날로 수명이 짧아진다. 글로써 서로 속이고 글로써 서로 위협하며 전하여 서로 취하고 전하여 서로 낳는데, 이것이 곧 문의 친족이다. 무(武)와 더불어 무와 친족 형제가 되는 사람은 오늘날 이미 무를 이룬다. 무로써 무를 부르고 무릇 무인이 모두 와서 모인다. 기세가 강하고 무기가 번쩍번쩍 빛나며 힘이 모두 배가되고 눈은 모두 크게 뜨는데 그 기세가 오름이 그치지 않는다. 무력의 귀신은 군대의 나팔에 머물면서 승리를 취할 뿐 그 목숨을 다시 애석해 하지 않는다. 군자가 그것을 행하면 그 다스리는 날이 흉하다. 관리와 백성이 그것을 행하면 사람의 세대를 모두 죽인다. 선한 뜻이 있지 않으면 다스림에는 해로움이 모이게 되는데 이것이 곧 무로써 무를 낳는 것이니, 곧 무의 친족이다.

변(辯)과 더불어 변이 서로 친족 형제가 되는 사람은 오늘날 이미 대단히 뛰어난 언변을 이룬다. 무릇 대단히 뛰어난 언변을 익힌 사람은 모두가 그것에 맡기려 한다. 언변과 언변이 서로 하면 끝내 다함이 없다. 한 마디 말이 백 마디 말이 되고 백 마디 말이 천 마디 말이 되며 천 마디 말이 만 마디 말이 되어 함께 가고 함께 오는데, 시비하고 비방하는 말이 어지럽게 엉키어지며 참됨이 없다. 군주가 그것을 행하면 그 다스림이 수없이 많은 갈래로 나뉜다. 관리와 백성이 그 명령을 맡을 수가 없다. 언변으로써 언변을 구하는, 이것이 친족 형제가 된다. 법률(法律)과 더불어 법률이 친족 형제가 되는 사람은 오늘날 이미 법률을 이룬다. 법률로써 법률을 구하면 무릇 천하의 법률을 익힌 사람이 모두 모인다. 일은 크건 작건 모두 다스림이 있고, 무릇 사람은 죄가 없는 사람이 없다. 태어나서 늙을 때까지 한 사람의 몸에는 얼마만큼 죄가 있는가? 죄가 없는 사람은 없다. 이로써 살아 있는 사람을 보면 군자 중에 열 중의 아홉이 강압적으로 죽는다. 이로써 천하를 다스리는 것으로 삼는다면 큰 혼란이 그칠 수 없다.

夫三皇五帝各有親屬兄弟, 三王五霸各自有親屬兄弟.[1] 小小分別, 各從其類, 世興則高, 世衰則下. 比若晝夜, 相隨而起, 從陰陽開闢, 到今不止. 貧爲小人, 富爲君子, 更共相爲使轉相理. 是天地親屬也, 萬物不興, 其中幾類似之, 而實非也. 天有六甲四時五行剛柔牝牡孟仲季,[2] 共爲親屬兄弟而敬事之, 不失其意, 以化天下, 使爲善主, 仁義禮智文武更相爲親屬兄弟. 夫道與道爲親屬兄弟者, 凡道乃大合爲一, 更相證明轉相生. 今日身已得道, 凡道人皆來, 親人合心爲一家, 皆懷善意. 凡大小不復相害傷, 災害悉去無禍殃. 帝王行之, 天下興昌. 垂拱無爲, 度世命長. 吏民行之, 其理日明. 凡道皆出, 莫不生光.

道與道爲親屬傳相行. 故與道召道, 以道求道, 卽以道爲親屬兄弟. 尙化如此, 則天下皆好生惡殺, 安得有無道者哉. 德與德爲親屬兄弟者, 今日身執大德, 以德爲意. 凡有德之人推謙相事, 天下德人畢出矣. 以是爲法, 安坐無事, 帝王行之, 其國富, 吏民行之, 無所不理. 以德召德, 德自來矣. 仁與仁爲親屬兄弟者, 今日身爲仁. 凡仁者自來相求, 以仁召仁, 仁人盡來矣. 帝王行之, 天下悉仁矣. 吏民行之, 莫不相親. 所謂仁與仁合爲一家, 是爲親屬兄弟矣. 義與義爲親屬兄弟者, 以義求義, 今日身已成義. 凡義之人, 悉來歸之, 以義合也. 帝王行之, 苦樂相半. 吏民行之, 生傷半. 以義求義, 是爲親屬兄弟矣. 禮與禮爲親屬兄弟者, 以禮求禮, 今日身已成禮矣. 凡禮之人悉來, 行者守節, 生者不安,[3] 腹中內空虛,[4] 外使若環,[5] 趨走跪起, 無聞命矣.[6] 日短, 衣物盡單. 帝王行之, 愁苦且煩. 吏民行之, 職事紛紛. 丁者力乏, 老弱傷筋. 禮禮相親, 是爲親屬兄弟矣.

文與文爲親屬兄弟者, 今日已成文矣. 以文求文, 文人悉來至若浮雲, 中外積之聚若山. 至誠若少, 大僞出焉. 帝王行之, 以理其事, 或得或失. 吏民行之, 更相期,[7] 妄以相拱, 害變疾病萬種, 人日短命. 以文相期, 以文相恐, 轉相取轉相生, 此乃文之親屬也. 武與武爲親屬兄弟, 今日已成武矣. 以武召武, 凡武人悉來聚. 其氣陽陽, 其兵煌煌, 其力皆倍, 其目皆張, 其欲怒不得止. 武鬼居其角,[8] 取勝而已, 不復惜其命. 君子行之, 其治日凶. 則吏民行之, 滅殺人世. 無有善意, 理有聚害, 此卽以武生武, 則武之親屬也. 辯與辯相爲親屬兄弟者, 今日已成大辯矣. 凡有辯之人悉來歸之. 辯辯相與, 無有終窮. 一言爲百言, 百言爲千言, 千言爲萬言, 供往供來, 口舌云亂, 無有眞實. 人君行之, 其政萬端. 吏民無可置其命. 以辯求辯, 是爲親屬兄弟也. 法律與法律爲親屬兄弟者, 今日已成法律矣. 以法律求法律, 凡天下法律之人皆聚. 事無大小皆有治, 凡人無有無罪之人也. 自生至老, 一人之身有幾何罪過. 無有無罪者. 以此相生人, 君子之十九强死. 以此爲理天下, 大亂不可止也.

以此論親屬兄弟相求, 各從其類. 理亂之本, 太平之基, 審此九事, 可知也. 天上諸神言, 好行道者, 天地道氣出助之. 好行德者, 德氣助之. 行仁者, 天與仁氣助之. 行義者, 天與義氣助之. 行禮者, 天與禮氣助之. 行文者, 天與文氣助之. 行辯者, 亦辯氣助之. 行法律者, 亦法律氣助之. 天地各以類行神靈也. 天將助之, 神靈趨之, 深思其要意, 則太平氣立可致矣.

역주

1) 三王五霸各自有親屬兄弟(삼왕오패각자유친속형제) : '삼왕오패(三王五霸)'의 '삼왕'은 일반적으로 하나라의 우, 상나라의 탕, 주나라의 문왕과 무왕을, '오패'는 대개 춘추시대의 제나라 환공(桓公), 진(晉)나라 문공(文公), 진(秦)나라 목공(穆公), 송나라 양공(襄公), 초나라 장왕(莊王) 등을 가리킨다.

2) 天有六甲四時五行剛柔牝牡孟仲季(천유육갑사시오행강유빈모맹중계) : '강유(剛柔)'는 강한 것과 부드러운 것을, '빈모(牝牡)'는 암컷과 수컷을, '맹중계(孟仲季)'는 맹월(孟月)과 중월(仲月)과 계월(季月)을 말한다. 맹월은 맹삭(孟朔). 맹춘(孟春), 맹하(孟夏), 맹추(孟秋), 맹동(孟冬) 등을, 중월은 중삭(仲朔)을, 계월은 1년 가운데 마지막 달인 곧 음력 12월 내지 네 계절(四時)의 마지막 달을 말한다.

3) 生者不安(생자불안) : '생(生)'을 '좌(坐)'(『정독』)로 보고서, 앉아 있는 사람이 번잡하게 예를 갖춘 사람이 부산떠는 것에 편안하지 못하다는 의미로 해석한다.

4) 腹中內空虛(복중내공허) : 예를 갖추기 위해 몸을 구부릴 때 뱃속에 아무것도 없듯이 배를 쏙 집어넣은 모습을 형용하는 것으로 해석한다.

5) 外使若環(외사약환) : 예를 갖추기 위해 몸을 둥글게 구부린 겉모습을 형용한 것으로 해석한다.

6) 無聞命矣(무문명의) : '무(無)'를 '무불(無不)'(『정독』)로 보고 해석하는 것이 타당하다. 즉 위에서 내리는 명령이나 가르침을 받아들이지 않는 것이 없다는 의미로 본다.

7) 更相期(경상기) : '기(期)'는 속인다는 의미의 '기(欺)'가 되어야 한다(『정독』).

8) 武鬼居其角(무귀거기각) : '각(角)'은 뿔처럼 은(銀)이나 나무로 만든 나팔을 말하는데, 군대를 통솔하거나 궁중(宮中) 아악(雅樂)을 연주할 때에 쓰던 악기로서 그 크기와 모양에 따라 대각(大角) · 중각(中角) · 소각(小角)으로 나뉜다.

_이 장은 『돈황목록』 제127권 「불효언성공(결)[不效言成功(決)]」과 대체로 상응한 내용으로 구성되어 있으며, 주요 내용은 양의 낳고 음의 죽이는 저절로 그러함과 속성을 통해 세상 사람의 지극한 선행과 지극히 악한 행위를 설명한다. 또한 이 장에서는 천상과 지상의 최초의 큰 방법(大術)은 사람들이 서로 속이어 교활할 수 없게 하는 것이고 이것에 상응하는 것이 최초의 법칙이었음을 밝힌다.

"여쭙습니다. 최고의 선함이 행하기 쉬운지 최고의 악함이 행하기 쉬운지요?"

"대저 양이 지극하면 선하게 되고, 음이 지극하면 악하게 된다. 양이 지극하면 신선을 낳고, 음이 지극하면 사물을 죽인다. 이것이 음양의 극치이다. 대저 모든 백성이 살면서 힘을 다해 부모를 봉양할 수 없기에 기이한 방약(方藥)과 도술(道術)을 구함으로써 부모를 공양하는데, 근심을 품고서 죽게 되자 다시 서로 좋은 옷과 음식, 노래와 춤으로써 그들을 즐겁게 하도록 가르치는 이런 사람은 사람의 도리를 크게 거스르는 백성이니, 하늘이 어찌 그를 복되게 하겠는가?

하늘은 모든 글과 문서를 밝히어 대조하여 지금 천상에서 법을 삼아 천상 사람이 서로 속이고 교활할 수 없게 하였는데, 최초의 큰 술법이다. 지상 역시 그러하다. 지금 진인들이 그것을 어찌 알겠는가? 예부터 지금에 이르기까지 대다수 이러한 간사스러운 신하와 교활한 자가 있어서 문장에 나타난 말을 희롱하며 모두 윗사람을 속이고 그 군주와 부모를 걱정하게 하면서 벼슬의 직위를 얻는다. 하늘과 땅에 공로가 없으면서 녹봉을 받아먹는데 하늘이 몹시 그것을 싫어하고 땅이 몹시 그것을 미워하여 천상에서는 그것을 혼란의 벼리라고 지칭한다. 지금 하늘의 최상의 평화로운 기운이 이르러 그것을 끊고자 하는데 이러한 사람이 다시 다스림을 어지럽힐까 걱정한다.

지금 사람은 어리석음이 쌓여 대다수가 속여서 벼슬자리를 얻지만, 하늘의 재앙은 속여서 제거될 수 없고 거짓으로 면제될 수 없다. 참과 거짓은 하늘과 더불어 상응하며 그 모든 것이 하고(下古) 때 사람에게 보이지 않지만 시험 삼아 그것을 사용하면 재해가 모두 제거되므로, 나의 참된 글이 천상의 법칙과 상응함을 의심할 나위가 없다. 말하지 않아도 도리어 날마다 환하게 밝을 것이다. 그것을 사용하는데도 성공하지 못한다면 나의 도는 거짓이며 이 역시 말하지 않아도 밝혀진다. 천상에서는 법을 삼길 교묘한 말을 본받지 않고 공을 이루고 일을 이루는 것을 본받는다. 비유하자면 마치 바라보며 해와 달이 앉아 있으면서 모두 광명을 지닌 것과 같다. 무엇으로 그 더운 기운과 청량한 기운을 알겠는가? 사람과 떨어져 매우 멀리 있다. 무엇으로 그것을 밝히겠는가? 주로 이루어지는 공효로써 하는데, 해를 향해 앉아 있으면 따뜻하므로 충분히 더운 기운을 알 수 있다. 달을 향해 앉아 있으면 충분히 청량한 기운을 알 수 있다. 나의 참된 글 또한 이와 같다."

請問上善易爲也, 上惡易爲耶. 夫陽極爲善, 陰極爲惡. 陽極生仙, 陰極殺物. 此爲陰陽之極也. 夫凡民生不能盡力養父母, 求奇方道術, 以資父母, 使懷悒悒而至死, 復相教善衣食歌舞以樂之, 是爲大逆之民, 天豈福之乎. 天上效凡書文對, 今天上爲法, 令天上人不得相期爲猾,[1] 自有大術也. 地上亦然. 今眞人豈知之耶. 自古到今, 多有是佞臣猾子, 弄文辭, 共欺其上, 愁其君父, 而得官位. 無功於天地而食祿, 天甚疾之, 地甚惡之, 天上名之亂紀. 今天上平氣至欲斷之, 恐此子復亂理. 今人積愚, 多可欺而得仕, 今天災不可欺而去也, 不可詐僞而除也. 眞與僞與天相應, 不悉以示下古之人, 試使用之, 災害悉除, 卽是吾之眞文也, 與天上法相應, 可無疑也. 不言而反曰彰明矣. 用之而無成功, 吾道卽僞矣, 亦不言而明矣. 天上爲法, 不效巧言, 乃效成功成事. 比若向日月而坐, 俱有光明. 何以知其熱與淸乎. 去人積遠. 以何效之. 主以成功也, 向日而坐熅也, 足以知熱. 向月而坐, 足以知淸. 吾之眞文, 亦若是矣.

역주 1) 令天上人不得相期爲猾(영천상인부득상기위활) : '기(期)'는 '기(欺)'로 보아야 한다.

_이 장은 『돈황목록』 제127권 「상사선언교인증산결(上士善言敎人增算決)」과 대체로 상응한 내용으로 구성되어 있으며, 주요 내용은 하늘과 신과 성인과 상급의 선비의 훌륭한 말은 군주가 무위하고 선비가 신선이 되고 저절로 그러함과 원리가 순리에 따라 운행되게 하는 큰 공적이 됨을 밝힌다.

천상은 법을 삼길, 눈을 뜨고 보면 양을 다스리고 감으면 음을 다스린다. 보면 유형을 다스리고 감으면 무형을 다스린다. 보면 사람의 몸을 다스리고 감으면 정과 신을 다스린다. 이로써 효과를 삼으므로 음과 양이 모두 다스릴 수 있게 되어 직무를 잃는 것이 없다. 지상 또한 그러하며 지극히 밝아 태평하게 된다. 지금 하늘이 글을 내어서 신이 계책과 부적의 신성한 문건을 내고, 성인이 글을 지어 경전을 만들고, 상급의 성인이 한 말 등, 이러한 것들이 모두 말하고 있다. 그러므로 하늘과 땅과 신과 성인과 상급의 선비들이 사람들을 위하여 힘을 다하여 말하길, 오랜 세월이 쌓이고 하늘과 땅에 확립되어 재해를 제거할 수 있다고 한다. 제왕이 그것에 의거하여 사용하면 곧 재미있게 놀고 무사하게 되고, 상급의 선비가 신선의 경지에 올라 수명을 늘리고, 하늘의 뜻을 얻으면 자손이 후사를 잇고 단절됨이 없다. 세상이 쇠퇴하여 곧 다시 크게 흥하며, 천하가 생명을 우러러보면 그 하늘, 땅, 육방, 팔방의 지극한 곳에 끝없이 통달하지 않는 것이 없기에 음양이 함께 기뻐하고, 하늘이 괴로워하여 바람과 비를 내릴 때에도 천둥과 번개를 행하지 않고, 해와 달이 다시 밝고, 해와 달과 별이 운행의 경로를 잃지 않고, 네 계절과 오행이 순서에 따라 운행하며 각자 그 있을 바를 얻는데, 이러한 것은 신과 성인의 훌륭한 말이 이루어지게 하였으므로 그 공적이 크지 않은 게 없다.

天上爲法, 目視則理陽, 瞑則理陰. 視則理有形, 瞑則理無形. 視則理人身, 瞑則理精神. 以是爲效, 故能使陰陽悉理, 則無有失職者也. 地上亦然, 爲洞極皇平也. 今天之出書, 神之出策符神聖之文, 聖人造文造經, 上賢之辭, 此皆言也. 故天地神聖上士爲人盡力, 以言積年, 可立天地, 除災害. 帝王案用之, 乃致遨遊而無事, 上得仙度增年, 得天意, 子孫續嗣, 無有絶也. 世衰乃更爲大興, 天下仰命, 莫不得其天地六方八遠絶洞,[1] 陰陽俱悅, 天病風雨爲時, 雷電不作, 日月更明, 三光不失度, 四時五行順行, 各得其所. 此神聖善言所致也, 其功莫不大哉.

역주

1) 莫不得其天地六方八遠絶洞(막부득기천지육방팔원절동) : '팔원(八遠)'은 팔방(八方)의 지극히 먼 곳을, '절동(絶洞)'은 끝없이 관통하는 것을 말한다.

_이 장은 『돈황목록』 제129권 「수속접문결(隨俗接文決)」과 대체로 상응한 내용으로 구성되어 있으며, 주요 내용은 대체로 『태평경』의 기본 교의로서 모든 하늘과 땅과 신과 사람과 사물 내부에는 각기 다른 현상이 존재하지만 저절로 그러함과 원기(元氣)와 음양(陰

陽)이 보편적으로 존재함을 밝힌다. 또한 세속의 정황에 따라 도를 전하는 신비한 문서는 궁극적으로 제왕을 장수하게 하고 무위에 이르도록 하는 것임을 강조한다.

하늘 위는 각각 달라서 본래 저절로 그러함과 원기와 음양이 있었고 내가 책 속에서 한 말과 서로 비슷하여, 각기 그 풍속에 따라 나의 글로 기록하고 그것을 행하므로 태평하였다. 천상의 다함이 없는 해와 별과 달은 각기 달라서 저절로 그러함과 원기와 음양이 있었고 내가 책 속에서 한 말과 서로 비슷하여, 각기 그 풍속에 따라 나의 글로 기록하고 그것을 행하므로 태평하였다. 천상 중에는 각기 다름이 있어서 저절로 그러함과 원기와 음양이 있었고 내가 책 속에서 한 말과 서로 비슷하여, 각기 그 풍속에 따라 나의 글로 기록하고 그것을 행하므로 태평하였다. 천상의 해와 달과 별은 각기 달라서 이미 저절로 그러함과 원기와 음양이 있었고 내가 책 속에서 한 말과 서로 비슷하여, 각기 그 풍속에 따라 나의 글로 기록하고 그것을 행하므로 태평하였다. 하늘 위의 운기(雲氣)는 각기 달라서 본래 저절로 그러함과 원기와 음양이 있었고 내가 책 속에서 한 말과 서로 비슷하여, 각기 그 풍속에 따라 나의 글로 기록하고 그것을 행하므로 태평하였다. 하늘 아래의 바람과 비는 각기 달라서 본래 저절로 그러함과 원기와 음양이 있었고 내가 책 속에서 한 말과 서로 비슷하여, 각기 그 풍속에 따라 나의 글로 기록하고 그것을 행하므로 태평하였다. 천상의 음향인 천둥과 번개는 각기 달라서 본래 저절로 그러함과 원기와 음양이 있었고 내가 책 속에서 한 말과 서로 비슷하여, 각기 그 풍속에 따라 나의 글로 기록하고 그것을 행하므로 태평하였다. 천하(天下)의 중간에 있는 바람과 구름은 각기 달라서 본래 저절로 그러함과 원기와 음양이 있었고 내가 책 속에서 한 말과 서로 비슷하여, 각기 그 풍속에 따라 나의 글로 기록하고 그것을 행하므로 태평하였다.

땅 위 사람은 각기 달라서 본래 저절로 그러함과 원기(元氣)와 음양(陰陽)이 있었고 내가 책 속에서 한 말과 서로 비슷하여, 각기 그 풍속에 따라 나의 글로 기록하고 그것을 행하므로 태평하였다. 지상의 기거나 걷는 것은 각기 달라서 본래 저절로 그러함과 원기와 음양이 있었고 내가 책 속에서 한 말과 서로 비슷하여, 각기 그 풍속에 따라 나의 글로 기록하고 그것을 행하므로 태평하였다. 지상의 초목은 각기 달라서 본래 저절로 그러함과 원기와 음양이 있었고 내가 책 속에서 한 말과 서로 비슷하여, 각기 그 풍속에 따라 나의 글로 기록하고 그것을 행하므로 태평하였다. 지상의 산과 언덕은 각기 달라서 본래 저절로 그러함과 원기와 음양이 있었고 내가 책 속에서 한 말과 서로 비슷하여, 각기 그 풍속에 따라 나의 글로 기록하고 그것을 행하므로 태평하였다. 지상의 내와 골짜기와 물이 질퍽한 넓은 땅은 각기 달라서 본래 저절로 그러함과 원기와 음양이 있었고 내가 책 속에서 한 말과 서로 비슷하여, 각기 그 풍속에 따라 나의 글로 기록하고 그것을 행하므로 태평하였다.

땅 아래는 각기 달라서 본래 저절로 그러함과 원기와 음양이 있었고 내가 책 속에서 한 말과 서로 비슷하여, 각기 그 풍속에 따라 나의 글로 기록하고 그것을 행하므로 태평하였다. 지하의 다함이 없는 음양은 각기 달라서 본래 저절로 그러함과 원기와 음양이 있었고 내가 책 속에서 한 말과 서로 비슷하여, 각기 그 풍속에 따라 나의 글로 기록하고 그것을 행하므로 태평하였다. 오행(五行)은 각기 달라서 본래 저절로 그러함과 원기와 음양이 있었고 내가 책 속에서 한 말과 서로 비슷하여, 각기 그 풍속에 따라 나의 글로 기록하고 그것을 행하므로 태평하였다. 네 계절은 각기 달라서 본래 저절로 그러함과 원기와 음양이 있었고 내가 책 속에서 한 말과 서로 비슷하여, 각기 그 풍속에 따라 나의 글로 기록하고 그것을 행하므로 태평하였다.

육갑(六甲)과 십간(十干)은 각기 달라서 본래 저절로 그러함과 원기(元氣)와 음양(陰陽)이 있었고 내가 책 속에서 한 말과 서로 비슷하여, 각기 그 풍속에 따라 나의 글로 기록하고 그것을 행하므로 태평하였다. 육갑(六甲)과 십이지(十二支)는 각기 달라서 본래 저절로 그러함과 원기와 음양이 있었고 내가 책 속에서 한 말과 서로 비슷하여, 각기 그 풍속에 따라 나의 글로 기록하고 그것을 행하므로 태평하였다. 팔방(八方)은 각기 달라서 본래 저절로 그러함과 원기와 음양이 있었고 내가 책 속에서 한 말과 서로 비슷하여, 각기 그 풍속에 따라 나의 글로 기록하고 그것을 행하므로 태평하였다. 신은 각기 달라서 본래 저절로 그러함과 원기와 음양이 있었고 내가 책 속에서 한 말과 서로 비슷하여, 각기 그 풍속에 따라 나의 글로 기록하고 그것을 행하므로 태평하였다. 예컨대 그 본류에 따라서 그것을 가르치지 않으면 크게 혼란해진다는 것을 기억하라! 하늘이 나를 가르쳐 글을 갖추어 내도록 함으로써 천지와 음양, 제왕과 인민, 만물의 병을 제거하고자 한다. 무릇 인민과 만물이 근심으로 생기는 고통은 모두 사라져 없어지게 해야 한다. 그러므로 그대를 가르칠 방법의 사용이 끝이 없음을 보임으로써, 이에 선대와 후대의 성인과 현인의 신비한 문서를 편집 정리하고 평범한 사람의 속세의 말과 합하여 신중히 살펴본 이후에 하늘과 땅의 병이 모두 사라져 없어질 수 있게 된다. 사라져 없어진다면 제왕이 수명의 기한을 더욱더 늘여나가고 손을 놓고 하는 일이 없이도 걱정이 없게 된다.

天上各異, 自有自然元氣陰陽, 與吾文相似, 各從其俗, 記吾書辭而行之, 卽太平矣. 天上無極之三光各異, 自有自然元氣陰陽, 與吾文相似, 各從其俗, 記吾書辭而行之, 卽太平矣. 天上中居各異, 自有自然元氣陰陽, 與吾文相似, 各從其俗, 記吾書辭而行之, 卽太平矣. 天上三光各異, 其有自然元氣陰陽, 與吾文相似, 各從其俗, 記吾書辭而行之, 卽太平矣. 天上雲氣各異, 自有自然元氣陰陽, 與吾文相似, 各從其俗, 記吾書辭而行之, 卽太平矣. 天上音響雷電各異, 自有自然元氣陰陽, 與吾文相似, 各從其俗, 記吾書辭而行之, 卽太平矣. 天下風雨各異, 自有自然元氣陰陽, 與吾文相似, 各從其俗, 記吾書辭而行之, 卽太平矣. 天下居中, 風雲氣各異,[1] 自有自然元氣陰陽, 與吾文相似, 各從其俗, 記吾書辭而行之, 卽太平矣. 地上之人各異, 自有自然元氣陰陽, 與吾文相似, 各從其俗, 記吾書辭而行之, 卽太平矣. 地上蚑行各異, 自有自然元氣陰陽, 與吾文相似, 各從其俗, 記吾書辭而行之, 卽太平矣. 地上草木各異, 自有自然元氣陰陽, 與吾文相似, 各從其俗, 記吾書辭而行之, 卽太平矣. 地上山阜各異, 自有自然元氣陰陽, 與吾文相似, 各從其俗, 記吾書辭而行之, 卽太平矣. 地上川谷水澤各異, 自有自然元氣陰陽, 與吾文相似, 各從其俗, 記吾書辭而行之, 卽太平矣. 地下各異, 自有自然元氣陰陽, 與吾文相似, 各從其俗, 記吾書辭而行之, 卽太平矣. 地下無極陰陽各異, 自有自然元氣陰陽, 與吾文相似, 各從其俗, 記吾書辭而行之, 卽太平矣. 五行各異, 自有自然之氣陰陽,[2] 與吾文相似, 各從其俗, 記吾書辭而行之, 卽太平矣. 四時各異, 自有自然元氣陰陽, 與吾文相似, 各從其俗, 記吾書辭而行之, 卽太平矣. 六甲十干各異, 自有自然元氣陰陽, 與吾文相似, 各從其俗, 記吾書辭而行之, 卽太平矣. 六甲十二子各異, 自有自然元氣陰陽, 與吾文相似, 各從其俗, 記吾書辭而行之, 卽太平矣. 八方各異, 自有自然元氣陰陽, 與吾文相似, 各從其俗, 記吾書辭而行之, 卽太平矣. 神靈各異, 自有自然元氣陰陽, 與吾文相似, 各從其俗, 記吾善惡書辭而行之, 卽太平矣. 如不從其本類敎之, 卽大亂矣, 志之哉. 天敎吾具出此文, 以解除天地陰陽帝王人民萬物之病也. 凡人民萬物所患苦, 悉當消去之. 故敎子用法無極以示之, 乃拘校前後聖賢神文, 與凡人俗辭, 合而大考之, 後天地之病, 都得消除. 已消除, 帝王延年, 垂拱無憂也.

역주

1) 風雲氣各異(풍운기각이) : 앞의 '천상운기각이(天上雲氣各異)'에 비추어 볼 때 천하의 중간에 있는 '풍운기(風雲氣)'는 '풍운(風雲)'으로 보는 것이 타당하다.
2) 自有自然之氣陰陽(자유자연지기음양) : 앞선 반복된 표현을 놓고 볼 때 '지기(之氣)'는 '원기(元氣)'로 보는 것이 타당하다.

_이 장의 내용은 대체로 하늘의 태양기와 땅의 태음기가 중앙에서 교합하여 만물을 생성하며, 사람은 하늘의 뜻을 받들어 선행을 해야 한다는 내용이다.

하늘은 태양(太陽)이다. 땅은 태음(太陰)이다. 사람은 중앙에 거처하며 만물 역시 그렇다. 하늘은 항상 아래에 베풀기에 그 기운이 아래로 흐른다. 땅은 항상 위로 구하기에 그 기운이 위로 합한다. 두 기운이 중앙에서 교류한다. 사람은 그 중앙에 거처하여 바르게 한다. 두 기운이 항상 교류하며 일하고 중앙에서 합하여 곧 함께 만물을 낳는다. 만물은 모두 이 두 기운을 받아서 형체를 이루고 합해져 감정과 본성이 된다. 이 두 기운이 없으면 생성할 수 없다. 그러므로 만물의 명운은 이 두 기운에 달려 있고 두 기운이 형체 안에서 교류하며 사귄다. 그러므로 선행을 하는지는 하늘과 땅이 안다. 악행을 하는지 하늘과 땅이 또한 안다. 그러므로 옛날에 최상의 선한 덕을 지닌 사람은 곧 내면에서 홀로 하늘의 뜻을 알므로 항상 방정하게 선행을 한다.

天, 太陽也. 地, 太陰也. 人居中央, 萬物亦然. 天者常下施, 其氣下流也. 地者常上求, 其氣上合也. 兩氣交於中央. 人者, 居其中爲正也. 兩氣者常交用事, 合於中央, 乃共生萬物. 萬物悉受此二氣以成形, 合爲情性. 無此二氣, 不能生成也. 故萬物命繫此二氣, 二氣交相於形中. 故爲善, 天地知之. 爲惡, 天地亦知之. 故古者上善德之人, 乃內獨知天意, 故常方爲善也.[1]

역주

1) 故常方爲善也(고상방위선야) : "天, 太陽也"부터 여기까지의 『태평경』의 대략을 말하고 있는 내용은 『돈황목록』에 소속시켜야 할 출처가 구체적으로 불분명하다.

_이 장은 『돈황목록』 제129권 「천지복명순사법(天地復命順事法)」과 대체로 상응한 내용으로 구성되어 있으며, 주요 내용은 모든 것에

는 순환하는 법이 있으며 은연중에 모든 신이 지배적인 영향력을 행사고 있음을 밝힌다.

「하늘의 예언서」(天讖)는 다음과 같이 말한다. 즐거움으로 돌아가는 사람은 즐겁게 되고 선으로 돌아가는 사람은 선하게 되고 악으로 돌아가는 사람은 악하게 되고, 기쁨으로 돌아가는 사람은 기쁘게 되고, 순종함으로 돌아가는 사람은 순종하게 되고, 참됨으로 돌아가는 사람은 참되게 되며 기쁨으로 돌아가는 사람은 기쁘게 된다. 모든 것은 돌아가는 것이 있으며 하늘과 땅의 여러 신들 역시 그 돌아가는 것에 영향을 미치는 것이로다! 글로 돌아가는 사람에게는 글이 돌아오고, 거짓으로 돌아가는 사람에게는 거짓이 돌아오고, 언변으로 돌아가는 사람에게는 언변이 돌아오고, 아첨으로 돌아가는 사람에게는 아첨이 돌아오고, 무력으로 돌아가는 사람에게는 무력이 돌아오고, 거스름으로 돌아가는 사람에게는 거스름이 돌아오고, 흉악함으로 돌아가는 사람에게는 흉악함이 돌아오며 사악함으로 돌아가는 사람에게는 사악함이 돌아온다. 무릇 돌아가는 것에는 모두 하늘과 땅의 여러 신들이 그것을 돌아가게 한다. 무릇 길하고 흉하고 편안하고 위태로운 법은 돌아가는 것이 있을 뿐이다.

天讖曰 : 復樂者樂, 復善者善, 復惡者惡, 復喜者喜, 復順者順, 復眞者眞, 復道者道, 復悅者悅. 凡所復, 天地群神亦復之以影響哉. 復文者文復, 復僞者僞復, 復辯者辯復, 復佞者佞復, 復武者武復, 復逆者逆復, 復凶者凶復, 復邪者邪復. 凡所復, 悉天地群神復之. 凡吉凶安危之法, 在所復已.

_이 장은 『돈황목록』 제130권 「기유선악결(欺有善惡決)」과 대체로 상응한 내용으로 구성되어 있으며, 강자가 약자를, 지혜로운 사람이 어리석은 사람을, 젊은 사람은 노인을 감싸고 보호할 때만이 하늘이 돕는다는 내용이다.

"무릇 사람의 집안에 힘이 강한 사람이 있으면 사사로운 재물을 많이 축적하지만 후대에 도리어 대개 빈곤하고 흉하게 되는 것은 무엇 때문입니까?"

신인(神人)이 대답한다. "이것은 곧 어떤 경우에는 지혜가 많지만 도리어 부족한 사람을 속이고, 어떤 경우에는 힘이 강하지만 도리어 약한 사람을 속이며, 어떤 경우에는 어린 사람이 도리어 노인을 속이는 것으로, 모두 거스르는 것이다. 그러므로 하늘은 오랫동안 그들을 돕지 않는다."

"어찌 그렇습니까?"

"그렇다. 지혜로운 사람은 마땅히 어리석은 사람을 감싸 길러야 하는 것인데, 도리어 그를 속이므로, 첫 번째 거스르는 것이다. 힘이 강한 사람은 마땅히 힘이 약한 사람을 길러야 하는 것인데, 도리어 그를 속이므로, 두 번째 거스르는 것이다. 나이 어린 사람은 마땅히 노인을 봉양해야 하는 것인데, 도리어 그를 속이므로, 세 번째 거스르는 것이다. 하늘의 마음과 같지 않으므로 이후에는 반드시 흉하다. 대저 재물이란 하늘과 땅 사이에 가득 차서 남는 물건이다. 비유하자면 물과 같아서 항상 떠다니면서 서로 따르므로 항상 겸손하고 공경하며 아래에 거처해야 한다. 많은 재물을 얻는 것은 겸손한 사람이 많이 얻을 수 있다. 그러므로 속이는 사람은 하늘이 그를 돕지 않는다."

凡人家力强者, 多畜私財, 後反多貧凶, 何也. 神人言, 此乃或多智反欺不足者, 或力强反欺弱者, 或後生反欺老者, 皆爲逆. 故天不久祐之. 何也. 然智者當苞養愚者,[1] 反欺之, 一逆也. 力强當養力弱者, 反欺之, 二逆也. 後生者當養老者, 反欺之, 三逆也. 與天心不同, 故後必凶也. 夫財者, 天地之間盈餘物也. 比若水, 常流行而相從, 常謙謙居其下. 得多財者, 謙者多得也. 故期者,[2] 天不祐之矣.

역주

1) 然智者當苞養愚者(연지자당포양우자) : '포(苞)'는 포용하여 감싸다는 '포(包)'와 통한다.

2) 故期者(고기자) : '기(期)'는 '기(欺)'이다.

_ 이 장은 『돈황목록』 제130권 「상문행증산기결(象文行增算欺決)」과 대체로 상응한 내용으로 구성되어 있으며, 주요 내용은 하늘과 땅의 음(陰)과 양(陽), 중화(中和)의 세 가지 법칙이 도를 잃은 이래로 사람은 천수를 누릴 수 없었는데, 선행을 베풀어 천상에 포박되어 있는 잉여의 수명을 취하여 장수하거나 신선이 되자는 것이다.

"하늘과 땅의 음과 양, 중화의 세 법칙이 도를 잃은 이래로, 천상에는 사람의 수명 연한이 많이 쌓여 여유가 있는데 축적된 [수명]을 실제로 행하지 않는 것은 무엇 때문입니까? 그 뜻을 듣고 싶습니다."

"그렇다. 하늘이 수명을 부여할 때 최고인 것이 130세이고 그것을 일러 '윤년이 더한 13개월의 양의 역에 있는 윤년[陽曆閏餘]'이라고 한다. 그 다음은 120세이고 '한 해가 모두 12개월인 해[歲數除紀]'라고 한다. 그 다음은 100세이고 그것을 일러 '조화로움이 기록되는 모든 해[和曆物紀]'라고 한다. 사람은 모두 이것을 본받아 해(年)로 삼는다. 지금 세 가지 법칙의 도를 잃은 이래로 대다수가 그 수명의 연한을 다하지 못한다. 수명의 연한이 여유 있게 남길 1년에 한 번씩 계산되어 천상에 포박되어 있는데 사람의 행동이 하늘의 도를 잃어서 취할 수가 없다. 지금 나의 글을 본받아 선행을 한다면 천상에서 모두 다 이러한 수명의 연한을 내려줌으로써 그 연한을 더하는데, 때로는 세상을 초월한 신선이 되거나, 때로는 수명을 늘려 장수할 수 있다. 천지가 □□(개벽)한 이래로 제왕은 오로지 천하가 평화롭지 못한 것을 우려하고, 직무를 잃음이 우환이 되었다. 이러한 것이 없다고 하면 우려할 수 있는 것이 없다. 천하의 선인(善人)인 충신과 효자가 모두 함께 이것을 걱정한다. 단지 나의 글대로 행하면 이러한 걱정이 제거된다."

從天地陰陽中和三法失道已來,[1] 天上多餘算, 蓄積不施行, 何也. 願聞其意. 然天之受命, 上者百三十, 謂之陽曆閏餘也.[2] 其次百二十, 謂歲數除紀也.[3] 其次百歲, 謂之和曆物紀也.[4] 人悉當象是爲年. 今失三法已來, 多不竟其年者. 餘算一歲一算, 格在天上, 人行失天道, 無能取者. 今象吾文, 爲善行者, 天上悉且下此算以增之, 或得度世, 或延年矣. 天地□□已來,[5] 帝王專以憂天下不平, 失職爲憂患也. 微此, 無可憂者也. 天下善人, 忠臣孝子, 悉共憂此. 但行吾文, 此憂除矣.

역주

1) 從天地陰陽中和三法失道已來(종천지음양중화삼법실도이래) : '삼법(三法)'은 하늘은 양(陽)으로 만물을 낳고 땅은 음(陰)으로 만물을 기르고, 사람은 중화(中和)로 만물을 베푸는 세 가지 법칙을 말한다(『금주금역』).

2) 謂之陽曆閏餘也(위지양력윤여야) : 한나라 시대 태초의 달력(太初曆)에서는 1개월을 29일 또는 81분의 43일로 정했는데, 실제로 사용할 때 1개월이 30일이면 양력이라 지칭하고 29일이면 음력이라 지칭하였다. '윤여(閏餘)'는 '윤년(閏年)'을 말한다(『정독』). '양력윤여(陽曆閏餘)'는 큰 달인 양력에 윤년이 더한 13개월 말한다.

3) 謂歲數除紀也(위세수제기야) : '세수제(歲數除)'는 1년의 모든 달의 수, 즉 12를 말한다(『정독』). 즉 '세수제기(歲數除紀)'는 한 해가 모두 12개월인 해를 말한다.

4) 謂之和曆物紀也(위지화력물기야) : '화력(和曆)'의 '화(和)'는 음양에 '조화하는 것'을 '력(曆)'은 음양과 천지의 때를 '기록하는 것'을 말하고, '물기(物紀)'의 '물(物)'은 '총(惣)'으로 보고서(『전역』) '물기(物紀)'를 인생(人生) 100년이란 의미를 지닌 '총기(總紀)'로 해석한다.

5) 天地□□已來(천지□□이래) : 문맥상 '□□'을 '개벽(開闢)'(『금주금역』)이 탈락한 것으로 본다.

_이 장은 『돈황목록』 제131권 「양성병인소결(陽盛兵刃消決)」과 대체로 상응한 내용으로 구성되어 있으며, 주요 내용은 하늘의 도가 엄중하고 신의 도가 밝으면 양기가 크게 흥하여 나쁜 음기의 화신인 귀물(鬼物)을 제압한다는 내용을 말한다.

"하늘이 말하여 양기가 크게 홍하면 나쁜 음기의 화신인 귀물이 제멋대로 행동하며 해를 입힐 수 없는데 무엇 때문입니까?"

"대저 양이 흥하면 음이 반드시 쇠퇴하므로 귀물이 제멋대로 행동하여 해를 입힐 수 없다."

"누가 그것을 금지합니까?"

"양(陽)의 정(精)이 금지한다."

"양의 정이 무엇으로 금지합니까?"

"대저 양의 정은 신(神)이 되어 하늘에 속하고, 붉음에 속하며 마음을 주관한다. 마음의 신은 곧 하늘의 신이다. 정수란 땅의 정수이다. 귀물이란 사람의 귀물이다. 땅은 어머니이다. 귀물은 자식이다. 자식과 어머니는 같이 가길 본받으므로 함께 음도(陰道)에 머무른다. 태평한 기운이 이르면 양의 기운이 크게 일어나 하늘의 도가 엄중하고 신의 도가 밝아진다. 밝아지면 하늘은 또한 사람에게 함께 그것을 일으켜 사용하며, 신의 도가 쓰이면 귀물의 도가 항복하여 소멸된다. 신의 도가 일어나면 더불어 군자와 함께 간다. 귀물의 도란 더불어 소인과 함께 간다. 그러므로 군자가 공정하게 다스리고 신 역시 공정하게 다스린다. 소인은 사악하고 거짓으로 다스리고 귀물 역시 사악하고 거짓으로 다스리며, 같은 기운의 부류를 밝힌다.

지금 양의 도가 불(火)을 일으키므로 무기의 칼날이 마땅히 소멸하는데 불이 그것을 싫어한다. 그러므로 무기에는 음의 기운이 쌓여 흥하고 불에는 양의 기운이 쌓여 흥하며, 양이 흥하여 무기를 소멸함은 저절로 그러함이 감응하여 초래한다. 사람이 태어남은 반드시 하늘의 기운에서 말미암기에 상급의 선함은 하늘을 따르고 중급의 선함은 사람에게 의탁하고 하급의 선함은 밭이랑을 따른다. 그러므로 상급의 선비는 배워서 세상을 초월하고 중급의 선비는 마땅히 백성을 다스리며 하급의 선비는 마땅히 논밭과

들을 다스린다. 상급의 선비는 마땅히 구름의 기운을 오게 하고 중급의 선비는 수레에 타며 하급의 선비는 마땅히 걷는다. 이러한 세 부류의 사람은 각기 직분을 달리하며 서로 방해하지 않는다. 상급의 선비는 세속을 넘어서서 하늘에 올라가서 사람을 위하여 바람과 비를 조절한다. 중급의 선비는 천자에 소속되어 마땅히 사람을 다스린다. 하급의 선비는 마땅히 재산을 다스리고 각기 맡은 일이 있으며 서로 방해하지 않는다."

天上言, 陽氣大興盛, 鬼物不得妄行爲害, 何也. 夫陽盛者陰必衰, 故物不得妄行爲害也, 誰禁之乎. 陽精禁之. 陽精何以禁之哉. 夫陽精爲神, 屬天, 屬赤, 主心. 心神, 乃天之神也. 精者, 地之精也. 鬼者, 人之鬼也. 地, 母也. 鬼, 子也. 子母法同行, 幷處陰道. 太平氣至, 陽氣大興, 天道嚴, 神道明. 明則天且使人俱興用之, 神道用, 則以降消鬼物之道也. 神道興, 與君子同行. 鬼物道者, 與小人同行. 故君子理以公正, 神亦理公正. 小人理邪僞, 鬼物亦理邪僞, 明於同氣類也. 今陽道興火, 兵刃當消滅, 火厭之. 故兵積陰氣盛, 火積陽氣盛, 陽盛消兵, 自然感召也. 人生必因天氣, 上善者付天, 中善付於人, 下善付田畝. 故上士學而度世, 中士當理民, 下士當理田野. 上士當來雲氣, 中士乘車, 下士當步行. 此三人各殊職, 不相妨害. 上士度世上天, 爲中和調風雨. 中士屬縣官, 當理人. 下士當理財産, 各有所職, 不相妨矣.

『태평경초(太平經鈔)』 신부(辛部) 1991

_ 이 장은 『돈황목록』 제132권 「견신계(見神戒)」와 대체로 상응한 내용으로 구성되어 있으며, 주요 내용은 사람이 도를 학습하여 체득하는 정도에 따라 다른 경지가 있음을 밝히고 귀신의 간계에 넘어가지 말고 거짓과 바름을 분별할 수 있어야 한다고 강조한다.

하늘의 여러 가지 도를 배우는 것에는 방법이 있고, 사람은 정성스럽게 도를 구해야 할 뿐이다. 작은 도에 작게 부합하면 여러 신들에게 보이며, 작게 도를 얻었다 함은 아직 [도에 들어가는] 문이 중간 도에 부합하지 않지만, 곧 큰 도에 이를 수 있다. 큰 도에 이르면 참된 신에 도달할 수 있다. 작은 도에 작게 부합하면 작은 신에 도달하고, 중간 도에 부합하면 중간 신에 도달하며, 큰 도에 부합하면 큰 신에 이른다. 큰 신에 이르면 곧 세상을 넘어서 오랫동안 생존할 수 있다. 그러나 여기에 이르는 데에는 모두 매우 사악한 귀신이 있어서 사람으로 하여금 세상을 넘어서지 못하게 하려 하고 사람을 잘 미혹하여 나태하게 하므로, 물러나 스스로가 변괴이고 진실과 거짓이 서로 뒤섞여 있다고 말한다. 마땅히 이와 같다면 거짓과 바름을 분별할 수 있게 되어 세상을 넘어설 수가 있다.

天上諸學道之爲法也, 人精求道也已. 小合於小道, 見諸神, 爲小得道, 門戶未合於中道, 乃得至於大道. 至於大道, 乃能致於眞神也. 小合小道者致小神, 合於中道者致中神, 合於大道者致大神. 大神至乃得度世長存. 而至此, 皆有大邪神鬼, 不欲人度世, 善惑人致怠, 退而自言變怪, 眞僞相雜.[1] 當此乃能分別邪正, 則度世矣.

역주 1) 眞僞相雜(진위상잡) : 문맥상 바로 앞 구절 '언(言)'이 여기까지 이어진 것으로 보고 해석한다.

_이 장은 『돈황목록』 제133권 「사귀(유)결[賜貴(遺)決]」과 대체로 상응한 내용으로 구성되어 있으며, 주요 내용은 착한 마음의 있고 없음의 여부와 그 정도에 따라서 상급, 중급, 하급의 선비로 나뉘며 이에 상양(上陽), 중양(中陽), 하양(下陽)이 상응함을 말한다.

하늘에서 이름하는 상급의 선비는 태어나서 마칠 때까지 한 점의 악한 생각이 없기에 모든 사람이 사랑하여 다섯 방위의 인민과 천자가 함께 그에게 관작을 주고 그를 기린다. 중급의 선비는 곧 이웃과 마을 사람이 사랑하기에 이웃과 마을 사람이 함께 그에게 관작을 주고 그를 기린다. 하급의 선비는 착한 마음의 뜻이 없기에 관작을 주거나 기릴 수 없지만 몰래 그 집안의 사사로운 재물을 취하여 관작을 주거나 기린다. 이것은 천하의 사람들 중 쭉정이가 하는 짓이다. 무엇을 일러 쭉정이라 하는가? 상급의 선비의 순선함은 마음속의 생각에 악함이 없으므로 상급의 양에 속한다. 중급의 선비의 마음속 생각에는 선함이 반이므로 그 중급의 양에 속한다. 하급 선비의 마음속 생각에는 완전히 선함이 없기에 하급의 양에 속하므로 쭉정이라 지칭한다. 쭉정이는 열매를 맺지 못하고 안은 비워져 있어 쌀이 되지 못하고 실속의 믿음이 없다고 한다. 열매를 맺을 거라는 신뢰가 없는 사람을 두고 쭉정이 같은 사람이라 한다. 상급의 선비는 천자와 사방에서 그 집안의 명예를 기리며 본래의 시조를 잊지 못하였다 말한다. 중급의 선비는 사방의 이웃이 그 집안의 명예를 기리며 부모를 잊지 못하였다 말한다. 하급의 선비는 도리어 몰래 그 집안의 사사로운 재물을 취함으로써 인근 마을과 동네에 주어 [기리게] 하므로 마땅히 쭉정이와 비슷하여 안은 텅 비고 밖은 튼튼하여 그 근본을 등지고 저버리는 것이다. 모두 하늘에 해가 되고 그 집안을 등지고 저버렸다 말하며 집안이 불화하는데, 모두 이러한 사람에게서 비롯한다. 대저 신하가 외교하면 그 나라는 반드시 텅 빈다. 집안사람이 외교하면 그 집안은 반드시 텅 빈다. 천하의 재앙은 모두 이로부터 일어난다. 대저 편안하고 위태로움은 사람의 뱃속에서 일어나고 신이 먼 곳에서 보고 상하 사방으로 확장하여 억만 리에 깊이 통달하는데, 신중하지 않을 수 있겠는가?

天上名上士, 從生到終, 無一惡意, 乃爲凡人所愛, 五方人民縣官共賜之遺之. 中士乃爲鄰里所愛, 鄰里共賜之遺之. 下士無有善心意, 無可得賜遺, 但竊取其家私賜遺.[1] 此天下人秕所爲. 何謂秕哉. 上士純善, 心意無惡, 是上陽也. 中士心意半善, 是其中陽也. 下士心意純無善, 是下陽也, 故名秕. 秕不成實, 內空無米, 爲無實信也. 無信實之人爲之秕人. 上士得縣官四方賜與其家者,[2] 言不忘本祖也. 中士得四鄰賜與其家, 言不忘父母也. 下士反竊取其家財以付傍鄰里者, 當象其秕, 內空外實, 反背其本也. 皆有害天上, 言背反其家, 家中不和, 悉由此人. 夫臣外交, 其國必空. 家人外交, 其家必空. 天之咎皆從此起. 夫安危起於人腹中, 神靈見於遠方, 上下旁行, 洞達億萬里, 可不愼乎.

역주

1) 但竊取其家私賜遺(단절취기가사사유) : '기가사(其家私)'는 '하급의 선비 집안의 사사로운 재물'을 말한다.

2) 上士得縣官四方賜與其家者(상사득현관사방사여기가자) : '사여(賜與)'는 상급의 선비에게 명예를 부여하여 기리는 것을 말한다.

_이 장은 대체로 『돈황목록』 제133권 「태평기지대효결(太平氣至大效決)」과 관련이 있어 보이고, 내용이 지극히 간단하다.

태평의 도는 그 글이 간략하고 그 나라를 부유하게 하며 하늘의 명령이고 마음의 보배이다. 가까이는 가슴속 마음에서 나와서 천하를 두루 돌아다닌다. 이 글을 행하면 나라는 편안할 수 있고 집안은 부유할 수 있다.

太平道, 其文約, 其國富, 天之命, 身之寶. 近出胸心, 周流天下. 此文行之, 國可安, 家可富.

_이 장은 『돈황목록』 제133권 「선거근역문(選擧近曆文)」과 대체로 상응한 내용으로 구성되어 있으며, 주요 내용은 선함이 마땅히 악함을 다스리고 바름이 마땅히 사악함을 다스리며 맑음이 마땅히 탁함을 다스리는 천지의 법에 따라 신하를 임명할 것을 말한다.

하늘과 땅의 바른 법은 선함이 마땅히 악함을 다스리고 바름이 마땅히 사악함을 다스리며 맑음이 마땅히 탁함을 다스린다. 악함이 선함을 다스리거나 사악함이 바름을 다스리거나 탁함이 맑음을 다스릴 수 없다. 이와는 거꾸로 거스르면 도적이 그치게 하질 않는다. 간사함이 날로 생기면 곧 큰 혼란이 이르고, 여러 가지가 이것을 따라 일어난다. 제왕이 장차 신하를 임명할 때 반드시 선택하여 추천한 것을 상세히 살피길 마땅히 하늘의 마음으로써 한다. 하늘에 떠 있는 무수한 별에 부합하면 곧 결단성 있게 그를 임용한다. 해는 군주의 덕이다. 달은 신하의 덕이다. 예컨대 하늘에 떠 있는 무수한 별에 부합하지 않으면 반드시 태평을 이룰 수 없고 간사함이 생긴다.

天地格法, 善者當理惡, 正者當理邪, 淸者當理濁. 不可以惡理善, 邪理正, 濁理淸. 此反逆之, 令盜賊不止, 奸邪日生, 乃至大亂, 各從此起. 帝王將任臣, 必詳其選擧, 當以天心. 列宿合, 乃敢任之. 日者, 君德也. 月者, 臣德也. 若列宿不合, 必不能致太平, 奸邪生矣.

_이 장은 『돈황목록』 제134권 「관사의식천결(官舍衣食千決)」과 대체로 상응한 내용으로 구성되어 있으며, 하늘은 하늘과 땅의 위와 아래, 중앙, 팔방(八方)의 지극히 먼 곳 등 어디에나 관사와 역참을 설치하여 한 몸과 같은 도, 도와 덕, 인(仁)을 힘써 행한 사람을 머물게 한다는 내용이다.

하늘과 땅의 위와 아래, 중앙, 팔방의 지극히 먼 곳에 있는 역관에서 옷과 숙식을 제공하는 것은 어떤 부류의 사람을 말하는가? 도와 덕을 행하면서도 의심을 품는 사람은 이 예언에서 취하여 결단한다. 지금 천상에는 관사와 역관을 두어 그들을 접대하여 쉬게 하고, 지상에는 관사와 역관을 두어서 그들을 접대하여 쉬게 하는데, 팔방과 중앙에 모두 그것[관사와 역참]을 둔다. 천상의 관사에는 신인(神人)과 선인(仙人)을 쉬게 한다. 지상의 관사에는 성인과 현인을 쉬게 한다. 지하의 관사에는 태음(太陰)의 착한 신과 착한 귀신을 쉬게 한다. 팔방의 멀고 가까운 명산대천에 관사를 두어 하늘과 땅 사이의 정과 신과 사람으로서 신선이 되었지만 아직 하늘에 오를 수 없는 사람들을 쉬게 한다. 구름과 바람 가운데 놓인 북극성과 곤륜산의 관사와 역관에서는 성인과 현인과 착한 신으로 공이 있는 신을 접대한다. 도는 머리가 되고 도덕은 배가 되고 인(仁)은 발이 되어 그것을 행한다. 하늘은 관사와 역참을 설치하여 그들을 머물 수 있게 한다. 하늘의 힘을 얻고자 하는 사람은 도를 행하고, 땅의 힘을 얻고자 하는 사람은 덕을 행하여, 사람의 힘을 얻고자 하는 사람은 인을 행한다. 이 셋은 다함이 없는 길이다. 이 셋을 잃는 것은 혼란의 뿌리이다. 이 세 가지를 따르지 않는 것을 하늘을 거스른다고 한다. 그러므로 성인은 도와 덕을 품고서 인을 행하는데, 이것을 간과하면 말하길, 만물의 [하급의] 행위에 속한다고 한다.

說天地上下中央八遠郵亭所衣食止舍何等也. 作道德而懷疑者, 取決於此識. 今天上有官舍郵亭以候舍等, 地上有官舍郵亭以候舍等, 八表中央皆有之. 天上官舍, 舍神仙人. 地上官舍, 舍聖賢人. 地下官舍, 舍太陰善神善鬼. 八表遠近名山大川官舍, 以舍天地間精神人仙未能上天者. 雲中風中以舍北極崑崙官舍郵亭以候聖賢善神有功者. 道爲首, 德爲腹, 仁爲足而行之. 天設官舍郵亭, 得而居之. 欲得天力者行道, 欲得地力者行德, 欲得人力者行人. 此三者, 無窮之路. 失此三者, 亂之本也. 不循此三者, 名逆天. 故聖人苞道德行仁, 過此而言, 屬萬物之行矣.

_ 이 장은 『돈황목록』 제135권 「두전후육신생사결(斗前後六辰生死決)」과 대체로 상응하고, 천문에서 북두칠성의 12가지 방향에 따라 12개월의 12지(支)를 배정하며 인간사의 12가지 정황을 설명하는 내용이다.

"여쭙습니다. 네 계절의 신스러운 기운이 다스림을 도와 선을 이루고 악을 제거함에 무엇 때문에 큰 신을 이르게 합니까? 무엇 때문에 중간 신을 이르게 합니까? 무엇 때문에 작은 신을 이르게 합니까?"

"날마다 북두성의 자루[月建]가 제왕의 기를 생각하면 큰 신을 이르게 하고, 강한 기를 생각하면 중간 신을 이르게 하고, 죽이려는 살기를 생각하면 작은 신을 이르게 하며, 북두성의 자루가 뒤로 향해 늙은 기를 생각하면 쓸모없는 사람을 이르게 하고, 북두성의 자루가 뒤로 향해 병에 시달린 쇠약한 기운을 생각하면 사악한 귀신을 이르게 하고, 북두성의 자루가 뒤로 향해 죽음의 기를 생각하면 순수한 귀신을 이르게 하며, 북두성의 자루가 뒤로 향해 파괴의 기를 생각하면 완전히 몰살시키는 흉악하고 증오하는 재앙을 이르게 한다. 생성의 기는 하늘에 속하고 양에 속하며 앞에 속한다. 그러므로 북두성의 자루가 앞으로 여섯 방위의 신들에게 향하여 모두가 산다. 뒤로 여섯 방위의 신들에게 향하는 것은 땅에 속하고 음에 속한다. 하늘의 도는 죽음의 기를 귀신으로 삼으며 만물의 흉악한 재앙이 된다.

請問四時之神氣以助理致善除惡, 何者致大神. 何者致中神. 何者致小神. 日思月建帝氣者致大神,[1] 思相氣者致中神, 思殺氣者致小神, 思月建後老氣者致老物,[2] 思月建後病衰氣者致邪鬼, 思月建後死氣者致純鬼, 思月建後破氣者致破殺凶惡咎害也. 生氣者屬天屬陽屬前. 天道以神氣生, 故斗前六神皆生. 後六神屬地屬陰. 天道以死氣爲鬼, 爲物凶咎.

역주

1) 日思月建帝氣者致大神(일사월건제기자치대신) : '월건(月建)'은 달의 간지(干支)로, 월건법(月建法)에서는 매월 간지(干支)를 배당하는 방법으로 음력에만 사용하고 정월(正月)을 인월(寅月), 2월을 묘월(卯月), 3월을 진월(辰月) 등이라 하며 12개월을 12지(支)에 배정하는 것이다. 즉 북두성의 자루는 매월 한 개의 일정한 방위를 가리키며 주행하며 12개월을 확정하는데, 정월인 인월(寅月)은 태어남을 주관하고 통치의 지위를 점유하기에 '제기(帝氣)'라 표현한 것이다.

2) 思月建後老氣者致老物(사월건후로기자치로물) : '후(後)'는 인(寅)의 위치를 기준으로 북두성의 자루가 뒤로 향하는 축(丑, 12월), 자(子, 11월), 해(亥, 10월), 술(戌, 9월), 유(酉, 8월), 신(申, 7월)을, 뒤에 나오는 '전(前)'은 인(寅)의 위치를 기준으로 북두성의 자루가 앞으로 향하는 묘(卯, 2월), 진(辰, 3월), 사(巳, 4월), 오(午, 5월), 미(未, 6월)를 말한다.

_이 장은 『돈황목록』 제136권 「시형중신정결(時形中神精決)」과 대체로 상응하여, 주요 내용은 신의 밝음과 정의 기운은 마음대로 생각하고 행동해도 몸의 형체에서 떨어지지 않으며 모든 일의 성패에 최고의 관건임을 밝히고 있다.

그대들이 후대의 자손에게 항상 자성하고 항상 성실하며 스스로를 아끼고 스스로를 사랑하여 신의 밝음과 정의 기운이 그 몸에서 떨어져 나올 수 없도록 한다면, 늙음을 알지 못하고 죽음을 알지 못한다. 대저 신의 밝음과 정의 기운은 마음대로 생각하고 행동해도 몸의 형체에서 떨어지지 않는다. 신의 밝음이 항상 존재하면 병들지 않고 늙지 않으며 장차 사악함을 만나지 않는다. 만약 신의 밝음이 없어진다면, 병이 들면 곧 죽게 되고 장차 흉악함을 당하는데, 이것이 커다란 효험이다. 사람이 병들지 않고자 한다면 마땅히 정성을 다해 스스로가 지켜야 한다. 무릇 일은 저절로 그러한 것을 지나치지 않고 저절로 그러한 것에는 정과 신이 없다. 무릇 일은 모두 신함을 이루지 못하기에 큰 도와 하늘과 땅의 본성에 지나치지 않아야 하고 (그) 속에 위대한 정과 신이 없으면 오히려 모두가 이루어지지 않고 스스로가 온전할 수 없다. 그러므로 하늘과 땅의 도는 정과 신에 근거해 저절로 그렇게 행한다. 그러므로 모든 일에는 크고 작음이 있으며 모두 정과 신이 있는데, 거대한 것에는 거대한 정과 신이 있고 작은 것에는 작은 정과 신이 있어서 각자 정과 신을 보양하므로 오래도록 존재할 수 있다. 정과 신이 감소하면 늙고 정과 신이 없어지면 죽는데, 이것이 저절로 그러함과 분수(分數)이다. 어찌 순종하지 않고 다툴 수 있겠는가? 모든 일의 편안함과 위태로움은 오로지 정과 신에 있다. 그러므로 형체는 집이 되는 것이요 기는 수레와 말이 되고 정과 신은 수령이 되어서 흥하고 쇠퇴하는 것이 가고 오게 하며 다스림을 주관한다. 만약 형체는 있고 정과 신이 없다면 마치 밭과 집과 성곽은 있으나 수령이 없는 것과 같다. 대저 수령이란 곧 백성의 수명을 좌우하는 신이기에 충신과 효자와 순종하는 사람이 마땅히 지향해야 하는 것이다. 대저 사람의 몸이 위에 불충하고 그 어버이에게 불효하는 것은 몸을 저버리고 형벌을 받아서 뿌리를 없앤다. 항상 선행을 생각하면 정과 신이 모여들어 사람을 따른다. 악행을 생각하면 정과 신이 또한 사람에게 와서 모인다. 이에 사람의 뱃속에 들어가 사람이 생각하는 것에 따라 행하기에 근심 걱정으로 그것을 잊을 수 없게 한다.

子欲使後世常謹常信, 自親自愛, 神明精氣, 不得去離其身, 則不知老不知死矣. 夫神明精氣者, 隨意念而行, 不離身形. 神明常在, 則不病不老, 行不遇邪惡. 若神明亡, 病者立死, 行逢凶惡, 是大效也. 人欲不病, 宜精自守也. 凡事不過自然,[1] 自然中無精神. 凡事皆不成神, 不過大道與天地之性, 中無大精神, 尙皆不成, 不能自全. 故天地之道, 據精神自然而行. 故凡事大小, 皆有精神, 巨者有巨精神, 小者有小精神, 各自保養精神, 故能長存. 精神滅則老, 精神亡則死, 此自然之分也. 安可强爭乎. 凡事安危, 一在精神. 故形體爲家也, 以氣爲輿馬, 精神爲長吏, 興衰往來, 主理也. 若有形體而無精神, 若有田宅城郭而無長吏也. 夫長吏者, 乃民之司命也, 忠臣孝子大順之人所宜行也. 夫人之身, 而不忠於上, 不孝其親, 是負其身, 戮其刑, 亡其本也. 常思善, 精神集來隨人也. 思惡, 精神亦來集人也. 乃入人腹中, 隨趨人所思, 使悁悒不能忘之矣.

역주 1) 凡事不過自然(범사불과자연) : 앞 문장의 저절로 되는 것이 아닌 "마땅히 정성을 다해 스스로가 지켜야 한다"는 문장의 내용과 호응 관계를 고려해서 '자연(自然)'을 '저절로 그러하다'는 의미로 해석한다.

_이 장은 『돈황목록』 제136권 「역학반자연지기결(力學反自然之氣決)」과 대체로 상응한 내용으로 구성되어 있으며, 내기(內氣)가 태식(胎息)과 양생(養生)에 주요한 것임을 말한다.

"여쭙습니다. 자궁 속의 아이가 먹지 않고도 기를 취하는 것은 왜 그런 것인지요?"

"뱃속에는 저절로 그러함과 기가 있다. 태어나서 음양의 기운을 호흡한다. 도를 지키길 힘써 배운다면 저절로 그러함과 기가 돌아온다. 저절로 그러함과 기운이 돌아와서 마음이 마치 갓난아이와 같게 되면 생존한다. 음양의 기를 따라서 호흡하면 죽게 된다."

[부(附)] 『태평경』에서는 다음과 같이 말한다. "여쭙습니다. 자궁 속의 아이가 먹지 않고도 기운이 있는 것은 왜 그런 것인지요?"

"하늘의 도는 이에 저절로 그러함과 기를 있게 하여 음과 양의 들고나는 기운이 있게 된다. 무릇 자궁 속에 있으면서 또한 기운을 얻을 수 있는 것이 천도(天道)의 저절로 그러함과 기운이다. 태어나게 되면 음과 양을 호흡하는 기운은 음과 양의 들고나는 기운이다. 사람이 도를 지키길 힘써 배울 수 있다면 저절로 그러함과 기가 돌아와 살게 된다. 음과 양의 들고나는 기운을 지키면 죽게 된다. 그러므로 대저 참된 도를 얻을 수 있는 사람은 이에 체내의 기운을 이용할 수 있어서 외부의 기운으로 하지 않는다. 이러한 체내의 기운으로써 그 성정을 기른 연후에 갓난아이처럼 돌아갈 수 있어서 그 수명을 회복한다. 그러므로 마땅히 내부의 기운을 익혀서 안으로 그 형체를 길러야 한다.

[존] 『삼통주낭(三洞珠囊)』 4권 〈절립품(絶粒品)〉에서 『태평경』 제120권을 인용하여 다음과 같이 말한다. "그러므로 먹는 사람의 수명은 한정되어 있고 먹지 않는 사람은 신과 더불어 일을 도모하며, 기를 먹는 사람은 신의 밝음에 도달하여 마시지 않고 먹지 않으면서 더불어 하늘과 땅과 함께 마친다."

〔起〕請問胞中之子, 不食而取氣. 在腹中, 自然之氣. 已生, 呼吸陰陽之氣. 守道力學, 反自然之氣. 反自然之氣, 心若嬰兒, 卽生矣. 隨呼吸陰陽之氣, 卽死矣. 〔止〕

[附] 太平經云 : 請問胎中之子, 不食而氣者何也. 天道迺有自然之氣, 迺有消息之氣.[1] 凡在胞中, 且而得氣者, 是天道自然之氣也. 及其已生, 陰陽而氣者, 是消息之氣也. 人而守道力學, 反自然之氣者生也, 守消息之氣者死矣. 故夫得眞道者, 乃能內氣, 外不氣也. 以是內氣養其性, 然後能反嬰兒, 復其命

也. 故當習內氣以內養其形體.[2)]

[存] 三洞珠囊卷四絶粒品引太平經第一百二十云 : 是故食者命有期, 不食者與神謀, 食氣者神明達, 不飮不食, 與天地相卒也.

역주

1) 迺有消息之氣(내유소식지기) : 소식지기(消息之氣)는 양기가 나오면 음기가 들고, 음기가 나오면 양기가 들게 되는 기를 말한다.

2) [附] 太平經云… : 이 문단은 『도전론(道典論)』 제4권 「태식(胎息)」에서 『태평경』을 인용한 내용이다.

제137~153권

『태평경초』

임부(壬部)

〈권을 나누지 않음〉

해제 『태평경』 임부(任部)의 경문은 일찍이 실전된 것이다. 『돈황목록(敦煌目錄)』에서는 57장으로 이루어져 있는 것으로 되어 있다. 왕명(王明)은 『태평경합교』에서 『태평경초(太平經鈔)』에 의거하여 없어진 경문의 일부를 보충해 놓았다. 그런데 『태평경초』에서도 권(卷)을 나누지 않았고, 제목에 가까운 글귀를 찾아볼 수도 없기 때문에 이 임부(任部)의 제목을 정하는 일은 불가능하다. 글귀들 사이에서 찾을 수 있는 의미들은 일관되게 연결시키기 어렵다. 그러나 대체적인 내용은 '하늘'과 '도(道)' 그리고 '도'와 '자연(自然)'의 관계를 논하고 있는 것으로 이해된다. 다시 말해 '하늘은 도를 두려워해야 하고, 도는 자연을 두려워해야 한다'는 것이 핵심적인 내용이다. 여기에서 '두려워함'(畏)을 강조하는 것은 『태평경』이 도교 경전으로서 가지는 종교적 성격을 여실히 보여주는 것이다. 『태평경』은 '두려움'이라는 표현을 사용함으로써 사람들이 반드시 약속을 지켜야 하며 그렇지 않으면 하늘의 죽임을 당한다는 것을 분명하게 보여준다.

"무릇 사람들은 서로를 제약할 수 없으므로 자신의 운명을 스스로 통제할 수 있다고 생각하여 선하지 못한 일을 저지르니, 하늘께서는 장차 이런 사람들을 죽일 것이다. 그러면 소인(小人)은 중인(中人)인 관리에게 죽임당하고, 관리는 상인(上人)인 현령이나 군수에게 죽임당하며, 현령이나 군수는 대인(大人)에게 죽임당한다. 사람들은 점차적으로 행위의 준칙을 잃어 자기 스스로 위태로움과 사망을 부른다. 신령이 행하는 크고 작은 죽임 또한 이와 같다. 그럼에도 불구하고 자기를 통제하지 못한다면, 하늘께서 마땅히 그런 자를 죽일 것임은 필연적이다.

하늘께서는 도(道)를 두려워하시고, 도는 저절로 그러함[自然]을 두려워한다. 하늘께서 도를 두려워하는 것은 지극한 행위로써 하시기 때문이다. 도가 가려져 흥하지 못한다면, 천도[天道]는 혼란스러워지고 훼손된다. 천도가 혼란스러워지고 훼손되면, 곧 위태롭고 죽게 되어 더 이상 법도를 회복할 수 없다. 이런 까닭에 저절로 그러함은 하늘·땅의 도로 하여금 운행하게 하고 도가 해체되지 않게 하고, 음양으로 하여금 서로 갈마들고 서로에게 주고 서로를 낳아주도록 하는 것이다. 이에 도는 낳아줌을 주관하므로, 도가 끊어지면 만물이 태어날 수 없고, 만물이 낳아질 수 없으면 생명을 갖는 부류도 없어지게 되어, 서로 전할 수 없게 된다. 만물이 서로를 낳아주지 못하고 서로를 전할 수 없게 되면 곧 훼손된다. 어찌 하늘·땅이 존재할 수 있겠는가? 하늘과 땅, 음과 양은 마땅히 서로에게 전하고 서로를 낳아줄 수 있도록 해야만 한다. 이제 [만물이] 끊어져 없어진다면 모든 게 없어지고 죽게 될 것이므로, 하늘께서는 도가 끊어져서 위태로워지고 죽음을 두려워하시는 것이다.

도가 저절로 그러함을 두려워하는 것은 천도가 스스로 그러함을 따르지 않으면 어떤 것도 성장시킬 수 없기 때문이다. 그러므로 만물은 모두 스스로 그러함을 따라야만 성장할 수 있지, 스스로 그러함을 따르지 않으면 모든 것이 성장하기 어렵다. 만일 어떤 것을 억지로 성장시킨다면, 모두 속임수에 의한 거짓된 것이어서 성장하였다 하더라도 오래 갈 수 없다. 하늘과 땅은 비록 서로 멀리 떨어져 있으나, 운명을 통제함은 하나도 벗어나는 것이 없다."

凡人不能相拘, 故自制命爲不善,[1] 天將誅之. 故小人得誅於中人,[2] 中人得誅於上人,[3] 上人得誅於大人.[4] 夫小失法, 自致危亡. 夫神靈大小之誅, 亦若此. 而不能拘制, 天當誅之必矣. 天畏道, 道畏自然. 夫天畏道者, 天以至行也. 道廢不行, 則天道亂毁. 天道亂毁, 則危亡無復法度. 故自然使天地之道守行道不懈, 陰陽相傳・相付・相生也. 道乃主生, 道絶萬物不生, 萬物不生則無世類, 無可相傳. 萬物不相生相傳, 則敗矣. 何有天地乎? 天地陰陽, 乃當相傳相生. 今絶滅, 則滅亡, 故天畏道絶而危亡. 道畏自然者, 天道不因自然, 則不可成也. 故萬物皆因自然乃成, 非自然悉難成. 如使成, 皆爲詐僞, 成亦不可久. 夫天地雖相去遠闊, 其制命無脫者.

역주

1) 自制命(자제명) : 스스로 운명을 장악하는 것, 즉 운명이 하늘에 달려 있는 것이 아니라고 생각하고서 꺼리는 것 없이 제멋대로 행동하는 것을 뜻한다.

2) 小人得誅於中人(소인득주어중인) : '소인(小人)'이란 가장 비천한

사람, 즉 일반의 백성을 뜻하고, '중인(中人)'이란 중급인, 즉 관리를 뜻한다.

3) 上人(상인) : 상급인, 즉 현령(縣令)이나 군수(郡守) 등과 같은 사람을 뜻한다.

4) 大人(대인) : 성인(聖人)으로서 재위(在位)하고 있는 자, 또는 제왕(帝王)을 우두머리로 하는 최고 통치 집단의 구성원을 뜻한다.

_이하 『돈황목록』 제137권 「폐간불병귀평기상결(閉奸不幷貴平氣相決)」과 상응

"여쭈옵건대, 태평기(太平氣)가 모두 이르러 항상 선한 뜻을 지니고서 간악한 것을 제거하려면 마땅히 어떤 일을 가장 먼저 해야만 하는 것입니까?"

"하늘과 땅의 본성은 반은 양(陽)이고 반은 음(陰)이다. 양은 선한 것에 속하며 상을 주는 일을 맡는다. 음은 악한 것에 속하며, 악한 것은 형벌을 담당하므로 간사하고 거짓된 것을 맡는다. 상을 주는 일이 많으면, 벌 주는 일은 그만큼 적어진다. 간사하고 교활한 자가 많게 되면 상을 받는 사람이 적어지게 되고, 악함이 그 문을 열게 된다. 왜 그런가? 벌하는 것은 형벌을 많이 사용하며 죽이고 상하게 함을 맡으며, 범법자는 모두 간악한 죄인이 되니, 간악함과 거짓됨의 문이 활짝 열리게 되어 간악함과 교활함이 많아진다. 양은 상을 주는 일을 맡는데, 주는 것이 많으면 유덕한 왕이 일에 힘쓴다. 양과 덕은 양육을 맡는다. 이것이 본래 저절로 그러한 법이다. 이런 까닭에 낮은 양이 되고 해가 되며 군주가 되고 덕이 되는 것이며, 밤은 음이 되고 달이 되며 신하가 되고 악이 되는

것이다.

하늘과 땅의 본성은 반은 선한 것이고 반은 악한 것이다. 이런 까닭에 군자는 선함을 높여서 간사함을 단절시킨다. 선한 것을 홍행시키는 자는 선한 결과를 얻고, 악한 것을 홍하게 하는 자는 흉한 결과를 얻는다. 이는 마치 되로써 용량을 잼에 한 말이 되지 못하는 것은 저절로 그러하게 떨어져버리는 것과도 같다. 또한 자로써 길이를 잼에 한 자에 미치지 못하는 것은 저절로 그러하게 떨어져나가는 것과도 같다. 마치 모난 것과 둥근 것이 하나로 부합할 수 없고, 그림쇠와 곱자가 서로 대응할 수 없으며, 세로 방향과 가로 방향이 서로 합치할 수 없는 것과도 같은 것이다. 이런 까닭에 양이 홍하면 반드시 어떠한 거동이든 모두 그 부류에 비추어 행동한다. 이런 까닭에 화행(火行)의 정(精)이 왕성하면, 우레가 울고 주작(朱雀)의 정령 또한 그 속에 있게 된다. 이런 까닭에 여름에는 우레가 울지만 겨울에는 우레가 울지 않는 것이다.

무릇 일이란 각각 그 근본으로 말미암는 것이니, 이로써 천도가 밝혀질 것이다. 그 부류에 말미암지 않는 것이라면, 성현일지라도 무엇을 좇아 그것을 깊이 알 수 있겠는가? 따라서 하늘과 땅이 개벽한 이래로 사람들의 선악·진위는 다만 그가 행하는 것을 보아 부류에서 구하여 성공을 점칠 수가 있다. 선악과 득실은 현명한 사람이든 현명하지 못한 사람이든 누구나가 알 수 있다. 어찌 가만히 앉아서 논쟁할 필요가 있겠는가?"

請問, 太平氣俱至, 欲常以善意去姦惡, 當何先哉? 夫天地之性, 半陽半陰. 陽爲善, 主賞賜. 陰爲惡, 惡者爲刑罰, 主姦僞. 賞者多, 罰者少. 姦猾者多, 賞者少, 姦門開. 所以然者, 罰者多刑, 主殺傷, 犯法者皆成姦罪人, 故姦門開, 姦猾多也. 陽者主賞賜, 施與多, 則德王用事. 陽與德者, 主養主生, 此自然之法也. 故晝爲陽爲日, 爲君爲德, 夜爲陰爲月, 爲臣爲姦. 天地之性, 半善半惡. 故君子上善以閉姦.[1] 興善者得善, 興惡者得惡. 此由若以斗拱斗,[2] 非斗者自然走. 以尺拱尺, 非尺者自然落. 猶方與圓不相得, 規與矩不相値, 縱與橫不相合. 故陽興必動以類行. 故火盛乃雷鳴, 朱雀在其中.[3] 是以夏雷也, 冬則藏. 凡事各因其本, 乃天道可得而明. 不緣其類, 聖賢何從得深知之? 故從天地開闢已來, 人之善惡眞僞, 但觀其所行, 以類求之, 占其成功, 善惡得失, 賢不肖可睹矣. 何須坐爭之乎?

역주

1) 上善(상선) : '상(上)'은 상(尙)과 통하는 글자로서 '숭상하다'라는 뜻이다.

2) 由若以斗拱斗(유약이두공두) : '유약(由若)'은 '마치 ~와 같다'라는 뜻이다. '두(斗)'란 용량을 재는 그릇의 이름이고, '공(拱)'이란 '양을 재다'라는 뜻이다.

3) 朱雀(주작) : 화행(火行)의 정(精)을 뜻한다.

_ [노자(老子)]의 부쟁(不爭) 사상

"여쭈옵건대, 예부터 지금까지 현능한 자와 영명한 자, 지모 있는 자와 언변이 뛰어난 자, 힘센 자와 용맹한 자, 여섯 부류의 사람은 만 배의 재능을 지닌 자들인데, 이들에게도 어찌 선함과 악함의 구분이 있는 것인지요?"

"이 여섯 부류의 사람은 다 만 배의 재능을 지닌 자들이다. 이들의 재능은 하늘·땅을 안정시키고 조화시키며, 모든 악하고 해로운 것들을 발생하지 못하게 하며, 제왕이 오래도록 근심하지 않고 장수할 수 있도록 하며, 자신들 또한 스스로 질병을 제거하여 각자가 그 타고난 수명을 다 누리며, 은덕이 모든 사람들에게 흘러들어가도록 한다. 그러므로 현능한 자와 영명한 자, 지모 있는 자와 언변이 뛰어난 자, 힘센 자와 용맹한 자들은 매우 선량하고 아울러 세상에 유익한 자들이다. 그러나 거꾸로 이들이 함께 하늘과 땅이 조화를 이루지 못하게 하여 제왕을 근심하게 하고 장수하지 못하게 하며, 자신들 또한 질병을 얻어 재앙을 당하고도 없앨 수 없거나 수명을 단축시켜 죽는다면, 이런 것들은 보통 사람들과 어떠한 구별도 없게 되니, 이 여섯 부류의 사람들은 세상에 어떠한 유익함도 주지 못한다. 다만 성패를 확인해야 하는 것이지, 다시 물을 게 없다. 성공하면 옳고, 성공하지 못하면 그른 것이다. 이처럼 일을 판단하여 황천(皇天)의 마음과 뜻을 깊이 얻는다면, 제왕은 자신의 수명을 늘리고, 만물도 모두 다스려진다."

"여쭈옵건대, 무릇 사물은 태어나지 못하는 것, 또한 길러지지 못하는 것은 성장하더라도 성숙하지 못하는 것이 있는데, 그 큰 허물은 어디에서 오는 것인지요?"

"마땅히 태어나야 함에도 태어나지지 못하는 것은 하늘의 뜻이다. 마땅히 양육되어야 함에도 양육되지 못하는 것은 책임은 땅의 뜻이다. 하늘과 땅은 만물의 의탁처이고, 현인은 만물을 가공하는 장인이다. 제왕은 하늘을 본받아 언제나 낳아주고자 한다. 후비는 땅을 본받아 언제나 양육해주고자 한다. 대신은 사람을 본받아 언제나 성장시키고자 한다. 이 세 부류가 힘을 함께하면 사물은 태어나면서 죽을 때가지 해침을 당하지 않는다. 태평의 도를 본받아 준칙으로 삼으려면, 마땅히 이처럼 해야 한다."

『태평경초(太平經鈔)』 임부(壬部) 2011

"여쭙습니다. 천도는 약한 것을 도와주는 것인지요? 아니면 강한 것을 도와주는 것인지요? 양이 적은 것을 도와주는 것인지요? 아니면 양이 많은 것을 도와주는 것인지요?"

신인께서 대답하셨다. "천도는 약한 것을 도와주느니라."

"어째서 그렇게 하는 것인지요?"

"대저 약한 것이란 도의 쓰임이고, 적은 것은 도의 요체이다. 이런 까닭에 북극의 가장 크고 밝은 별은 단 하나이지만 무릇 별들이 향하는 바이니, 적음으로써 무리를 다스리는 것이다. 도의 요체는 하나지만, 여러 도술이 귀속되는 바이다. 그러나 국왕은 단 한 사람이지만 온 천하가 도와서 다스리는 것이니, 이것이 적은 것을 도와주는 증거이다. 부모는 지극히 강한 존재인데, 오히려 갓난아기를 도와주니, 이것이 강한 것이 약한 것을 도와주는 증거이다. 가장 착한 사람은 그 수가 적고 약하지만, 불선한 사람은 강하고 숫자가 많다. 많은 것을 탐하면 오히려 적게 되고, 강함을 드러내면 오히려 약하게 된다. 이런 까닭에 군자는 약함을 추구하지 강함을 추구하지 않으며, 적음을 추구하지 많음을 추구하지는 않는다. 그래서 천도는 그를 도와준다. 이런 까닭에 다른 사람들과 더불어 다투지 않고, 다른 사람들이 스스로 다투도록 놓아두는 것이다. 다른 사람들과 더불어 강함을 다투지 않고, 다른 사람들이 강해지도록 도와주는 것이다. 그래서 '다투지 않고도 잘 이긴다'라고 말하는 것이다."

請問從古到今, 賢者明者 · 智者辯者 · 力者勇者, 此六人皆有萬倍之才, 豈有善惡哉? 此六人, 悉有萬倍人之才能, 其才能安和天地, 令使凡邪惡害之屬不生, 帝王長無憂而壽, 身能自除其疾病, 各竟其天年, 恩流凡人, 此賢明智辯力勇, 大善有益矣. 而不能共和天地, 使帝王無憂而壽, 而身有疾病, 被災不能祓去,[1] 或夭年而死, 與凡人無別, 此六人無益也. 但效其成功, 無復問也. 成功者是也, 不成功者非也. 效事若此, 深得皇天心意, 帝王爲之延年命, 萬物悉治也. 請問, 凡物一時有不生者, 又有不養者, 長之不成, 其大過悉從何來? 當生而不生者, 天也. 當養所不養者, 地也. 天地爲萬物之廬, 賢人爲萬物工匠.[2] 帝王者象天, 常欲生. 后妃者象地, 常欲養. 大臣者象人,[3] 常欲思成. 此三人幷力, 凡物從生到終無有傷也. 欲象平之道爲法者, 必當如此矣. 請問, 天道助弱耶? 助强耶? 助寡耶? 助衆耶? 神人言, 天道助弱. 何哉? 夫弱者, 道之用也. 寡者, 道之要也. 故北極一星, 而衆星屬,[4] 以寡而禦衆也, 道要一,[5] 而道屬焉. 是故國王極寡, 而天下助而治, 助寡之效也. 父母極强, 反助嬰兒, 是强助弱之效也. 上善之人寡而弱,[6] 不善之人强而衆. 衆則寡矣, 强則弱矣.[7] 故君子求弱不求强,[8] 求寡不求衆. 故天道祐之. 故不與人爭也, 而人自爲爭.[9] 不與人爭强也, 而人助爲强. 故不爭而善勝也.[10]

역주

1) 祓去(불거) : 일반적으로 '불제(祓除)'라고 부르는 것으로서, 재앙과 악한 것을 제거하는 의식(儀式)을 뜻한다.

2) 工匠(공장) : 여기에서는 '결정적인 역량', 또는 '관건이 되는 것'을 비유적으로 표현한 말이다.

3) 大臣者象人(대신자상인) : '인(人)'은 하늘 · 땅, 음과 양이 교합하여 이룬 중화기(中和氣)를 대표한다. '대신(大臣)'은 제왕과 후비의 사이에 있는 존재이기 때문에 이렇게 표현한 것이다.

4) 屬(속) : 예속(隸屬) 또는 귀속(歸屬)을 뜻한다. 고대에는 북극의 별자리 중에서 가장 크고 밝은 별을 지고의 신으로 여기고, 그것을 태일(太一) 또는 천황대제(天皇大帝)라고 불렀다. 『태평경』에서는 천

군(天君)을 지고의 신으로 삼기도 하는데, 이 또한 북극 자미궁(紫微宮)에 거한다.

5) 道要一(도요일) : 도의 강령은 '일(一)'에 있다는 뜻이다. 일(一)은 원기(元氣), 심신(心身) 또는 정(精)·기(氣)·신(神)의 통일체인 신기(神器)를 가리킨다.

6) 上善之人寡而弱(상선지인과이약) : 『노자』 제8장에서는 "가장 훌륭한 사람은 물과 같은데, 물은 만물을 잘 이롭게 해줄 뿐 다투지 않으며, 뭇 사람들이 싫어하는 낮은 곳에 거처하는 까닭에 도에 가장 가까운 것이다[上善若水, 水善利萬物而不爭, 處衆人之所惡, 故幾於道]"라고 하였다.

7) 衆則寡矣, 强則弱矣(중즉과의, 강즉약의) : 『노자』 제22장에서 "양을 늘리면 미혹된다[多則惑]"라 하였고, 제36장에서 "장차 연약하게 만들려면 반드시 먼저 강강하게 만들어준다[將欲弱之, 必固强之]"라고 하였다.

8) 求弱不求强(구약불구강) : 『노자』 제43장에서 "세상의 지극히 부드럽고 연약한 것이 세상의 지극히 굳은 것을 뚫고 다닌다[天下之至柔, 馳騁天下之至堅]"라고 하였으며, 제76장에서 "굳고 강강한 것은 죽음의 무리이고, 부드럽고 연약한 것은 삶의 무리이다[堅强者死之徒, 柔弱者生之徒]"라고 하였다.

9) 人自爲爭(인자위쟁) : 『노자』 제81장에서 "성인의 도는 위해주기만 하지 다투지는 않는다[聖人之道, 爲而不爭]"라 하였고, 제66장에서 "이런 까닭에 세상 사람들이 기꺼이 추대하고 싫어하지 않는다[是以天下樂推而不厭]"라고 하였다.

10) 不爭而善勝(부쟁이선승) : 이는 『노자』 제73장에 그대로 들어 있는 말이다. 또한 『노자』 제22장과 제66장에서 "다투지 않음으로써 하는 까닭에 세상에서 그와 더불어 다툴 자가 없다[以其不爭, 故天下莫能與之爭]"라고 하였다.

_『돈황목록』 권139 「명사증문연제명법(明師証文延帝命法)」에 상응

[천도를 분별하고 자신이 도(道) · 덕(德) · 인(仁)을 지니고 있는지를 정밀하게 사색하는 요결]

"여쭙습니다. 도가 참으로 마땅하고도 즐거이 실현한다고 하셨습니다. 어떻게 그것을 증명하실 수 있습니까?"

신인께서 대답하셨다. "나는 이 문서를 천상 여러 신들에게서 받았고, 여러 신들께서는 말씀해주셨다. 나는 음과 양, 바람과 비, 추위와 더위 등과 더불어 응한다고 들었다. 이것이 커다란 증험이다. 하늘께서는 도가 행해지기를 즐기시는데, 세상 사람은 그것을 분명하게 믿지를 못한다. 비를 기원하거나, 비 그치기를 바라는 제사를 지내보면 분명하다. 태평의 도를 행하면, 간절하게 바란다면 모두 호응할 것이다. 태평의 도를 행하지 않으면 간절한 바란다 하여도 응해주지 않는다. 천도가 이르는 곳에 태평이 있다는 것은 분명하다. 이런 까닭에 만물이 태어나지 못하는 것은 [가장 왕성한 양기인] 태양에서 잃어버림이 있는 것이다. 만물이 태어났음에도 길러지지 못하는 것은 [가장 왕성한 음기인] 태음에서 잃어버림이 있는 것이다. 길러졌음에도 성장하지 못하는 것은 중화(中和)인 사람에게서 잃어버림이 있는 것이다. 이런 까닭에 낳아주는 것은 아버지이고, 길러주는 것은 어머니이며, 성장하는 것은 자식이다. 낳아주는 것은 도이고, 양육하는 것은 덕이며, 성장하는 것은 사람이다. 한 가지 사물이 태어나지 않는 것은 곧 하나의 도가 가리어 통하지 않는 것이고, 한 가지 사물이 길러지지 않는 것은 하나의 덕이 닦여지지 않는 것이며, 한 가지 사물이 성장하지 않는

것은 하나의 인(仁)이 행해지지 않는 것이다. 스스로 도와 덕과 인을 지니고 있는지 아닌지를 알고자 하면, 사물을 바라보면 저절로 알 수 있다. 제(帝)·왕(王)·군주[君]·부친[父]·스승[師]이라는 다섯 부류의 사람들이 자기가 지닌 도와 덕과 인의 우열을 깊이 스스로 알고자 한다면, 다만 이런 점을 관찰해보기만 하면 된다. 이런 까닭에 다스림에서 가장 좋은 방법은 만물 낳아줌을 즐거워하는 것만 한 것이 없다. 다음으로 좋은 방법은 길러주기를 즐거워하는 것이며, 다음으로 좋은 방법은 베풀어주기를 즐거워하는 것이다. 이런 까닭에 낳아줌은 하늘을 본받고, 양육함은 땅을 본받으며, 베풂은 사람을 본받는다. 이 세 가지는 하늘·땅·사람의 큰 벼리인데. 이에 미치지 못하는 방법들은 달리 선택할 여지가 없는 정세에 대응하여 사용할 수 있는 것일 따름이다. 이와 같이 하면 천기(天氣)가 저절로 화평하고 안정되며, 사악한 기가 저절로 소멸되고, 선한 사람이 스스로 나타나며 악한 사람이 저절로 떠나가는 것이, 마치 메아리가 본래의 소리에 응하지 않음이 없는 것과도 같다."

문서의 내용과 의리를 밝혀주는 사람이 스승[師]이다. 누구보다도 앞서서 그러한 것을 잘 알고 있는 사람을 일러 스승이라 한다. 마땅히 책임지고 그러한 것을 증명하고 밝혀주어야 한다. 예로부터 지금까지 모든 신령스러운 글은 하늘과 땅에서 나온 것이다. 이런 까닭에 하늘과 땅이 먼저 내놓고, 그것을 밝혀주는 사람은 스승이다. 이런 까닭에 글이 내려진 뒤에 밝혀주는 스승이 있게 되고, 그것을 실현하는 사람은 천자(天子)이다. 옛적 제왕이 하늘의 뜻을 이어서 스승의 가르침을 받았고, 그 가르침을 힘써 실천하여 재해를 제거하고 하늘의 마음에 들어맞아 수명을 연장하였다고 하는 것은, 바로 이를 말한 것이다.

만든 존재는 하늘이고, 밝혀주는 존재는 스승이고, 그 가르침을 실현하는 사람은 제왕이다. 이 세 가지 일은 서로 따름으로써 이루어진다. 하늘께서 글을 내려주시지 않고, 스승이 글을 밝혀주지 않으면, 제왕은 다스림의 방법을 알 수 없다. 이래서 하늘께서 장차 제왕을 홍하게 하려 하실 때에는 반드시 기이한 글을 내려주시고, 밝은 스승이 받아 제왕과 천자를 가르쳐 이들로 하여금 수명을 늘리도록 하시는 것인데, 이는 곧 하늘께서 제왕을 도와주시는 분명한 증거이다.

分別天道·精身與德不訣.[1] 請問, 夫道審當樂欲行, 何爲明效? 神人言, 吾受此文於天上諸神, 諸神言, 吾聞與陰陽風雨寒暑相應也, 以是爲大效. 天樂其道行, 而人未明信之, 以乞雨止雨而明效之.[2] 行太平之道, 乞請皆應. 不行太平之道, 乞請不應. 明天道至在太平也. 故萬物不生者, 失在太陽. 生而不養者, 失在太陰. 養而不成者, 失在中和. 故生者, 父也. 養者, 母也. 成者, 子也. 生者, 道也. 養者, 德也. 成者, 仁也. 一物不生, 一道閉不通. 一物不養, 一德不修治. 一德不成,[3] 一仁不行. 欲自知有道德與仁否, 觀物可自知矣. 五者, 帝王君父師, 欲深自知道德仁優劣. 但觀此. 故理之第一善者, 莫若樂生, 其次善者樂養, 其次善者樂施. 故生者象天, 養者象地, 施者象仁. 此三者, 天地人之大綱也, 過此而下者, 但備窮乃後用之耳. 如此, 天氣自爲平安, 邪氣自消滅, 善人自至, 惡人自去, 莫不響應也. 明之者師也, 謂先知之稱師, 當主證而明之. 自古至今, 凡文出皆天地也.[4] 故天地先出之, 明之者師也, 故夫文出皆有師, 行之者縣官也.[5] 古者帝王承天意, 受師敎, 力行以除去災害, 以稱天心, 得延年益命, 此之謂也. 造之者天, 明之者師, 行之者帝王. 此三事者, 相須而成. 天不出文, 師無由得知. 師不明文, 帝王無從得知治. 故天將興帝王, 必有奇文出, 明師使教帝王縣官, 令得延年益壽, 是祐帝王之明證也.

역주

1) 精身與德不訣(정신여덕부결) : 이 구절은 본 경문의 제목에 해당하는 것으로 보인다. 정(精)'이란 정밀하게 사색하는 것을 뜻한다. '신여덕(身與德)'이란 본 경문의 내용에 비추어 볼 때, 실제로는 '자신이 도(道) · 덕(德) · 인(仁)을 지니고 있음'을 뜻한다. '부(不)'는 부(否)의 뜻이다.

2) 乞雨止雨(걸우지우) : 고대에 한재(旱災)와 수재(水災)에 따라 거행하였던 제사 활동으로서 길례(吉禮)에 속하는 것이다. '걸우(乞雨)'를 대우(大雩)라고도 부르는데, 이는 주로 춤을 추어 하늘을 부르는 것이다. '지우(止雨)'란 북을 두드리는 것을 뜻한다. 이들 예(禮)는 춘추시기에 성행하였다. 서한(西漢) 시기에 동중서(董仲舒)가 더욱 창도하여 그 의식(儀式)을 세밀하게 정하였는데, 동한(東漢) 시기에 이르러서는 이것이 확정적인 제도로 받들어졌다. 이에 관련되는 내용이 『춘추번로(春秋繁露)』 권3 「정화(精華)」와 권16 「구우(求雨)」 · 「지우(止雨)」, 그리고 『후한서(後漢書)』 「예의지(禮儀志) · 청우(請雨)」에 들어 있다(『금주금역』).

3) 德(덕) : 앞뒤의 문맥을 고려해 볼 때, 이 글자를 마땅히 '물(物)'자로 바꾸어서 보아야 한다.

4) 文(문) : 신문(神文) 또는 천서(天書), 즉 황하에서 용마가 그림을 내놓고 낙수에서 영귀(靈龜)가 글을 내놓았다고 하는 것과 같은 것을 뜻한다.

5) 縣官(현관) : 한나라 때에는 천자(天子)를 '현관'이라고 불렀다.

_『돈황목록』 권139 「상념상성황제의훈결(常念相成黃帝議訓決)」과 상응

"인민과 만물이 태어나지 못하고, 비록 태어났더라도 길러지지 못하며, 길러졌더라도 성장하지 못하고, 성장하였더라도 이루어지지 못한다면, 타고난 수명을 누리지 못할 것입니다. 그 허물은 어디에 있는 것입니까?"

"인민과 만물이 태어나지 못하는 것은 하늘이다. 길러지지 못하는 것은 땅이다. 성장하더라도 이루어지지 못하는 것은 사람이다. 허물은 결국 사람에게 있는 것인가? 만물이 제때에 태어나지 못하는 것은 [그 책임은] 군주에게 있다. 만물이 태어났더라도 길러지지 못하는 것은 신하에게 있다. 만물이 길러졌더라도 이루어지지 못하는 것은 인민에게 있다. 하늘은 어버이 군주와 더불어 태어남을 맡는데, 이것은 태양의 기름이고, 삶의 할아비다. 하늘이 낳아주고자 하지 않으면 사물은 태어날 수 없고, 아버지가 베풀어주지 않으면 사물 또한 태어날 수 없으며, 군주가 낳아주고자 하지 않으면 사물 또한 태어날 수 없으므로, 하늘과 군주와 어버이는 태어남을 담당한다. 군주와 아버지가 항상 낳아줌을 항상 마음에 품고 죽이기를 즐거워하지 않으면, 만물이 모두 태어난다. 한 마음으로 죽이기를 바라면 한 가지 사물이 죽고, 열 가지 죽일 마음을 지니면 열 가지 사물이 죽게 되며, 백 가지 죽일 마음을 가지면 백 가지 사물이 죽게 되니, 만 가지 마음에 이른다 하여도 모두 이와 같다.

땅과 어머니와 신하는 양(陽)의 베풂을 이어받아 만물을 길러주고 양육해주는 직무를 맡고 있으니, 이들은 항상 만물을 길러주

고 양육해줄 수 있는가의 여부를 생각해야 한다. 길러주고 양육해줄 마음 하나를 지니지 않으면 한 가지 사물이 상해를 입고, 길러주고 양육해줄 마음 열 가지를 지니지 않으면 열 가지 사물이 상해를 입으며, 길러주고 양육해줄 마음 백 가지를 지니지 않으면 백 가지 생물이 상해를 입게 되니, 이로부터 만 가지의 마음에 이를 것 같아도 모두가 이와 같다. 이런 까닭에 상고(上古) 때 제왕이 신하를 임명할 때는 항상 인자(仁慈)한 자를 구하여 사물을 길러주고 양육해주며 더불어 다스렸던 것이다. 중고(中古) 때는 절반 정도만이 인자하여 생물의 절반이 상해를 입었다. 하고(下古) 때에는 신하를 임명하는 데 세심하고 신중하게 하지 않았으므로 만물이 모두 상해를 입었다.

최고 통치자의 덕(德)은 황(皇)이라고 불릴 수 있는 것인데, '황'이라고 불리는 것은 그의 모습이 황천(皇天)처럼 빛난다는 것을 뜻한다. '제(帝)'라는 것은, 그가 하늘과 땅 사이에서 현명함과 지혜를 받들어 사람들로 하여금 흉하고 악함에 빠지지 않도록 해주는 까닭에 '제'라고 칭한 것이다. '왕(王)'이라는 것은, 인민과 만물이 모두 그에게로 향하여 왕으로 받들어도 자신이 상해를 입지 않았으므로 '왕'이라고 칭한 것이니, '왕'이란 그에게로 되돌아가는 것[往]을 말한다. '군(君)'이란, 각자가 자기가 맡은 영역을 안정시켜 사람들이 그에게로 와서 붙좇아도 상해를 입지 않는 까닭에 '군'이라고 칭한 것인데, '군'은 호이다. '아전'[吏]은, 다스리는 존재이다. 이는 자신의 군주를 도와서 사물을 다스리고 인민과 만물로 하여금 크고 작음을 막론하고 모두 그 다스림을 잃지 않도록 하므로 '아전'이라고 한다. '스승'[師]이란 하늘께서 내려주신 글과 말을 세세하고 빠짐없이 해설하므로 태사(大師)라고 하는 것이니, 이른바 '하늘께서 내려주신 모든 글을 해설할 수 있다'는 말은 이것을 이르는 것이다. 이런 까닭에 순서에 따라 황(皇)·제(帝)·왕(王)·군(君)·사(士)라고 한다.

그러므로 황도(皇道)는 머리이고, 제도(帝道)는 배이고, 왕도(王道)·군도(君道)는 넓적다리이며, 이도(吏道)는 손발이다. 사도(師道)란 직선을 긋는 먹줄과도 같은 것으로서 각자가 법도와 법식을 이루고, 위아래가 서로 따라서 이루어지는 것이다. 이런 까닭에 가장 잘 다스리는 자는 항상 황도를 품고, 중간은 제도를 품고, 하급은 군도·이도를 품는다. 항상 태사(大師)의 법을 암송하면 그 준칙을 지킬 수 있게 되는데, 이렇게 된 연후에는 하늘의 마음을 안정시킬 수 있고 땅의 뜻을 얻을 수 있으며, 네 계절이 저절로 운행하여 순조로우며 오행이 다투지 않고 해와 달과 별의 삼광이 항상 밝은 빛을 내며, 귀신과 정령의 기(氣)가 사람을 해치지 않고, 천상의 오방과 지상의 오방이 각각 제자리를 얻고, 도적이 출현하지 않아, 제왕이 소매를 늘어뜨리고 팔짱을 끼고 가만히 있어도 모두가 만세라 칭하게 된다. 천도가 이루는 법은 이와 같다. 나의 글에 비추어보지 않으면 확실하게 이해하기 어려운 것이니라. 삼가 그 뜻을 생각해야 하느니! 이 두 가지 일을 실천해야 하는 것이니, 경계할지어다."

凡人民萬物不生, 生而不養, 養而不長, 長而反不成, 不竟其天年, 其過安在? 凡民萬物不生者, 天也. 不養者, 地也. 長而不成者, 人也. 過在人乎? 萬物不得時生者, 君也. 生而不養者, 臣也. 長而不成者, 民也. 天與君父主生, 此太陽之長也, 生之祖也. 天不欲生, 物不得生, 父不欲施, 物亦不得生, 君不欲生, 物亦不得生, 故天與君父主生. 夫君父常念生, 不樂殺者, 凡物盡生. 一念殺者一物死, 十念殺者十物死, 百念殺者百物死, 自此至萬念, 皆若此矣. 地母臣承陽之施, 主長養萬物, 常念長養之不. 念一不長養, 則一物被傷, 十念則十物傷, 百念則百物傷, 自此至萬, 乃若此矣. 是故上古帝王之任臣, 常求慈仁, 好長養萬物與爲治. 中古半慈仁, 物半傷. 下古不詳擇臣而任之, 故萬物悉傷矣. 其德皇,[1] 王之言煌煌也.[2] 帝者, 爲天地之間作智, 使不陷於凶惡, 故稱帝也. 王者, 人民萬物歸王之不傷, 故稱王. 王者, 往也.[3] 君者, 各安其部界, 人歸附之而無害, 故稱君.[4] 君者, 號也. 吏者, 治也, 而助上治物, 使凡民萬物大小, 不失其治, 乃得稱吏. 師者, 悉解天下辭悉,[5] 乃得稱大師者, 所謂能解天下天下文也. 故得稱皇·帝·王·君·師也. 故皇道爲首, 帝道爲腹, 王道爲股,[6] 吏爲手足.[7] 師道者繩墨, 爲法爲則, 上下相須而立. 故善治者常念皇道, 中念帝道, 下念君吏吏道.[8] 常誦大師之法, 則守其繩墨, 然後天心可安, 地意可得, 四時自順, 五行不戰, 三光常明, 鬼神精氣不害, 五官五土各得其所,[9] 盜賊不發, 帝王垂拱, 俱稱萬歲. 天道爲法如此, 不如吾文, 誠難哉! 謹思其意, 行此二事, 亦有戒哉.

역주

1) 其德皇(기덕황) : '통치자의 덕은 황(皇)이라고 불릴 만하다'라는 뜻이다. '황(皇)'은 위호(位號)·칭호라는 뜻이다.

2) 王之言煌煌(왕지언황황) : 여기에서의 '왕(王)'자를 마땅히 황(皇)자로 바꾸어서 보아야 한다. '황황(煌煌)'이란 무위이치(無爲而治)를 시행하여 복종하지 않는 사람이 없고 만물이 모두 낳아져, 왕의 광명이 하늘과 유사하다는 뜻이다. 이에 관해서는 춘추위(春秋緯) 가운데의 『운두추(運斗樞)』 내용을 참고할 수 있다.

3) 往(왕) : '신(神)이 지향하는 바와 사람이 충심으로 와서 붙좇는 것'을 뜻한다. 이에 관해서는 춘추위(春秋緯) 가운데의 『문요구(文曜鉤)』 및 『원명포(元命苞)』를 참고할 수 있다. 이상에서 말한 황

(皇)·제(帝)·왕(王)에 관한 것은 『백호통(白虎通)』 권1 「호(號)」에서도 상세히 설명하고 있다.

4) 稱君(칭군) : 이상에서 군(君)을 논한 것은, 대개 『한시외전(漢詩外傳)』에서 "'군'이란 무리 짓는다는 뜻이다. 감히 세상 만물을 무리지어 그의 위해를 제거하는 것을 두고 군이라 이른다[君者, 群也. 敢群天下萬物而除其害者, 謂之君]"라고 한 것과, 『춘추번로(春秋繁露)』 권5 「멸국상(滅國上)」에서 "'군'이란 그 무리를 잃지 않는 것이다[君者, 不失其群者也]"라고 한 것에 의거한 것으로 보인다.

5) 悉解天下辭悉(실해천하사실) : 앞의 '실(悉)'은 '전부'라는 의미이고, 뒤의 실은 '상세하고 빠짐이 없다'라는 뜻이다. '천하사(天下辭)'란 '하늘께서 내려주신 문사(文辭)'라는 뜻이다.

6) 王道(君道)爲股(왕도군도위고) : 문맥상 '왕도(王道)' 바로 다음에 '군도(君道)'를 보충해서 보아야 한다. '고(股)'란 넓적다리를 뜻한다.

7) 吏爲手足(이위수족) : '이(吏)'자 바로 다음에 마땅히 '도(道)'자가 들어 있어야 한다.

8) 下念君吏吏道(하념군리이도) : 문맥상 이 구절은 '下念王道君道吏道(하념왕도군도이도)'로 교정해서 보아야 한다.

9) 五官五土(오관오토) : '오관(五官)'이란 하늘의 오성(五星)이 담당하는 관직을 뜻하는 말로서 동쪽은 전(田; 농사를 담당)이 되고, 남쪽은 사마(司馬; 兵을 담당)가 되고, 서쪽은 이(理; 刑獄을 담당)가 되고, 북쪽은 사공(司空; 토목을 담당)이 되고, 중앙은 도(都; 전반적인 일을 담당)가 되는 것을 가리킨다. 이에 관한 것은 『회남자(淮南子)』 「천문훈(天文訓)」의 글을 참고할 수 있다. '오토(五土)'란 청토(靑土) 또는 편토(偏土), 적토(赤土) 또는 모토(牡土), 백토(白土) 또는 약토(弱土), 흑토(黑土) 또는 빈토(牝土), 황토(黃土) 또는 정토(正土)가 오방·오행에 각각으로 배속되는 것을 뜻한다. 이에 관한 자세한 내용은 『회남자』 「지형훈(地形訓)」에 들어 있다.

_『돈황목록』 권140 「음념위선득선위악계(陰念爲善得善爲惡戒)」와 상응

하늘과 땅의 본성은 정귀(精鬼)와 귀신으로 하여금 나아가 사람을 다스리고 사람을 배우도록 하고, 사람을 가르친다. 신은 인간 심장의 오른쪽에 깃들고, 정은 신장의 오른쪽에 깃들며, 인귀는 간장의 오른쪽에 깃든다. 사람에 대대하여 올바른 선을 품으면, 이에 말미암아 사람을 가르치는 것이 선하게 된다. [그렇지만 저들은] 항상 인간 신체의 오장 오른쪽에 거처하여 때로는 사람으로 하여금 악한 일을 행하도록 부추기므로, 사람을 가르치는 것이 악한 일이 되며 또한 다른 사람으로 하여금 악한 일을 하도록 부추기는 것이 되고 만다. 옛날 성인과 현인은 마음속으로 항상 선한 일을 할 것을 은연중에 생각하였던 까닭에 선한 호응을 받았다. 그러나 일반 사람은 마음속으로 항상 암암리에 악한 일을 할 것을 생각하였던 까닭에 악한 호응을 받았음에도 그런 일을 스스로 멈출 수 없었다. 허물은 항상 사람이 암암리에 한편으로 선량함을 생각하고 다른 한편으로는 사악함을 생각하는 것에 따라 귀신이 한편으로 선한 일을 행하도록 부추기고 다른 한편으로는 악한 일을 하도록 부추기는 데에 있는 것이니, 귀신을 안정시켜 (사악함에) 호응하지 못하도록 하는 방법을 알 수 있을 것이다.

天地之性, 精氣鬼神行治人·學人·教人. 神者居人心陰,[1] 精者居人腎陰, 鬼者居人肝陰. 於人念正善, 因教人爲善. 常居人藏陰, 趨人爲惡, 教人爲惡亦趨人爲惡. 古者賢人聖人, 腹中常陰念爲善, 故得善應. 凡人腹中常陰念惡, 故得惡應, 不能自禁. 咎在常陰念善惡, 鬼神因而趨善惡, 安鬼於此可驗矣.

역주

1) 陰(음) : 오른쪽을 뜻한다. 고대에는 오른쪽을 음으로 삼고 왼쪽을 양으로 삼았다. 『태평경』 을부 「녹신정신령인자지법(錄身正神令人自知法)」에서 "인체의 부위는 왼쪽이 양을 본받고 오른쪽이 음을 본받는다[左法陽, 右法陰]"라고 하였다.

_『회남자(淮南子)』「천문훈(天文訓)」과 상응

태평기(太平氣)는 바람과 비가 절기에 맞추고 만물의 태어남이 풍부하고 성장함이 양호하여 저절로 토양에 거름을 주어 토양이 날로 비옥해지고 넓어져서 해마다 더 많은 수확을 할 수 있게 된다. 흉년에는 바람과 비가 때에 맞지 않으니 지상에 돋아나는 만물이 드문드문하며 길이도 짧고 자라나지 못하여 저절로 거름을 더해 줄 수 없어서 날로 척박해지고 줄어들어 만물을 낳아줄 수 없고 성장시킬 수 없게 된다. 하늘과 땅의 운행은 오히려 음과 양이 서로 화합한 뒤에야 태평해지며, 네 계절과 오행의 신령한 아전이 이를 수 있다.

제왕은 북두칠성의 자루가 가장 먼저 가리키는 방향인 정월 인위(寅位)에 본위(本位)를 확립한 것인데, 이 본위가 앞으로 이동한 것과 이후 도수의 각 방위상의 여러 신령의 직무는 마땅히 제왕기를 위해 악한 아전들을 쫓아버리는 데 있다. 정월 인위(寅位)의 건신(建神), 즉 원기(元氣)와 주재적인 지위를 점하고 있는 왕기(王氣)는 바로 하늘의 네 계절 오행의 가장 존귀한 제기(帝氣)에 속하는 것이다. 그런데 강장한 상태에 거처하는 상기(相氣)와 2월 묘위(卯位)의 제신(除神)의 기는 제왕기가 소재하는 본위가 앞으로 이동한 제1위인데, 이는 바로 본위 전방의 모든 장애를 제거하고 선봉이 되어 전방의 아전들을 직접 지향하는 것이다. 이것이 지향하는 곳은 간사한 것을 잠복시켜 더 이상 재해를 일으키지 못하게 된다. 제신의 기가 다시 앞으로 이동한 3월 진위(辰位)의 만신(滿神)의 기, 4월 사위(巳位)의 평신(平神)의 기, 5월 오위(午位)의 정과신(定神)의 기는 모두 선한 아전들이다. 제왕기 본위가 앞으로 이동하여 이르게 된 제5위의 6월 미위(未位)의 집신(執神)은 몸을 전면에 두고 미리 제왕기를 위해 크게 악한 것을 잡아 제거한다. 제왕기 본위가 앞으로 이동한 곳에 있는 제신·만신·평신·정신·집신의 5신은 전부 하늘의 정기(正氣)를 받아 모두 하늘의 아전으로 된다. 이들이 마땅히 하늘의 아전으로 되는 것이므로, 크고 작음을 막론하고 만 이천 종의 생물들은 모두 마땅히 이들의 은덕을 입고 이들의 이끎을 받들어 시행해야만 한다.

왕기와 대립하는 것은 죽어 없어지게 되므로, 제왕기 본위가 소재하는 인위(寅位)와 대립하는 것들은 파괴된다. 이것은 존엄한 제일의 기이다. 이런 까닭에 인위와는 대립할 수가 없다. 대립하는 것들은 사멸하고 마는데, 이것을 '살기대모(殺氣大耗)'라고 이름 부른다. 제왕기 본위가 소재하는 인위로부터 뒤로 셈한 제1위는 폐(閉)를 구성하는데, 이는 폐색하여 간사한 것이므로, 제왕기 후면의 잠복되어 있는 음기가 앞으로 나와 이미 건립된 본위의 제왕기를 능욕하여 죄를 범하지나 않을까 염려되는 상태를 구성한다. 이런 까닭에 하늘은 그 후면을 폐쇄하는 것이다. 후면을 폐쇄하면서도 다시 열어놓는 것은, 잠복해 있는 사기(邪氣)를 물리치고 떠나가도록 꾸짖기 위함인 것이다. (사기는) 뒤로 떨어져 있고 또한 간사한 것이므로, 마땅히 가두어 두어야 한다. 제왕기 본위가 소재하는 인위로부터 뒤로 셈한 제5위는 위(危)를 구성한다. 위(危)의 위치는 제6신인 천집(天執)과 제7신인 대살(大殺)에 근접하는 것이므로, 하나의 위(位)를 뛰어넘으면 곧바로 퇴락에 이르게 되어 격살당하고 만다. 이런 까닭에 위(危)가 되는 것이다. 하늘은 12월 축위(丑位)에 거처하는 폐신(閉神), 11월 자위(子位)에 거처하는 개신(開神), 10월 해위(亥位)에 거처하는 수신(收神), 9월 술위(戌位)에 거처하는 성신(成神), 8월 유위(酉位)에 거처하는 위신(危神)의 다섯 신을 장차 잠복시켜 움직이지 못하도록 하고, 땅과 더불어 기를 한가지로 하여 간사함을 폐쇄하는 일을 관장한다. [저 다섯 신은] 귀물(鬼物)과 더불어 거처하는 존재들인 까닭에 하늘의 사역을 맡을 수 없는 것들이다.

太平氣, 風雨時節, 萬物生多, 長又好, 下糞地, 地爲之日壯且富多, 可能長生. 凶年雨澤不時, 地上生萬物疏少, 短而不長, 不能自糞, 則地之爲日貧薄少, 無可能成生萬物. 天地之行, 尙須陰陽相得和合, 然後太平, 而致四時五行之吏也. 帝王月建前後也,[1] 職當爲帝王氣逐邪惡之吏也. 夫建氣王氣,[2] 是乃天四時五行之帝氣也. 相氣除氣爲前一,[3] 是正其前, 毛頭直指之吏也. 所向者伏姦, 不得復行爲害. 除前滿·平·定氣,[4] 皆善良吏也.[5] 前五執者,[6] 居前預爲帝王氣執除大邪. 建前五將, 悉受天正氣, 皆天之神吏, 當爲天使, 無大小萬二千物之屬, 皆當被服其德而奉行其化. 當王氣爲死, 當月建爲破,[7] 此尊嚴第一之氣, 故不可當也. 當者死, 名爲殺氣大耗. 月建後爲閉,[8] 閉塞邪姦, 恐後休伏之氣來干帝王建氣也. 故天閉其後. 後而開,[9] 卻休邪氣敎去也 其後爲成姦,[10] 便當收之也.[11] 後五爲危,[12] 危者其處, 近天執大殺,[13] 一轉破卽擊, 故爲危也. 此後五將,[14] 天將欲休之, 與地同氣, 主閉藏姦邪, 鬼物同處, 不可使也.

역주

1) 帝王月建前後(제왕월건전후) : '월건(月建)'을 두건(斗建)이라고도 부르는데, 그 의미는 북두칠성의 자루[玉衡・開陽・搖光]가 가리키는 곳이다. 고대에는 12지지(地支)를 사용하여 12방위를 대표하였다. 하력(夏曆)의 경우 11월 황혼 때에 북두칠성의 자루가 북쪽을 가리켰으므로, 해월(亥月)을 '건자(建子)의 달'이라고 불렀다. 이후로 북두칠성의 자루는 매달 자리를 옮겨 하나의 방위를 가리키게 되는데, 12개월 동안 다 돌고나면 다시 시작함으로써 12월건을 이룬다. 동한(東漢) 이전에는 일종의 방술이 있기도 했는데, 그것을 간략하게 건제(建除)라고 불렀다. 즉 천문 12진(辰)을 분할하여 12종의 인간사 정황을 상징하고, 이에 의거하여 길흉을 점쳤던 것이다. 여기에서 정한 용어는 모두 신명(神名)이 되는데, 처음의 두 신을 건(建)・제(除)라고 하였다. 건(建)・제(除)・만(滿)・평(平)・정(定)・집(執)・파(破)・위(危)・성(成)・수(收)・개(開)・폐(閉)의 전체를 '건제12신'이라고 불렀다. 제1신으로 삼은 '건(建)'은 인(寅)이 건으로 되는 것을 가리킨다. 인(寅)이란 북두칠성의 자루가 가리키는 인위(寅位)의 정월을 뜻하는데, '건(建)'의 의미에 관해 『회남자(淮南子)』「천문훈(天文訓)」에서는 "인은 건이 되는데, … 만물을 낳아주는 직무를 맡는다[寅爲建, … 主生]"라고 하였다, 그런데 『태평경』에서는 '원기는 건위로서 그 형상이 제왕과 같다[元氣建位, 形同帝王]'라고 풀이하였고, 아울러 이것을 기준으로 삼아 12월건을 나누어 춘하의 6개월과 추동의 6개월이라는 두 조(組)로 하였다. 그리고 각 조를 다시 분별하고 거기에 건제12신을 걸어 놓게 되었는데, 이것이 곧 '제왕월건전후(帝王月建前後)'의 의미이다(『금주금역』).
2) 建氣王氣(건기왕기) : '건(建)'은 건제 12신 가운데의 제1신을 가리킨다. '왕(王)'은 오행휴왕설(五行休王說)의 전문 용어인데, 그 뜻은 '왕성하여 지배적인 작용을 일으키다'라는 것이다. 봄은 목왕(木王)이므로, 건기와 왕기를 연이어서 부른 것이다.
3) 相氣除氣爲前一(상기제기위전일) : '상(相)'은 오행휴왕설의 전문

용어로서 강장(强壯)을 뜻한다. 봄의 목왕(木王)은 곧 화상(火相)이다. '제(除)'는 북두칠성의 자루가 가리키는 묘(卯)가 대표하는 동쪽으로서, 건묘지월(建卯之月), 즉 음력 2월이 된다. 건제 12신 가운데서 묘(卯)가 제(除)로 되는 것이다. '전일(前一)'이란 '인위건(寅爲建)'을 기준으로 삼았을 때, 앞으로 이동한 정수(正數)의 제1위가 되는 것을 뜻한다. '제(除)'는 제2신인 까닭에 위(位)가 마땅히 전일(前一)인 것이다(『금주금역』).

4) 滿·平·定(만·평·정) : '만(滿)'은 북두칠성의 자루가 가리키는 진(辰)이 대표하는 편동방(偏東方)인데, '건진지월(建辰之月)' 즉 음력 3월이 된다. 건제 12신 가운데서 진(辰)은 만(滿)이 된다. '평(平)'은 북두칠성의 자루가 가리키는 사(巳)가 대표하는 동남쪽인데, '건사지월(建巳之月)' 즉 음력 4월이 된다. 건제 12신 가운데서 사(巳)는 평(平)이 된다. '정(定)'은 북두칠성의 자루가 가리키는 오(午)가 대표하는 정남쪽인데, '건오지월(建午之月)' 즉 음력 5월이 된다. 건제 12신 가운데서 오(午)는 정(定)이 된다(『금주금역』).

5) 皆善良吏也(개선양리야) : 이 구절은 만(滿)·평(平)·정(定)이라는 3신(神)의 직무에 관해 개괄적으로 설명한 것이다. 『회남자(淮南子)』「천문훈(天文訓)」에서는 "인은 건이 되고, 묘는 제가 되며, 진은 만이 되고, 사는 평이 되어 생장을 주관한다. 오는 정이 되고, 미는 집이 되어 퇴락 결손을 주관한다[寅爲建, 卯爲除, 辰爲滿, 巳爲平, 主生; 午爲定, 未爲執, 主陷]"라고 하였다. 『태평경』의 이 설명은 『회남자』의 글에 바탕을 두면서 동시에 그것을 변형시킨 것으로 보인다(『금주금역』).

6) 前五執者(전오집자) : '전오(前五)'란 '건(建)'을 기준으로 삼아 앞으로 이동한 정수(正數)의 제5위이다. '집(執)'이란 북두칠성의 자루가 가리키는 미(未)가 대표하는 서남쪽인데, '건미지월(建未之月)' 즉 음력 6월이 된다. 건제12신 가운데서 미(未)는 집(執)이 된다. 집은 제6위에 속하는 까닭에 여기서는 '전오(前五)'라고 하였다(『금주금역』).

7) 當月建爲破(당월건위파) : 북두칠성의 자루가 가리키는 원기(元氣) 건파(建破)의 인위(寅位)는 북두칠성의 제1성에서부터 제4성까지가 구성하는 두괴(斗魁)가 가리키는 신(申)과 대립한다. 신(申)은 편동남과 7월을 대표하는데, 건제 12신 가운데의 신(申)은 파(破)가 된다.

8) 月建後爲閉(월건후위폐) : '후(後)'란 거꾸로 또는 뒤로 센 제1위를 가리킨다. '폐(閉)'란 북두칠성의 자루가 12월에서 가리키는 축(丑)으로 대표되는 동북쪽인데, '건축지월(建丑之月)'로서 축(丑)은 건제 12신 가운데의 폐(閉)가 되는 제12신이다. '건(建)'을 기준으로 삼아 거꾸로 셈한 까닭에 '후(後)'라는 표현을 한 것이다.

9) 開(개) : 북두칠성의 자루가 11월에 가리키는 자(子)가 대표하는 북쪽으로서 '건자지월(建子之月)'인데, 자(子)는 건제 12신 가운데의 개(開)로서 제11신이다.

10) 成(성) : 이는 북두칠성의 자루가 9월에 가리키는 술(戌)이 대표하는 편서쪽 즉 '건술지월(建戌之月)'인데, 술(戌)은 건제 12신 가운데의 성(成)으로서 제9신이다.

11) 收(수) : 이는 북두칠성의 자루가 10월에 가리키는 해(亥)가 대표하는 서북쪽 즉 '건해지월(建亥之月)'인데, 해(亥)는 건제 12신 가운데의 수(收)가 된다. 이상의 두 구절은 사실 순서가 뒤집혀져 있는 것이다. 수(收)는 제10신이다.

12) 後五爲危(후오위위) : '후오(後五)'란 거꾸로 셈한 제5위를 가리킨다. '위(危)'란 북두칠성의 자루가 8월에 가리키는 유(酉)가 대표하는 서쪽 즉 '건유지월(建酉之月)'인데, 유(酉)는 건제 12신 가운데의 위(危)가 된다. 위(危)는 제8신이다.

13) 近天執大殺(근천집대살) : '근(近)'은 '접근하다'라는 뜻이다. '천집(天執)'이란 '제왕기(帝王氣)를 위해 크게 악한 것을 잡아서 제거하는 일을 하기로 예정되어 있는 건제의 제6신을 가리킨다. '대살(大殺)'이란 제1신과 대립되는 제7신, 즉 신(申; 7월)이 파(破)로 되는 것을 뜻한다.

14) 後五將(후오장) : 폐(閉) · 개(開) · 수(收) · 성(成) · 위(危)의 다섯 신(神)을 이른다.

_『돈황목록』 권143 「삼통불의유형결(三統不宜有刑決)」과 상응

여쭈었다. "북쪽은 '황(皇)'이 일어나는 곳이고, 동쪽은 '제(帝)'가 일어나는 곳이며, 남쪽은 '왕(王)'이 일어나는 곳이며, 서쪽은 '패(覇)'가 일어나는 곳입니다. 지금 하늘은 육갑(六甲)과 12지지(地支)가 있는데, 황도(皇道)는 응당 어디에서 일어나는 것인지요?"

"그렇다. 하늘에 하늘 · 땅 · 사람의 삼통(三統)이 있는데, 이들 각각은 대무(大無), 곧 원기를 갖추어, 제1위는 천황(天皇)이고, 제2위는 제(帝)이고, 제3위는 왕(王)이며, 제4위는 패(覇)이다. 천황은 맨 앞의 갑자(甲子)에서 일어나고, 지황은 을축(乙丑)에서 일어나며, 인황은 병인(丙寅)에서 일어나며, 패도는 정묘(丁卯)에서 일어난다. 이것이 곧 하늘 역법의 기수(氣數)이다. 땅 역법은 황도가 자위(子位)에서 일어나고, 제도(帝道)는 축위(丑位)에서 일어나고, 왕도(王道)는 인위(寅位)에서 일어나며, 패도(覇道)는 묘위(卯位)에서 일어난다. 이 네 가지는 시작되는 처음에 하늘 · 땅의 미기(微氣)를 받아 태어나게 하는 것으로, 해치는 기[刑]가 없다. 해치는 기는 황도를 해치는데, 도의 법에는 해침이란 없다. 이런 까닭에 지지(地支)의 자위(子位)가 묘위(卯位)를 꺾어버리고, 축위(丑位)가 무위(戌位)를 꺾어버리며, 인위(寅位)가 사위(巳位)를 꺾어버리는 것이니, 이들은 모두 상해하는 기를 내놓는 것이기 때문에 이들과는 함께 거처할 수 없다."

問曰, 北方爲皇之始, 東方爲帝之始, 南方爲王之始, 西方爲霸之始.[1] 今天有六甲十二子,[2] 皇道當於何起? 然, 天有三統, 各有大無.[3] 初一者天皇, 二者帝, 三者王, 四者霸.[4] 天皇起於上甲子,[5] 地皇起於乙丑,[6] 人皇起於丙寅,[7] 霸道起於丁卯,[8] 是天曆氣數也. 地曆者, 皇道起於子,[9] 帝道起於丑, 王道起於寅, 霸道起於卯. 此四者, 初受天地微氣造生, 不得有刑. 有刑者傷皇道, 道法不得有傷. 故子刑卯, 丑刑戌, 寅刑巳, 皆出刑氣, 不與同處.

역주

1) 霸(패) : 위호(位號)이다. 형벌과 무력으로써 천하를 정복한 통치자를 가리키는 말이다. 『태평경』 권66 「삼오우열결(三五優劣訣)」에서 이르길, "구황은 북쪽에서 배태되었고, 오제는 동쪽에서 낳아졌으며, 삼황은 남쪽에서 무성해졌고, 오패는 서쪽에서 숙살되었다[九皇始萌於北, 五帝始生於東, 三皇茂盛於南, 五霸殺成於西]"라고 하였다. 이와 같은 까닭은, 하늘이 만물을 낳음에 양기는 원기(元氣)에 연유하여 북쪽에 있으면서 음기와 교합하여 만물로 하여금 지하에서 배태하도록 하므로 '맹어북(萌於北)'이라고 한 것이며, 움터서는 마땅히 지면을 뚫고 올라오게 하므로 '생어동(生於東)'이라고 한 것이다. 그리고 이미 싹텄으면 무성해져야 하는 까닭에 '성어남(盛於南)'이라고 한 것이며, 이미 무성해졌으면 성숙되어야 하는 까닭에 '살성어서(殺成於西)'라고 한 것이다. 바꾸어 말하자면 북쪽은 음이 극에 도달하여 양을 낳는 곳이고, 동쪽은 움트게 하는 곳이며, 남쪽은 양육해주고 길러주는 곳이고, 서쪽은 해치고 살해하는 곳인 까닭에, 황(皇) · 제(帝) · 왕(王) · 패(霸)가 서로 비교되는 것이다(『금주금역』).

2) 六甲十二子(육갑십이자) : 여기에서 '육갑(六甲)'은 시간의 배열을 대표한다. '십이자(十二子)'란 곧 12지지(地支)인데, 여기에서는 공간 방위의 분포를 대표한다. 고대에는 천간(天干)을 '모(母)'라 부르

고 지지를 '자(子)'라고 불렀다.

3) 大無(태무) : 태무(太無)와 같은 것으로서, 본원 즉 원기(元氣)를 뜻한다.

4) 初一者天皇, 二者帝, 三者王, 四者霸(초일자천황, 이자제, 삼자왕, 사자패) : 『태평경』 권66 「삼오우열결(三五優劣訣)」에서 "하늘·땅·사람은 본래 동일한 원기인데, 나뉘어 삼체(三體)가 되었다. 그리고 각각이 자신의 시조를 지니고 있는 까닭에 삼황(三皇)은 조두(祖頭)가 되고, 오제는 중흥지군(中興之君)이 되고, 삼왕은 평평지군(平平之君)이 되고, 오패는 말궁열쇠(末窮劣衰)·흥형위란지기(興刑危亂之氣)가 된다"라고 하였다. 오패의 때에 이르면 천도(天道) 삼통은 거의 절단되고 만다.

5) 天皇起於上甲子(천황기어상갑자) : '천황(天皇)'이란 삼황 가운데의 하나를 가리킨다. '상갑자(上甲子)'란 동지가 들어 있는 음력 11월을 뜻한다. 「주정(周正)」(역법명)에서는 건자(建子), 즉 북두칠성의 자루가 가리키는 자위(子位; 정북쪽)의 11월을 세수(歲首)로 삼았는데, 이는 천통을 대표하는 것이며 천정(天正)이라 불리기도 하였다. '갑자(甲子)'란 육갑의 처음으로서 역법의 기산점이므로 여기에 '상(上)'이라는 글자를 덧붙인 것이다.

6) 乙丑(을축) : 음력 12월을 가리키는 말이다. 「은정(殷正)」에서는 건축(建丑) 즉 북두칠성의 자루가 가리키는 축위(丑位; 동북)의 12월을 세수로 삼았는데, 이는 지통을 대표하는 것이며 지정(地正)이라 불리기도 하였다.

7) 丙寅(병인) : 정월을 가리킨다. 「하정(夏正)」에서는 건인(建寅) 즉 북두칠성의 자루가 가리키는 인위(寅位; 편동북)의 정월을 세수로 삼았는데, 이는 인통(人統)을 대표하는 것이며 인정(人正)이라 불리기도 하였다. 이상의 내용에 관해서는 『태평경』 권119 「삼자위일가양화수오결(三者爲一家陽火數五訣)」에서 서술한 내용을 참고할 수 있다.

8) 霸道起於丁卯(패도기어정묘) : '정묘(丁卯)'란 음력 2월을 가리키는

말인데, 방위에서는 동쪽이 된다. 2월은 중춘이고, 동쪽은 만물이 낳아지는 곳인데, 이미 낳아진 것에는 살상(殺傷) 또한 더불어 오는 까닭에 여기에서는 '패도기어정묘(霸道起於丁卯)'라고 하였다.

9) 皇道起於子(황도기어자) : 『태평경』 권69 「천참지간상배법(天讖支干相配法)」에서 이르길, "하늘은 땅과 더불어 법칙을 이루어 위아래가 서로 응하여 합치하니, 하늘에 자(子)가 있으면 땅에도 자(子)가 있는 것이다[天與地法, 上下相應, 天有子, 地亦有子]"라고 하였다.

_『돈황목록』 권140 「역학문득봉불감실삼사결(力學問得封不敢失三事決)」과 상응

여쭈었다. "하늘께서는 사람을 등급으로 봉하였고 땅도 사람을 등급으로 봉하였으며, 군주도 사람을 등급으로 봉하였다. 이에 관한 가르침을 들을 수 있겠습니까?"

말씀하셨다. "하늘께서는 도(道)로써 사람을 봉하였고, 땅은 덕(德)으로써 봉하였으며, 군주는 사람을 복록과 식읍으로 봉하였다."

"왜 그런 것인지요?"

"하늘께서는 도로써 자신의 독특함으로써 또한 오래 간다고 한다. 그러므로 봉하는 도는 장수하도록 하고, 풍기(風氣)를 먹어 배가 부르도록 하는 것이다. 땅은 양육을 담당한다. 좋은 땅이고, 땅은 사람을 부유하게 하는 것이므로 덕으로 부유하게 함으로써 사람을 봉하는 것이다. 군주는 녹읍과 음식으로써 사람을 봉하는데 의복을 하사한다. 이 세 가지는 모두 선한 것이다. 도를 좋아하

여 나태하지 않으므로 하늘로부터 봉해지는 것이다. 덕으로 사랑하기를 좋아하면, 땅의 상을 보아 받아서 거처하고, 흉함을 없애면 길함을 얻게 되니, 땅에게서 봉해진다. 학문을 좋아하여 위 정부에 유익하게 되는 것은 어버이 군주기 멀리할 수 없는 것이다. 그를 따라서 일을 다스리면 사람에게서 봉함을 받게 되니, 성현이 힘써 학문을 하면 감히 세 가지를 잃어버릴 수 없다. 그러므로 도를 얻어 떠나는 자는 세상을 피하여 땅을 회복하는 것이다. 때로 군주의 녹읍과 식봉을 얻게 되는 것이다.

問曰, 天封人以等, 地封人以等, 人封人以等, 豈可聞耶? 曰, 天封人以道, 地封人以養德, 人封人以祿食. 何也? 天者以道自殊且久, 故封之道, 使壽, 可得食風氣而飽. 地者主養, 善地. 地令人富, 故封人以德富. 君者封人以祿食, 賜之以衣服. 此三事, 皆善也. 好道不解, 故得封於天. 好德愛, 地知, 相地[1]授而居之, 去凶得吉, 得封於地. 好學而有益於上政者, 君父乃不能遠也, 須以理事, 故得封於人也. 是古者聖賢力學, 不敢失此三事. 故有得道而去者, 有避世而之復地者,[2] 或有得君之祿食者也.

역주

1) 相地(상지) : 풍수를 살펴보는 것을 뜻한다. 『태평경』 권50 「장택결(葬宅訣)」에서는 땅을 세 종류로 나누었다. 즉 대생지(大生地)와 역지(逆地)와 소지(消地)가 그것이다.

2) 之復地(지부지) : '지(之)'는 지(至)로서 실현하는 것을 뜻한다. '부지(復地)'란 조상이 전생(轉生)한 길지(吉地)를 뜻한다.

_병부「제악고문시비결(諸樂古文是非訣)」, 경부「낙노길흉결(樂怒吉凶訣)」등과 상응

[진인들이] 여쭈었다. "오음(五音)을 즐김에 음을 얻는다는 것은 어찌하는 것인지요? 음의 오묘함을 얻지 못하면 어찌되는 것인지요? 두 가지에 관하여 듣고 싶습니다."

"대저 음이란 참된 일을 이끌어주고 허로써 실에 이르고, 형체가 없는 몸으로써 형체가 있는 몸을 불러내는 것이다. 대저 악이란 음향으로써 일을 불러내는 것이니, 비유하자면 사람이 입을 열어 소리를 내면 좋은 것이 있고 싫은 것이 있는데, 좋은 것은 길함에 이르고 싫은 것은 흉함에 이르는 것이다. 나의 책이 갖추어 나오니, 사람들의 입에서 좋고 나쁜 반응이 있게 되니, 음악의 소리는 바로 천지의 음양과 오행의 말이다. 그 음을 들어 천지의 정황을 알아 네 계절, 오행의 기가 조화를 이루는지 아닌지를 다 알게 된다. 훌륭한 선비가 그 뜻을 알아 평화롭게 세상을 다스리게 된다. 중급의 선비가 그것을 행하면 군주의 다스림을 도와 장수에 이르게 하고, 현명한 자가 그것을 행하면 근심 없기에 이른다. 음이란 하나로써 만 가지를 타고, 만 가지는 무극을 타서 천하에 모든 것이 갖추어지게 된다."

問曰, 夫樂五音者,[1] 得其音何如, 不得其音何如, 並可聞耶? 夫音, 非空也, 以致眞事, 以虛致實, 以無形身召有形身之法也.[2] 夫樂, 乃以音響召事, 比若人開口出聲, 有好有惡, 善者致吉, 惡者致凶. 此書俱出, 於人口乃致善惡之應. 樂聲, 正天地陰陽五行之語言也. 聽其音, 知天地情, 四時五行之氣和以不, 知盡矣. 故上士得其意, 以平理度也. 中士爲之, 以助君理, 以致壽. 賢者爲之, 以致無憂. 音者, 乃一以乘萬, 萬乘無極, 天下畢備矣.

역주

1) 五音(오음) : 궁(宮) · 상(商) · 각(角) · 치(徵) · 우(羽)를 뜻한다. 순서대로 토행 · 금행 · 목행 · 화행 · 수행에 분속되는데, 실제로는 5성 음계상의 다섯 음계를 가리킨다. 대체로 현대 음악에서 숫자보상의 1, 2, 3, 5, 6에 해당하는 것이다(『금주금역』).

2) 以虛致實, 以無形身召有形身之法(이허치실, 이무형신소유형신지법) : 『태평경』 권113 「낙노길흉결(樂怒吉凶訣)」, 그리고 권115~116 「모결(某訣)」에서는 "봄의 경우에 먼저 대각(大角)의 현율(弦律)을 움직여 맹춘의 갑일(甲日)을 일으켜 움직이게 한다. 갑일이 위로 올라가면 곧 목성(木星)과 심수(心宿)를 일으켜 움직이게 하고, 아래로 내려가면 곧 동악 태산을 일으켜 움직이게 한다. 그것은 시기(時氣) 가운데의 소양(少陽)을 감응시키고, 음성 가운데의 목행(木行)을 감응시키고, 천신(天神) 가운데의 구망(鉤芒)을 감응시키고, 금수 가운데의 창룡을 감응시키고, 제위(帝位) 가운데의 청제(青帝)를 이끌어오고, 신령 가운데의 청의옥녀를 초치한다[春者, 先動大角弦動甲. 甲日上則引動歲星心星, 下則引動東嶽. 氣則搖少陽, 音則搖木行, 神則搖鉤芒, 禽則動蒼龍, 位則引青帝, 神則致青衣玉女]"라고 하였는데, 기타 네 가지 음도 이와 같은 유이다.

_ 기부(己部) 권102 「경문부수소응결(經文部數所應訣)」과 상응

[진인들이] 여쭈었다. "어째서 『태평경』을 170권으로 편집하는

데 뜻을 두었습니까?"

대답하셨다. "대저 하나[一]란 수가 시작하는 처음이다. 이런 까닭에 하늘·땅이 아직 나뉘지 않았을 때에는 쌓인 기가 전부 하나로 존재하였던 것인데, 나뉘어 둘[二]로 되어서 부부를 이루게 된 것이다.

하늘이 아래로 내려가 땅에게 양기를 베풀어주면, 어두운 곳에서 잉태하게 되는데, 자를 붙여 갑자(甲子)라 한다. 동북쪽에서 뿌리를 내리는데, 이는 축위(丑位)가 대표하는 12월이 인위(寅位)가 대표하는 정월을 구성해가는 과도 단계에 속한다. 만물은 동쪽에서 지면 위로 움터 나오는데, 태양은 춘분이 들어 있는 2월의 묘위(卯位)에서 솟아오른다. 만물은 또한 동남쪽에서 전부 움터 나와 가지런해지는데, 이때의 시령은 진위(辰位)와 사위(巳位)가 대표하는 3월과 4월에 있다. 또한 만물은 남쪽에서 가지를 늘어뜨리고 잎사귀를 펼치는데, 이는 오위(午位)가 대표하는 5월에서 양육되는 모습이다. 서남쪽에서는 성숙을 향해 나아가는데, 이때의 시령은 미위(未位)와 신위(申位)가 대표하는 6월과 7월에 있다. 마지막으로 만물은 서쪽에서 성숙되는데, 태양은 추분이 들어 있는 8월의 유위(酉位)로 되돌아 들어간다. 이어서 서북쪽에서 전부 지하로 들어가 잠복하여 새로이 배태하는데, 이때의 시령은 술위(戌位)와 해위(亥位)가 대표하는 9월과 10월에 있다. 이런 까닭에 자연수는 1에서 시작하여 10에서 끝나는 것으로, 음간(陰干)·양간(陽干)의 두 간의 근본이자 오행의 뿌리이다.

이런 까닭에 하나로 말미암아서 열을 이루고, 백에 이르면 완전히 갖추어진다. 그리하여 하늘이 만물을 낳아줌은 봄에 우레를 백일 동안 울려 모두 갖추게 한다. 이런 까닭에 북두칠성의 자루[斗柄]가 가리키는 것이 3월 진위(辰位)에 이르러 만(滿)을 구성하여

건위(建位)가 되면, 북두칠성의 머리[斗魁]는 동시에 9월 술위(戌位)를 가리켜 파(破)를 구성한다. 건(建)이란 정립(定立)하는 것을 뜻한다. 이에 만물은 모두 3월 진위(辰位)에서 움터 나와 가지런하게 자란다. 파(破)란 퇴락하는 것을 뜻한다. 이에 만물은 모두 9월 술위(戌位)에서 말라죽는다. 이런 까닭에 수(數)란 하늘이 땅으로 내려오는 것으로부터 하는 것이며, 여기에 다시 8방을 더하여 10에 이르면 가득 차게 되는 것이다. 음과 양 사이의 정립[建]과 퇴락[破]은, 북두칠성의 자루와 머리가 갈마들면서 운전하여 7개의 방위를 순환 왕래하여 하나의 주기를 다하면 다시 시작하는 것이다. 한번 순환하여 북두칠성의 자루가 가리키는 방위를 따라 사상(事象)을 밝히는 까닭에, 북두칠성에는 7개의 별이 있는 것이며 이것을 사용하여 음양의 처음과 끝을 밝힐 수 있는 것이다.

이런 까닭에 『태평경』을 170권으로 편집하여 하늘과 땅을 본받아 수를 삼았고, 음과 양에 응하여 법으로 삼았으며, 네 계절과 오행에 따라, 조금도 잃는 것이 없게 하였다. 잃는 것이 있다면 하늘의 일을 벗어난 것이므로 근거한 바가 전혀 없는 것이다. 하늘·땅의 마음과 뜻에 부합하지 못하고, 천수(天數)를 따라 경전을 이루지 못하였다면, 그것이 세상 다스리는 방법임에는 아무런 도움이 되지 않는 것이다. 하늘·땅의 법을 본받지 않으면 해를 제거할 수 없다. 그 효험을 알고자 하려면 세상의 잡다한 글들을 수집하여 30리 높이로 쌓아 놓고서 그 위로 올라가 하늘 끝에 닿아 보도록 하라. 그렇게 해도 해를 제거할 수는 없을 것이다. 광대한 하늘 아래의 81개 구역과 만 이천 나라에서는 각자의 글과 책을 가지고, 모두 악한 것을 제거하고 선한 것을 이끌어내어 재해를 소멸시키고자 하지만, 지금 그것들을 전부 수집하여 한군데로 모아 사방 100리로 펼쳐 놓고서 그 위로 올라가 장차 하늘에 이르려고 하려 해도 끝끝내 재해를 소멸·제거시키지는 못할 것이다. 나의 글은 비록 분량이 적지만, 제왕이 이것을 실천할 수 있다면 반드시 분명한 효험을 기대할 수 있는 것이다.

問, 『太平經』何以百七十卷爲意? 曰, 夫一者, 乃數之始起. 故天地未分之時, 積氣都爲一. 分爲二, 成夫婦. 天下施於地, 懷妊於玄冥,[1] 字爲甲子.[2] 布根東北,[3] 丑爲寅始.[4] 見於東,[5] 日出卯.[6] 畢生東南,[7] 辰以巳,[8] 垂枝於南,[9] 養於午.[10] 向老西南,[11] 未以申也.[12] 成於西方, 日入酉. 畢藏於西北, 戌與亥.[13] 故數起於一而止十, 二干之本,[14] 五行之根也.[15] 故一以成十, 百而備也.[16] 故天生物, 春響百日欲畢終.[17] 故天斗建辰,[18] 破於戌.[19] 建者, 立也, 萬物畢生於辰. 破者, 敗也, 萬物畢死於戌. 故數者, 從天下地八方, 十而備. 陰陽建破, 以七往來,[20] 還復其故. 隨天斗所指以明事, 故斗有七星, 以明陰陽之終始. 故作『太平經』一百七十卷, 象天地爲數, 應陰陽爲法, 順四時五行以爲行, 不敢失銖分也. 失之則爲脫天事, 無所據. 不應天地之心意, 不隨天數而爲經, 無益於理世之用也, 不象天地之法, 不能去害也. 欲知其效, 收世之閑文, 積之三十里, 乃至天, 行之, 不能消災害矣. 大天之下, 八十一域萬一千國中,[21] 各自有文書, 悉欲除惡致善消災害. 今盡收錄聚之, 方圓百里, 上可將至天, 終不能消去災害. 此文雖少, 帝王能行, 必俟明效矣.

역주

1) 懷妊於玄冥(회임어현명) : 회임이란 양기가 지하에서 만물을 잉태하고 만물이 그에 따라 배태되고 자생(滋生)하는 것을 뜻한다. '현명(玄冥)'이란 북쪽을 뜻한다. 북쪽은 팔괘 중의 감괘(坎卦)가 위치

하는 자리로서 수행(水行)에 속하며 극음의 땅이 된다. 음이 극도에 도달하면 양을 낳는데, 그 색깔이 그윽하고 어두워 밖은 어둡고 안은 밝은 까닭에 '현명'이라고 표현한 것이다(『금주금역』).

2) 字爲甲子(자위갑자) : '자(字)'란 특별하게 부르는 말이다. '갑자(甲子)'란 천간(天干)의 제1위와 지지(地支)의 제1위를 가리킨다. 여기에서는 하늘과 땅이 서로 화합하는 처음의 강기(綱紀), 즉 북쪽과 11월 동지를 대표한다.

3) 布根東北(포근동북) : '포근(布根)'이란 만물이 양기를 따라 약동하여 아래로 뿌리를 내리고 서리는 것을 뜻한다. '동북(東北)'이란 간괘(艮卦)가 거하는 자리로서 토행(土行)에 속하는 것이다.

4) 丑爲寅始(축위인시) : '축(丑)'이란 지지의 제2위이다. '인(寅)'이란 지지의 제3위이다. 이 둘은 방위상 모두 동북을 표시하는 부호이다. 시령상(時令上)에서 축은 12월을 대표하고 인은 입춘이 들어 있는 다음 해의 정월을 대표한다. 만물이 이미 뿌리를 내리고 인(寅)에 이른즉 땅 위로 움터 나와 함께 움직이는 까닭에, 여기에서는 '축위인시(丑爲寅始)'라고 표현하였다.

5) 見於東(현어동) : '현(見)'은 현(現)의 뜻이다. 만물이 양기를 따라 솟아올라 지면으로 움터 나오는 것을 뜻한다. '동(東)'은 진괘(震卦)가 거하는 자리로서 목행(木行)에 속한다.

6) 日出卯(일출묘) : '묘(卯)'란 지지의 제4위이다. 여기에서는 동쪽과 춘분이 들어 있는 2월을 대표한다. 이 구절은 다음의 '일입유(日入酉)'와 상대하여 말한 것이다.

7) 畢生東南(필생동남) : '필생(畢生)'이란 만물이 양기를 따라 흩어져 전부 생장(生長)하는 것을 뜻한다. '동남(東南)'은 손괘(巽卦)가 거하는 자리로서 목행(木行)에 속한다.

8) 辰以巳(진이사) : '진(辰)'이란 지지의 제5위이다. '이(以)'는 화(和)·여(與)의 뜻이다. '사(巳)'란 지지의 제6위이다. 방위상에서 진(辰)·사(巳)는 모두 동남을 표시하는 부호이다. 시령상(時令上)에서는 진이 3월을 대표하고 사는 입하(立夏)가 들어 있는 4월을 대표

한다.

9) 垂枝於南(수지어남) : '수지(垂枝)'란 만물이 양기를 따라 크게 홍성하여 가지를 늘어뜨리고 잎을 펼치는 것을 뜻한다. '남(南)'은 이괘(離卦)가 거하는 자리로서 화행(火行)에 속한다.

10) 養於午(양어오) : '양(養)'이란 양육해주고 길러주는 것을 뜻한다. 남쪽은 화행(火行)이 성행하는 자리인 까닭에 '양(養)'이라고 말하였다. '오(午)'란 지지의 제7위인데, 여기에서는 남쪽과 하지가 들어 있는 5월을 대표한다.

11) 向老西南(향로서남) : '향로(向老)'란 만물이 양기를 따라 쇄락하면서 성숙으로 치닫는 것을 뜻한다. '서남(西南)'은 곤괘(坤卦)가 거하는 자리로서 토행(土行)에 속한다. 양이 극에 도달하여 음을 낳으니, 음은 나아가고 양은 물러난다. 음기가 5월부터 생성되고 아울러 점차 왕성해진즉 양기가 감소되고 약해진다. 이런 까닭에 '향로(向老)'라고 표현한 것이다.

12) 未以申也(미이신야) : '미(未)'란 지지의 제8위이다. '신(申)'이란 지지의 제9위이다. 이 둘은 방위상에서 모두 서남을 표시하는 부호이다. 시령상(時令上)에서는 미(未)가 6월을 대표하고 신(申)은 입추가 들어 있는 7월을 대표한다.

13) 戌與亥(술여해) : '술(戌)'이란 지지(地支)의 제11위이고, '해(亥)'란 지지의 제12위이다. 방위상에서 술·해는 모두 서북을 표시하는 부호이다. 시령상(時令上)에서는 술이 9월을 대표하고 해는 입동이 들어 있는 10월을 대표한다.

14) 二干之本(이간지본) : '이간(二干)'이란 곧 10천간을 뜻한다. 10천간을 음과 양으로 구분할 경우, 홀수의 자리인 갑(甲)·병(丙)·무(戊)·경(庚)·임(任)은 양간(陽干)에 속하고, 짝수의 자리인 을(乙)·정(丁)·기(己)·신(辛)·계(癸)는 음간(陰干)에 속한다. 따라서 여기에서는 이것을 '이간(二干)'이라고 표현한 것이다. '본(本)'이란 '의탁하다'라는 뜻이다.

15) 五行之根(오행지근) : 『태평경』 권88 「작래선택법(作來善宅法)」

에서, "하늘 · 땅 · 사람은 각각 오행을 지니고 있으며, 오행의 매 하나의 행이 또한 스스로 음양을 지니고 있는 까닭에 그 수는 도합 10이 된다[天地人各有五行, 而五行每一行又自有陰陽, 故其數皆十]"라고 하였다. 따라서 여기에서는 그것을 일러 '오행지근(五行之根)'이라고 표현하였다. 이상에서 말한 것은 『태평경』 전서(全書)를 10부로 나누게 된 것에 대한 이론적 근거를 설명한 것이다.

16) 百(백) : '100에 이르다'라는 의미이다.

17) 百日(백일) : 봄의 3개월을 뜻한다.

18) 天斗建辰(천두건진) : '천두(天斗)'란 북두칠성의 자루[斗柄]가 제5성에서 제7성까지로 이루어진 것을 가리킨다. '건진(建辰)'이란 진위(辰位)를 지향하는 것으로서 '건진지월(建辰之月)'이라고도 부르는 것인데, 3월을 뜻한다. 진(辰)이란 천문 12진으로서 12종의 인사정황을 상징하는 것인데, 이에 의거해 길흉을 예측하는 건제(建除) 방술에서는 '만(滿)'이라고 불린다. '만(滿)'은 신명(神名)이 되어 생(生)을 주관한다. 여기에서는 '우레가 100일 동안 울려 만물이 모두 움터 나와 가지런해지는 것'이 만(滿)과 서로 합치한다는 점을 설명하였다.

19) 破於戌(파어술) : '파(破)'란 대립하는 것을 뜻한다. 북두칠성의 자루가 진(辰)을 가리킨즉 제1성에서 제4성까지에 이르는 것이 조성한 머리[斗魁]가 술(戌)을 가리키게 되므로, 이들은 서로 대립한다. 술(戌)은 서북과 가을의 9월, 즉 가을의 최종 1개월을 대표한다.

20) 以七往來(이칠왕래) : 양수는 7에서 이루어지는데, 여기에서는 북두칠성의 자루가 회전하면서 가리키는 인위(寅位; 정월)가 신위(申位; 7월)에까지 이르는 사이를 뜻한다. 북두칠성의 자루가 인(寅)을 가리키면 세상은 모두 봄이고, 신(申)을 가리키면 세상은 모두 가을이다. 봄은 양(陽)에 속하며 건(建)이 되고, 가을은 음(陰)에 속하며 파(破)가 된다. 양위(陽位)인 건(建)에 대해서는 음위(陰位)인 파(破)가 대립한다. 건제(建除) 방술에서는 인(寅)을 건(建)이 되는 것으로 부르고, 신(申)을 파(破)가 되는 것으로 부른다. 신이 인에

이르는 수 또한 7이다. 이것이 이른바 '왕래(往來)'를 구성하는 것이다.

21) 八十一域萬一千國中(팔십일역만일천국중) : 전국시기의 음양가인 추연(鄒衍)은 생각하기를, "중국의 이름은 적현신주(赤縣神州)인데, 이와 같은 9개의 주가 하나의 대주(大州)를 이루며, 그 주위를 작은 바다가 둘러싸고 있다. 이런 대주가 다시 9개인데, 그 주위를 큰 바다가 둘러싸고 있다. 다시 밖으로 나아가야 하늘·땅의 끝이다"라고 하였다. 이런 지리적 가설을 역사서에서는 구주설(九州說)이라고 부른다. 적현신주 내부를 9주로 나누는 것에 말미암아 9와 9를 곱하기 한즉 1대주는 81구역이 된다. '일천(一千)'에서의 '일(一)'을 마땅히 '이(二)'로 바꾸어서 보아야 한다.

_신인·진인·선인·도인(神人眞人仙人道人)

상고 때 첫째 신인(神人), 둘째 진인(眞人), 셋째 선인(仙人), 네째인 도인(道人)은 모두 하늘을 본받아 참된 도의 뜻을 얻었다. 이들은 눈을 감고 신체 내면으로 돌려 관조하고 마음으로 일을 다스렸는데, 속 깊은 곳의 밝기가 밖에 있는 태양빛보다도 더하여, 내면으로 홀로 도의 요체를 얻었다. 이는 마치 불을 밝혀서 내면으로 비추고 밖은 비추지 않는 것과도 같은 것이다. 그들로 하여금 오래도록 존재하고 혼란스럽지 않게 하는 것이었다. 지금 배워서 세속을 넘으려는 자는 '옛사람을 본받아 자기 내면을 관조하는 경지에 이르러야 한다'라는 것은 바로 이것을 말한다.

오랜 동안 서로 전하여 태어남에도 다시 쇠미한 상태에 빠져 들었음에도, 도리어 날이 갈수록 실천하였던 바를 혐오하고, 전해지는 과정에서 도의 뜻을 잃어 내면을 관조하지 못해 날이 갈수록 다스릴 수 없게 되었다. 이리하여 하늘께서 성인을 내리시어 하늘의 글을 본받아 다스리도록 하시는 것인데, 하늘의 글은 스스로 그 뜻을 알 수 있는 것이다. 이런 까닭에 하늘의 글이 바른 것이라면 하늘 또한 바르다. 땅의 글이 바른 것이라면 땅 또한 바르다. 사람의 글이 바르다면 사람들 또한 바르다. 하늘·땅·사람이 모두 바르다면, 만물은 모두 바르다. 사람은 만물의 어른이다. 사람이 직무를 잃으면 상해를 당해 제 수명을 누리지 못하고 죽게 되는데, 만물 또한 죽게 된다. 하늘과 땅 또한 이와 같다. 악한 기가 크게 일어나면 사람을 병들게 함이 끊이지 않고 수명이 끊어진다.

上古第一神人·第二眞人·第三仙人·第四道人,[1] 皆象天得眞道意. 眩目內視, 以心內理, 陰明反洞於太陽, 內獨得道要. 猶火令明, 照內不照外也, 使長存而不亂. 今學度世者, 象古而來內視, 此之謂也. 久久傳相生, 復衰微, 反日厭其所爲, 傳失道意, 不能內照, 日益不理. 故天出聖人, 象天文理, 故天文自睹也. 故天文正, 天亦正. 地文正, 地亦正. 人文正, 人亦正. 天地人俱正, 萬物悉正. 人者, 萬物之長也. 人失職被傷, 不以壽死, 萬物亦隨之. 天地亦爾, 邪氣大作, 病人不絶夭年.

역주

1) 神人·眞人·仙人·道人(신인·진인·선인·도인) : 이들은 『태평경』의 저자가 구상한 신선 계통의 네 등급이다. 자세한 것은 『태평경』 권42 「구천소선왕멸법(九天消先王滅法)」에서 기술한 내용을 참고할 수 있다.

_『돈황목록』 권146 「위기대신성상명당문서결(委氣大神聖上明堂文書決)」과 대응

예와 지금의 항렬에는 각기 차례가 있어서 서로 뛰어넘지 못한다. 상황신인(上皇神人)은 가장 높아서 스스로 본래 이름을 '위기지공(委氣之公)'이라 하고, 일명 대신(大神)이라고도 한다. 그는 항상 천신(天神)인 천군(天君)의 왼쪽에 머물면서 천군을 위해 하늘 조정 명당의 문서를 담당하는 직무를 맡아 분별토록 하고 큰 직위들을 맡아 마땅히 천군을 위해 신선과 소통하고, 아직 태어나지 않은 사람들을 기록하여 각각 이름을 부여하며, 해와 달과 일시를 정해준다. 그들이 하늘에 오르는 시간이 되면 신을 보내서 먼저 그들의 몸을 변화시켜 올려 보낸다. 그들의 지혜와 능력의 높고 낮음에 따라 부서의 분별을 잊지 않도록 하고 각기 스스로의 상태와 능력을 알게 하고, 그에 따라 임무를 준다.

위로 올린 뒤에 나아가서 말한다. 대신은 천군을 위해 여러 신들을 통솔하여 맡은 바를 부여하니, 마땅히 복명하고, 의심하지 말라. 수명을 오래도록 명부에 두려면 응당 유념해야 한다. 성스럽고 명철한 자는 마땅히 대낮에 신선으로 승천하여 태어나는 바가 있고 다시 수명을 기록하는 장부에서 수명을 서로 계산하여 계산하는 관부에 두게 할 것이고, 금전과 진귀한 보물이 되는 물건들을 맡도록 하게 하라.

여러 상계하는 것은 다 먼저 아뢰고 함께 관부에서 계산되는 것은 바로 사농(司農)에게 상주하는 것이다. 응당 큰 달은 삼십일에, 작은 달은 이십구일에, 모아서 대신이 계신 명당(明堂)에 올려

야 하는 것이니, 시기를 놓치지 말아야 한다. 천군의 가르침과 같이 새벽 시간[3~5시]의 삼각(三刻; 40분)을 놓쳐서는 안 된다. 하늘 명당의 대신은 새벽에서 오각(五刻)을 넘은 시간에 모아서 상주해야 한다. 천군의 오래된 명령을 따라 종사한다.

대신(大神)은 천군(天君)의 칙명을 받아 사농(司農)에게 하달하고, 사농은 다시 각 주(州)와 군국(郡國)에 하달한다. 부서가 있으면 주관해야 할 일을 하도록 하고, 마땅히 위로 올리는 기록부에 사농에게 보내는 물품을 기입하는 것을 각각의 해당 관할 구역들이 산출하여 보내온 문서에 근거해서 하도록 한다. 만일 나태하게 주어진 기한 내에 직접 보고하지 않는 자가 있으면, 사농은 그 사실을 곧바로 하늘 조정의 명당에 있는 대신에게 보고해야 하고, 대신은 다시 천군께 아뢰고 천군께 명령을 반포할 것을 청한다. 반포된 명령을 사농에게 하달하여 각 군국이 빨리 보고하도록 재촉함으로써 뒤처지지 않도록 한다. 장부에 산정한 날짜와 시간을 적어두어, 배송과 수납에 각각 시간상의 분별이 있게 함으로써 혼란이 일어나지 않도록 한다. 모두 통일된 종목과 보고 양식을 채용하도록 하며, 각각 옮겨 쓴 사본을 지니고 있도록 한다. 천상(天上)에는 원래 수재와 한재가 존재하지 않으므로, 고의로 수량을 더하거나 뺀 보고문서가 있어서는 안 된다. 운송되는 화물이 제때에 도착하도록 해야 하지, 그것을 지체시키려고 꾀를 부리거나 요령을 피워서는 안 된다. 자기만을 위하는 일의 후과는 두려운 것이니, 그것이 적발된 후에는 조사 기관에 의한 조사가 있게 된다. 그리하여 천상이 실정을 알게 된 후에는 죄가 중대해져 결코 사면 받을 수 없다. 각자가 근신하게 자기의 직무를 이행하고, 각자 본인이 해야 할 일을 명확히 해야 한다. 천군께서는 모든 것에 관해 미리 알고 계시지만 그것을 일일이 말씀하시지는 않는다. 천군께서 명령하신 것은 의당 꼼꼼히 처리해야 하는 것이므로, 하늘 조정이 추궁하는 것은 천군께서 명령하신 것을 따라서 행하지 않는 것이 없다. 인간 세상에 수재와 한재가 수시로 발생하고, 각종의 재해가 한꺼번에 일어나며, 인민이 질병을 얻어 죽고 삶에 고정적인 시한이 없는 것은, 천군의 명령을 그대로 행하지 않았기 때문인 것이다.

천군께서 명령으로 대신에게 분부하면, 인간 세상의 구경(九卿)이나 재상 등과 같은 고급 관료들은 문서를 왕래하고, 또한 하늘 조정의 직무를 담당하기 위해 신인(神人)이 될 것으로 예정되어 있는 뭇 관료가 자기의 충성을 다하는 데 힘쓰고 자기의 직무를 다하는 데 힘써, 위로 천군의 마음에 부합하도록 해야 한다. 천군과 여러 스승이 그들을 교화하고 제도해주시는데, 범속을 뛰어넘어 승천한 사람은 [하늘 조정에] 취임하여 합당한 자리에 앉게 된다. 그대들 각자로 하여금 신인을 이루도록 함에 있어, 그 신인을 이루는 규격은 인간 세상 원래의 존비 지위에 의거하여 정해진다. 새로이 교화되고 제도된 신인은 모두 기존 직위의 높고 낮음에 따라 하늘의 관속이 된다. 천군께서는 대신인 내가 항상 이런 사람들을 교화하고 제도하여 성장시킬 것을 명령하신다. 인간은 각자 마음을 넓혀 포용력을 지녀야 하며, 의지를 날로 높여 하늘 조정으로 올라갈 것을 탐내고 추앙해야 한다. 그런 자가 변화하여 신인으로 태어나는 때에는, 빛이 대낮에 찬란히 빛나 보는 것이 뚜렷하게 되며, 바른 신이 그의 뒤를 서로 따라주어 팔방을 노닐 수 있게 된다. 하늘 즉 천군께서 베풀어 행하시는 이런 일을 보고서, 교화의 방식과 규격을 알아 각자가 적합한 방법을 따라야 한다.

惟古今之行, 各有次第, 不相踰越. 上皇神人之尊者, 自名委氣之公, 一名大神, 常在天君左側, 主爲理明堂文之書,[1] 使可分別. 曲領大職, 當爲君通神仙, 錄未生之人, 各有姓名, 置年歲月及日時. 當上升之期, 使神往師化其身乃上之. 各有姓名, 置年歲月及日時, 至時當上升之期, 使神往師化其身乃上之.[2)]隨其智能高下, 各各使不忘部署分別, 各令可知, 使自狀其能, 卻乃任之. 奏上, 出言曰, 大神爲上主領群神, 各有所部, 宜服明之, 勿使有疑. 令壽命長藉, 宜當諦之. 聖明有心, 宜以白日所有生. 復而以簿書籌算相明,[3)] 可在計曹,[4)] 主領錢數珍寶之物[5)] 諸當上計之者,[6)] 悉先時告白, 併計曹者, 正謂奏司農.[7)] 當大月三十日, 小月二十九日, 集上大神明堂, 勿失期, 如天君教, 皆不得失平旦三刻之間也.[8)] 明堂大神上承五刻集奏, 如天君舊令從事.

大神受君之敕, 部下司農, 司農受敕, 使下所部州郡國.[9)] 言所部領所主, 當上簿入司農委輸者, 各以所出送書到. 如懈惰不時送者, 司農輒上明堂大神, 上白天君出教, 下司農, 令郡國催促, 不失後. 書置時日漏刻,[10)] 相授各有分別, 勿有所亂. 皆令同文, 各有所副文. 天上自無水旱之災, 不得有增減之文. 轉輪當至, 勿稽留因緣,[11)] 恐獨受取, 覺知者有主, 天上知聞, 罪輒不赦. 各愼其職, 各明其事. 天君皆預知不言, 音宜詳,[12)] 所問不用此言. 水旱無常, 災害併生, 人民疾病, 死生無數, 不用天君教令致也. 天君教出告大神, 卿相中二千石文書,[13)] 群僚在職之神務盡其忠, 務盡其行, 上稱天君之心. 天君與諸師化之, 當得升度者, 就而正. 各使成神, 光景隨其尊卑. 所化之神, 皆隨有職位次第官屬. 天君敕大神常化成之. 人各自度量, 志意日高, 貪慕上升. 其化生, 光耀日中, 所見洞徹, 正神相隨, 浮遊八表. 觀天所施爲, 知其動搖, 各從其宜.

역주

1) 主爲理明堂(주위리명당) : '주(主)'는 직무를 뜻한다. '명당(明堂)'이란 천제(天帝)가 다스림을 베푸는 궁전, 즉 28수에서 동쪽 7수 가운데의 심수(心宿)를 뜻한다.

2) 各有姓名, 置年歲月及日時, 至時當上升之期, 使神往師化其身乃上之(각유성명, 치년세월급일시, 지시당상승지기, 사신왕사화기신내상지) : 이 네 구절의 내용은 바로 앞의 네 구절의 내용과 중복된다. 잘못 끼어든 구절인 것으로 보인다. 白日所有生(백일소유생) : '백일(白日)'이란 대낮에 선인(仙人)이 되어 승천하는 방식을 뜻한다. '생(生)'은 장생(長生)을 뜻한다.

3) 簿書籌算(부서주산) : '부서(簿書)'란 생전에 이미 기록되어 있는 신선 부적(簿籍), 즉 신선부(神仙簿)를 뜻한다. '주산(籌算)'이란 수령을 계산하는 것을 뜻한다. 『태평경』에서는 1년을 1산(算)으로 삼는데, 이는 『포박자』에서 100일을 1산으로 삼는 것과는 다른 방식이다.

4) 計曹(계조) : 회계를 주관하는 기구를 뜻한다. 동한(東漢) 시기에는 나라의 회계와 황제 개인의 회계를 분리하는 제도가 있었다. 전자는 대사농(大司農)이 맡고 후자는 소부(少府)가 맡았다. 여기에서 말하는 하늘 조정의 '계조(計曹)'란 당시 정부의 재계(財計) 계통과 부문을 옮겨 놓은 것으로 보인다.

5) 珍寶之物(진보지물) : 한나라의 제도에 의거해서 보면, 이는 소부(少府)가 관장하는 것이다. 이상 두 구절은, 뛰어나게 명철하거나 주의를 기울이는 자를 하늘 조정의 관서 직무에 임용하는 것에 관해 설명한 것이다.

6) 上計(상계) : 본래는 중앙 왕조에 속해 있으면서 지방 관원에 대해 연말 심사를 진행하는 제도였다. 동한(東漢)의 규정에는 현(縣)과 군국(郡國)이 등급에 따라 1년의 호구·개간지·화폐와 곡식의 출입 등의 일을 총괄 집성하여 계산하고, 관리를 파견하여 위로 중앙에 보고하도록 하였는데, 이것을 '상계(上計)'라고 하였다.

7) 司農(사농) : 한대(漢代)의 구경(九卿) 가운데 하나이다. 나라의 재정과 수입·지출의 계산을 관장하였다.

8) 平旦三刻(평단삼각) : '평단(平旦)'이란 한대에 정해 놓았던 12시간 단위 가운데의 하나를 뜻한다. 오늘날의 새벽 3~5시에 해당한다. '삼각(三刻)'이란 오늘날의 약 40분에 해당하는 것이다.

9) 所部州君國(소부주군국) : '소부(所部)'란 통솔되는 곳을 뜻한다. '주(州)'란 한대(漢代)의 감찰 구역 명이었는데, 주에는 자사(刺史)를 두었다. '군(郡)'이란 한대의 1급 지방 행정 단위로, 여기에는 태수(太守)를 두었다. 황제의 자식을 봉(封)하여 왕으로 삼은 군(郡)을 국(國)이라고 불렀다.

10) 漏刻(누각) : 고대의 중요한 시간 계산기 가운데 하나이다. '누(漏)'는 누호(漏壺)를 가리키는데, 단지 속에 고인 물의 많고 적음으로 시간을 계산하는 도구이다. '각(刻)'은 각전(刻箭)을 가리키는데, 이는 하루의 시간 단위를 새겨 누호 속에 꽂아둔 곧은 막대기이다. 누각을 '각루'라고도 부른다.

11) 因緣(인연) : 꾀를 부리고 요령을 피우는 가운데 폐단이 일어나는 것을 뜻한다.

12) 音宜詳(음의상) : '음(音)'은 천군(天君)의 명령을 뜻한다. '상(詳)'은 꼼꼼히 다루는 것을 뜻한다.

13) 卿相中二千石(경상중이천석) : '경상(卿相)'이란 구경(九卿)과 재상을 뜻한다. '중이천석(中二千石)'은 한대(漢代) 관료의 품급 가운데 하나이다. '중(中)'은 만(滿)의 의미이다. 한나라의 제도에서 구경은 중이천석관(中二千石官)이었다.

_『돈황목록』 권146 「조천예현칙(朝天詣見勅)」과 대응

하늘 조정의 조회에서 알현하는 것은 정해져 있는 날짜가 있다. 마땅히 매달 초하루에 대신(大神)과 소신(小神)이 스스로 서로의 등급과 반차를 분별하고 존비의 순서를 따져 배열해야 한다. 대신(大臣)을 알현하는 일은 새벽 시간[3~5시]을 넘기지 말아야 한다. 여러 신령들을 조회하는 가운데서 신령들 각자의 부서 임무를 분명하게 밝혀준다. 조사하고 순시하는 일을 부정기적으로 진행하므로, 그의 보고 문서를 분명히 하는 데 힘써야 한다. 그리고 이미 선인(仙人)이 되거나 신인(神人)이 되기로 예정되어 있는 세상 사람을 독촉해야 하는데, [만일 이들이 힘쓰지 아니하면] 신령 자신이 먼저 하늘 조정의 처벌을 받게 되므로, 마땅히 천군(天君)의 명령을 그대로 따라야 한다. 보고할 것이 있으면, 곧바로 하늘 조정 명당에서 처리해야 보고의 실질을 얻게 된다. 신령들 각자에게는 상주하여 밝힐 사정이 있으며, 각자에게는 가져다 바쳐야 할 것이 있는바, 이러한 것들을 실천에 옮기지 못하면 공적과 효능이 없는 것이다.

천군께서 대신(大神)에게 칙명을 내리시어 여러 신령들이 집회를 갖는 데서 각자는 자신의 몸가짐을 단정히 해야지 일반의 예의 정도를 벗어나게 해서는 안 된다. 예의 제도의 규정에 비추어 각 신령의 관할 구역을 살피는데, 하늘 조정이 규정을 위반한 행위를 발견하게 되면, 그의 죄과는 백 번 죽어 마땅한 것으로 된다. 각자 맡은바 직무를 신중히 처리하여 기타 여러 신령이 [자신의 죄과를] 적발하여 통보하는 일이 없도록 해야 한다.

朝天謁見, 自有常日. 當以月初建,[1] 大神小神, 自相差次, 銓次尊卑. 朝大臣, 不過平旦.[2] 朝會群神, 各明部署. 案行無期, 務明其文書. 督責有職之人, 先坐其事,[3] 當如天君敎令. 有所白, 輒開明堂,[4] 乃得所言. 各有所明, 各有所帶, 不得無有功效. 天君敕大神,[5] 群僚集會, 各正其儀, 勿使有過差. 以法令各察所部. 天上覺知, 其過不除. 各愼所職, 無爲諸神所得短.

역주

1) 月初建(월초건) : 매월 초하루를 뜻한다. 북두칠성의 자루[斗柄]가 가리키는 곳을 월건(月建)이라고 하는데, 이것이 11월에는 자(子; 북쪽을 대표)를 가리키므로 '건자지월(建子之月)'이라고 부른다. 한나라의 제도에서는 매년 정월 초하루에 조회(朝會) 즉 대례(大禮)를 거행하였다. 본래는 공경(公卿)이 매월 초하루에 입조하여 임금을 알현하던 것이었는데, 이것이 너무 빈번하다고 여겨 후에는 단지 6월·10월 음력 초하루에 입조하여 알현하였으며, 또한 6월은 너무 더워서 생략하고 10월에만 거행하기도 하였다. 이에 관해서는 『후한서(後漢書)』「예의지(禮儀志)·조회(朝會)」의 내용을 참고할 수 있다. 여기에서 말하는 '조천(朝天)'은 이에 근본을 둔 것이다(『금주금역』).
2) 平旦(평단) : 한대(漢代)에 정한 시간의 12단위 가운데 하나이다. 오늘날의 3~5시에 해당한다.
3) 先坐其事(선좌기사) : '좌(坐)'는 '죄를 다스리는 것'을 뜻한다. 이 구절은 신령 자신이 먼저 처벌받게 된다는 것을 설명한 것이다.
4) 明堂(명당) : 천제(天帝)가 정사를 베푸는 궁전, 즉 동쪽 7수 가운데의 심수(心宿)를 뜻한다.
5) 大神(대신) : 천군(天君)을 보좌하는 신인데, 모습은 인간 세계의 재상(宰相)과 같다.

_『돈황목록』 권146 「유악(선?)우인상기성명칙[有惡(善?)于人上其姓名勅]」과 대응

천군께서 대신에게 칙명을 내리시어 이렇게 말씀하셨다. 세상의 군국(郡國)들 가운데서 성명(聖明)과 예지(叡智)를 발현하는 사람이 있다면, 그의 의지는 항상 장생(長生)할 수 있는 도술을 탐내는 데 전념하고, 생신(生神)과 같은 반열이 되기를 바라고, 하늘

과 더불어 생각을 합치시키려고 할 것이다. 사람들에게 은혜를 베풀어주고자 하고, 만물을 낳아주고 성숙시켜주고자 하여, 하늘이 이미 낳아진 만물을 다스리는 일을 도와줄 것이며, 땅이 이미 형체를 구비한 만물을 양육해주는 데 협조하여, 인을 우러르고 선한 행동을 감화로 이끌어내는 일을 행할 것인데, 이런 사람의 으뜸을 대신에게 상주하도록 하라. 하늘 조정에는 신령을 파견하여 세상의 인간을 감화로 이끌어 신인(神人)이 되도록 하는 전문 기구가 있어 상주한 보고 문서를 지니고 있는데, 여러 차례 저런 사람을 보고하여 하늘에 공로가 있으면, 그를 진실로 믿어 임용할 수 있다. 해당 기구에서 그 뜻을 보고하면, 천군께서는 마땅히 스스로 정해놓은 법도를 갖고 계시어, 여러 신령이 천거한 사람을 신령들 각자가 그들의 보조원으로 충당하도록 하신다. 이는 군국들 가운데서 선인(仙人)이 될 사람이나 신인이 될 사람을 선택함에 있어, 반드시 우수한 자 중에서도 우수한 자를 취해야 한다는 것을 표명하는 것이다.

천군께서는 하늘 조정 명당에 칙명을 내리시어, 모든 신령들이 마땅히 천군을 위하여 각종의 직무를 시행함에 있어, 반드시 공평한 마음으로 처리하는 데 힘써야 한다고 말씀하신다. 하늘 조정은 신령들의 분획된 관할 구역을 각각 시찰하고, 그들로 하여금 각각의 직무와 권한을 갖도록 하니, 모두가 힘을 다해 충성하고 자기가 알고 있는 것을 전면적으로 자세히 보고하여, 자신의 공적을 성취하는 데 힘쓰고 자신이 마땅히 처리해야 할 사무를 행하는 데 힘써야 한다. 각자가 충성스럽고 돈후하며 총명하고 통달한 선비를 찬양하여, 마땅히 자기가 생각하고 있는 것을 그대로 진정(進呈)해야 한다. 음성은 그 뜻을 소통시키는 것인바, 비록 마음에 감추어 두고 꾸며서 하는 말을 할지라도 천군께서는 그 말을 미리 들어 알고 있으시니, 마땅히 어떤 것을 숨기고 가리어 충성을 다하지 않을 수 있겠는가!

君敕大神曰, 郡國之中有聖智,[1] 志意常念貪生之術, 願與生神同行,[2] 與天合思. 欲布恩於人, 思惟生成, 助天理生, 助地養形. 慕仁善化, 上其姓名於大神. 使曹有文辭,[3] 數上功, 有信可任. 曹白其意, 天君當自有數,[4] 衆神所擧各令保. 是郡國選擇, 務取尤善. 天君敕明堂, 諸當爲天君理衆職, 務平其心. 各行天上所部,[5] 使有分理, 皆盡忠誠, 通達所知, 務成其功, 務理其所. 各譽篤達, 宜進所思, 音聲所通其意, 雖有心言, 天君預聞其語, 當何隱蔽而不盡忠誠!

역주

1) 郡國(군국) : '군(郡)'은 한대(漢代)의 1급 지방 행정 단위였는데, 군에는 태수(太守)를 두었다. 군 가운데 황제의 자식을 봉(封)하여 왕으로 삼은 경우가 있는데, 이런 군을 국(國)이라고 하였다.
2) 生神(생신) : 하늘 조정의 장생신(長生神)을 뜻한다.
3) 使曹(사조) : 하늘 조정이 천신(天神)을 파견해 세상 사람을 감화로 이끌어 선인(仙人)이 되게 만드는 기구를 뜻한다.
4) 有數(유수) : 정해진 제도를 뜻한다.
5) 各行天上所部(각행천상소부) : '행(行)'은 시찰 · 순시를 뜻하고, '소부(所部)'는 분획된 부문 또는 구역을 뜻한다.

_『돈황목록』 권147 「명고금문결(明古今文決)」과 상응

[진인들이] 여쭈었다. "이제 성인(聖人) · 현인(賢人) · 인인(仁人)의 법을 다시 밝혀 사악한 글을 다 끊어버리고자 하려면 어찌해야

다시 밝혀낼 수 있는 것입니까?"

"하늘께서는 사악하고 거짓된 글을 병통으로 여기시니, 그러한 것들을 제거하는 일은 천도를 밝히는 것에 달려 있다. 예로부터 지금에 이르기까지 성인의 글은 그것을 사용하여 하늘과 땅을 다스리는 근거이다. 성인의 글이 밝혀지면, 곧 천도가 크게 다스려진다. 황천(皇天)께서 분노하여 기뻐하지 않으시는 까닭에 싸우게 되고, 수재와 한해 등 재해가 끊이지 않는 것이다. 제왕이 근심하고 고뇌하면, 모두가 말하길 '성인의 글이 점차 어지러워져 밝혀지지 못하는 까닭에, 천도가 마치 휘도는 구름처럼 어지러워져 다스림을 어지럽히는 것이다'라고 한다. 성인의 글이 어지러워지면 천도 또한 어지러워진다. 성인의 문서가 폐기되어 사용되지 않으면 천도 또한 폐기되어 사용되지 않는다."

問曰, 今欲更明聖賢仁之法而悉絶邪文, 何更能明之哉? 天病此邪僞文, 使除之, 取明天之道. 夫古今聖人之文, 所以理天地. 夫聖人之文明, 則天道大理矣. 夫皇天所怒而不悅, 故有戰鬥, 水旱災害不絶. 王者愁苦, 皆曰聖人文稍稍亂而不明, 故天道雲亂而難理也. 聖人文亂, 天道亦亂. 聖人文廢而不用, 天道亦廢而不用.

_『돈황목록』 권147 「고자천권(권)문미출출문대기갑자유정결[古者天卷(券)文未出出文大氣甲子有征決]」과 상응

여쭈었다. "옛날에는 글이 없었으므로 천도가 혼란스럽지 않

았던 것입니까?"

"그때에는 하늘께서 매우 효력이 있는 신문(神文)을 내려주시지 않으셨는데, 그에 말미암아 황천(皇天)의 자식인 신인(神人)이 다스림을 시행하여 시초를 숭상하고 본원을 깊이 생각하였다. 세상 사람들은 황천과 더불어 신체를 나누어 가진 지 오래되자 천도를 멀리 벗어나게 되었고, 사망 · 재난 · 재앙 등의 상과 혼란(喪亂)을 당하여 더 이상 하늘의 뜻을 알지 못하게 되었다. 이런 까닭에 하늘께서는 매우 효력이 있는 신령스러운 글을 내려주시어 성인(聖人)으로 하여금 그것을 기록하도록 하셨으며 스승으로 하여금 그것을 전수하도록 하셨던 것이다. 성인도 결국에는 죽을 수밖에 없기 때문에, 그것을 기술하여 차례로 배열하도록 하고, 이로써 후대에 태어나는 자에게 남겨주도록 하신 것이다. 이런 까닭에 태평기가 이름에 천도는 마땅히 다스려질 것이다."

問曰 : 古者無文, 天道不亂. 時天劵文未出,[1] 上皇神人理,[2] 上祖考本. 與皇天分體久久,[3] 去天道遠, 喪亂不復知天意. 故天出劵, 使聖人書, 師傳之. 聖人不竟久留也, 故記而置之, 以遺後生. 故太平氣至, 天道當理矣.

역주

1) 天劵文(천권문) : 계약과 같은 효력이 있는 하늘이 내려준 신문(神文)을 뜻한다.

2) 上皇神人(상황신인) : 모습이 황천(皇天)의 신자(神子)와 같은 신묘한 사람을 뜻한다. 『태평경』 권96 「수일입실지신계(守一入室知神戒)」에서 "하늘의 신자에 대한 호를 상황이라고 한다[天之神子號曰上皇]"라고 하였다. 『장자(莊子)』 「천하(天下)」에서는 "도의 정묘한 작용에서 떠나지 않은 사람을 신인이라 이른다[不離於精, 謂之神人]"라고 하였다.

3) 皇天分體久久(황천분체구구) : '분체(分體)'와 관련하여 『태평경』 계부(癸部) 「이존상연명법(利尊上延命法)」에서, "사람은 본래 원기에서 생겨난 존재이므로, 이에 천지와 더불어 분권 · 분체 · 분형 · 분신 · 분정 · 분기 · 분사 · 분업 · 분거한다[人本生於元氣, 乃與天地分權 · 分體 · 分形 · 分神 · 分精 · 分氣 · 分事 · 分業 · 分居]"라고 하였다.

_『돈황목록』 권148 「치천위삼시염도덕결(治天爲三時念道德決)」과 상응

여쭈었다. "지금 기를 다스려 섬겨서 오래 살게 되고자 합니다. 가르침을 들을 수 있겠습니까 없겠습니까?"

"그렇다. 내가 하는 말을 자세히 생각해보도록 하라. 황천(皇天)께서는 스스로 항상됨을 지니고 계시어, 세상 사람의 군주가 되는 자라면 마땅히 하늘을 본받아 행하도록 하시는데, 이에 도(道) · 덕(德) · 인(仁)으로써 천통(天統) · 지통(地統) · 인통(人統)의 삼통을 실천해야 한다. 군주를 위하여 즐겨 일없음을 원하면, 아침에는 항상 도를 생각하고 정오에는 항상 덕을 생각하며 저녁에는 항상 인을 생각한다면, 이미 한 가지 일도 없게 되는 것이다."

"원컨대 아침에는 어째서 도를 생각하고, 정오에는 어째서 덕을 생각하며, 저녁에는 어째서 인을 생각하는 것입니까?"

"그렇다. 천도는 따를 수는 있어도 거스를 수는 없다. 하늘을 따르는 자는 번창하지만 하늘을 거스르는 자는 죽게 될 것이다."

"지금 그 핵심적인 뜻을 듣고 싶습니다."

"그렇다. 하늘에는 춘 · 하 · 추 · 동이라는 네 계절(四時)과 아침 · 정오 · 저녁이라는 삼부(三部)가 있어, 아침에는 낳아주는 것을 주관하고 정오에는 양육해주는 것을 주관하며 저녁에는 베풀어주는 것을 주관한다. 이런 까닭에 동남쪽은 태어남을 맡고, 서남쪽은 양육을 맡으며, 서북쪽은 베풀어줌을 맡는다. 이런 까닭에 사람은 하늘을 본받아 행하고, 동남쪽에서 씨앗을 뿌려 태어나게 하고, 서남쪽에서는 그것을 길러서 자라게 해주며, 중추(中秋; 음력 8월) 이후 겨울에는 실내에 거주해 후손을 번성시켜야 한다. 이것은 황천(皇天)의 저절로 그러한 가르침이다. 이런 까닭에 인민은 묵묵히 스스로 그것을 따르는 것이다. 다스림은 항상 이런 방법을 본받는 것이고, 곧 황천의 가르침과 뜻을 얻는 것이다. 이런 방법을 본받지 못하면 황천의 가르침과 명령을 거스르는 것이라고 이름하는 것으로, 상해를 입는 일이 많아진다. 어린아이가 상해를 입으면 봄의 사물도 상해를 입고, 청장년이 상해를 입으면 여름의 사물도 상해를 입으며, 노인이 상해를 입으면 가을의 사물도 상해를 입고, 태아가 상해를 입으면 겨울의 사물도 상해를 입는데, 이것은 저절로 그러한 법이다. 옛날 성왕은 항상 천도를 생각하고 품어 실천함으로써 감히 털끝만큼도 잃는 게 없었다."

問曰, 今欲使理氣,[1] 事而長生, 豈可得聞不? 然, 詳念吾之言, 皇天自有常法, 爲人君上者當象天而行, 乃以道德仁爲行三統. 君上樂欲無事者, 朝常念道, 晝常念德, 暮常念仁, 旣無一事矣. 願聞朝何故念道, 晝何故念德, 暮何故念仁?然, 天道可順, 不可逆也. 順天者昌, 逆天者亡. 今願聞其要意. 然, 天有四時三部,[2] 朝主生, 晝主養, 暮主施. 故東南生, 西南養, 西北施. 故人象天爲行, 以東南種而生之, 西南養而長之, 仲秋已往, 夏內居嫁娶而施傳類,[3] 乃居安也. 故道人屬天, 德人屬地, 仁人屬中和. 故三統不和, 三賢理之. 故太平氣至, 萬物皆理矣. 此皇天自然敎令也. 故人民嘿自隨之, 理能常象此者, 卽得天意矣. 不能象此, 名爲逆天敎令, 故多傷也. 傷少則春物傷, 傷丁壯則夏物傷, 傷老卽秋物傷, 傷懷妊卽冬物傷, 此自然之法也. 古者聖王, 常思念天道而行, 不敢失銖分矣.

역주

1) 理氣(이기) : 태양기(太陽氣)와 태음기(太陰氣)와 중화기(中和氣)를 조리(調理)하여, 이 3기가 태화(太和)의 상태에 이르도록 하는 것을 뜻한다.

2) 四時三部(사시삼부) : '사시(四時)'란 춘·하·추·동이고, '삼부(三部)'란 아침·정오·저녁이다.

3) 夏內居嫁娶而施傳類(하내거가취이시전류) : 문맥에 따라서 볼 때 '하(夏)'자를 '동(冬)'자로 바꾸어 보아야 한다. 다음 글에서 "상회임즉동물상(傷懷妊卽冬物傷)"이라고 한 것으로도 이 점을 증명할 수 있다. '시전류(施傳類)'란 부부가 합방하여 후대를 낳아 이어가는 것을 뜻한다.

_『돈황목록』 권148 「여천유인왕상일불공(노?)결[與天有人王相日不恐(怒?)决]」과 상응

여쭈었다. "하늘·땅과 더불어 오래도록 두터운 관계를 갖고자 합니다. 그 방법을 듣고 싶습니다."

"그렇다. 항상 하늘을 따라 행하는 자는 오래도록 하늘과 두터운 관계를 유지할 수 있다. 가볍게 거스르는 자는 오래도록 하늘과 원한을 맺게 된다. 이런 까닭에 옛날 성의 다스림은 첫째 항상 낳아주고, 둘째 항상 양육하고, 셋째 항상 베풀어주었던 것이다. 행함이 이와 같다면 삼가 천도를 잇고 받드는 것이다. 근본적으로 이러한 다스림의 방법을 얻지 못한 것에 대한 이름으로는, 넷째로 형벌을 구성하여 다스림을 이루지 못하는 것이 있고, 다섯째로 살육이라는 것이 있는데 이는 극단에 이른 것이다. 이러한 정황으로 분별해보면, 제일의 군주는 순수하게 낳아주는 존재이고, 이등급의 군주는 순수하게 양육하는 존재이고, 삼등급의 군주는 순수하게 베풀어주는 존재이며, 사등급의 군주는 순전히 형벌을 사용하는 존재이며, 오등급의 군주는 순수하게 살육하는 존재이다. 낳아주는 자는 그의 수명이 늘어나고 나라가 창성하며, 양육해주는 자는 그의 나이를 더하게 되고, 베풀어주는 자는 자신의 과실이 없게 되며, 형벌을 사용하는 자는 질병을 앓게 되고, 살육하는 자는 급사하게 된다. 옛날 성왕은 하늘께서 금기하시는 것을 보아 명철하여 감히 망령되이 행하지 않았던 것이다.

옛날 성왕은 일년의 날짜 배열에서, 왕성한 왕기(王氣)를 얻거나 강한 상기(相氣) 또는 배태하는 미기(微氣)가 들어 있는 날을 얻으면 노하지 않고 악한 일을 말하지 않았다. 이런 날에 이르러서는 선한 일을 말하고 음식을 먹을 때에 음악을 연주하여, 이로써 재앙을 멈추게 하며 악하고 사특한 것을 제거하였다. 그러므로 왕성한 왕기는 항상 인간의 존숭과 경애를 받고자 하는 것이다. 이런 까닭에 상고(上古) 시기에 범속을 뛰어넘어 신인(神人)과 성왕이 다스림을 시행하였던 것은 이런 점을 따랐던 것이다. 그리하여 편안히 누워서 다스리고 생각하여도 끝끝내 어떤 뜻밖의 일도 일어나지 않았다. 입춘 날에는 나라 수도의 동쪽 교외에서 목행기(木行氣)를 맞이하는 것으로 시작하고, 입하 날에는 남쪽 교외에서 화행기(火行氣)를 맞이하는 것으로 시작하며, 입추 날에는 서쪽 교외에서 금행기(金行氣)를 맞이하는 것으로 시작하고, 입동 날에는 북쪽 교외에서 수행기(水行氣)를 맞이하는 것으로 시작하였으며, 입추 전의 제18일에는 수도에서 서남쪽으로 오리 되는 지점에서 토행기(土行氣)를 맞이하는 것으로 시작하였다. 군주와 신하와 인민 모두가 이처럼 기를 맞이할 줄 알았으므로, 악한 기는 모두 사라졌던 것이다. 천상의 항상된 법은 항상 왕기가 들어 있는 날에는 곳간 병기를 가져다 지하에 배열해두었다가, 물러나고 사망하는 기가 들어 있는 날에 이르러서야 그것을 다시 꺼내는 것이었다. 이런 까닭에 도적이 흥기하지 못하였고 전쟁도 멈추었던 것이다."

問曰, 欲得與地長厚,[1] 可得聞乎? 然, 常順天所爲者, 長與天厚. 輕逆之者, 長與天爲怨. 故古聖王之理者, 一曰常生, 二曰常養, 三曰常施. 爲行如是, 謹以承仰天道. 不理之名, 四曰刑之而不理, 五曰殺, 是其極也. 以此分別, 第一之君純生, 第二之君純養, 第三之君純施, 第四之君純刑, 第五之君純殺. 生者延年國昌, 養者增算,[2] 施者無過, 刑者有病, 殺者暴窮. 古者聖王, 睹天禁明, 不敢妄爲也. 古者聖王, 得六甲王相微氣之日,[3] 不怒, 不言惡事. 至此之日, 故言善事, 飮食作樂, 以止災去凶邪也. 故王氣常欲見尊敬. 故上古度世之人,[4] 聖王之理順此, 故得臥理而思, 訖無一事. 春東首,[5] 夏南首,[6] 秋西首, 冬北首, 四季首其角.[7] 君臣人民俱知其法, 天下邪氣悉消. 天上格法, 常以王日下取庫兵, 理之地下, 以休廢之日乃致之,[8] 故盜賊不興, 兵革息矣.

역주

1) 欲得與地長厚(욕득여지장후) : '지(地)'자 바로 앞에 '천(天)'자가 누락되어 있다. '장후(長厚)'란 오래도록 사이가 좋은 것을 뜻한다. '후(厚)'는 깊은 감정을 가지고 협조하는 것을 뜻한다.

2) 算(산) : 사람이 태어나기 이전에 하늘이 이미 정해 놓은 나이를 뜻한다. 일반 사람이 일찍 죽으면 그의 나머지 나이를 하늘이 장악하여 그것을 다른 사람에게 부여해 주는 까닭에 '증산(增算)'이라고 표현한 것이다.

3) 六甲王相微氣之日(육갑왕상미기지일) : '육갑(六甲)'은 본래 60갑자 중의 갑자·갑술·갑신·갑오·갑진·갑인을 뜻한다. 여기에서는 1년 전체의 날짜 배열을 뜻한다. '왕상미기지일(王相微氣之日)'에서의 '왕(王)'은 왕성(旺盛), 즉 통치 지위를 점하는 것을 뜻하고, '상(相)'은 강장(强壯)을 뜻한다. 왕일(王日)·상일(相日)은 모두 길일이다. '미기지일(微氣之日)'이란 동지와 하지를 뜻한다. 하지에는 음기가 발동하기 시작하고, 동지에는 양기가 자라나기 시작하는 까닭에 '미기지일'이라고 부른 것이다. 이에 관해서는 『백호통(白虎通)』「주벌(誅伐)」의 내용을 참고할 수 있다(『금주금역』).

4) 上古度世(상고도세) : '상고(上古)'란 천황(天皇)·지황(地皇)·인황(人皇)의 3황 시대를 뜻하고, '도세(度世)'란 범속을 벗어나 신인(神人) 또는 선인(仙人)이 되는 것을 뜻한다.

5) 春東首(춘동수) : 입춘 날에 국도(國都)의 동쪽 교외에서 목행기(木行氣)를 맞이하는 것을 뜻한다. '수(首)'는 '비롯하다'·'처음으로 하다'라는 뜻이다. 『대대예기(大戴禮記)』「증자천원(曾子天圓)」의 내용을 참고할 수 있다(『금주금역』).

6) 冬北首(동북수) : 이상의 세 구절은 입하·입추·입동의 날에 국도의 남교(南郊)·서교(西郊)·북교(北郊)에서 각각 화행기(火行氣)·금행기(金行氣)·수행기(水行氣)를 맞이하는 것을 말한 것이다.

7) 四季首其角(사계수기각) : '사계(四季)'란 매 계절 끝의 18일을 가리키는 말인데, 여기에서는 입추 전의 18일을 뜻한다. '각(角)'은 구석진 곳을 의미하는데, 여기에서는 도성에서 서남쪽으로 5리 떨어진 곳에 위치한 제사 장소를 뜻한다. 오행가(五行家)의 학설 가운데 토왕사계설(土旺四季說)이라는 것이 있기에 여기에서는 '사계수기각(四季首其角)'이라고 말한 것이다. 이상의 다섯 구절은 오교에서

기(氣)를 맞이하는 예(禮)를 설명한 것이다. 자세한 것은 『후한서(後漢書)』「제사중(祭祀中) · 영기(迎氣)」의 내용을 참고할 수 있다(『금주금역』).

8) 休廢之日乃致之(휴폐지일내치지) : '휴폐지일(休廢之日)'이란 흉한 날을 뜻한다. '휴폐'는 오행휴왕설의 전문 용어인데, 여기에서 '휴(休)'는 물러나는 것을 뜻하고 '폐(廢)'는 사망하는 것을 뜻한다.

_ [오행휴왕설], [삼통화해설]

여쭈었다. "하늘께서 유독 노여워하시어 사람들과 화합해주시지 않음을 어찌 알 수 있는지요, 아닌지요?"

"그렇다. 하늘의 다스림은 기(時氣)로써 말씀하신다. 네 계절에서 드러내 보이시니, 봄에 목행(木行)의 소양기(少陽氣)가 화합하지 않으면, 인간 신체 가운데 간기(肝氣)의 맥상이 유동하지 않고, 각음(角音)과 양률(陽律)인 태족(太簇)도 서로 화합하지 않아 맑은 음이 호응해주지 않는다. 이는 곧 하늘께서 기쁘지 않아 세상 사람들을 거들떠보지 않으신다. 옛날 성왕은 이런 현상을 보게 되면 곧바로 다스림에서의 득실을 깊이 생각하여 그런 현상을 바꾸어 놓았다. 그렇지만 왕의 기는 인(仁)의 기운을 얻어 자신의 다스림을 돕도록 해야 한다. 이 두 기는 봄에 함께 만물을 낳아준다. 거꾸로 물러나고 휴기(休氣)와 폐기(廢氣), 흉기(凶氣)가 이르러 제왕의 다스림을 도우려 하면, 이 세 가지 기가 있게 된다. 그리하여 악한 소인(小人)의 기가 도리어 여기에서 출현하는데, 이는 근본적으로 천위(天位)의 항렬에 있지 않은 것이므로 간악한 소인을 대표하는 것이다. 하늘께서는 비추어 볼 수 있게 해주시고, 도움을 줄 수 있는 사람들로 하여금 드러나도록 하시며, 성현으로 하여금 자세히 미루어 헤아려보고 정밀하게 사색하도록 하신다. 그러므로 마땅히 민간에 은둔하고 있는 도인(道人)·덕인(德人)·인인(仁人)을 찾아내 그들로 하여금 정기(正氣)가 원래의 상태를 회복하도록 하게 하면, (하늘께서는) 즉각 그에 호응해주신다. 이런 까닭에 제왕은 천도(天道)를 부리고 인민과 신하들을 자기의 의지할 수 있는 힘으로 삼아야 하는 것이다. 부리는 것이 불량하면 곧 천도를 어지럽히는 것이 된다. 옛날 성인은 장차 천도를 부리고자 할 때, 도인·덕인·인인과 같은 현명한 사람들을 찾아내 그들과 함께 그것을 부려 평안한 상태에 거처하였다. 그러므로 도인은 하늘에 속하고, 덕인은 땅에 속하며, 인인은 사람[中和]에 속한다. 이런 까닭에 천통(天統)·지통(地統)·인통(人統)의 삼통이 화합하지 않는다면, 이 세 부류의 현명한 사람들에게 말미암아서 다스려야 하는 것이다. 이렇게 하면 태평기(太平氣)가 강림하여 만물이 모두 다스려진다."

問曰, 天獨怒而不應和人, 寧可知否? 然, 天理乃以氣爲語言,[1] 見於四時. 春角氣不知,[2] 肝脈不動,[3] 角蔟不和,[4] 淸音不應, 此卽天不悅不語言也. 古者聖王見此, 卽思惟得失之理, 以反之. 然王氣所居,[5] 乃得仁助其理也. 此二氣共生成於此也. 乃反休廢凶氣至, 來助其理, 此乃三氣. 小人之氣反見於是, 無統天位, 故象小人. 天見照, 見其類, 令賢聖策之而思之, 當索幽隱道人德人仁人, 以反復其氣, 立相應矣. 故王者御天道, 以民臣爲股肱. 爲御不良, 則亂其道矣. 古者聖人將御天道, 索道德仁賢明共御之. 乃居安也. 故道人屬天, 德人屬地, 仁人屬中和. 三賢理之, 故太平氣至, 萬物皆理矣.

역주

1) 天理乃以氣爲語言(천리내이기위어언) : '이(理)'는 다스림을 시행하는 것을 뜻한다. '기(氣)'는 봄의 소양기(少陽氣), 여름의 태양기(太陽氣), 가을의 소음기(少陰氣), 겨울의 태음기(太陰氣) 및 6월 혹은 매 계절 끝의 18일인 중화기(中和氣)를 가리킨다. '어언(語言)'이란 자기의 뜻을 표현해내는 말이라는 뜻이다.
2) 角氣不知(각기부지) : '각기(角氣)'란 곧 소양기(少陽氣)인데, 이것을 목기(木氣)라고도 부른다. 각(角)은 오음 가운데의 하나로서 춘(春)·목(木)에 속하며, 양기가 약동한다는 뜻을 지니고 있으므로 '각기'라고 부른 것이다. '지(知)'자는 '화(和)'자를 잘못 쓴 것임이 분명하다.
3) 肝脈不動(간맥부동) : '간맥(肝脈)'이란 인체 간기(肝氣)의 맥상(脈象)을 반영하는 것을 뜻한다. 『소문(素問)』「옥기진장론편(玉機眞藏論篇)」에서 이르길, "춘맥이라는 것은 간장을 뜻하는데, 이는 동쪽과 목행에 속하는 것으로 만물이 시생하는 까닭이다[春脈者肝, 屬東方木, 萬物之所以始生]"라고 하였으며, 또한 「육절장상론편(六節臟象論篇)」에도 간장은 '소양(少陽)으로서 춘기(春氣)에 통한다'라고 하였다.
4) 蔟(주) : 태주(太蔟)를 뜻하는데, 이는 태족(太簇)으로 불리기도 한다. 이는 12율 중의 하나인데, 양률(陽律)에 속하며 율관의 길이가 8촌(寸)이다. 음양오행설에 비추어 보면, 맹춘 달[음력 정월]의 음은 각이고 율은 태족에 응한다.
5) 王氣(왕기) : 한대(漢代) 오행휴왕설의 전문 용어이다. '왕(王)'은 왕(旺)으로서 주재적 작용을 발휘하는 것을 뜻한다.

_『돈황목록』 권148 「도인위사천결(道人爲師天決)」과 상응

[진인들이] 여쭈었다. "만백성은 어찌해야 인(仁)한 사람으로

될 수 있는 것입니까?"

"그렇다. 천도는 곧 덕(德)을 낳고, 덕은 곧 인을 낳는다. 지금 군주로 하여금 이에 도인(道人)을 스승으로 삼아 도를 본받도록 해야 한다. 군주가 이에 도를 본받으면, 그 신하들은 덕을 갖추게 된다. 인민이 신하들을 본받으면, 신하들은 덕을 갖추고 인민은 인하게 된다. 이는 아랫사람으로 하여금 윗사람이 본받는 것을 다시 본받도록 하는 것인데, 윗사람이 본받는 것은 하늘이다. 전하여 서로를 낳는다면, 인민이 어찌 모두 인하지 못할 수 있겠는가? 옛날 성왕이 대도인(大道人)을 스승으로 삼았던 목적은 사람을 교화하여 점차 아래로 펼쳐나가도록 하는 데 있었다. 최상의 군주는 하늘처럼 다스림을 하고, 다음 등급의 군주는 땅처럼 다스림하며, 그 다음 등급의 군주는 사람처럼 다스림하였다. 하늘처럼 하는 군주는 하늘의 뜻을 잃지 않고 마치 친아버지를 섬기듯이 천도[大道]를 섬긴다. 땅처럼 하는 군주는 땅의 뜻을 잃지 않고 마치 친어머니를 섬기듯이 지도(地道)를 섬긴다. 세상 사람처럼 하는 군주는 사람의 뜻을 잃지 않고 인간의 도[中和之道]를 즐거이 얻을 것을 생각한다. 성인(聖人)은 만물이 모두 태어나는 것을 보고 군주가 참된 도로써 다스린다는 것을 안다. 만물이 모두 양육되는 것을 보고서, 그 군주가 참된 덕으로써 다스리고 있음을 안다. [성인은] 만물이 모두 성숙되는 것을 보고서, 그 군주가 참된 인으로써 다스리고 있음을 안다. 참된 도로 다스리는 군주는 다만 낳아주고자 하는 마음을 지닐 뿐이다. 참된 덕으로 다스리는 군주는 양육하고자 하는 마음만을 지닐 뿐이다. 참된 인으로 다스리는 군주는 베풀어주고자 하는 마음만을 지닐 뿐이다. 이런 도·덕·인에 속하지 않아 삼통(三統)과 서로 호응하는 다스림을 시행하지 못하는 사람은, 태평의 군주라고 일컬을 수 없다."

問曰, 萬民何以盡爲仁哉? 然, 天道乃生德, 德乃生仁. 今君乃以道人爲師, 取法於道. 君乃法道, 其臣德矣. 民乃取法於臣, 臣德則民仁矣. 令下象上法, 上法天也. 轉而相生, 民安得不盡仁哉? 古者聖王以大道人爲師者,[1] 乃欲化下流也. 上君爲政如天, 中君爲政如地, 下君爲政如人. 如天者, 不失天意, 父事大道也.[2] 如地者, 不失地意, 母事地道也. 如人者, 不失人意, 思樂得中和之道. 聖人見萬物盡生, 知其理重道也.[3] 見物盡養, 知其眞德也. 見萬物盡成, 知其眞仁也. 夫理眞道者, 但有生心. 理眞德者, 但有養心. 理仁者, 但有施心. 非此三統道德仁, 非謂太平之君矣.

역주

1) 古者聖王以大道人爲師者(고자성왕이대도인위사자) : 이 구절은 황제(黃帝)가 풍후(風后)를 스승으로 삼고, 전욱(顓頊)이 녹도(綠圖)를 스승으로 삼고, 제곡(帝嚳)이 적송자(赤松子)를 스승으로 삼고, 요(堯)가 무성자(務成子)를 스승으로 삼고, 순(舜)이 윤수(尹壽)를 스승으로 삼았던 것과 같은 것을 말한다. 『백호통(白虎通)』 「벽옹(辟雍)」의 글을 참고할 수 있다.

2) 父事大道(부사대도) : '부사(父事)'란 친아버지를 섬기는 것처럼 섬긴다는 뜻이다. 다음에서 말하는 '모사(母事)'도 이와 같은 용법으로 사용된 것이다. '대도(大道)'에서의 '대(大)'를 마땅히 '천(天)'자로 바꾸어서 보아야 한다.

3) 重道(중도) : 여기서의 '중(重)'자를 마땅히 '진(眞)'자로 바꾸어서 보아야 한다.

_『돈황목록』 권149 「사관천상삼만육천계결(事關天上三萬六千戒決)」과 상응

천상의 선비는 천상에서 태어나 위탁받은 기[委氣]를 받아 형체가 없이 산다. 천상의 선비가 어떤 일을 하는지를 알면 무엇인들 알지 못하고, 무엇인들 밝히지 못하는 것이 있고, 무엇인들 보지 못하는 것이 있을 것인가? 저절로 그러함[自然]과 원기(元氣)는 직무를 같이하고 함께 행한다. 천상의 선비는 항상 무극의 전당[無極之殿]에 계시면서 하늘과 함께 문서를 처리하신다. 위로부터 아래에 이르기까지 자신이 해야 할 일을 잃지 않으므로, 태어날 사물을 땅으로 내려가 이루도록 하게 하니, 만물이 모두 은혜를 입게 된다. 천상의 선비는 하늘의 존경을 받는 바이고, 여러 신들이 우러르는 바이니, 마치 제왕과 태자와도 같아, 감히 그를 존경하지 않을 수 있겠는가? 천군(天君)은 위탁받은 원기이므로 '천군'이라 이름하며, 지극히 존귀하여 위가 없는 존재이다. 명령하고 가르치시는 바를 어찌 따르지 않을 수 있겠는가?

天上之士, 乃生天上, 受委氣無形而生. 知天上之士, 何所不知, 何所不明, 何所不見? 自然元氣, 同職共行.[1] 天上之士, 常在無極之殿, 與天同理文書. 上下不失其事, 乃知可生之物, 復下地形, 使得成就, 萬物皆被榮. 天上之士, 天之所尊敬, 諸神所仰, 如帝王太子, 敢有不敬者乎? 天君者, 則委氣, 故名天君, 尊無上. 所敕所敎, 何有不從令者乎?

역주

1) 同職共行(동직공행) : 양(陽)으로써 낳아주고 음(陰)으로써 양육시켜주는 것을 뜻한다. 『태평경』 권54~권64 「궐제」(6)에서 이르길, "원기는 양으로써 만물을 낳아주는 일을 주관하는데, 이는 저절로 그렇게 낳아주는 것이다. 원기는 음으로써 만물을 양육시켜주는 일을 주관한다[元氣, 陽也, 主生, 自然而化, 陰也, 主養凡物]"라고 하였다.

_『돈황목록』 권150 「양생성일결(兩生成一決)」과 상응

여쭈었다. "태평의 군주는 도가 홍성하므로, 그 덕이 하늘에 버금갑니다. 그는 신령스러운 책을 얻어 홀로 실천하여 교화가 천하에 흘러가니, 평화롭지 않을 수 없습니다."

"위대한 신은 하늘과 땅을 넘어서지 않으며, 가장 밝은 것은 해와 달을 넘어서는 것이 없다. 이들은 모두 두 개의 반쪽으로 함께 하나를 이루는 것이다. 하늘과 땅이 각각 절반의 힘을 발휘하여 마음을 같이하고 화합하면, 만물을 낳아준다. 낮과 밤이 각각 절반의 힘을 발휘하면 하루를 이룬다. 춘하추동은 각각 절반의 힘을 발휘하여 일 년을 이룬다. 달은 서쪽에서 처음 생겨나 자라면서 동쪽으로 운행하여 조른 후에는 만월(滿月)이 되는데, 이것을 양(陽)이라 한다. 다시 보름이 지나면 소멸되는데, 이것을 음(陰)이라 한다. 이리하여 각각 절반의 힘을 발휘하면 한 달을 이룬다. 남녀는 각각 절반의 힘을 발휘하면서 뜻을 같이하고 화합하면, 한 가정을 이룬다. 하늘과 땅의 도는 한번은 음이고 한번은 양이 되어 각각 절반의 힘을 발휘하고 합하여 하나가 되니, 이에 함께 하나를 이루는 것이다. 그러므로 군주와 신하가 마음을 합하고 함께

힘쓰고, 각각 절반의 힘을 발휘하여 간절히 같게 되기를 생각한다면, 태평의 다스림을 이룬다."

問曰：夫太平之君道盛，其德乃次天也．得書獨行，化流天下，乃可無不平也．夫大神不過天與地，大明不過日與月，尙皆兩半共成一．夫天地各出半力，幷心同欲和合，乃能發生萬物．晝夜各半力，乃成一日．春夏秋冬各出半力，而成一歲．月始生於西，長而東行，至十五日，名爲陽，過十五日消，名爲陰，各出半力，乃成一月也．男女各出半力，同志和合，乃成一家．天地之道，乃一陰一陽，各出半力，合爲一，乃後共成一．故君與臣合心幷力，各出半力，區區思同，乃成太平之理．

_『돈황목록』 권151 「은급초목무용타사법(恩及草木無用他邪法)」과 상응

여쭈었다. "오늘날 글들이 많고, 그 중 많은 것을 갖추었다고 하는 것이 많지만, 재해와 도적이 항상 끊이지 않고 그 흉함으로 항상 근심하고 고통받아 날이 갈수록 근심하게 되고 아전과 백성을 함께 구제하려고 해도 구제할 수가 없습니다. 이에 단절되었던 흉함이 다시 일어나고 있습니다."

"이제 내가 그 문서들의 부족한 점을 보충할 것이니, 다시 재해가 일어나지 않도록 할 것이다. 옛날 신묘한 글이 내려온 뒤 현인과 성인의 글 중 어찌 같은 것들이 있겠는가? 모두 다른 것이다. 그러므로 하늘께서는 천사(天師)에게 명령하시어, 나와서 흉함을 없애도록 하셨고, 백성과 신하들에게 덕이 베풀어지고 빛이 사방에 비추

게 하여 먼 곳까지 반향하도록 하였고, 은혜가 초목에까지 미치게 하셨다. 마음과 뜻을 쓰심이 열려 있는 것이니, 그 책은 다 다른 것이다."

問曰 : 時人文[1]雖多, 乃自言物畢備者, 災害盜賊常有餘也, 而常得愁苦於此凶, 日以爲憂, 吏民共救之, 不能救也. 絶者復起, 今吾可以長補其不足, 而使無復災也. 從古天券文出已來, 凡賢聖文書, 寧亦有同者? 皆異也. 故天命師, 使出除凶, 德覆民臣, 光被四表, 遠邇響應, 恩及草木. 是其用心意開也, 其書皆異也.

역주

1) 時人文(시인문) : '시(時)'는 '지금'·'오늘날'을 뜻한다. '인문(人文)'이란 세간에서 유전되고 있는 각종의 문서를 뜻한다.

_『돈황목록』 권153 「수일장존결(守一長存決)」과 상응

여쭈었다. "예와 지금의 요체인 도는 하나를 지키는 수일(守一)을 말하므로 오래도록 살고 늙지 않을 수 있다고 합니다."

"사람들이 하나를 지킬 줄 아는 것을 무극의 도[無極之道]라 한다. 사람은 하나의 몸을 가지는데, 몸은 내부의 정(精)과 신(神)과 화합하여 함께한다. 형(形), 곧 몸은 죽음을 담당하고, 정과 신은 삶을 맡는데, 정과 신이 항상 함께하면 길하지만 그것들이 형체를 떠나면 흉하다. 정과 신이 떠나가면 죽게 되고, 정과 신이 몸 안에 있으면 산다. 항상 합한다면 하나가 되어 오래도록 살 수 있다. 앙

화와 한란은 정과 신이 서로 떨어져 흩어지고 신체 안에 모여 있지 않은 데서 일어나므로, 돌이켜 그들로 하여금 인간의 마음을 따라서 오고가도록 해야 한다. 그러므로 성인은 하나를 지키는 수일을 가르쳐서, 마땅히 한 몸을 지켜야 한다고 하였다. 생각함에 쉼이 없고 정과 신이 스스로 나오면 응하지 않는 것이 없어서 백가지 병이 저절로 없어지니, 이것은 오래도록 살고 오래도록 존재하게 하는 부적[長生久視之符]이다. 양(陽)은 하나를 지키고, 음(陰)은 둘을 지키는 것이다. 그러므로 죽임[殺]이라 한다. 낮은 양으로, 사람의 혼이 항상 함께 거처한다. 어둠은 음인데, 혼과 신이 서로 다투어 꿈을 꾸게 하여 그 형체를 떠날 것을 생각하여, 나뉘어 둘로 되면 죽음에 이르게 되며 정과 신이 다 상실되고 형체만이 홀로 존재한다. 하나를 지키는 것은 참되고 참되면 합하여 하나가 된다. 사람이 태어남에 정과 신이 다 갖추게 되고, 지켜서 흩어지지 않게 하면 세상을 넘어서게 된다. 그리하여 선한 백성의 부모가 되어 태평한 군주를 알현할 수 있으면, 신이 사랑하는 바가 된다."

問曰 : 古今要道, 皆言守一, 可長存而不老. 人知守一, 名爲無極之道. 人有一身, 與精神常合幷也. 形者乃主死, 精神者乃主生, 常合卽吉, 去則凶. 無精神則死, 有精神則生. 常合卽爲一, 可以長存也. 常患精神離散, 不聚於身中, 反令使隨人念而遊行也. 故聖人敎其守一, 言當守一身也. 念而不休, 精神自來, 莫不相應, 百病自除, 此卽長生久視之符也. 陽者守一, 陰者守二, 故名殺也. 故晝爲陽, 人魂常幷居. 冥爲陰, 魂神爭行爲夢, 想失其形, 分爲兩, 至於死亡. 精神悉失, 而形獨在. 守一者眞, 眞合爲一也. 人生精神, 悉皆具足, 而守之不散, 乃至度世. 爲良民父母, 見太平之君, 神靈所愛矣.

_『돈황목록』 권145 「인인능수삼도복식결(人人能受三道服食決)」과 상응

여쭈었다. "도를 체득하여 선인(仙人)이 된 상 · 중 · 하의 사람은 각각 무엇을 먹습니까?"

답하셨다. "최상의 사람은 풍기(風氣)를 먹고 제이등급은 약물을 복용하며, 제삼등급은 소식을 한다. 천천히 장과 위장을 통하게 할 뿐이다." 또 말씀하셨다. "하늘의 멀고 모나지 않음은 풍기를 먹을 수 없다면 어찌 신속히 갈 것이며, 하늘의 도를 두루 흐르게 할 것인가? 또 신의 아전과 함께 마땅히 공을 함께하여야 하는데 함께 친구가 되어, 풍기를 먹는다. 그 다음은 마땅히 땅의 정과 함께 힘을 써서 오방의 흙을 화합하고, 산천을 오르내리고 건너며, 산기슭에 깃들고 물속으로 들어가, 땅과 더불어 서로 통하여 사람이 차려 놓은 제물을 함께 맛보고 오곡을 먹을 수 없는 까닭에 물만 마시고도 다닐 수 있는 것이다. 그 다음은 음식을 조절하여 도를 수행하는데, 도의 표준적인 안정 상태에는 부합하지 못하고 단지 일반 사람과 약간의 차이만 있을 뿐이다. 그러므로 소식하여 장과 통하는 자는 또한 도를 이룬 사람이다."

問曰, 上中下得道度世者, 何食之乎? 答曰, 上第一者食風氣,[1] 第二者食藥味, 第三者少食, 裁通其腸胃. 又云,[2] 天之遠而無方, 不食風氣, 安能疾行, 周流天之道哉? 又當與神吏通功, 共爲朋, 故食風氣也. 其次當與地精并力, 和五土,[3] 高下山川, 緣山入水, 與地更相通, 共食功,[4] 不可食穀, 故飮水而行也. 次節食爲道, 未成固象, 凡人裁小別耳. 故少食以通腸, 亦其成道之人.

역주

1) 風氣(풍기) : 하늘과 땅 사이에 가득 차 있는 생기를 뜻한다. 『태평경』 권114 「대수계(大壽誡)」에서는 "하늘이 정화의 기를 먹여준다[天食精華氣]"라고 하였다.

2) 又云(우운) : 이 두 글자는 『삼동주낭(三洞珠囊)』의 편집자가 더해 놓은 것으로 보인다.

3) 五土(오토) : 동쪽의 청토(淸土), 남쪽의 적토(赤土), 서쪽의 백토(白土), 북쪽의 흑토(黑土), 중앙의 황토(黃土)가 각각 오행에 배속되는 것을 뜻한다. 이것을 '오색토(五色土)'라고도 부른다.

4) 食功(식공) : 지정(地精)을 도와 오토(五土)를 화합시킨 것을 맛보고, 지기(地氣)를 조리(調理)하여 얻은 인간의 제물을 맛보는 것을 뜻한다.

太平經

제154~170권

『태평경초』

계부(癸部)

〈권을 나누지 않음〉

해제 『태평경』 계부(癸部)는 흩어져서 본모습을 알 수 없다. 단지 현재 계부(癸部)의 내용과 편명은 왕명이 『태평경합교』에서 『태평경초』의 내용과 『돈황목록』의 표제 등을 참고하여 보충한 것이다. 내용은 대부분 『태평경』 갑부(甲部)의 내용을 절록한 것이다. 이 계부는 원래 최소 46편으로 이루어져 있었다고 하나, 대부분 찾을 수가 없다. 이 중 "一曰神道書…"로 시작되는 첫 번째 장의 표제명에 대해서는 현재 참고할 수 있는 근거가 없다. 이 권에서는 『태평경』 내용의 구성이나 제목의 의미와 종지 등에 대해 개괄적으로 서술하고 있다.

첫째 「신도서(神道書)」, 둘째 「핵사문(核事文)」, 셋째 「거부화기(去浮華記)」이다. 총괄적으로는 '크게 따르는 도'[大順之道]라 할 것이다. 태(太)는 크다(大)는 뜻이고, 크다는 것은 하늘[天]을 가리킨다. 하늘은 만물을 덮어 길러주니 그 공이 가장 크다. '평(平)'이란 땅[地]이다. 땅은 평평하지만 만물을 양육할 수 있다. '경(經)'이란 항상됨(常)이다. 하늘은 해[日]·달[月]·오성[五星]으로 날줄[經]을 삼고, 땅은 산악(嶽)·도랑(瀆)·산(山)·내(川)를 날줄로 삼는다. 천지가 항상된 도[常道]를 지키지 않으면 만물이 재앙을 받게 된다. 제왕은 위로는 황천(皇天)을 본받고 아래로는 후지(后地)를 본받고, 중간으로는 날줄·씨줄, 별과 산과 도랑을 본받아 만물을 양육한다. 그래서 '크게 따르는 도'라고 한다.

〈起〉一曰神道書,[1] 二曰核事文,[2] 三曰去浮華記,[3] 〈止〉都曰大順之道.[4] 太者, 大也. 大者, 天也. 天能覆育萬物, 其功最大. 平者, 地也, 地平, 然能養育萬物. 經者, 常也. 天以日月五星爲經, 地以嶽瀆山川[5]爲經. 天地失常道, 卽萬物悉受災. 帝王上法皇天, 下法后地,[6] 中法經緯, 星辰嶽瀆, 育養萬物.[7] 故曰大順之道.

역주

1) 神道書(신도서) : 원기(元氣), 천도(天道), 음양(陰陽) 등 도법의 근본적인 내용에 대한 총체적인 설명을 하고 있는 글을 말한다.
2) 核事文(핵사문) : 고금의 여러 사실에 대해 논증을 한 글을 말한다. 일종의 징험록인 셈이다.
3) 去浮華記(거부화기) : 부화(浮華)는 근본이 아닌 것 혹은 근본과는 거리가 먼 것을 지칭한다. 즉 『태평경』의 입장에서 본 이단 혹은 외가(外家)를 지칭한다. 이런 부화한 것을 비판하는 기록을 말한다.
4) 大順之道(대순지도) : 이 장 및 계부(癸部) 를 총괄할 수 있는 어휘일 뿐 아니라 『태평경』의 주제이다. '크게 따른다(大順)'는 구절은 『노자·65장』에 보인다. 일반적으로 '크게 따른다(大順)'는 것은 '저절로 그러함(自然)'의 의미로 본다.

5) 嶽瀆山川(악독산천) : '악(嶽)'은 높은 산을 말한다. 일반적으로 오악(五嶽), 즉 태산(泰山)·화산(華山)·형산(衡山)·항산(恒山)·숭산(嵩山)을 말한다. 독(瀆)은 장강대하를 지칭한다. 일반적으로는 사독(四瀆), 즉 장강(長江)·회수(淮水)·황하(黃河)·제수(濟水)를 말한다. 이 이외 여러 산과 강들을 '산천(山川)'이라 한다.

6) 后地(后地) : '후지(后地)'는 아마도 '후토(后土)'를 말할 것이다. '후토'는 토지신을 말한다, 일반적으로 '황천후토(皇天后土)'는 연칭되어 천신과 지신을 말한다.

7) 中法經緯, 星辰嶽瀆, 育養萬物(중법경위, 성신악독, 육양만물) : 글이 별로 저절로 그러함스럽지 않다. 어쩌면 탈문(脫文)이 있을 수도 있을 것이다. 우선 『금주금역(하)』과 『전역(하)』에 따라 번역하였다. 그런데 그렇게 볼 경우 '중법(中法)'의 중(中)을 이해하기 힘들어진다. 왜냐하면 '성신악독(星辰嶽瀆)'에서 성신(星辰)은 하늘에 속하고 악독(嶽瀆)은 땅에 속하여 상하에 해당하지 중에 해당된다고 보기 힘들기 때문이다. 뿐만 아니라 '경위(經緯)'를 씨줄과 날줄이라는 본의로 해석하는데 그렇다면 '경위'가 왜 갑자기 여기에서 언급되는지도 설명하기 어렵다. 다음과 같이 보는 것이 보다 합리적일 듯하다. ① 경위(經緯) : 경서(經書)와 위서(緯書)를 지칭하는 것으로 예 성현들에 의해 지어진 책들을 말한다. 여기에서는 결국 여러 도서들을 지칭할 것이다. ② 성신(星辰) : "성진악독, 육양만물(星辰嶽瀆, 育養萬物)"에서 성신(星辰)도 육양(育養)과 마찬가지로 동사로 보아야 할 것이다. 그렇다면 해석은 다음과 같을 것이다. "가운데로는 (옛 진인들이 남겨주신) 여러 도서들을 본받아 (지역의) 큰 산과 큰 하천을 별자리처럼 구분 짓고 (그 안에 사는) 만백성을 잘살게 만들어 준다."

신인진인성인현인자점가행시여비법(神人眞人聖人賢人自占可行是與非法) : 신인 · 진인 · 성인 · 현인이 점쳐서 옳고 그름을 행하는 법

해제 『돈황목록(敦煌目錄)』에는 "자고(점)성쇠법[自古(占)盛衰法]"이라 되어 있다. 표제에서 "가행시여비(可行是與非)"는 사실상 '성쇠'를 지칭하는 것을 알 수 있다. 신인(神人) · 진인(眞人) · 성인(聖人) · 현인(賢人)은 『태평경』 작자가 생각하는 높은 수준의 도교 인물을 지칭할 것이다. 그러나 내용을 살펴보면, 마음의 뜻이 올바르면 사물의 감응을 보고 장래의 성쇠를 알 수 있다는 내용도 있지만 보다 중점적인 것은 마음의 뜻이 올바르면 황천이 감동하여 좋은 결과를 준다는 것이다. 이 두 내용이 서로 얽혀 있다.

옛날 신인(神人)들은 스스로 시비와 득실을 예측할 수 있어서 어떤 일에 대해서든 곧바로 알아차릴 수 있다. 애매하게 아는 것이 아니라 분명하게 안다. 신을 섬기는 방법은 지극히 많으니 몸에 있는 모든 신들을 화합하게 하여 마음의 뜻을 바르게 한다면 숨어 있는 것이 없게 되어 선한 것은 나타나고 악한 것은 숨어버리게 된다. 즉 스스로 길흉을 아는 방법은 마치 거울에 비추어 보는 것과 같다.

이때 현명한 사람은 편안함을 느끼게 되는데 이런 때는 거듭 오는 것이 아니고 사태도 거듭 보여주지 않는다. 단 한 번 성대함을 얻는 것이니 먼 곳에까지 알 수 있는 것이다. 그러므로 어떤 일이라도 나타나면 그에 대등하는 [길흉이] 응하게 되는 것이니, 삼가 거스르지 말고 그것을 보배로 여겨 간직하라. 정녕 천지의 심의(心意)를 얻게 될 것이다. 하고자 하는 일은 시기에 적합하게 되어 하는 일마다 제대로 될 것이다. 신도(神道)가 오고, 현자가 지혜를 짜내고, 길한 사람이 이르고, 사악함은 오지 않게 되고, 청명함이 나타나고, 사방의 사람들이 기뻐하고, 숨어 있던 은자들이 나오게 되어 하늘의 마음을 얻게 되고, 통치할 방법을 얻게 될 것이다. 사악함이 나타나지 않으니 저절로 그러함의 본성이 순조롭게 이루어질 것이다. 진인들이 와서 보필해주고 천하의 사람들이 잘 받아줄 것이다. 각기 해당되는 일로 올 것이나 혼란이 제거될 것이다. 이런 응함은 뱃속에서 나와 흉심에서 나타날 것이니 바로 천둥번개처럼 분명한 증험이다. 대저 상서로운 응함이 흉중에서 와서 생각하는 대로 움직여 잠시 동안에 천하를 움직이게 될 것이다. 마음먹으면 그대로 황천(皇天)을 감동하게 하여 음양이 움직이고 말은 지극히 정성되어 하늘을 움직이게 되는 것이 바로 이것이다.

[부(附)] 『도전론(道典論)』 권4 〈묘서편(妙瑞篇)〉의 인용문에 있는 『태평경(太平經)』 내용은 다음과 같다. 군주가 안에서 선행을 하면 바람과 비가 밖에서 때맞추어 온다. 그러므로 상서로운 반응은 도리어 사람의 가슴속에서 시작되는 것이다. 이런 이유로 하고 싶은 것이 있으면 모든 것이 상서로운 응함이 있는 것이니, 어느 것이 오지 않겠는가? 지극한 정성이면 황천을 감동시킬 수 있다. 음양이 이 때문에 움직이는 것이니, 누가 가서 움직이겠는가? 형체가 있는 몸이 가서 움직일 수는 없는 것이다. 움직이게 하는 것은 보이지 않는 것이니, 바로 마음속에 있는 것이다. 지극한 정성이 하늘을 감동시키는 것이다.

품은 마음에 바른 신을 불러올 수도 있고 사악한 신을 불러올 수 있으니, 모든 것이 의지에 따라 발생하는 것이다. 천지를 움직이게 할 수 있고, 음양을 조화롭게 할 수 있고, 만물을 화합하게 할 수 있으며, 안으로는 스스로를 신선이 되게 할 수 있고, 밖으로는 입신양명(立身揚名)하게 할 수 있다. 어진 사람이거나 어리석은 사람이거나 모두 이것에 말미암는다. 그러므로 현명한 사람은 잘 다루어서 어떠한 경우에도 실수하지 않는다. 사람이 뱃속에 잘못된 생각이 있으면 얼굴이 도리어 붉은색을 띤다. 왜 그런가? 마음은 오장(五臟)의 주인이다. 주인이란 군왕을 말한다. 군왕은 올바름을 시행하는 것을 담당하고 있으니 잘못이 있으면 하늘에 아뢰게 된다. 놀라게 되면 얼굴에 푸른색을 띠게 되는데 무슨 이유인가? 간(肝)은 인(仁)을 주관한다. 사람이 근심하게 되면 도리어 간을 놀라게 하여 담(膽)이 이 때문에 노여워하게 된다. 그래서 위로 푸른색을 나타내게 하는 것이다. 모든 신들은 각각 담당하는 바가 있어 만물과 상응하게 된다. 그래서 사람들로 하여금 항상 삼가고 선량하게 천지에 순종하여 재앙이 다시 일어나지 않도록 한다.

외학(外學)은 많고 내학(內學)은 적으며, 외사(外事)는 나날이 일어나고 내사(內事)는 나날이 쇠퇴한다. 그래서 사람들은 병이 많은 것이며, 그래서 대부분이 '겉으로만 화려한'(浮華) 것이다. 부(浮)란 허울이란 뜻이고, 화(華)란 말단이다. 천도는 멀리 떠나가고 사악한 곳에 들어가 스스로 돌아올 수 없게 된다. 이른바 「신도서(神道書)」란 정일(精一)하여 떠나가지 않고 실제로 근본을 지키는 것이니 음양과 합하고 신명과 같은 것이다. 사실을 입증하는 글, 곧 핵사문(核事文)이란 같고 다름과 의심스러운 것을 검토하여 잘못이 없는 것이다. 겉으로만 화려한 기록[浮華記]이란 원래 근본에서 멀리 떨어져 있고 거칠며 그 글이 뒤죽박죽이어서 상용할 수가 없으니 때때로 기록한 것이다. 근본을 지킨다면 다스림이 마치 신명처럼 될 것이다. 중(中)을 지키면 어지러워 번거롭게 되는 일이 적을 것이다. 말(末)을 지키면 혼미해질 것이다.

그러므로 현자는 근본을 지키고 중을 경계하고, 감히 말을 따르지 않는다. 계속 (근본을) 지킬 수 있다면 사방에서 좋은 일들이 발생할 것이니 그것을 거역하지 말고 잡아서 보기로 삼아 만세토록 다시 바뀌지 않게 하여야 한다. 사람이 자기 힘으로 선행하는 자가 위태로워지는가? 사악한 오랑캐들이 물러가는가? 전쟁이 끝나는가? 고문하고 교수형을 시킨다는 소리가 없어지는가? 사방이 편안해지는가? 도로가 통하게 되는가? 군주가 현명해지는가? 신책(神策)에 대하여 대인은 이것을 지켜 사방을 움직이고, 중급의 선비는 이것으로 신하와 양민에게 명령을 내리고, 소인은 이 때문에 서로 상해하지 않는다. 그 말은 요약되어 있지만 그 법은 분명하다. 신에 의해 알려주는 내용이 나타났으니 시행하지 않아서 되겠는가? 굳건하지 지키지 않을 수 있겠는가? 삼가 간사한 무리들 [의 모함 등에 의해 점신의 내용이] 손상되지 않게 할 수 있는가?

古者神人自占是非, 得與不得, 其事立[1]可觀也. 不但闇昧, 昭然淸白. 神道至衆, 染習身神,[2] 正心意, 得無藏匿. 善者出, 惡者伏, 卽自知吉凶之法, 如照鏡之式也. 於此之時, 賢明自安, 時不再來, 物不重應.[3] 乃得獨盛, 洽[4]遠方, 故事見, 其應見, 愼無拒逆, 撰以爲寶器, 可謂得天地之心意矣. 其事時矣, 事皆職[5]矣, 神道來矣, 賢者謀矣, 吉人到矣, 邪者不來矣, 淸明見矣, 四方悅矣, 幽人隱士出矣, 得天心矣, 得治術矣, 邪不發矣, 自然達[6]矣, 眞人來輔矣, 天下善應矣, 各以其事來矣, 去憒亂矣. 此應出腹中, 發于胸心, 乃若雷電之應證也. [起]夫瑞應反從胸中來，隨念往來，須臾之間，周流天下．心中所欲，感動皇天，陰陽爲移，[7] 言語至誠感天，正此也．〔止〕［附］『道典論』卷四「妙瑞篇」引『太平經』云：人君爲善於內，風雨及時於外，故瑞應反從人胸中來．故有可欲爲，皆見瑞應，何有不來者乎．夫至誠乃感皇天，陰陽爲之移動，誰往爲動者乎．身形不能往動也．動也者冥，乃心中，至誠感天也．念者能致正，亦能致邪，皆從志意生矣．使能動天地，和陰陽，合萬物，入能度身，出能成名，賢不肖皆由斯生．故賢者善御，萬不失一也．人腹中有過，反面赤，何也．心者，五藏之主．主卽王也，王主執正，有過乃白於天也．驚卽面靑，何也．肝者主人，人者憂也，反恢肝膽爲發怒，故上出靑也．諸神皆有可主，以[8]萬物相應．故令人常自謹良，而順天地，而災不得復起也．

外學[9]多，內學[10]少，外事[11]日興，內事[12]日衰，故人多病，故多浮華．浮者，表也．華者，末也．夫天道遠入邪中，不能自還．所謂〈起〉神道書者，精一不離，實守本根，與陰陽合，與神明同．核事文者，考核異同疑誤不失．浮華記者，離本已遠，乃居野，其文錯亂，不可常用，時可記也．〈止〉守本者，治若神矣．守中者，少亂而煩矣．守末者昏矣．故賢者守本戒中，不敢從末也．夫能守之不止，方方善來者，無拒逆，撰爲寶器，萬世不復易也．人力自爲善者可厄乎．邪辟夷狄卻乎．兵革絶乎．杖策絞無聲乎．四方安乎．道路通乎．人君明乎．神策，大人守之動四方，中士爲之令臣良，小人爲之不相傷．其辭約，其法明，占神文乎可不行．不能持乎，愼無傷以拘奸乎．[13]

역주

1) 立(입) : '즉시' '그 자리에서' 정도의 의미이다.〈역주〉

2) 染習身神(염습신신) : 정확한 의미를 알기 어렵다. 아마도 신을 받

드는 여러 방법을 익혀 몸과 몸속의 신들이 모두 익숙해진 수준을 올랐음을 말할 것이다.

3) 時不再來, 物不重應(시부재래, 물부중응) : 여러 주석들의 해석이 명료하지 않다. 여기에서 왜 이 말을 하는지 알기 어렵다. 여기에서 '물(物)'은 보여지는 상(像)을 말하는 것으로 보아야 할 듯하다. 즉 일순간 어떤 상이 떠오르는데 그것은 중복되지 않는다는 의미인 듯하다. 이렇게 보면 앞과 뒤의 글이 순조롭다.

4) 洽(흡) : 『금주금역(하)』에서는 '도달하다'의 의미로, 『전역(하)』에서는 '화합하다'의 의미로 보고 있다. 『금주금역(하)』에 의거해 번역하였다.

5) 職(직) : 본분에 맞게 처리됨을 말한다.

6) 自然達(자연달) : 『금주금역(하)』에서는 '저절로 그러함의 본성이 이루어짐'으로 보고 있어 따랐다. 단지 '달(達)'은 '모든 일이 이루어짐'으로 보는 것이 좋을 듯하다. 즉 자기가 억지로 하지 않아도 모든 일이 저절로 자연스럽게 완성됨을 말한다.

7) 陰陽爲移, 言語至誠感天(음양위이, 언어지성감천) : 『금주금역(하)』에서는 "陰陽爲移言語, 至誠感天"으로 구두를 하고, '언어(言語)'는 '사시지기(四時之氣)'로 보고 있다. 즉 의념에 따라 음양으로 이루어진 네 계절의 기후가 변화된다고 보는 것이다. 『금주금역(하)』에서는 "陰陽爲移, 言語至誠感天"으로 보고 있다. 『금주금역(하)』을 따라 번역하였다.

8) 以(이) : '여(與)'와 같다.

9) 外學(외학) : 유학과 같은 도교 이외의 학문을 말한다.

10) 內學(내학) : 『태평경』 등 도교를 말한다.

11) 外事(외사) : 문장 다스림, 전쟁 등의 일을 말한다.

12) 內事(내사) : 하늘을 받들고 자기를 수행하는 일 등을 말한다.

13) 占神文乎可不行. 不能持乎, 愼無傷以拘奸乎(점신문호가불행. 불능지호, 신무상이구간호) : 정확한 의미를 알기 어렵다. 아마도 다음과 같은 의미인 듯하다. 점신(占神), 즉 신에 의해 알려주는 내용

이 나타났으니[文] 시행하지 않아서 되겠는가? 굳건하게 지키지 않을 수 있겠는가? 삼가 간사한 무리들(의 모함 등에 의해 점신의 내용이) 손상되지 않게 할 수 있는가? 즉 점신의 내용을 어떤 방해가 있어도 굳건하게 시행하여야 한다는 내용이다.

이자방각불상법(以自防卻不祥法) : 상서롭지 못한 일을 방지하고 물리치는 법

해제 『돈황목록(敦煌目錄)』에는 "각불상법(卻不祥法)"이라 되어 있다. "자방각불상(自防卻不祥)"은 앞으로 일어날 '상서롭지 못한 일'을 스스로 방지하고 이미 와 있는 또는 오고 있는 '상서롭지 못한 일'을 물리친다는 의미일 것이다. '상서롭지 못한 일'은 사악한 귀신이나 질병 등을 지칭한다. 이 장에서는 사시오행(四時五行)에 따라 제대로 신을 보존한다면 상서롭지 못한 일을 방지하고 물리칠 수 있다고 주장한다. 이미 앞에서도 여러 번 나온 내용들이며, 이 내용은 후대 도교에서 여러 방식으로 발전하며, 일부 내용은 내단 사상의 연원이 되기도 한다.

네 계절과 오행을 따라 사용하면서 안팎의 올바름을 생각한다면 몸에서 사악함을 몰아내고 상서롭지 않은 것을 물리치게 된다. 초상을 걸어두고 그것을 지키려고 노력하며 네 계절의 기운에 따라 행한다면 음양이 화합되고 귀신을 제어하고 올바르게 다스릴 수 있어 [귀신으로 하여금] 제멋대로 사람에게 해악을 끼치지 못하게 할 수 있다. 입동이 지나 입춘에 이르기까지는 태음의 기가 성행하고 은밀하게 소양의 기가 움직이게 된다. 항상 그 뜻을 관찰하여 누가 사람에 의해 부려지는 것을 싫어하는지 알아야 한다. 그 신의 아전은 검은 옷을 입고 있으니, 한적한 곳에서 그를 45일 길게는 90일을 생각하면 사람의 이목이 총명해지게 된다. 입춘이 되면 왕성한 덕이 인(仁)에 있게 되고 절기는 소양(少陽)을 다스리게 된다. 왕기(王氣)는 동쪽으로 옮겨가 있어 목행(木行)이 일어나게 되어 그 기운은 약하면서 어질다. 그 신의 아전은 푸른 옷을 입고 있다. 은미하고 한적한 곳에서 그를 45일 길게는 90일을 생각하면 사람의 병을 제거하게 된다. 일 년이 되도록 그를 생각하기를 그치지 않는다면 사람으로 하여금 날로 인애(仁愛)를 행하게 한다. 춘분 이전에는 소양(少陽)의 기가 성행하고 태양(太陽)의 기가 미약하게 진행하면서 소양을 돕게 된다. 그 뜻을 관찰하여 의심하지 않고 그 뜻을 깊이 생각한다면, 모든 사악함이 복종하게 될 것이다.

입하(立夏)가 되면 나날이 덕화(德火)가 강성해지며 왕기는 남쪽으로 옮겨 간다. 태양의 기는 중화로 다스려야 한다. 신의 아전을 이용하면, 그 뜻을 얻게 되어 입에서 단맛이 나게 된다. 신의 아전은 붉은 옷을 입고 있으니 그것을 지키면 백 가지 귀신이 천리 밖으로 도망을 간다. 하지가 되면 태양의 기가 성덕을 이루게 되니 중화의 기운이다. 그 신의 아전을 생각하면 백 가지 병을 낳게 한다. 여름 끝 무렵 6월이 되면 왕성한 덕이 다스림에 합치하게 되어 왕기(王氣)가 서남(西南)으로 옮겨 간다. 중궁으로 들어온다. 그 신의 아전은 누런 옷을 입고 있으니 생각하면 사람의 입에서 단맛이 올라오게 한다. 매번 계월(季月)이 이르면 18일 동안 생각한다. 입추가 되면 왕성한 덕이 금(金)에 있게 되고, 왕기도 서쪽에 있게 되며 만물을 끊고 이룬다. 신의 아전은 하얀 옷을 걸치고 있다. 그를 45일 길게는 90일을 생각하면 병을 제거할 수 있다. 그 뜻을 얻으면 뼈가 튼튼해지며 늙어 장수할 수 있다. 추분(秋分)이 되면 소음(少陰)의 기가 흐르고 태음(太陰)의 기가 조금씩 작동한다. [이 두 기운이] 거역하게 되면 빠르게 조절해야 한다.

입동(立冬)이 되면 왕성한 덕이 수(水)에 있게 되고 왕기가 북쪽으로 옮겨 가 있게 된다. 신의 아전은 검은 옷을 입고 있으니, 사람들의 뜻을 이루고 귀가 밝아지게 된다. 45일에서 90일 동안 그를 지키면 백 가지 병이 제거된다. 이것이 오행과 네 계절의 기운이니 안으로는 몸을 다스릴 수 있고 밖으로는 사악함을 다스릴 수 있다. 그러므로 하늘이 이것을 사용하면 맑아지고 땅이 이것을 사용하면 안녕하게 되며, 하늘이 이것을 사용하면 낳게 되고 땅이 이것을 사용하면 보관하게 된다. 사람이 이것을 사용하면 홍성해진다. 때의 기를 따를 수 있다는 것은 충신과 효자를 말하는 것이다. 이것이 바로 천지음양 · 네 계절 · 오행을 크게 따르는 도이다. 그러므로 도는 어질고 현명한 사람을 위해 출현하는 것이지 어리석은 사람을 위해 나오지 않는다.

順用四時五行, 外內思正, 身散邪, 卻不祥, 懸象而思守, 行順四時氣, 和合陰陽, 羅網政治鬼神,[1] 令使不得妄行害人. 立冬之後到立春, 盛行用太陰氣, 微行少陽之氣也. 常觀其意, 何者病爲人使,[2] 其神吏黑衣服, 思之閑處四十五日, 上至九十日, 令人耳目聰明. 立春盛德在仁, 氣治少陽, 王氣轉在東方, 興木行, 其氣弱而仁, 其神吏青衣, 思之幽閑處四十五日, 至九十日, 令人病消. 以留年[3]行不止, 令人日行仁愛. 春分已前, 盛行少陽之氣, 微行太陽之氣, 以助少陽, 觀其意無疑, 深思其意, 百邪服矣. 立夏日盛德火, 王氣轉在南方, 太陽之氣以中和治. 其神吏用之得其意, 口中生甘, 神吏赤衣, 守之, 百鬼去千里. 夏至之日, 盛德太陽之氣, 中和之氣也,[4] 其神吏思之可愈百病. 季夏六月, 盛德合治, 王氣轉在西南, 迴入中宮, 其神吏黃衣思之, 令人口中甘, 每至季思之十八日. 立秋日盛德在金, 王氣轉在西方, 斷成萬物, 其神吏白衣, 思之四十五日至九十日, 可除病, 得其意, 令骨强老壽. 秋分日少陰之氣, 微行太陰之氣也, 逆疾順之. 立冬之日, 盛德在水, 王氣轉在北方, 其神吏黑衣. 令人志達耳聰, 守之四十五日至九十日, 百病除. 此五行四時之氣, 內可治身, 外可治邪, 故天用之淸, 地用之寧. 天用之生, 地用之藏. 人用之興, 能順時氣, 忠臣孝子之謂也. 此名大順天地陰陽四時五行之道. 故道爲仁賢出, 不爲愚者生矣.

역주

1) 羅網政治鬼神(나망정치귀신) : '나망(羅網)'은 구속하거나 제어한다는 의미이고, '정치(政治)'는 다스림으로써 올바르게 만든다는 의미이다. 즉 귀신이 망동하지 못하도록 통제한다는 의미이다.

2) 何者病爲人使(하자병위인사) : '하자(何者)'는 '누구'라는 의미로, 구체적으로는 '어떤 귀신'을 의미한다. '병위인사(病爲人使)'에서 '병(病)'은 불만으로 여기는 것이고 '위인사(爲人使)'는 사람에게 부려지는 것을 말한다. 즉 앞의 "나망정치귀신(羅網政治鬼神)"에 대해 불만을 품은 귀신이 반항하는 것을 의미한다.

3) 留年(유년) : 『금주금역(하)』에서는 "令人病消以留年"을 한 구절로 보고 있다. '유년'은 젊음을 유지하는 것을 말한다. 즉 '사람으로 하여금 병이 없어져 젊음을 유지할 수 있도록 한다.'

4) 盛德太陽之氣, 中和之氣也(성덕태양지기, 중화지기야) : 정확한 의미를 파악하기 힘들다. 『금주금역(하)』에 의하면, 한여름에 음기가 처음 발생하여 중화를 해야 할 때라는 의미이다. 『전역(하)』에 의하

면, 성덕태양지기(盛德太陽之氣)는 다스림을 주관하기 때문에 성덕태양지기가 바로 중화지기라고 한다.

성신각재법(盛身卻災法) : 몸을 왕성하게 하여 재앙을 물리치는 법

해제 『돈황목록(敦煌目錄)』의 제목도 "성신각재법(盛身卻災法)"이다. "성신(盛身)"은 몸을 강하게 한다기보다는 오장신 등 온갖 신을 조화롭게 머물게 하여 함께 자기를 지키게 하는 것이다. 그런데 신은 사람의 상태에 따라 왕성하거나 쇠약해지게 된다. "각재(卻災)"는 이와 같은 성신의 결과로 재앙이나 병 등이 발생하지 않게 되는 것을 말한다. 이 장에서는 신이 인간의 연령 및 사람에 따라 왕성하거나 쇠약해지게 되는데, 사람이 정을 지키면 신을 머물게 하여 장수할 수 있다고 주장한다. 이것은 후일 도교 수양론에 적지 않은 영향을 미쳤을 것으로 보인다.

나이 10살이면 20년의 신이 있고, 나이 20이면 40년의 신이 있고, 30이면 60년의 신이 있고, 40이면 80년의 신이 있고, 50이면 100년의 신이 있고, 60이면 120년의 신이 있고, 70이면 100년의 신이 있고, 80에서 120에 이르게 되면 신이 다하게 된다. 나이가 어릴 때에는 신이 더해지지만 쇠락하는 연령이 되면 신도 없어지게 되니, 오장의 신을 말하는 것이며 몸 안의 징후이다. 1,220의 선신이 심부름꾼이 되어 진퇴에 모든 것을 살피며, 만신이 백성이 되어, 사람의 성쇠에 따른다. 이것이 천지의 항상된 이치이다. 만약 신과 함께 방어하여 잘 지켜서 몸을 고요하게 하고 신을 보존한다면 병이 들어오지 않는다. 생존하는 연수는 길어질 것이고 신명이 보호하게 될 것이다.

그러므로 천지에 자기 몸을 정(精)으로 세우고, 신(神)으로 지키고, 도로 일으키는 것이다. 이런 이유로 사람이 청정할 수 있고, 정과 신을 품고 있을 수 있으며, 사려를 잘 할 수 있다면 흉함과 사악함이 들어올 수 없다. 참된 신이 안에 있게 되어 사람이 항상 즐겁게 된다. 기쁜 마음으로 재물과 보물을 탐하지 않고 재판하지 않고 공명을 다투지 않게 된다. 오래되면 저절로 신을 볼 수 있게 된다. 신은 크기가 2척 5촌으로 오행에 따라 오장에서 복식을 달리한다. 군주가 어질면 도가 일어나고, 군주가 부드러우면 덕이 생겨나서 마음속에 사악한 뜻이 따로 없게 된다. 먼 곳은 어지러워진다. 신령스러운 기가 움직이는 것이 천둥번개보다 빠르니, 급히 신명을 돌려서 자기의 안을 비추어 보아야 한다. 이런 이유로 병은 절로 나을 것이고 사람은 절로 다스려질 것이다. 이리하여 인생 120년은 최상의 수명이고, 80년은 중간의 수명이고, 60년은 아래 수명이니 그 아래는 요절이다. 이것은 모두 신이 밖으로 돌아다녀 병이 그 안을 공격하기 때문이다.

年十歲, 二十年神.[1] 年二十, 四十年神. 年三十, 六十年神. 年四十, 八十年神. 年五十, 百年神. 年六十, 百二十年神. 年七十, 百年神.[2] 年八十至百二十,[3] 神盡矣. 少年神加, 年衰卽神滅, 謂五藏精神也, 中內之候也. 千二百二十善[4]爲其使, 進退司候, 萬神爲其民, 皆隨人盛衰. 此天地常理, 若以神同城而善御之, 靜身存神, 卽病不加也, 年壽長矣, 神明祐之. 故天地立身以靖,[5] 守以神, 興以道. 故人能淸靜, 抱精神, 思慮不失,卽凶邪不得入矣. 其眞神在內, 使人常喜, 欣欣然不欲貪財寶, 辯訟爭, 競功名, 久久自能見神. 神長二尺五寸, 隨五行五藏服飾. 君仁者道興, 君柔者德生. 中心少有邪意, 遠方爲之亂. 神氣周流, 疾於雷電, 急還神明, 以自照內, 故病自愈而人自治. 故人生百二十上壽, 八十中壽, 六十下壽, 過此皆夭折. 此蓋神游於外, 病攻其內也.

역주

1) 神(신) : 인간의 수명을 주재하는 오장신(五臟神)을 말한다.

2) 百年神(백년신) : 왕명과 『금주금역(하)』에 의하면, "百年神"은 "百四十年神"으로 되어야 한다. 왜냐하면 앞의 내용을 보면 신은 연령의 두 배이기 때문이다. 『전역(하)』에 의하면, 이런 유추는 올바른 것이 아니라 한다. 인간은 점점 왕성해지다가 최대 수명 120세로 사망하는 것이 본 내용과 일반 상식에 부합하기 때문에 계속 2배로 늘어나는 것이 아니라고 하며 "百年神"이 옳다고 한다.

3) 年八十至百二十, 神盡矣(연팔십지백이십, 신진의) : 사람은 일반적으로 80세에서 120세 사이에 신이 다하여 죽게 된다는 의미이다.

4) 千二百二十善神(천이백이십선신) : 『금주금역(하)』에 의하면, 100세까지의 모든 신을 합하면 1100신에 120세의 120신을 다시 합하면 1220신이 된다고 한다.

5) 竫(정) : '정(精)'으로 보아야 한다.

사본정행영인상친애(思本正行令人相親愛) : 근본을 생각하며 행실을 올바르게 하여 사람들로 하여금 서로 친애하게 하여야 한다.

해제

이 장의 제목은 역자가 추정한 것이다. 『금주금역(하)』에서는 "사본정행법(思本正行法)"이라 장명을 달고 있다.

단지 『금주금역(하)』가 해설하는 내용을 보면 “사본정행영인상친애(思本正行令人相親愛)”까지를 제목의 내용으로 보고 있으며 본래 왕명본에서 이어져 있는 “사본정행영인상친애고지구수(思本正行令人相親愛古之求壽)”를 『금주금역(하)』에서는 “고지구수(古之求壽)”를 본문의 초입으로 삼고 있다. 그렇다면 “영인상친애(令人相親愛)”는 장명도 아니고 본문도 아닌 상황이 되어 “영인상친애(令人相親愛)”가 이 절에 있는 것을 설명하기가 매우 곤란하다. 그래서 역자는 “사본정행영인상친애(思本正行令人相親愛)”를 장명으로 삼았다. “사본(思本)”은 장수를 할 수 있는 근본을 사색하는 것을 말하고, “정행(正行)”은 효행 등 올바른 행실을 하는 것을 의미하고, “영인상친애(令人相親愛)”는 사람들이 서로 친애(親愛)하게 되어 인류가 영원히 종속하게 되는 것을 지칭한다.

옛날 장수를 추구하는 사람들은 그 도를 잘 지켰다. 천지에는 영원한 도가 있으니 근본을 벗어나서는 안 된다. 그러므로 편안하게 오래 존속하기를 바라는 자는 삼가 이 도의 본원을 잊어버리면 안 된다. 그러므로 그림을 그려 후세에 보여 주어 인물이 태어나 명을 받는 때를 진술하였다. 태고적 이전부터 지금에 이르기까지 음양이 부류를 전하여 서로 낳는 것을 잃지 않아 영원한 것이니, 이후 만만세토록 없어지지 않을 것이다. 한번 쇠퇴하고 한번 번성하여 높고 낮음이 균등해진다. 번성하면 군주가 되고 쇠퇴하면 백성이 된다. 번성하면 도를 얻고 쇠퇴하면 형을 받는다. 효란 형체를 보존하는 것보다 큰 것이 없으니, 앞선 사람의 계통을 있는 것이다. 후세에까지 이름을 날리는 것은 선량한 사람이고 근실한 백성이라 부른다. 천지는 사랑하고 오행은 이들이 공로를 세우게 해주고 네 계절은 이를 이롭게 해주고 백왕은 이들에게 맡기고 만민은 이들을 좋아하고 귀신은 이들을 도와주고 오장신은 이들에게 머물러 있다. 한번 태어나게 되었는데 지금 또 제대로 지키지를 못하여 나의 신기(神器)를 떠나 다시 먼지로 돌아가는구나. 변화무상하여 다시 만물이 된다.

古之求壽, 不失其道者. 天地有常行, 不可離本也. 故求安而長存者, 愼無忘此道本元也. 故畫圖以示後來. 陳人物生受命之時, 久遠以來到今, 不失陰陽傳類, 更相生而久長, 萬萬餘世, 不可闕也. 一衰一盛, 高下平也. 盛而爲君, 衰卽爲民. 盛卽得道, 衰卽受刑. 夫孝者, 莫大存形, 乃先人統也, 揚名後世, 此之謂善人謹民. 天地愛之, 五行功之, 四時利之, 百王任之, 萬民好之, 鬼神祐之, 五藏神留之. 遇一得生, 今且失之. 離我神器, 復爲灰土, 變化無常, 復爲萬物矣.

분별형용사자소청신행법(分別形容邪自消淸身行法) : 신들의 형상을 분별하여 사악한 것이 저절로 없어져서 몸이 깨끗해지는 수행법

해제 『돈황목록(敦煌目錄)』의 "청신수일법(淸身守一法)"에 해당하는 내용이다. "분별형용(分別形容)"이란 신들의 모습을 역력하게 보는 일종의 수련을 말한다. "사자소(邪自消)"는 이런 수련의 결과로 얻어지는 효과로서 모든 흉사가 모두 사라진다는 것이다. "청신행(淸身行)"은 몸과 행실을 깨끗하게 하는 것을 말하는데, 본문의 내용을 보면 구체적으로 재실에 들어가 외적인 모든 것을 끊고 입신견신(入神見神)하는 것을 지칭한다. 도교 수련의 초기 형태를 알 수 있는 내용이다.

도가 사람을 낳는 것은 본래 모두 정(精)과 기(氣)이고 거기에는 모두 신(神)이 있다. 형상을 빌려 사람을 만든 것이다. 어리석은 사람은 그 신기(神氣)를 다시 온전하게 할 줄 모르므로 도를 지키지 못하는 것이다. 다시 그 신기를 돌이킬 수 있다면 주어진 수명을 마칠 수 있을 것이다. 때로 몇 배를 살 수도 있으니 모두 높은 재주들이다. 때로는 재난에서 피할 수도 있다. 그 방법은 재실(齋室)을 만들고 문을 튼튼하게 만들어 사람들이 제멋대로 출입할 수 없게 한 다음, 매일 가서 스스로 시험해야 한다. 정일해지지 않고 편안해지지 않으면 다시 나가 억지로 하지 말라. 이와 같이 하기를 반복하면 점점 정이 익숙해지고 편안해질 것이다. 편안해지면 다시 나가고 싶지 않게 될 것이다. 입은 말을 하고 싶지 않고 음식을 중시하지 않게 될 것이며 사람들의 소리를 듣고 싶지도 않게 된 것이다. 바깥 인연을 끊고 선을 쌓으며 눈을 감고 안으로 [신들의] 형상을 보아 그 용모가 마치 거울에 있는 것과 같고 마치 맑은 물의 그림자처럼 보이게 하여야 한다. 어느 정도 성취가 있게 되면 채찍질 하지 않아도 엄숙해지고 무기를 사용하지 않아도 용맹해져서 만사가 절로 다스려진다. 어찌 신묘하지 않은가? 신에 들어가는 길이라 부른다. 셋(三)을 지키는 것은 둘(二)을 지키는 것만 못하고, 둘을 지키는 것은 하나(一)를 지키는 것만 못하다. 이 말을 깊이 생각하라. 심오한 도를 알게 될 것이다.

道之生人, 本皆精氣也, 皆有神也. 假相[1]名爲人, 愚人不知還全其神氣, 故失道也. 能還反其神氣, 卽終天年, 或增倍者, 皆高才. 或求度厄, 其爲之法, 當作齋室, 堅其門戶, 無人妄得入. 日往自試, 不精不安復出, 勿强爲之. 如此復往, 漸精熟卽安. 安不復欲出, 口不欲語, 視食飮,[2] 不欲聞人聲. 關錬[3]積善,[4] 瞑目還觀形容, 容象若居鏡中, 若闚清水之影也, 已爲小成. 無鞭策而嚴, 無兵杖而威, 萬事自治. 豈不神哉. 謂入神之路也. 守三不如守二, 守二不如守一,[5] 深思此言, 得道深奧矣.

역주

1) 假相(가상) : '상(相)'은 형상(形相), 즉 사람의 모양을 의미할 것이다. 천지간의 정기신이 모여 인간의 모양을 이루어 사람이 된다는 의미이다. 『전역(하)』에 의하면 이것은 불교의 영향을 받은 것으로 '가화합(假和合)'의 의미라고 한다.

2) 口不欲語, 視食飮(구불욕어, 시식음) : "구불욕어, 시식음(口不欲語, 視食飮)"은 하나의 이어진 글로 보아야 한다. 즉 그 내용은 "구불욕어, 구불시식음(口不欲語, 口不視食飮)"으로서 입이 말을 하고 싶지도 않고 입이 음식을 그리워하지도 않음을 의미한다.

3) 關錬(관련) : 폐문수련(閉門修煉)을 말한다.

4) 積善(적선) : 앞뒤 내용을 볼 때, 선행을 한다는 의미라기보다는 매일 폐관수련(閉關修煉)을 하여 좋은 결과들이 누적되는 것을 말하는 것으로 보아야 한다.

5) 守三不如守二, 守二不如守一(수삼불여수이, 수이불여수일) : 여기에서 "일(一)" "이(二)" "삼(三)"이 구체적으로 지시하는 것이 무엇인지 불분명하다. 『금주금역(하)』에 의하면, "삼(三)"은 인도(人道), "이(二)"는 지도(地道), "일(一)"은 도지강(道之綱)을 지칭한다고 보고 있다. 『전역(하)』에서는 "삼(三)"은 정기신(精氣神), "일(一)"은 신(神)으로 보고 있다. 필자가 보기에, "삼(三)"은 정기신(精氣神), "이(二)"는 정과 신(精神), "일(一)"은 신(神)으로 보는 것이 순조로울 듯하다.

통신도세액법(通神度世厄法) : 신과 통하여 액운을 넘어서는 법

해제 『돈황목록(敦煌目錄)』에는 “도신도액법(道神度厄法)”으로 되어 있다. “통신(通神)”은 신과 통하여 신과 일치가 되는 것을 말한다. “도세액(度世厄)”은 그 결과로 얻어지는 효과로서 세상의 모든 흉액(凶厄)으로부터 벗어나는 것을 말한다. 본문에서는 그 구체적인 방법에 대한 설명이 없고, 단지 그 효과인 “도세액”에 대해 상사(上士), 중사(中士), 하사(下士)로 나누어 설명하고 있다.

하늘이 사람을 낳음에 만사가 모두 갖추어지게 되었다. 그러므로 열 달이면 태어나서 사물과 더불어 처음과 끝이 된다. 그러므로 재앙과 액운을 넘어서 태평을 이룰 수 있다. 상사(上士)는 도를 배워 제왕을 보좌하여 태어남을 좋아하고 공을 쌓아 오래도록 될 것이다. 중사(中士)는 도를 배워 자기 집안을 구제할 수 있을 것이고, 하사(下士)는 도를 배워 겨우 자기 몸을 [재앙에서] 벗어나게 할 뿐이다. 도는 현명한 사람을 위해 나타나는 것이지, 어리석은 사람을 위하지 않는다. 이것을 쓸 수 있는 사람은 길하고, 쓸 수 없다면 어찌 손상이나 해로움이 없겠는가?

天之生人, 萬事畢備. 故十月而生,[1] 與物終始, 故可度災厄, 致太平. 〈起〉上士學道, 輔佐帝王, 當好生積功乃久長. 中士學道, 欲度其家. 下士學道, 纔脫其軀〈止〉. 道爲賢明出, 不爲愚者. 能用之者吉, 不能用之, 寧無傷無賊哉.

역주 1) 十月而生(십월이생) : 천도가 만물을 만드는 것은 정월(正月)에 시작하여 10월에 완성한다고 한다. 보다 자세한 내용은 『태평경(太平經)·국불가승수결(國不可勝數訣)』에 보인다.

현불초자지법(賢不肖自知法) : 현명함과 어리석음을 스스로 아는 법

해제 『돈황목록(敦煌目錄)』에는 "현불유자지법(賢不有自知法)"으로 되어 있다. 아마도 『돈황목록(敦煌目錄)』의 '유'(有)는 '초'(肖)의 와형(訛形)일 것이다. 이 장의 내용은 제목 그대로 스스로가 현과 불초 중 어디에 속하는지를 아는 방법이다.

여기에서 말하는 '현(賢)'은 상사고현(上士高賢)을 말하고 '불초(不肖)'는 중사(中士) 이하를 말한다. 본편에서는 모든 일에 두려움을 가지는 것은 어진 것이고, 반만 두려워하거나 전혀 두려워하지 않는 것은 불초가 된다. 그 이유는 모든 일에는 원인이 있으며 원인에는 원기와 저절로 그러함의 뿌리(元氣自然之根)가 있으며 그것들이 아무 이유 없이 움직이는 것이 아니라 신(神)과 유듀머리(君長)가 있어 발생되는 것이다. 이런 것을 이해하여 두려워하는 자가 바로 어진 것이고 그것을 이해하지 못하여 제대로 두려워하지 못하는 것이 바로 불초이다. 단지 글의 끝 마무리에 보면 어리석은 자로부터 성현과 신선(聖賢神仙)에 이르기까지 모두 학문에 의해 변화가 가능하다고 한다.

빼어난 선비이자 높은 현인인 상사(上士)는 크고 작은 모든 일에 예외 없이 모두 두려워한다. 중사(中士)는 반 정도 두려워한다. 하사(下士)는 전혀 두려운 것이 없다. 상사(上士)가 두려워하는 이유는 자기 몸에 돌이키고 다른 사람에게서 구하지 않기 때문이다. 마음이 열리고 뜻이 통하여 포용하지 않음이 없고, 원기와 저절로 그러함의 뿌리를 하늘을 높이고 땅을 무겁게 생각한다. 해와 달, 별들, 오행과 네 계절, 육갑과 음양, 만물과 동물, 식물 등이 모두 이유 없이 생기는 것이 아니며, 귀신과 정매(精魅)가 천지사방 육합(六合) 사이에 나타나고 바람, 구름, 천둥, 번개 등이 위로 아래로 나타는 것도 이유 없이 행해지는 것이 아니다. 모든 것에는 신이 있고 우두머리가 있는 것이니 마치 사람이 [누군가에게] 표시해주는 것과 같다. 그러므로 두려워하여 감히 제멋대로 하지 못하는 것이다.

중사가 반만 두려워하는 이유는 위로는 원기와 저절로 그러함[自然]이 법도가 있다는 것은 모르면서도 겨우 지금 바람과 비, 구름의 기과 생물들을 볼 줄 알기 때문이다. 오히려 때로 하늘에 신이 없다고 하면서 별들과 해와 달을 두려워하지 않으니, 단지 대화(大火) 별과 북두(北斗)만을 알 뿐이다, 하사는 토지와 산천이 놀라우리만큼 광대하다는 것을 모르고 단지 농사지어 모든 것을 심고 자기 가족을 다스리는 방법만을 알 뿐이다, 네 계절과 오행이 무엇으로 세상을 덮고 있는지 알지 못하고 단지 그것에 따라 뿌리고 심어 이익을 거두는 것만 안다. 육갑과 음양이 신이 됨을 알지 못하고 어디에도 신이 없다고 말한다. 대저 어리석은 사람이 학문을 하면 현인이 되고, 현인이 끊임없이 배우면 성인이 되고, 성인이 끊임없이 배우면 도를 이루고, 도를 끊임없이 배우면 신선이 되고, 선학(仙學)을 끊임없이 하면 진(眞)을 이루고, 진학(眞學)을 끊임없이 하면 신(神)을 이룬다. 모두 끊임없이 배움을 쌓은 결과로 이루어진다.

上士高賢，事無大小，悉盡畏之．中士半畏之，下士全無可畏．上士所以畏之者，反取諸身，不取他人．心開意通無包容，[1] 知元氣自然之根，尊天重地，日月列星五行四時六甲陰陽萬物蚑行動搖之屬，皆不空生．鬼神精魅六合之間，表裏風雲雷電不空行也．此皆有神有君長，比若人有示，[2] 故畏之，不敢妄行．中士半畏之者，上不知元氣自然之有術，纔知今見風雨雲氣與生物也．尙時言天無神，不畏列星日月也，纔知大火[3]北斗．下士則不知土地山川之廣大可核，纔知耕田，種其所有，治其家眷術也．不知四時五行可以何履也，但知隨而種樹之，收其利耳．不知六甲陰陽爲神，通言其無有也．夫人愚學而成賢，賢學不止成聖，聖學不止成道，道學不止成仙，仙學不止成眞，眞學不止成神，皆積學不止所致也．

역주

1) 心開意通無包容(심개의통무포용) : 『금주금역(하)』에서는 "심개의통무불포용(心開意通無不包容)"으로 보고 있어 따랐다.
2) 比若人有示(비약인유시) : 『금주금역(하)』은 '시(示)'를 기, 즉 조상신의 의미로 보고 있다. 그렇다면 "마치 사람들에게 조상신이 있는 것과 같다"라는 의미가 된다.
3) 大火(대화) : 별이름이다. 유화(流火)라고도 부른다. 28수에서 심수(心宿)에 속하는 붉은 빛을 띠는 별이다.

이존상연명법(利尊上延命法) : 제왕을 이롭게 하여 수명을 늘리는 법

해제

이 장의 글은 『합교』를 따른 것이고 편명은 『금주금역(하)』를 따른 것이다. 단지 필자가 보기에 글에 문제가 있거나 일부분이 유실된 듯하다. 글이 모두가 "일왈연명이적자복법(一曰延命夷狄自伏法)"으로 시작되는데, 그렇다면 일반적인 관례로 보아 "연명이적자복법(延命夷狄自伏法)"이 장명이 되어야 하나 그럴 경우 "일왈(一曰)"은 의미가 없는 글이 된다. 우선 『금주금역(하)』를 따른다.

본문 내용을 보면 중국의 이민족이거나 현재 소수민족에 해당하는 오랑캐에 대한 내용이다. 제왕이 '크게 따르는 도'[大順之道]에 의거하여 통치를 하면 무력을 사용하지 않아도 오랑캐들이 스스로 항복을 하고 또한 모두 함께 노수(老壽)를 누릴 수 있게 된다고 한다. 이런 의미에서 대순지도에 의한 통치는 존상(尊上)인 제왕에게 유리하고 모든 사람의 수명을 연장시키는 효과가 있는 방법이다.

첫 번째 수명을 늘리는 '연명(延命)'이다. 오랑캐들이 스스로 복종하게 하는 방법은 만 가지나 된다. 그 부류는 다르지만 모두 나이 들어 장수를 누린다면 천지가 사랑하여 그 몸에 재앙이 없을 것이다. 왜냐하면 이름하여 '크게 따르는 도'(大順之道)이다. 도가 이루어지면 몸은 천지와 더불어 같은 곳에 있게 된다. 옛날 이것을 이루면 온갖 신이 절로 만족하게 된다. 그 효험을 알고자 한다면 상서로운 응함이 절로 이르고 흉화가 저절로 사라진다. 제왕이 이로써 다스리면 근력을 사용할 필요가 없다. 이것을 행할 줄 안다면 오랑캐들이 스스로 굴복을 할 것이며, 오래도록 행한다면 진인들이 될 것이다. 그러므로 성인의 글은 무력으로 공격하여 이루는 것이 아니라, 저절로 그러함을 따라 가르침을 세운 것이다.

제왕이 천하를 안정시킬 수 있는 방법은 각기 천하의 마음을 따라 안정시키는 것이다. 그러므로 천하의 마음을 얻을 수 있다. 도를 옳다고 여기고 옛날부터 내려오는 도의 글을 닦아야 한다. 사람은 본래 태어날 때에는 신이었다. 그런데 하늘과 땅과 더불어 권력이 나뉘고 몸이 나뉘고 형체가 나뉘고 신이 나뉘고 정이 나뉘고 기가 나뉘며 일이 나뉘고 업무가 나뉘고 거처가 나뉜다. 그래서 셋이 되는 것이다. 하나의 기는 하늘이 되고 하나의 기는 땅이 되고 하나의 기는 사람이 된다. 나머지 기는 흩어져 만물을 갖추게 된다. 이리하여 하늘을 높이고 땅을 무겁게 여기고 사람을 귀하게 여기는 것이다. 그러므로 삼황오제는 모두 스승을 세워 의심스런 것이 있으면, 무릎을 꿇고 여쭈었다. 그래서 나라는 항상 다스려지고 비록 재난과 액운이 있다 하더라도 나아질 수 있었던 것이다.

一曰延命. 夷狄自伏法萬種, 其類不同,[1] 俱得老壽. 天地愛之, 其身無咎. 所以然者, 名爲大順之道. 道成畢身, 與天地同域.[2] 古者爲之, 萬神自得, 欲知其效, 瑞應自至, 凶禍自伏. 帝王以治, 不用筋力, 能知行此, 夷狄自伏, 行之不已成眞人. 故聖人之敎, 非須鞭揣擊而成, 因其自然性立敎. 帝王所以能安天下者, 各因天下之心而安之, 故得天下之心矣. 是道[3]修古文, 人本生時乃名神也, 乃與天地分權·分體·分形·分神·分精·分氣·分事·分業·分居. 故爲三處. 一氣爲天, 一氣爲地, 一氣爲人, 餘氣散備萬物. 是故尊天·重地·貴人也. 故三皇五帝皆立師, 疑者跪問之. 故國常治, 雖災厄亦可愈也.

역주

1) 一曰延命. 夷狄自伏法萬種, 其類不同(일왈연명. 이적자복법만종, 기류부동) : 이 구절에 대해 여러 주장이 있다. 우선 『금주금역(하)』를 따르면, "一曰延命夷狄自伏法. 萬種其類不同"이 되니 "첫 번째 '延命夷狄自伏法'이라 하니 (오랑캐는) 만 가지 종류이어서 그 종류가 같지 않으니"의 의미이다. 『전역(하)』에 의하면, "自伏法"은 연문(衍文)으로 원문은 "一曰延命. 夷狄萬種, 其類不同"이 되어야 한다.

2) 與天地同域(여천지동역) : 천지와 같은 지역에 있게 된다는 것은 천지와 같이 장수한다는 의미일 것이다.

3) 是道(시도) : 도를 받들어 행하는 것을 말한다.

왕자무우법(王者無憂法) : 왕이 근심하지 않게 되는 법

해제 『돈황목록(敦煌目錄)』의 제목도 이와 같다. 본편의 내용은 『태평경』의 '크게 따르는 도'인 대순지도(大順之道)를 따르면 태평을 이룰 수 있어 왕이 근심할 것이 없다는 것이다. 마음과 신체 등의 관계를 이용하여 군주와 신하 그리고 백성들의 관계를 설명하고, 제왕이 즐거우면 여러 신하들과 백성들이 모두 편안하게 되어 태평성대를 이룰 수 있다는 부분은 재미있다.

'크게 따르는 도'[大順之道]의 방법은 군주로 하여금 아무 근심 없고 특별한 일을 하지 않아도 태평을 이루게 만들어 준다. 천지가 크게 동요되지도 않고, 비바람이 함부로 발생하지도 않으며 모든 신이 자기의 거처를 편안하게 여기고 천하에 재해가 없게 된다. 만물이 각기 자기 처소에 있게 된다면 즐겁고 근심이 없게 될 것이다. 어찌하여 이에 이를 수 있는가? 인(仁)은 제왕이 항상 즐겁도록 만들어 주고, 도는 근심걱정이 없게 해준다. 만일 제왕이 근심 걱정을 하게 된다면 천하는 불안해진다. 제왕은 천하의 마음이고, 여러 신하들은 팔다리이며, 백성들은 손발이다. 마음이 근심스러우면 팔과 다리가 제멋대로 움직이고, 손발이 움직임을 멈추지 않게 되어 백성들은 유민이 된다. 이것은 저절로 그러함이 서로 부리는 것이다.

하늘도 이와 같다. 하늘이 도를 잃으면 구름의 기가 어지럽고, 땅이 도를 잃으면 보존할 수 없다. 군왕이란 하늘과 통하는 존재이다. 아들은 아버지를 즐겁게 여기고 신하는 군주를 즐겁게 하는 존재이다. 땅은 하늘에서 즐기고 하늘은 땅에서 즐겁다. 그렇게 된다면 태평기를 이르게 할 수 있다. 천기가 또 한번 다스려지면 태상황평(太上皇平)이 또 한번 내려오게 되어, 천지가 화합하게 된다. 제왕이 장차 우리 도를 시행한다면 무슨 허물이 있겠는가? 도란 하늘의 마음이고 하늘의 머리이다. 마음과 머리가 이미 행한다면 사지와 몸이 어찌 와서 따르지 않겠는가?

大順之路, 使王者無憂無事致太平. 夫天地不大動搖, 風雨不橫行, 百神安其居, 天下無災矣. 萬物各居其處, 則樂無憂矣. 何以致之. 仁使帝王常樂, 道使無愁苦也. 若帝王愁苦, 卽天下不安. 夫帝王, 天下心也. 群臣, 股肱也. 百姓, 手足也. 心愁則股肱妄爲, 手足行運不休止, 百姓流蕩. 是其自然相使也, 天亦如是也. 天失道, 雲氣亂, 地失道, 不能藏矣. 王者與天相通. 夫子樂其父, 臣樂其君, 地樂於天, 天樂於道. 然可致太平氣, 天氣且一治,[1] 太上皇平且一下. 天地和合, 帝王且行吾道,何咎之有. 道者, 天之心, 天之首. 心首已行, 其肢體寧得不來從之哉.

역주 1) 一治(일치) : 여에서 '일(一)'은 '전(全)'의 의미로 보아야 할 것이다. 천지의 운행이 완전히 순조롭게 된다는 의미이다.

환신사자소법(還神邪自消法) : 신을 불러 사악함이 저절로 소멸되게 하는 법

해제 『돈황목록(敦煌目錄)』의 제목도 이와 같다. 여기에서 '신(神)'은 태양천기(太陽天氣)를 지칭한다. "환신(還神)"이란 이 신을 자기 몸으로 돌아오게 해서 머물게 하는 것을 말한다. 그렇게 하면 그 결과로 모든 흉사(凶邪)가 절로 소멸된다고 한다. 이 장에서는 신은 삶을 주관하고, 정(精)은 기름을 주관하고, 형체는 이룸을 주관하기 때문에, 이 셋이 이루어져 신기(神器), 즉 생명이 형성된다고 한다. 이런 구조를 기초로 환신수신(還神守身) 등의 장생술을 설명한다. 이 장의 주장은 후대의 양생술과 그리 일치하지는 않지만 상당한 관련성이 있는 것으로 보인다. 후일 정기신의 논리를 연구하는 데 참고자료가 될 수 있을 것이다.

세 기가 기르는 것을 분별하여 신을 돌려 몸을 지켜야 한다. 태양은 천기이므로 신(神)이라 불린다. 형체(形)는 태음으로서 [땅의 신인] 기(祇)를 주관하여 만물을 싸안아 키운다. 그러므로 정과 신은 뱃속에 숨어 있다. 이런 이유로 지신(地神)을 기(祇)라 부르는 것이다. 정(精)이란 만물 중화의 정이다. 그러므로 나아가고 물러섬에 항상된 법이 없다. 천지음양의 정이 함께 만물을 낳는다. 이것이 하늘과 땅과 사람의 삼통(三統)의 대략이다. 신은 삶을 주관하고, 정은 기름을 주관하고, 형체는 이룸을 주관한다. 이 셋이 함께 하나의 신령스러운 그릇, 곧 몸을 형성한다. 셋은 군주, 신하, 백성과 비슷하여 서로 없을 수가 없다. 이런 이유로 마음과 신이 동요하면 형체가 불안해지게 된다. 보존하여 폐기처분하지 않아 그가 편안한 것을 이롭게 여기면 [신이] 머물게 된다. 그가 편안하게 여기는 것을 하지 않으면 떠나 버린다. 처음부터 할 수 있는 것은 사용하는 법을 배워서 편안하게 하고 가르치면, 스스로 편안하게 여겨 떠나지 않을 것이다.

음기와 양기가 서로 마찰하여 새로 생성한다. 사람의 기도 몸의 위와 아래로 움직이는데 정과 신이 그것을 타고 출입을 한다. 정과 신에 기가 있는 것이 마치 물고기가 물속에 있는 것과 같다. 기가 끊어지면 정과 신이 흩어지는 것은 물이 없어지면 물고기가 죽는 것과 같다. 그러므로 양생의 방법은 몸을 편안하게 하고 기를 길러 자주 노하거나 기뻐하지 않도록 한다. 옛날 현명한 스승은 제왕에게 몸을 편안하게 할 것을 가르쳐 근심을 없게 하였다. 즉 제왕은 스스로 오로지하게 하였다. 하늘이 즐거우면 태평기가 나오니, 생성되지 않는 것이 없다. 하늘이 불만을 품으면 형벌의 기운이 나오니, 살상되지 않는 것이 없어 만물이 재앙을 입게 된다. 그러므로 함께 근심하는 것이다. 하늘이 신을 지키지 않으면 삼광(三光)이 밝지 않고, 땅이 신을 지키지 않으면 산천이 꺼져 들어가고, 사람이 신을 지키지 않으면 몸이 죽게 되고, 만물이 신을 지키지 않으면 손상을 입게 된다. 그러므로 마땅히 다시 돌아오게 해야 하니 그렇게 되면 나날이 강해진다. 돌아오지 않으면 스스로 지키는 것이 나날이 없어지게 된다.

分別三氣所長, 還神守身. 太陽天氣故稱神. 形者, 太陰主祇, 包養萬物, 故精神藏於腹中, 故地神稱祇. 精者, 萬物中和之精. 故進退無常. 天地陰陽之精, 共生萬物, 此三統之歷也. 神者主生, 精者主養, 形者主成. 此三者乃成一神器, 三者法君·臣·民, 故不可相無也. 故心神動搖, 使形不安, 存之不置. 利其可安卽留矣, 不用其可安卽去矣. 始學用其可, 安之敎之, 久久自都安不去矣. 陰氣陽氣更相摩礪, 乃能相生. 人氣亦輪身上下, 神精乘之出入. 神精有氣, 如魚有水, 氣絶神精散, 水絶魚亡. 故〈起〉養生之道, 安身養氣, 不欲數怒喜也〈止〉古者明師, 敎帝王皆安身, 使無憂, 卽帝王自專矣. 天喜太平氣出, 無不生成. 天恨形罰之氣出, 莫不殺傷, 萬物莫不被其毒, 故同憂也. 天不守神, 三光不明. 地不守神, 山川崩淪. 人不守神, 身死亡. 萬物不守神, 卽損傷. 故當還之乃曰[1]强, 不還自守曰消亡也.

역주

1) 曰(왈) : 『금주금역(하)』에서는 일(日)로 보아야 한다고 한다.

화합음양법(和合陰陽法) : 음과 양을 화합하게 하는 방법

해제

『돈황목록(敦煌目錄)』의 제목도 이와 같다. 제목으로 볼 때, 이 장의 내용은 음과 양을 화합하는 방법을 이야기해야 한다. 단지 현존하는 이 장의 내용은 22가지 대립물인 음과 양의 사례들을 제시하고, 그것이 도(道)의 뿌리이고 음양의 주축이며 신령의 의지와 뜻임을 강조한다. 현존하는 이 「화합음양법(和合陰陽法)」은 원전의 일부분만 전해 내려오는 것일 수도 있다.

하늘로부터 땅이 있고, 해로부터 달이 있고, 음으로부터 양이 있고, 봄으로부터 가을이 있고, 여름으로부터 겨울이 있고, 낮으로부터 밤이 있고, 왼쪽으로부터 오른쪽이 있고, 겉으로부터 안이 있고, 흰색으로부터 검은색이 있고, 밝음으로부터 어두움이 있고, 강함으로부터 약함이 있고, 남자로부터 여자가 있고, 앞으로부터 뒤가 있고, 위로부터 아래가 있고, 임금으로부터 신하가 있고, 갑(甲)으로부터 을(乙)이 있고, 자(子)로부터 축(丑)이 있고, 오(五)로부터 육(六)이 있고, 나무로부터 풀이 있고, 짐승의 암컷[牝]으로부터 수컷[牡]이 있고, 새의 수컷[雄]으로부터 암컷[雌]이 있으며, 높은 산으로부터 언덕이 있다. 이것이 도의 근본이고, 음양의 핵심이며, 신령의 지극한 의미이다.

自天有地, 自日有月, 自陰有陽,[1] 自春有秋, 自夏有冬, 自晝有夜, 自左有右, 自表有裏, 自白有黑, 自明有冥, 自剛有柔, 自男有女, 自前有後, 自上有下, 自君有臣, 自甲有乙, 自子有丑,[2] 自五有六,[3] 自木有草, 自牝有牡, 自雄有雌, 自山有阜. 此道之根柄也. 陰陽之樞機, 神靈之至意也.

역주

1) 自陰有陽(자음유양) : 『금주금역(하)』에서는 "자양유음(自陽有陰)"이 되어야 한다고 주장한다. 여기에서 말하는 음양은 아마도 본의

로서의 음지와 양지를 지칭할 것이다.

2) 自子有丑(자자유축) : 지지(地支)의 자축을 말한다. 자는 양지(陽支)에 속하고, 축은 음지(陰支)에 속한다.

3) 自五有六(자오유륙) : 5는 천수(天數)이고 6은 지수(地數)이다.

영인수치평법(令人壽治平法) : 사람을 장수하게 하고 태평성대를 이루는 법

해제 『돈황목록(敦煌目錄)』에는 "영인수법평법(令人壽法平法)"으로 되어 있다. 본문의 내용으로 볼 때, "영인수치평법(令人壽治平法)"이 더 자연스럽다. 제목에 보이듯이 이 장의 내용은 크게 두 가지이다. 첫 번째, "영인수법(令人壽法)"으로 사람들을 장수하게 만드는 법이다. 두 번째, "영치평법(令治平法)"은 "영치리치태평법(令治理致太平法)"으로, 세상을 잘 다스려 태평성대를 이루게 하는 방법이다. 우선 첫 번째 내용은 정기신의 내용을 기반으로 애기존신중정(愛氣尊神重精)의 장수방법을 제시하고 있다. 두 번째 내용은 무위다스림의 변형인 무사다스림[無事政治]을 주장하고 있다. 그리고 끝으로 치신과 치국이 동일한 원칙임을 밝히고 있다. 즉 자기 몸을 아끼면 통치는 저절로 이루어진다는 것이다.

세 기가 하나(一)를 함께 가지고 있으니 신의 뿌리가 된다. 하나는 정(精)이고, 하나는 신(神)이며, 하나는 기(氣)이다. 이 셋은 함께 하나의 지위를 가지고 있다. 하늘과 땅, 사람의 기에 근본을 두는 것이다. 신이란 하늘에서 받은 것이고, 정이란 땅에서 받은 것이고, 기란 중화에서 받은 것이다. 서로 함께 하나의 도가 된다. 그러므로 신은 기를 타고 운행하고, 정은 그 가운데 거처한다. 셋이 서로 도와 다스림을 이룬다. 그러므로 사람이 장수하고자 한다면 기를 아끼고 신을 높이고 정을 무겁게 여겨야 한다. 큰 일을 바르게 하고자 하는 자는 마땅히 일삼음이 없음(無事)으로 바르게 해야 한다. 일삼음이 없음이 일삼음이 없음을 낳을 수 있으니, 이것이 천지의 항상된 법이고 저절로 그러함의 방술이다. 마치 그림자나 메아리 같다. 상사(上士)는 이것으로 나라를 태평하게 하고, 중사(中士)는 수명을 연장하고 하사(下士)는 집안을 다스린다. 이것이 이른바 하지 않는데도 이루어지는 것이고 다스리지 않아도 다스려지는 것이다. 큰 도는 평이하여 몸에 멀리 떨어져 있는 것이 아니다. 안으로 내 몸을 아낀다면 그 다스림이 절로 돌아올 것이다.

〈起〉三氣共一, 爲神根也. 一爲精, 一爲神, 一爲氣. 此三者, 共一位也, 本天地人之氣. 神者受之於天, 精者受之於地, 氣者受之於中和, 相與共爲一道. 故神者乘氣而行, 精者居其中也. 三者相助爲治. 故人欲壽者, 乃當愛氣尊神重精〈止〉也. 欲正大事者, 當以無事正之. 夫無事乃生無事, 此天地常法, 自然之術也, 若影響. 上士用之以平國, 中士用之以延年, 下士用之以治家. 此可謂不爲而成, 不理而治. 大道坦坦, 去身不遠, 內愛吾身, 其治自反也.

칠사해미법(七事解迷法) : 일곱 가지 일의 미혹됨을 푸는 법

해제 『돈황목록(敦煌目錄)』의 제목도 이와 같다. “칠사해미법(七事解迷法)”이란 칠사(七事)에 대한 오해 혹은 오용을 해명한다는 의미이다. 일곱 가지 일이란 덕(德)·인(仁)·의(義)·예(禮)·문(文)·법(法)·무(武)를 말한다. 수신과 통치를 할 때, 이 일곱 가지는 모두 각각의 효용을 가지고 있어 어느 것도 폐기처분할 수가 없다. 이 중 어느 것을 고집하여 그것만을 활용할 경우 소기의 목적을 거둘 수가 없다. 즉 원활하게 이 일곱 가지를 활용하여야 한다. 이 일곱 가지를 무궁무진하게 활용하면서 하나로 통합할 수 있어야 치신안국(治身安國)을 할 수 있고 태평성세를 이룰 수 있다. 여기에서 제가백가의 학을 도교를 중심으로 통합하려는 경향을 볼 수 있다. 백가지술(百家之術)은 그 어떤 것도 각각 한 가지 만으로 만족할 만한 효과를 거둘 수 없으나 각기 나름의 효용을 가지고 있으니, 도교 아래 통합적으로 활용되어야 수기안인(修己安人) 천하태평(天下泰平)의 효과를 거둘 수 있을 것이라는 주장이다.

덕으로 몸을 다스린다면 어떠하겠는가? 또 만민을 다스려 태화의 기상을 불러오고자 한다면 어떠하겠는가? 좋긴 하지만 원만하지 않을 것이니 어찌 안정시킬 수 있겠는가? 인의로 몸을 다스린다면 어떠하겠는가? 또 만민을 다스린다면 어떠하겠는가? 좋긴 하지만 원만하지 않을 것이니 어찌 안정시킬 수 있겠는가? 예로 몸을 다스린다면 어떻겠는가? 또 만민을 다스린다면 어떠하겠는가? 좋긴 하지만 원만하지 않을 것이니 어찌 안정시킬 수 있겠는가? 문(文)으로 몸을 다스린다면 어떻겠는가? 또 만민을 다스려 효율적으로 구속해서 잘못된 것을 하지 못하게 한다면 어떠하겠는가? 좋긴 하지만 원만하지 않을 것이니 어찌 안정시킬 수 있겠는가? 몸을 다스리면 어떠하겠는가? 또 만민을 다스린다면 어떠하겠는가? 좋긴 하지만 원만하지 않을 것이니 어찌 안정시킬 수 있겠는가? 완전히 제압할 수 있는 무력과 무기로 몸을 다스린다면 어떻겠는가? 또 그것으로 만민을 다스린다면 어떠하겠는가? 좋긴 하지만 원만하지 않으니 어찌 안정시킬 수 있겠는가? 그렇지만 이 일곱 가지 것은 또한 없을 수가 없고, 마찬가지로 어느 한 가지만 시행할 수도 없다. 옛날 신인(神人)이 몸을 다스릴 때에는 모두 근본이 있었다. 백성을 다스리는 데에는 큰 술법이 있었다. 만물이 생겨나서 각기 자기 자리를 얻게 하였다. 육극과 팔방의 원근을 기뻐하게 하였다. 만물이 자기 자리를 잃지 않아야 저절로 그러하게 될 수 있으니 팔방과 사방의 먼 곳까지 안정시킬 수 있다. 은혜를 베풀어 조금의 착오도 없을 수 있다. 지금은 그 본말을 기르지 못하니 어찌 다스릴 수가 있겠는가? 지금 앞에서 말한 덕(德)·인(仁)·의(義)·예(禮)·문(文)·법(法)·무(武)라는 일곱 가지는 각기 다른 통치 방식이지만 모두 좋은 점 안에 원만하지 못한 점을 가지고 있으나 각기 장점이 있어 폐지할 수도 없고 그 중 한 가지만을 시행할 수도 없다. 몸을 다스리고 나라를 안정시켜 태평을 이루고자 한다면 마땅히 그 요령을 터득해야 한다. 이것을 어거하는 것은 도이다. 합하여서 하나를 지키고 나누어서 무한하게 응용해야 한다. 상제께서 이것을 시행할 때 심오하여 알 수가 없었으니 '꿰뚫어 비추는 법식' 곧 '통조지식(洞照之式)"이라 이름한다.

以德治身何如, 及以治萬民致大和之氣何如, 善而不達,[1] 何能安哉. 以仁義治身何如, 及治萬民何如, 善而不達, 何能安哉. 以禮治身何如, 及以治萬民何如, 善而不達, 何能安哉. 以文治身何如, 及治萬民, 善而約束, 使不得爲非何如, 善而不達, 何能安哉. 以治身何如,[2] 及治萬民何如, 善而不達, 何能安哉. 以滅武兵革治身何如, 及以治萬民何如, 善而不達, 何能安哉. 然此七事, 亦不可無, 亦不可純行. 古者神人治身, 皆有本也, 治民乃有大術也. 使萬物生, 各得其所, 能使六極八方遠近懽喜, 萬物不失其所. 乃當自然, 能安八方四遠, 行恩不失毫毛. 今未能養其本末, 安能得治哉. 今此上德仁義禮文法武七事各異治, 俱善有不達, 而各有可長, 亦不可廢, 亦不可純行. 治身安國致太平, 乃當深得其訣, 御此者道也. 合以守一, 分而無極,[3] 上帝行之, 乃深乎不可測, 名爲洞照之式.

역주

1) 善而不達(선이부달) : 『금주금역(하)』에 의하면, 선은 훌륭하다고 여긴다는 의미이고, 달은 원통창달(圓通暢達)의 의미이다. 즉 주관적으로는 훌륭하다고 여길 수 있지만 만능은 아니라는 의미이다. 이 해석도 가능하지만 다음과 같이 해석할 수도 있을 것이다. 아래 문장인 "금차상덕인의례문법무칠사각이치, 구선유부달, 이각유가장(今此上德仁義禮文法武七事各異治, 俱善有不達, 而各有可長)"을 살펴보면, 이 일곱 가지는 각기 성취하는 부분도 있고 장점이 있다는 것을 알 수 있다. 이것이 바로 선(善)이다. 즉 장점을 말한다. '부달(不達)'은 최고의 이상상태인 태평성세 즉 태화의 상태에 도달하지는 못한다는 것을 의미한다. 즉 각기 장점은 있지만 어느 한 가지만으로 이상 상태에 도달할 수는 없다는 의미이다.

2) 以治身何如(이치신하여) : 『금주금역(하)』 등에 의하면, 마땅히 "이법치신하여(以法治身何如)"로 되어야 한다.

3) 合以守一, 分而無極(합이수일, 분이무극) : 여기에서 일(一)은 도를 말한다. 이 일곱 가지가 통합적으로 도의 원칙에 의해 활용되고 또 각기 나름의 효율을 극도로 발휘할 수 있도록 되어야 한다는 의미이다.

구사해지우열법(救四海知優劣法) : 사해를 구하고 우열을 아는 법

해제 『돈황목록(敦煌目錄)』에는 "구사지우렬법(救四知優劣法)"으로 되어 있다. 내용상 "구사해지우렬법(救四海知優劣法)"이 옳을 것이다. 여기에서 "사해(四海)"는 원문 "평천하, 구사해, 은급이적, 화부득기(平天下, 救四海, 恩及夷狄, 禍不得起)"에서 나타나듯, 이른바 오랑캐까지 포함된 '천하(天下)'와 동일한 개념이다. 현재의 '인류'와 비슷한 외연을 가지고 있을 것이다. 이 장에서는 군주와 신하와 백성들이 합심해야만 "平天下, 救四海"의 이상을 실현할 수 있다고 하고 그 이유에 대해서도 설명을 하고 있다. 그러나 이처럼 "평천하, 구사해(平天下, 救四海)"도 그 정도에 따라 우열을 나눌 수 있다. 즉 군주가 되어 이런 이상을 이루는 사람도 있고, 신하가 되어 이런 이상을 이루는 데 일조를 하는 사람도 있고, 겨우 자기 자신만을 구제하는 사람도 있다. 이것이 "우열(優劣)"이다.

하늘이 사람을 낳음에 모두 세 등급이 있다. 첫째 하늘이 낳은 것이고, 둘째 땅이 낳은 것이고, 셋째 사람의 부류이다. 하늘에서 명을 받은 자는 군주가 되고, 땅에서 명을 받은 자는 신하가 되고, 사람에게서 명을 받은 자는 백성이 된다. 군주는 하늘에 응해서 행하고, 신하는 땅에 응해서 행하는 것이니 그 위를 받들어 따르는 것이고, 백성은 신하에 소속된 것이다. 서로서로의 일을 해주는 것이다. 이 세 기가 함께 다스림을 이루어야 성공할 수 있다. 그러므로 위가 안정되면 신하들이 선량해지고, 신하들이 이치대로 일을 하면 백성들이 올바름을 따르게 된다. 신하와 백성들이 모두 선량해지면 임금이 현명해지고 그 다스림이 오래가는 것이다.

태평이란 도로써 행해지는 것이고, 세 기가 다 선량해져서 빛나게 치되는 것이다. 도와 덕을 가슴에 품고 있으면 서로 해치지 않는다. 그러므로 대인은 도를 다스려서 천하를 태평하게 하고 사해를 구원하여 은혜가 오랑캐에 이르고 재앙이 발생하지 않고 훌륭한 징조가 매일 생겨나고 나쁜 일이 일어나지 않는다. 중사(中士)는 도를 배워 나라의 신하가 되어 다스림을 돕고 집안사람들을 구제하고 재앙을 피하게 한다. 그 다음은 도를 다스려서 그 부모를 버리고 도리어 멀리 유랑하여 혼자 약간의 소득이 있어 겨우 자기 한 몸이 재앙을 피할 뿐이니 어찌 명왕을 보좌하여 나라에 도움을 줄 수 있겠는가? 사해에 태평을 가져올 수 있는 사람은 하늘이 돕고, 신하가 되는 자는 치국을 돕는 데 땅과 함께 도모한다. 겨우 자기 자신만을 피할 수 있는 자는 도가 좁아 다스림을 이룰 수 없다. 이 세 부류의 사람이 모두 세상을 구제하지만 늙어 장수하는 데 크고 작은 차이가 있다.

天生人凡有三等：第一天生, 第二地生, 第三人種類. 受命天者爲人君, 受命地者爲人臣, 受命人者爲民. 君者應天而行, 臣者應地而行, 順承其上. 爲民者屬臣, 轉相事. 凡是三氣共一治, 然後能成功. 故上之安者, 其臣良也. 臣職理者, 其民順常.

民臣俱善,[1] 其君明, 其治長. 太平者以道行, 三氣悉善, 合乎章也, 懷道德不相傷也. 故大人治道, 以平天下, 救四海, 恩及夷狄, 禍不得起, 其善證日生, 凶不得來. 中士學道爲國臣, 助其治也, 度其家, 辟禍災. 其次治道, 損其父母, 反遠遊, 德獨小薄, 纔脫軀也, 安能輔明王助國家哉. 能平四海者天助之, 爲人臣者助爲治, 與地謀. 纔自脫者, 道狹小無可得治. 此三人皆度世, 老壽有大小不同邪.[2]

역주

1) 上之安者, 其臣良也. 臣職理者, 其民順常. 民臣俱善(상지안자, 기신량야. 신직리자, 기민순상. 민신구선) : 앞의 「왕자무우법(王者無憂法)」의 "인(仁)은 제왕이 항상 즐겁도록 만들어 주고, 도는 근심걱정이 없게 해준다. 만일 제왕이 근심걱정을 하게 된다면 천하는 불안해진다. 제왕은 천하의 마음이고, 여러 신하들은 팔과 다리이며, 백성들은 수족이다. 마음이 근심스러우면 팔과 다리가 제멋대로 움직이고 수족이 움직임을 멈추지 않게 되어 백성들이 유민이 된다. 이것은 저절로 그러함이 서로 부리는 것이다(使帝王常樂, 道使無愁苦也. 若帝王愁苦, 卽天下不安. 夫帝王, 天下心也. 群臣, 股肱也. 百姓, 手足也. 心愁則股肱妄爲, 手足行運不休止, 百姓流蕩. 是其自然相使也)"와 같은 의미이다.

2) 老壽有大小不同邪(노수유대소부동야) : 『금주금역(하)』와 『전역(하)』 모두 "老壽有大小不同邪?"로 보며, "아마도 (이들 사이에는) 장수의 정도에 차이가 있지 않겠는가? (아마도 있을 것이다.)" 정도의 의미로 보고 있다. 필자가 보기에 좀 저절로 그러함스럽지 않아 보인다. 필자기 보기에는 여기에서의 '야(邪)'는 '야(也)'의 통자로 사용된 것이다. 즉 "이 세 종류의 사람이 모두 세상의 재앙으로부터 탈피하기는 하지만 (그 공로가 다르기 때문에) 장수의 정도에는 차이가 존재한다"로 보는 것이 자연스럽다.

시신거류효도법(是神去留效道法) : 신이 몸에 있음을 보아 참된 도를 본받는 법

해제 『돈황목록(敦煌目錄)』에는 "시신효도법(時神效道法)"이라 되어 있다. 여기에서 "是"는 '확인하여 알다'라는 의미이다. "신거류(神去留)"는 신이 자기 몸에 머무는지 아니면 자기를 떠나 있는지를 말한다. 본문의 내용에 의하면 '神'은 인체 안에 머물면서 우리를 지배하는데, 우리가 잠이 들면 우리를 떠나 우리에 대한 지배와 보호를 하지 않아 우리는 사악한 무리들과 만나게 된다. 그러므로 우리는 이와 같은 현상을 피하기 위해서는 반드시 신이 우리 몸 안에 머물게 하여야 한다. 이것이 바로 참된 도이며, 이런 수행이 바로 진도를 본받는 법이다. "효도(效道)"란 바로 이런 의미이다.

신인이 말하였다. "행실을 분명하게 하고 도를 본받아 운명이 누구에게 달려 있는지 보라. 사람들로 하여금 분명하게 깨달아서 운명이 어디에서 오는지를 확인하고, 어디에서 표준을 취하는지를 알고, 제대로 된 것을 지키도록 하여야 한다. 사람은 음양을 본받아 생겨난다. 양은 항상 올바르고 음은 항상 사악하다. 양은 항상 있는 것이며, 음은 항상 없는 것이다. 양은 항상 불어나고 음은 항상 줄어든다. 양은 항상 낳고 음은 항상 죽인다. 사람은 하루에 세 번 바뀌니 세 기를 본뜬 것이다. 참으로 완전히 달라서 서로 다투고 엉켜 있어 서로 따르지를 않는다. 그것들로 하여금 정상적인 상태를 갖추게 하여 사람의 모습을 유지할 수 있게 한다면 길하다.

오로지 참된 도를 가진 사람만이 정을 오로지하여 보통사람들과 완전히 다를 수 있다. 배우지 않으면 신이 떠나는지 머물러 있는지를 알 수 없는데, 바로 나타나는 것이기 때문에 숨길 수가 없다. 그러므로 군자는 시(尸)를 제압하지 귀(鬼)를 제압하지 않는다. 사람이 누워 있지 않을 때는 움직이고 앉고 말하는 것이 또록또록 분명하고 제대로 걷고 똑바로 서며 말이 법도가 되는 것은 이런 사람에게 신(神)이 머물러 있기 때문이다. 눈을 감고 누워 있으면 [눈앞에 보이던] 광경들이 속으로 들어가고 생각하는 대로 나타난다. 단지 말을 하지 않을 뿐이니 신이 안에 있기 때문이다. 깊은 잠에 빠지면 정과 신이 빠져나가 돌아다는데, 몸은 움직일 수 없고 입은 말할 수 없고 귀는 들을 수 없게 되어, 모든 사악함과 만나게 되고, 다만 숨[氣]만 남아 있게 되니 이것은 분명한 증거이다. 그러므로 정과 신은 항상 지켜야 한다. 지키면 장수할 수 있고 잃으면, 운명이 궁핍하게 된다. 사람이 도를 얻는 것은 뜻과 생각일 뿐이며, 도를 잃는 것도 뜻과 생각일 뿐이다."

神人言：明行效道, 視命在誰乎. 令人昭然覺悟, 知命所從來. 法審[1]誰者, 持其正也. 人法陰陽生, 陽者常正, 陰者常邪. 陽者常在, 陰者常無. 陽者常息, 陰者常消. 陽者常生, 陰者常殺. 人日三變, 象三氣,[2] 其政殊異, 相與分爭乖錯, 不相從也. 而習使其常, 守人形容者, 吉. 唯有眞道者, 能專精自殊異也. 不學者, 則不知神去留之效, 立見之物, 不可隱也. 故君子制尸不制鬼. 人不臥之時, 行坐言語, 分明白黑, 正行住立, 文辭以爲法度, 此人神在也. 及其瞑目而臥, 光景內藏, 所念得之, 但不言, 神在內也. 及其定臥, 精神去遊, 身不能動, 口不能言, 耳不能聞, 與衆邪合, 獨氣在, 卽明證也. 故精神不可不常守之, 守之卽長壽, 失之卽命窮. 人之得道者, 志念耳. 失道者, 亦志念耳.

역주

1) 法審(법심) : 여기에서 법은 동사이다. "법심(法審)"은 "살펴 본받는다"는 의미이다.
2) 人日三變, 象三氣(인일삼변, 상삼기) : 『금주금역(하)』에 의하면 다음과 같은 의미이다. 우선 "삼기(三氣)"는 태양기, 태음기, 중화기를 의미할 것이다. 태양기는 생(生)을 주관하고 중화기는 양(養)을 주관하고 태음기는 살(殺)을 주관한다. 아침은 양의 때이고 점심은 중화의 때이고 저녁은 태음의 때이다. 그러므로 사람도 이것을 본받아 하루 세 번 변화를 한다.

구미보제왕법(救迷輔帝王法) : 미혹됨을 구하여 제왕을 보좌하는 법

해제 이 장의 명칭은 『경초(經鈔)』에는 "구미전제왕법(救迷轉帝王法)"으로 되어 있었으나, 왕명이 『합교』에서 『돈황목록(敦煌目錄)』을 근거로 "구미보제왕법(救迷輔帝王法)"으로 바꾸었다. "구미(救迷)"란 세상 사람들이 대도를 알지 못하여 혼미한 것을 구제하는 것을 의미한다. "보제왕(輔帝王)"은 대도를 바탕으로 제왕의 수신치국을 돕는 것을 말한다. 이 장의 내용으로 볼 때, 제왕으로 하여금 도를 믿고 따르게 하고자 하는 것이 본편의 종지이다.

큰 도는 무상하게 변화하여 만리만큼 멀더라도 서로 바라보고, 위와 아래로 무궁한 곳에서 상하사방으로 두루 흘러 다닌다. 지키면 길하고 지키지 않으면 해가 된다. 음양은 열고 닫을 항상된 것으로 삼는다. 그것을 도를 가진 자에게 주어 선한 사람으로 하여금 행하도록 하면, 그 수명이 천지와 같아질 것이다. 덕에는 우열이 있고 일에는 본말이 있으니 모든 일은 도에 의해 이루어지는 것이다. 흥하게 될 자는 좋을 것을 얻고, 쇠망하게 될 자는 나쁜 것을 얻을 것이다. 마치 땅과 같아서 좋은 땅에서는 좋은 수확을 얻고 척박한 땅에서는 나쁜 수확을 얻는 것과 같다.

매우 선한 사람은 하늘과 합하고 비천한 자는 도시가 연못으로 변하듯 할 것이다. 앉아 있는 자는 주인이 될 것이고, 나가는 자는 유민이 될 것이다. 이 모든 것은 도에 의해 결정이 된다. 선한 사람이 하면 복이 되고 악한 사람이 하면 재앙이 된다. 선한 사람은 이것으로 복과 덕을 이루고, 존귀한 사람은 이것으로 수레를 타고 다니고, 비천한 사람은 이것으로 안정되게 걸어 다니고, 성현은 이것으로 세상을 구제하고, 소인은 이것으로 서로 해악을 끼치지 않는다. 모든 것은 도에 의한 것이다. 가르침은 거듭 나타나지 않는 것이고, 그때도 다시 오는 것이 아니다. 시급하게 제왕으로 하여금 태평의 도를 행하게 하여야 한다. 도가 행해지면 몸은 세상을 넘어갈 수 있으며, 쌓인 공덕은 천지사방의 살아 있는 부류들을 포함하게 된다.

大道變化無常, 乃萬里相望. 上下無窮, 周流六方.[1] 守之卽吉, 不守卽傷, 陰陽開闢以爲常. 其付有道, 使善人行之, 其壽命與天地爲期. 夫德有優劣, 事有本末, 凡事悉道之也, 將興者得善, 將衰者得惡. 比若土地, 得良土卽善, 得薄土爲惡. 善上合天, 賤者都澤. 坐者爲主人, 行者爲流客. 此盡道也, 善人行成福, 惡人行成災. 善人得以爲福德. 尊者得之駕乘, 卑者得以步足. 聖賢得以度世, 小人得之, 不相剋賊. 此皆道也. 敎不重見, 時不再來. 急敎帝王, 令行太平之道. 道行, 身得度世, 功濟六方含生之類矣.

역주

1) 萬里相望. 上下無窮, 周流六方(만리상망. 상하무궁, 주류육방) : 만리상망(萬里相望)은 사방으로의 무한성을 말하고 상하무궁(上下無窮)은 상하로의 무궁성을 말한다. 육방은 상하사방을 말한다. 그렇다면 이 내용은 도가 육방의 무한한 공간에서 작용함을 의미할 것이다. 이것이 바로 주류육방(周流六方)이다.

역주자

_책임역주 윤찬원

1954년 전라북도 남원 출생, 서울대학교 인문대학 철학과 학사, 석사, 1992년 "『太平經』에 나타난 道敎思想 硏究"로 동양철학박사학위 받음. 1980년 7월부터 1983년 6월까지 3년간 육군사관학교 교수부 철학과 전임강사를 역임하고, 1987년부터 인천대학교 국민윤리학과 교수를 거쳐, 1994년부터 시립인천대학교 국민윤리학과 부교수, 정교수, 그리고 2011년 1월부터 인천대학교 사범대학 윤리교육과 교수로 재직하고 있다. 중국의 도교철학과 환경문제 및 현행 중고등학교 윤리교육에 관심을 가지고 있다. 저서로 『중등 도덕 교육의 현실과 문제』, 『도교철학의 이해－태평경의 철학체계와 도교적 세계관』 등이 있고, 역서로 『老子와 道敎』, 『도교의 세계－철학, 과학 그리고 종교』 등이 있다.

_김갑수

1961년생. 성균관대학교 대학원에서 유학 및 동양철학 전공. "장자철학에서의 자연과 인간에 관한 연구"로 박사학위 받음. 현재 재단법인 민족의학연구원 상임연구원. 저서로는 『장자와 문명』, 『노자의 도덕경』, 『마음이 담긴 동양예술 산책』 등이 있다.

_김예호

1964년생. 성균관대학교 동양철학과 졸업. 동 대학원에서 "한비자 법치론 연구"로 박사학위 받음. 현재 성균관대학교 수석연구원. 저서로 『한비자－법치로 세상을 바로 세운다』 등이 있다.

_유병래

1966년생. 동국대학교에서 "노자의 위도자에 관한 연구"로 박사학위 받음. 현재 한국도교학회 총무이사, 경희대학교 후마니타스 칼리지 객원교수.

_서대원

1966년생. 연세대학교 철학과 졸업. 중국 북경대학(北京大學)에서 왕필에 관한 연구로 박사학위 받음. 현재 충북대학교 기초교육원 교수.

_김형석

1971년생. 성균관대학교 동양철학과 졸업, 동 대학원 유교철학과에서 "남송 임희일의 신유학적 노장해석"으로 박사학위 받음. 현재 성신여자대학교 동양사상연구소 연구교수. 역서로는 『장자(1~4)』가 있다.

太平經譯註

Taipingjing